D1188728

L'ILLUSION IDENTITAIRE

Du même auteur

L'État au Cameroun, Presses de la Fondation nationale des sciences
    politiques, 1979.
La Politique africaine de François Mitterrand, Karthala, 1984.
L'État en Afrique. La politique du ventre, Fayard, 1989.

En collaboration

Le politique par le bas. Contributions à une problématique de la
    démocratie, Karthala, 1992.
Religion et modernité en Afrique noire. Dieu pour tous et chacun pour
    soi, Karthala, 1993.
Thermidor en Iran, Complexe, 1993.
La réinvention du capitalisme, Karthala, 1994.
La greffe de l'État, Karthala, 1996.

Jean-François Bayart

L'illusion
identitaire

Fayard

«L'Asie, traditionnellement, est accoutumée à la manière forte : un Pierre le Grand, un Staline n'étonnent pas le pays de la conquête mogole. »

André SIEGFRIED,
Voyage aux Indes,
Paris, Armand Colin, 1951,
pp. 81-82.

AVANT-PROPOS

Cet essai procède d'une réflexion que je poursuis depuis la fin des années soixante-dix dans le giron du Centre d'études et de recherches internationales de la Fondation nationale des sciences politiques. Les relations complexes entre les représentations culturelles et les pratiques politiques, les modes populaires d'action politique, l'imaginaire politique, en bref, ce que j'ai proposé de nommer « le politique par le bas » et « l'énonciation du politique », en ont été les thèmes principaux[1*]. Je me suis efforcé de les explorer en me référant pour l'essentiel aux sociétés d'Afrique sub-saharienne, de Turquie et d'Iran, sur lesquelles j'ai directement travaillé, mais sans pour autant m'interdire de raisonner de façon comparative par rapport à d'autres situations, en particulier de l'Asie du Sud et de l'Est, d'Afrique du Nord, d'Europe, grâce à l'aide de nombreux collègues.

Le hasard a voulu que j'entame la rédaction de mon ouvrage à un moment où les concepts, en apparence bien abstraits, de ma recherche se sont chargés d'une signification immédiate et tragique : celle que leur ont notamment conférée les guerres de l'ancienne Yougoslavie, du Caucase, d'Algérie et de la région africaine des Grands Lacs. Ces conflits se sont noués autour de la notion d'identité. Ils tirent leur force meurtrière de la supposition qu'à une prétendue « identité culturelle » correspond nécessairement une « identité politique », en réalité tout aussi illusoire. Dans

* Les notes, rejetées en fin de volume, ne comportent que des références bibliographiques. Le lecteur que n'intéresse pas l'exposé de mes sources peut les délaisser sans dommage.

les faits, chacune de ces «identités» est au mieux une construction
culturelle, une construction politique ou idéologique, c'est-à-
dire, *in fine*, une construction historique. Il n'y a pas d'identité
naturelle qui s'imposerait à nous par la force des choses. La vieille
expression française pour désigner les autochtones d'un pays, «les
naturels», est trompeuse. Et le terme d'«identité primordiale»,
couramment utilisé par les anthropologues ou les politologues, est
tout aussi malheureux. Il n'y a que des *stratégies identitaires*, rationnellement conduites par des acteurs identifiables – les apparatchiks
communistes serbes reconvertis en ultra-nationalistes, les extré-
mistes hutu rwandais, leurs milices respectives – et des rêves ou des
cauchemars identitaires auxquels nous adhérons parce qu'ils nous
enchantent ou nous terrorisent. Mais nous ne sommes pas
condamnés à demeurer prisonniers de tels sortilèges qui avaient
démontré leur inanité bien avant qu'ils ne révèlent leur cruauté
ultime : au lendemain de la Première Guerre mondiale, l'Europe
des nationalités et des «économies nationales» s'est aussitôt avérée impraticable, et l'on a pu dire d'Adolf Hitler qu'il avait été un
«nationaliste wilsonien logique[2]».

Le propos du questionnement intellectuel est justement d'aider
à «se déprendre de soi-même» : «Que vaudrait l'acharnement du
savoir s'il ne devait assurer que l'acquisition des connaissances, et
non pas, d'une certaine façon, et autant que faire se peut, l'égarement de celui qui connaît[3] ?» Rien ne semble plus urgent, en cette
fin de siècle, que «l'égarement» intellectuel du citoyen pensant
dans la mesure où il peut lui épargner des égarements autrement
funestes. Il n'est guère de préoccupations contemporaines qui ne
soulèvent le problème de l'illusion identitaire. Le mouvement général de décloisonnement des sociétés – la «mondialisation», la «globalisation» – s'accompagne d'une exacerbation des identités particulières, que celles-ci soient religieuses, nationales ou ethniques. Tel
était déjà le paradoxe de Heidegger se faisant photographier en
vêtement folklorique souabe[4].

Le rapport dialectique entre la tendance à l'universalisation et
l'affirmation des spécificités est sous-jacent à la plupart des phénomènes qui défraient la chronique : à l'extension de l'économie de
marché et à l'audience de l'idée démocratique au-delà du monde
occidental, à l'intensification des échanges commerciaux et à l'accé-
lération inouïe de l'information à l'échelle du globe, à l'emballe-
ment des flux migratoires, au réveil du racisme avoué en Europe,
aux opérations de «purification ethnique» dans une kyrielle de

conflits, à la revendication indianiste des Chiapas du Mexique, au délire de Vladimir Jirinovski en Russie, à la vogue de la «rectitude politique» (*political correctness*) et du multiculturalisme aux États-Unis, à la montée en puissance des nationalistes hindous ou au combat des islamistes. Dans leur hétérogénéité ces manifestations, à la fois rationnelles et fantasmatiques, demandent que l'on comprenne mieux les ressorts de la mondialisation et de son revers, la rétraction identitaire.

Cela implique une critique politique du concept même de culture que prend pour argent comptant le commentaire commun. Le confucianisme est-il le moteur de la réussite économique du Japon et des nouveaux pays industrialisés de l'Asie orientale? L'Occident n'impose-t-il pas au reste du monde sa propre définition des droits de l'homme et de la démocratie? La culture africaine est-elle compatible avec le multipartisme? L'islam est-il un obstacle insurmontable à l'intégration des Maghrébins et des Turcs en Europe de l'Ouest? Autant d'incertitudes, ou plutôt de trop grandes certitudes, sur lesquelles nous butons constamment.

La rétraction identitaire dans le domaine politique va de pair avec le rabougrissement des interrogations intellectuelles, pour ne pas dire morales. «Ce sont des Noirs, nous sommes des Blancs. Voilà pourquoi il ne faut pas intervenir [au Rwanda]», déclare à l'Assemblée nationale un ancien ministre du général de Gaulle. Un juge militaire de la République reconnaît à des légionnaires coupables d'avoir sommairement exécuté un braconnier des circonstances atténuantes parce que le meurtre a été commis en Centrafrique, «une autre planète». Un ministre de la Culture estime que le film *Jurassic Park* «menace l'identité française». Un ancien Premier ministre et futur président de la République conclut à l'échec inéluctable de la démocratie en Afrique pour cause de tribalisme. Et un politologue américain réputé, Samuel Huntington, annonce gravement que le XXIe siècle sera dominé par le «choc des civilisations».

L'étonnant n'est pas que de telles inepties soient proférées avec un aplomb d'arracheur de dents, mais qu'elles occupent une place croissante dans le débat public, au point de finir par l'organiser : «Le relativisme des valeurs, culturel ou historique, est devenu le lieu commun de notre société; il s'accompagne souvent de l'affirmation, sinon de notre appartenance à des espèces ou à des sous-espèces différentes, tout au moins de l'impossibilité principielle de la communication entre cultures[5].» La dispute est

ancienne et brûlante. Lorsque sa tournure heurte, non pas seulement les convictions, mais aussi les conclusions que le chercheur a
pu tirer de vingt ans d'observation de diverses sociétés, ce dernier
se doit d'y prendre part, moins en polémiste, en intellectuel
engagé ou en philosophe, fût-il nouveau, qu'en analyste du fait
politique.

Les pages qui viennent poursuivent un but qui, pour être nietz-
schéen, reste modeste : elles entendent nuire à la bêtise identitaire
en esquissant une problématisation anticulturaliste des rapports
entre culture et politique. Il est bien clair que l'action politique est
automatiquement une action culturelle. Là n'est pas la question.
Mais le culturalisme est précisément incapable de rendre compte
de cette quasi-synonymie parce qu'il définit de façon substantialiste les cultures et qu'il postule entre ces dernières et l'action
politique une relation d'extériorité, sur le mode de la causalité
univoque. Je n'ignore pas que toute une tradition intellectuelle a
vu dans la culture un principe d'ouverture et d'universalité. Les
premiers critiques des Lumières ne récusent d'ailleurs pas complètement l'héritage kantien et demeurent prénationalistes et pré-
culturalistes, à l'instar de Herder qui ne parle pas encore expres-
sément de «l'esprit du peuple» (*Volksgeist*)[6]. Il faut en réalité
attendre le romantisme allemand pour que la culture devienne un
principe d'exclusion, à force d'être un principe de singularité et
d'appartenance, et pour qu'elle nourrisse le nationalisme, puis
bien pis. Hormis même les conséquences politiques qu'a entraî-
nées (ou rendues possibles) la transformation de l'idée de culture,
nous éprouvons aujourd'hui une grande difficulté à comprendre
le rapport qu'elle entretient avec les pratiques de pouvoir ou
d'accumulation.

Mais le présent essai ne se donne pas pour seul objet la critique
du culturalisme idéologique, politique ou académique, aussi
salubre que soit cette tâche. En proposant une nouvelle problématisation des rapports entre action politique et action culturelle,
il espère également contribuer à une meilleure appréhension de
la genèse de l'État. Dans un livre important, Bruce Berman et
John Lonsdale suggèrent de distinguer entre la «construction» de
celui-ci, en tant que création délibérée d'un appareil de contrôle
politique, et sa «formation», en tant que processus historique
conflictuel, involontaire et largement inconscient, conduit dans le
désordre des affrontements et des compromis par la masse des
anonymes[7]. Le lecteur qui connaît mes travaux antérieurs aura

déjà compris que je m'intéresse en priorité au deuxième aspect des choses, et cela vaut pour les pages qui suivent. Une problématisation de la dimension culturelle inhérente à l'action politique devrait pouvoir nous aider à affiner nos analyses de la «formation» de l'État et à réfléchir à l'invention, souvent si paradoxale, de ce que nous nommons par convention la modernité.

Pour ce faire, il est utile de reprendre les acquis, parfois délaissés, de la sociologie historique d'inspiration tocquevillienne et wébérienne, et de constater combien cette approche n'a cessé de s'enrichir, en particulier sous la plume des historiens et des anthropologues. Ainsi, une troisième et dernière manière de consulter ce précis critique de la bêtise identitaire est d'y voir une invitation à revenir à certaines des œuvres originelles de la science politique, dont la puissance heuristique ne s'est nullement émoussée au fil du temps. Il s'agit non pas de s'enfermer dans un académisme pédant, mais bel et bien de tirer de ces relectures un surcroît d'imagination interprétative, car, comme l'écrivait justement Tocqueville en introduction à sa première *Démocratie en Amérique*, «il faut une science politique nouvelle à un monde tout nouveau». Or, en se replongeant dans les écrits fondateurs, on est frappé par la convergence de leur questionnement. Les intellectuels ont dépensé une énergie inlassable à dresser des murailles entre des approches plus complémentaires qu'antagonistes et à figer en écoles des pensées vivantes. Suivre le fil qui rattache Foucault à Spinoza, à Tocqueville, à Weber, à Troeltsch et à Elias peut être l'un des chemins de traverse par lesquels parcourir ce livre.

PREMIÈRE PARTIE

Le beaujolais nouveau est arrivé !

Dans sa livraison du 14 décembre 1988, La Gazette, *journal de Douala, relatait une « belle fête à Bayangam », sur les hauts plateaux de l'ouest du Cameroun. M. Sohaing André, homme d'affaires réputé, se faisait élever à la dignité de «fowagap», c'est-à-dire de grand conseiller du chef, dans son village natal. Mais il s'agissait d'une « cérémonie à multiples volets » qui comportait trois autres événements : M. Sohaing célébrait simultanément le vingt-troisième anniversaire de son union avec son épouse, la présentation de la chapelle privée qu'il avait fait construire dans sa concession, et son intronisation comme «compagnon du Beaujolais». « En définitive une fête inoubliable et une découverte enrichissante pour tous les invités qui se sont séparés emportant de Bayangam le souvenir d'un charmant village dans un beau paysage avec un doux climat. Et pour chacun d'eux, un seul mot à la bouche : merci fowagap Sohaing André! » concluait le journaliste.*

Selon nos catégories intellectuelles, la cause est entendue. Nous sommes dans un pays du tiers monde, en Afrique. Un plumitif de la gazette locale nous raconte, dans sa langue naïve, une coutume : un notable indigène est anobli par le chef traditionnel de son village, qui le récompense ainsi de ses «actions», de ses «œuvres», de ses «actes remarquables». Bien sûr, ce notable est également un patron capitaliste, chrétien de surcroît, et apparemment bon mari monogame. Mais en lui l'Afrique profonde palpite encore. Roulez tam-tam.

Néanmoins, ce reportage raconte au lecteur attentif bien autre chose que la résurgence d'une culture traditionnelle. Tout d'abord,

de quelle culture parler, en l'occurrence? Les Bamiléké du Came-
roun forment un ensemble composite tant du point de vue de
l'organisation politique que de celui de la langue[1]. Leurs origines
sont d'ailleurs diverses et ils offrent un exemple, désormais clas-
sique, d'ethnogenèse : la société bamiléké est une société de «fron-
tière», au sens américain du terme (frontier) *;elle a été construite*
par des émigrés, des pionniers en quelque sorte, venus de plusieurs
horizons. L'ethos économique de ce groupe humain, dont on vante
ou dont on craint le «dynamisme» dans le reste du pays, est en réa-
lité différencié et la munificence dont fait preuve M. Sohaing ne doit
pas tromper : elle renvoie, au moins partiellement, à une morale de
la rétention chez les entrepreneurs, à laquelle s'opposent des pra-
tiques de désaccumulation de la part d autres acteurs bamiléké.

Dans ce qu'elle a de «traditionnel», la chefferie bamiléké – qui,
à l'inverse de nombreuses institutions du même ordre en Afrique,
n'a pas été créée par le colonisateur – n'en a pas moins connu des
transformations notables depuis le XVIIIe siècle. À la faveur de
l'intégration de leur société au marché mondial, puis de l'occupa-
tion coloniale, les chefs ont généralement pu s'émanciper de la sur-
veillance des conseils de notables et de roturiers qui les entouraient,
développer leurs pouvoirs et s'enrichir considérablement. Dans les
années cinquante et soixante, ils ont failli être balayés par le mouve-
ment nationaliste et la rébellion des cadets. La plupart des palais
ont alors été incendiés. Cependant, l'institution de la chefferie a été
rebâtie, souvent au sens propre du terme, et elle s'est vu investie par
de nouvelles élites versées dans le savoir occidental. En pays bami-
léké, comme dans de nombreuses sociétés africaines, il est courant
d'être chef traditionnel et préfet ou, surtout, chef d'entreprise.
Comme l'écrit le journaliste de La Gazette *: « Tout est fait pour que*
l'ouverture à la modernité rime avec fidélité à la tradition. » Celle-
ci, en d'autres termes, n'est ni statique ni unanime. Elle fait plus ou
moins bon ménage avec le changement et donne lieu à des interpré-
tations contradictoires de la part des acteurs autochtones eux-
mêmes : depuis l'instauration du multipartisme, en 1990, le pays
bamiléké a été l'un des fiefs de l'opposition au président de la
République, mais, en assez grand nombre, les chefs et les hommes
d'affaires ont finalement cru devoir soutenir sa candidature aux
élections de 1992, encouragés qu'ils étaient par une forte pression
politique, bancaire, fiscale et policière du régime.

Ensuite, à traditionnel, traditionnel et demi. Rubiconds et san-
glés dans leurs tabliers bleus, les vignerons du Beaujolais peuvent

« officier suivant les rites séculaires de leur ordre [...] dans le cadre bucolique de Bayangam ». Ils fleurent bon « le terroir français » et n'ont rien à envier aux danseurs emplumés du cru. La fête donnée par M. Sohaing permet de concrétiser « cette rencontre du donner et du recevoir, si chère à Léopold Sédar Senghor », poursuit notre journaliste lyrique : « D'un côté, les représentants de la côte beaujolaise faisant revivre, sous les tropiques, certaines coutumes de la France profonde, et, de l'autre, leurs hôtes camerounais, exhibant quelques facettes du riche et vivant héritage du pays bamiléké. »

Mais, également, à moderne, moderne et demi. La présence au Cameroun des Compagnons du Beaujolais atteste un solide sens de l'entreprise, une dévotion louable à l'égard du nouveau culte des années quatre-vingt, celui de l'exportation et de la conquête du marché international. Deux jours auparavant, ils avaient « officié » de la même manière, « suivant les rites séculaires de leur ordre », dans les jardins de l'Akwa Palace – dont le propriétaire n'est autre que M. Sohaing – pour faire déguster à des « centaines d'invités » le beaujolais nouveau.

De toute façon, l'alternative, tradition ou modernité, est mal posée. Les traditions de la viticulture française sont d'invention récente. La première confrérie bachique, celle des Chevaliers du tastevin, n'a été créée qu'en 1934, à Nuits-Saint-Georges. Ses promoteurs bourguignons étaient surtout soucieux de lutter contre la mévente qu'avaient occasionnée la prohibition de l'alcool aux États-Unis, la crise de 1929 et la montée du protectionnisme en Europe. Et la « Saint-Vincent tournante », qui a lieu au mois de janvier, le premier samedi suivant la fête du patron des vignerons – chaque année dans un village différent, tantôt de la côte de Nuits, tantôt de la côte de Beaune – n'a été instituée par les Chevaliers du tastevin qu'en 1938, dans un souci de promotion commerciale à peine dissimulé. La naissance des confréries du Bordelais est plus tardive encore : l'Académie des vins de Bordeaux, la Commanderie du Bontemps de Médoc et des Graves ont été fondées en 1950[2]. M. Sohaing, dont La Gazette *nous précise qu'il n'en est pas à sa première initiation et qu'il est déjà commandeur du Grand Conseil de Bordeaux et Chevalier du Coteau de Champagne, adhère donc à un folklore marchand moderne. L'histoire du vin en France est d'ailleurs celle d'une innovation permanente. Sa consommation n'est pas elle-même un marqueur stable de l'identité française : elle s'est généralisée à l'ensemble du pays et a supplanté la bière et le cidre à partir de la Première Guerre mondiale, grâce à la mobilisation et aux tickets de rationnement; elle n'a cessé d'évoluer depuis le milieu du siècle, en diminuant mais en se portant sur des produits de meilleure qualité.*

Dans le contexte camerounais des années quatre-vingt, le rituel de la dégustation du beaujolais nouveau équivaut à ce que des historiens de la colonisation ont nommé un «malentendu opératoire». Les viticulteurs français sont venus vendre et s'ébahissent des coutumes indigènes : « Membre de la délégation du Beaujolais, M. Chevrier, entraîné par l'ambiance, n'a pas hésité à se mêler aux danseurs et danseuses de la chefferie Bayangam qui ont animé la fête de bout en bout.» M. Sohaing, dont les initiations successives ne semblent pas avoir affiné le palais – du Bordelais au Beaujolais, quelle dégringolade! – recourt aux symboles culturels de l'Occident pour acquérir une légitimité, non seulement dans son pays ou envers ses partenaires étrangers, mais aussi aux yeux de son terroir. Dans son kitsch la scène est diablement «postmoderne», et nul doute qu'elle nous fasse saisir sur le vif la «réinvention de la différence» dont parle James Clifford[3] : la mondialisation, la globalisation ne sont pas synonymes d'uniformisation culturelle. Pourtant, ces «Noirs» et ces «Blancs» boivent le même vin, partagent la même foi religieuse, esquissent les mêmes pas de danse. Il y a peu, les uns étaient maîtres, les autres esclaves, et peut-être s'affronteront-ils à nouveau un jour en arguant de la couleur de leur peau. Quelques années après l'intronisation de M. Sohaing, le Social Democratic Front, bien implanté dans la province de l'Ouest, appellera à un boycott des produits français – beaujolais compris! – pour protester contre le soutien apporté par François Mitterrand au président Biya. Mais, à Bayangam, par cette belle journée de novembre 1988, l'amitié et l'ambivalence prévalent. De ce point de vue on pourrait dire, en parodiant Gramsci, que le beaujolais nouveau est la boisson «organique» du bloc historique franco-africain (et pour le pourfendeur du pacte colonial que je suis, rien n'est plus humiliant que d'avoir à en subir le vinaigre dans le Novotel d'une capitale tropicale)*.

---

* Soyons juste : le champagne est sans doute la vraie boisson organique des relations franco-africaines. En 1989, l'Afrique en a importé pour une valeur de 15 à 20 millions de dollars. Le Cameroun était alors le premier acheteur africain de champagne. En le nommant ironiquement «l'eau de pays», les Bamiléké, qui en sont de gros consommateurs, trahissent une compréhension intime de l'œuvre du philosophe marxiste italien qui leur fait honneur. Sur la notion de bloc historique postcolonial, cf. J.-F. Bayart, *L'État en Afrique*, Paris, Fayard, 1989, chap. VII.

Le concept de culture traditionnelle ne nous est pas d'une grande utilité pour comprendre la sauterie de Bayangam, dans son versant français comme dans son versant camerounais. Néanmoins, la stratégie de pouvoir ou d'ascension sociale de M. Sohaing, l'action économique des producteurs de beaujolais ont clairement une dimension culturelle : les viticulteurs portent des costumes folkloriques; les notables de la chefferie, des vêtements que l'on pourrait qualifier de néomusulmans; les femmes, des espèces de capelines néobritanniques qui, elles, n'échappent sans doute au ridicule que dans le périmètre de Bayangam; M. Sohaing, un costume cravate. Comment comprendre de telles pratiques culturelles, souvent exubérantes, toujours changeantes, sans les réifier en autant de clichés sur les mentalités économiques ou politiques des peuples? Comment cesser d'envisager la rencontre des « civilisations » comme un « choc » inévitable? Comment éviter de concevoir l'acculturation, la mondialisation, la globalisation comme un simple jeu à somme nulle où l'adhésion à des représentations et à des usages étrangers se traduirait inévitablement par une perte de substance ou d'authenticité? Telles sont les premières interrogations auxquelles il nous faut répondre pour nuire à la bêtise identitaire. Nous pourrions les rassembler de la façon suivante : comment penser les rapports entre culture et politique sans être culturaliste?

CHAPITRE I

Le chassé-croisé des traditions : globalisation et clôture culturelle

Le monde moderne est hanté par le spectre d'un effacement des différences. Il redoute l'uniformisation et, de ce fait, connaît « une anxiété générale portant sur l'identité » : « J'ai bien peur que les fameuses identités culturelles ne soient en train d'être gommées par la modernisation, par l'américanisation, par la télévision, par toute une uniformisation des modes de vie, mais qu'en même temps, au sein de cet universel, le besoin de se séparer n'en devienne que plus fort. On disait jadis que la Ve République, c'était le fait de s'américaniser tout en restant dans l'antiaméricanisme : aujourd'hui on est en train de s'américaniser tout en inventant une identité culturelle exagérée pour pouvoir s'opposer aux autres », s'inquiète Pierre Hassner[1]. Cette « combinaison d'interconnexion et d'hétérogénéité » met en branle des mécanismes culturels complexes, qui devraient inspirer des appréciations nuancées.

Avant que les anthropologues postmodernes n'insistent sur la « réinvention de la différence » inhérente à la globalisation de notre planète, un Fernand Braudel notait que « la "civilisation industrielle" exportée par l'Occident n'est qu'*un des traits* de la civilisation occidentale » et qu'« en l'accueillant le monde n'accepte pas, du même coup, l'*ensemble* de cette civilisation, au contraire[2] ». Cela se vérifie jusqu'au cœur du mode de production capitaliste, par exemple dans les méthodes et l'esprit de la gestion industrielle ou dans la consommation de ses biens les plus emblématiques. La « biographie culturelle » d'une Mercedes n'est pas la même en Allemagne ou en Afrique, et *Oshin*, le *soap opera* japonais, ou les défilés de majorettes activent des valeurs ou des rôles sociaux spécifiques d'un pays à l'autre[3]. L'un des principaux responsables de Coca-Cola est ainsi fondé à repousser le reproche de « *Coca colonization* » :

> « C'est un reproche injustifié parce que ce produit n'a d'autre but que de vous rafraîchir, il est tout disposé à comprendre votre culture, à prendre un sens pour vous, à exister pour vous. Pourquoi appeler ça "coca-colonisation"?
> – Parce que des valeurs sont ainsi imposées par l'extérieur...
> – Je ne trouve pas. Je ne suis pas d'accord. Je pense que l'amitié était déjà là, qu'elle est toujours là et sera là à jamais. Elle existait avant le Coca. Le Coca peut disparaître, pas l'amitié. Il se contente d'arroser l'amitié comme elle doit l'être : au Japon, ça signifiera une chose et au Brésil autre chose. Le Coca reconnaît ces différences, mais il est l'allié de l'amitié. Qu'y a-t-il de mal à cela? À mon avis on n'impose aucune valeur. Je ne pense pas que le Coca-Cola projette : je pense qu'il reflète[4]. »

En fait, on ne peut concevoir d'emprunt culturel sans que survienne une telle dérivation créative. Dans la Russie du XVIIIe siècle, les réformes de Pierre le Grand ont ainsi donné naissance à des institutions sociales totalement étrangères à l'univers intellectuel ou moral de l'Europe occidentale dont elles se réclamaient pourtant. Les tenants des Lumières fondaient par exemple des harems de serves dont les jeunes filles, cultivées, étaient habillées à l'européenne plutôt qu'à la russe (et étaient significativement dépouillées de ces vêtements « seigneuriaux » pour être renvoyées dans leurs foyers si d'aventure elles fautaient). Dans la vie quotidienne, le sentiment subjectif d'« européanisation » ne coïncidait pas avec un rapprochement réel des pratiques sociales occidentales. Inversement, il pouvait y avoir une véritable européanisation de certaines mœurs sans que celle-ci fût pensée comme telle[5]. Itou, aujourd'hui, de l'« occidentalisation » ou de l'« américanisation » que stigmatisent les pourfendeurs de la « mondialisation » et autres « agressions culturelles ».

Il est clair pour les anthropologues et les spécialistes des relations internationales que la réinvention de la différence, inhérente à la globalisation, s'effectue en partie à l'échelle des sociétés locales et se traduit par l'exacerbation de particularismes identitaires[6]. Le kémalisme, mouvement «globalisateur» s'il en fut, ne voyait de civilisation qu'à l'Ouest et en tira les conclusions les plus extrêmes pour libérer la Turquie du «ridicule universel», selon les propres mots d'Atatürk. Mais il a simultanément assuré la victoire politique de l'Anatolie profonde sur la Roumélie cosmopolite, et l'occidentalisation du pays est allée de pair avec la réhabilitation ou la reconstruction d'une culture «turque» censée être la dépositaire du génie du «peuple» face à la civilisation ottomane[7]. De nos jours, les conflits contemporains des Balkans, du Caucase, d'Asie centrale, du sous-continent indien ou d'Afrique, dont la charge identitaire est forte, participent du même moment historique que l'internationalisation de l'économie sous la houlette des idéologues néolibéraux, sans que l'on puisse au demeurant repérer un lien évident entre les deux phénomènes.

L'erreur commune est d'imputer cette irréductibilité de la différence au poids de la «culture», ou plus exactement au rapport exclusif que chacun est censé entretenir avec «sa» culture. Certes, nous savons, pour avoir lu Max Weber, que l'homme est un animal suspendu dans les toiles des significations qu'il a lui-même tissées. Il n'est point d'activité, fût-elle matérielle, qui ne soit simultanément productive de sens et de symboles. Comprendre un phénomène social, économique ou politique revient à déchiffrer sa «raison culturelle», ainsi que nous l'a enseigné tout un courant anti-utilitariste de l'anthropologie : en définitive, «c'est la culture qui constitue l'utilité[8]».

Mais nous ne pouvons tenir pour certain que la «raison culturelle» dont nous croyons relever les uns et les autres détermine nos actions, ni même qu'elle existe comme une totalité ou comme un système tangible[9]. Tocqueville, par exemple, a tort de soutenir qu'«à côté de chaque religion se trouve une opinion politique qui, par affinité, lui est jointe». Il l'admet d'ailleurs implicitement quelques lignes plus loin lorsqu'il doit rendre compte du paradoxe irlandais : «Ces catholiques montrent une grande fidélité dans les pratiques de leur culte et sont pleins d'ardeurs et de zèle pour leurs croyances; cependant ils forment la classe la plus républicaine et la plus démocratique qui soit aux États-Unis.» Pour l'expliquer, il est obligé de quitter le terrain de la sociologie des mentalités pour celui de la sociologie de l'organisation religieuse : l'effacement politique des prêtres est la condition *sine qua non* de l'adhésion des catholiques à la démocratie et de leur émancipation du devoir d'obéissance[10]. On pourrait y ajouter d'autres facteurs, tels les conditions politiques de l'occupation de l'Irlande par l'Angleterre ou le conformisme des immigrés en mal d'intégration, et faire valoir qu'en Argentine les Italiens catholiques ont au contraire grossi les bataillons du nationalisme autoritaire.

TROIS SONGES IDENTITAIRES

L'argument culturaliste est toujours un ersatz de démonstration. Pourtant, jamais peut-être il n'a été aussi en vogue qu'aujourd'hui. S'agit-il d'analyser le décollage industriel des dragons asiatiques ? On invoquera, souvent de façon contradictoire, l'héritage confucéen et l'on appellera à la rescousse le précédent japonais pour certifier que, de la Tradition, le capitalisme peut faire son miel. L'art du « développeur » serait de tirer profit de ce capital culturel et d'y adapter la gestion de l'entreprise[11]. Divers cas d'« ethnodéveloppement » sont supposés étayer ce point de vue : ceux des diasporas indienne et chinoise, des Bamiléké du Cameroun, des Sfaxiens de Tunisie, etc. Malheureusement, les limites d'un tel acte de foi sont assez évidentes. Pour un peu, il suffirait de regarder « sa culture » droit dans les yeux pour « se développer » ! Outre que les choses ne sont pas si simples sur le plan macro-économique, il est difficile de repérer ladite culture et d'en jauger les effets.

Longtemps louée par tout un chacun, la dimension culturelle du miracle japonais est désormais relativisée. La fameuse « entreprise-famille » qui en serait l'une des clefs ne témoigne pas d'une nipponitude éternelle. Elle est une facette de la construction, dans les années trente, d'un État-famille autoritaire et nationaliste dont l'Empereur était présenté comme le père, et son idéologie a été élaborée alors que l'industrie n'était plus conduite, comme à l'époque de Meiji, par des patrons individuels et patrimoniaux, mais par des cadres bureaucratiques issus de l'université de Tokyo[12]. Plus généralement, « aucune culture ne s'est transformée autant que la culture japonaise par les échanges et sous l'influence des cultures étrangères[13] ». Au point qu'un Paul Veyne compare les Nippons du *Roman de Genji* ou de l'après-guerre aux Romains de l'Antiquité, « peuple qui a pour culture celle d'un autre peuple, la Grèce[14] ». En réalité, le mythe culturaliste du miracle japonais ne remonte qu'au début des années soixante-dix. On le voit émerger à l'occasion du colloque de Hakone sur la modernisation de l'archipel. Mais, depuis quelque temps, il tend à s'effacer au profit d'une problématique plus politique de l'État et de la nation : la singularité japonaise devient moins insulaire qu'historique et est-asiatique[15].

Il est maintenant admis que cette trajectoire économique a été éminemment conflictuelle. Les historiens ont exhumé une mémoire de la dissension aussi éloquente que la tradition inventée du consensus, et le nombre de malades mentaux hospitalisés – près de trois fois plus qu'aux États-Unis pour une population inférieure de moitié – ne révèle pas une harmonie céleste entre les Japonais, leur condition matérielle et leur culture[16]. Les « fourmis », pour parler comme un ancien Premier ministre français, revendiquent et contestent autant qu'elles obéissent et produisent. Le modèle néoconfucéen est justement impuissant à expliquer ce type de comportements qu'il qualifiera au mieux de « déviants », de même qu'il est condamné à taire l'indiscipline, la fraude, la déliquescence des institutions, la criminalité galopante en Chine.

À la limite, la lutte sociale et le désordre constitutifs de toute configuration historique deviennent, pour un culturaliste, synonymes d'anomie et d'aliénation. Étaient-ils pourtant moins nippons que d'autres, ces représentants du Komeito bouddhiste, des Églises chrétiennes et des partis de gauche qui refusèrent d'assister au rite de la Grande Fête des Prémices lors de l'avènement de l'empereur Akihito, en 1990, sous prétexte qu'il contrevenait à la séparation de la religion et de l'État stipulée par la Constitution[17] ? Et ne sont-ce pas des Coréens ou des Taïwanais qui militent avec succès en faveur de la démocratisation de leur pays ?

Le problème ne se pose naturellement pas de la sorte. D'un côté, l'action politique ou économique en Asie orientale se colore d'une forte connotation culturelle, comme dans n'importe quelle partie du monde. En Chine, le culte de la personnalité de Mao a usé et abusé de l'idéogramme *zhong* (loyauté) ou des badges en forme de cœur, dont le message confucéen était clair[18]. Quant aux opérateurs taïwanais, ils n'entreprennent rien sans consulter un devin. Mais, d'un autre côté, aucune de ces pratiques culturelles ne suffit à expliquer l'action politique ou économique. Celle-ci renvoie à des ordres de causalité autrement plus complexes. C'est le grand mérite de l'école française de sinologie que de l'avoir démontré[19]. Ainsi, l'habileté du « chat » Deng Xiaoping à capturer les « souris » de la croissance est assez étrangère à l'héritage confucéen. Elle s'inscrit plutôt dans la continuité dynamique d'une forme particulière de gouvernement, celle de « l'empire distendu », qui ne se confond nullement avec l'histoire du pays, même si elle en constitue une tendance lourde depuis plusieurs siècles. En outre, le talent du « chat » fait surtout merveille dans la Chine « bleue », qui avait déjà été l'épicentre d'une fastueuse économie-monde aux XIIIᵉ et XIVᵉ siècles et qui a abrité « l'âge d'or » de la bourgeoisie chinoise avant la révolution communiste. Au moins pour le moment, la « renaissance de l'Asie » est d'abord celle de cet espace maritime auquel l'expérience taïwanaise est peut-être en passe de donner une institutionnalisation politique, au contraire de la « modernisation sans institutionnalisation » qui caractérise la réforme dengiste de l'économie[20]. Elle est à la fois beaucoup plus que la simple réactualisation du confucianisme – ritualisation relativement tardive de la vie sociale, en particulier à Taïwan – et un peu moins que celle-ci, dans la mesure où l'immense « Chine jaune », le Vietnam et la Corée du Nord ne sont pas sûrs de s'y joindre.

À dire vrai, seul le recours à une histoire globale et néanmoins différenciée semble permettre une meilleure compréhension des trajectoires asiatiques. Que celle-ci doive se préoccuper des représentations culturelles, c'est l'évidence, à condition qu'elle ne se désintéresse pas de leur transformation au fil du temps et au gré des acteurs ou des circonstances. Mais l'analyse ne peut se satisfaire de ce plan de la connaissance. Au mieux, le culturalisme sombre dans le ridicule et fait rire : « On peut dire de Mao qu'il est un leader "anal" cherchant à transformer une société "orale" », écrit sentencieusement R. H. Solomon[21]. Au pire – et le pire est souvent sûr en la matière –, il mène à une perception fantasmatique du monde qui tourne vite à la mauvaise fièvre identitaire.

La phobie anti-islamique qui s'est emparée de la France et, dans une moindre mesure, des autres nations occidentales, relève de cette pathologie. L'un de ses premiers symptômes a été un discours hallucinatoire sur la menace chiite, qu'a suscité le contrecoup de la révolution iranienne. Pour apprécier à sa juste mesure cette idée délirante, il faut savoir que le renversement de la monarchie Pahlavi *n'a pas* été une révolution chiite, ni même à proprement parler une révolution religieuse, mais bien plutôt « une révolution politique qui a opéré à la manière et qui a pris en quelque sorte l'aspect d'une révolution religieuse », comme le disait Tocqueville de la Révolution française. Certes, la religiosité populaire chiite a fourni aux grandes mobilisations de 1978 l'essentiel de leur vocabulaire et de leur pathos, et les factions qui ont pris les rênes du nouveau régime avaient forgé leur idéologie radicale au sein du champ religieux dans les années soixante et soixante-dix. Mais nous serions bien en peine de repérer un rapport de cause à effet entre la foi (ou l'identité) chiite et le soulèvement du peuple iranien. Bien des Iraniens sunnites – en particulier kurdes – y ont participé. Bien des Iraniens chiites se sont reconnus dans le quiétisme que stigmatisait le philosophe révolutionnaire Ali Shariati, et le clergé, dans sa majorité, n'a pas endossé le khomeynisme. La République islamique n'est pas celle des mollahs, comme on le dit automatiquement, et encore moins celle des ayatollahs, dont les plus éminents ont marqué leur réserve quand ils ne sont pas franchement passés à l'opposition. Tout au plus est-elle celle de certains clercs de rang intermédiaire, alliés à des laïcs. Elle ne s'est instituée qu'au prix d'une répression féroce, dirigée contre des femmes et des hommes aussi «chiites» que ses pères fondateurs : monarchistes, libéraux, mais aussi dignitaires religieux qui contestaient ses innovations dans le domaine de la théologie politique ou son dirigisme économique, et militants révolutionnaires qui prônaient un islam mâtiné de marxisme[22]. Derechef, on constate que l'interprétation culturaliste omet de restituer la part de la contradiction et du conflit politique. On s'explique mal, en outre, qu'une révolution aussi «chiite» n'ait pu déborder les frontières de l'Iran et entraîner les adeptes d'Ali qui vivent au Liban, dans le Golfe ou au Pakistan[23]. Comme les mêmes causes sont tenues d'avoir les mêmes effets, force est de reconnaître que la variable «chiite» de la chute du Shah a été moins déterminante que d'autres facteurs sociaux.

Mais, en dépit de ces évidences factuelles, journalistes et hommes politiques français n'en ont pas moins désigné l'Ennemi : le chiisme, avant que l'embrasement de l'Algérie et la thèse du «choc des civilisations» ne leur permettent d'étendre leur crainte obsidionale à l'ensemble de l'islam. Que les OS de Talbot et de Citroën se mettent en grève en 1982, et Gaston Defferre, ministre de l'Intérieur, de s'écrier : «Il s'agit d'intégristes, de chi'ites[24]. » Que Saddam Hussein lance une guerre d'agression contre son voisin, et Jacques Chirac, Premier ministre, de se porter immédiatement à son secours : «Un extraordinaire danger pour nous tous vient d'Iran […] et notre objectif commun devrait être […] de prévenir le déferlement du fondamentalisme sur la région. La France fait sa part dans ce contexte en aidant l'Irak à le contenir[25] ». Que des jeunes filles musulmanes se couvrent la tête d'un voile, et celui-ci n'a pu être ajusté que par les autorités maléfiques de Téhéran. Que des maquisards islamistes algériens séquestrent et asservissent sexuellement d'autres jeunes filles pour les égorger par la suite, il ne peut s'agir que de mariages temporaires, le fameux *siqeh* des chiites qui reste effectivement en usage en Iran, mais malgré la désapprobation des autorités de la République islamique, et dont les modalités sont tout de même assez différentes[26]... Grâce au ciel, «la communauté musulmane de France est une communauté, pour l'immense majorité, qui est de rite sunnite-malékite, qui est une communauté modérée, qui veut s'intégrer, qui n'a rien à voir avec le terrorisme ou avec la contestation[27]», nous rassure doctement le président de la République.

L'enzyme rationalisateur de cette perception sélective des faits est l'interprétation culturaliste. Lisons par exemple le rapport d'un service secret occidental, rédigé en 1992. De façon révélatrice son auteur met un vers persan en exergue : «Il suffit d'une étincelle pour incendier cet univers.» Le ton est donné ! Il est précisé que «le destin impérial du peuple perse est profondément ancré dans l'inconscient collectif des Iraniens» : «C'est lui qui donne à tout Iranien un orgueil national qui touche parfois à la prétention. C'est toujours lui qui sous-tend l'évolution actuelle de l'Iran. Même la spécificité religieuse de la Perse, nestorienne à l'époque chrétienne, puis shi'ite à l'ère musulmane, participe à la conscience du destin impérial de la nation. Il y a aujourd'hui une telle identité entre le chiisme et le nationalisme iranien qu'il est difficile de dire si l'exportation de la Révolution islamique, prônée par l'imam Khomeyni, a pour but la victoire de l'Islam ou le rétablissement de l'Empire. Le but ultime de l'Imam Khomeyni et de ses successeurs, Khamenei et Rafsandjani, pourrait bien être le même que celui du Shah : la restauration de l'Empire, même si leurs stratégies diffèrent.» Mais ces stratégies différentes recourent à un trait culturel fondamental :

«Lorsque l'on veut parler de l'Iran, il faut avoir constamment présent à l'esprit la notion de "*ketman*" ou "*taqiya*". On pourrait traduire ces termes par dissimulation, fourberie, duplicité, mais il faudrait leur ajouter une connotation religieuse pour leur enlever tout ce que l'Occident peut voir de mal dans ce comportement. Pour l'Iranien ce comportement est bon et le clergé shi'ite l'enseigne (davantage que les sunnites). Rien de ce que disent ou font les Iraniens ne doit être pris au premier degré. Cette « dissimulation » se justifie évidemment lorsque les intérêts de la religion ou de l'Empire sont en jeu [...]. Toujours selon le même principe qui énonce le primat du religieux sur le politique et l'économique, le peuple, l'élite et les dirigeants recherchent de concert la victoire de l'Islam « opprimé » sur l'impérialisme occidental, source d'oppression. Deux armes sont mises en avant depuis 1979 : la haine envers l'Occident et la pratique du "mensonge" comme moyen de parvenir à la victoire de la révolution islamique sur la chrétienté et le judaïsme. Les procédés inventés pour attirer les capitaux et la technologie de l'Occident participent de cette tactique. »

Une fois posé ce postulat culturaliste, la mécanique délirante est enclenchée : « L'affaiblissement de l'Irak a non seulement éliminé pour quelque temps les menaces qui pesaient sur la frontière, mais pourrait créer également la tentation de reconquérir par chiites irakiens interposés la ville sainte de Kerbala, si chère au cœur des milliers de chiites iraniens. Si l'Iran est aujourd'hui opposé à un démembrement de l'Irak, c'est peut-être parce qu'il le veut pour lui tout entier, pour reconstituer l'Empire perse. » Mais la menace la plus tangible a trait à la prolifération nucléaire : « L'idée impériale, que l'on soit Shah ou Ayatollah, rend nécessaire la possession de l'arme nucléaire. Aux yeux de toutes les nations du Tiers monde, c'est le symbole de l'indépendance et de la puissance* [...]. La prolifération a une dimension religieuse. L'arme nucléaire est un argument important pour les mollahs iraniens envoyés comme missionnaires au Moyen-Orient et en Afrique. C'est une sourate de victoire ajoutée au Coran iranien [sic] ». Certes, les indices de la volonté iranienne de se doter de l'arme nucléaire sont « faibles », de l'aveu même du rédacteur du rapport. Mais il en est un qu'il qualifie d'« assez fort », la visite des inspecteurs de l'Agence internationale pour l'énergie atomique (AIEA) : « Si l'on veut cacher quelque chose, le bon moyen est de montrer, par des inspections sans risque, que l'on n'a rien à cacher. Cela est bien dans la ligne de raisonnement d'un bon Iranien, adepte de la "taqiya", de la dissimulation. » Nous sommes

---

* Fantasmagorie à laquelle la France, nation industrielle et cartésienne, a échappé, de notoriété publique !

naturellement en plein procès d'intention et, faute de «preuve absolue des activités iraniennes en matière d'armement nucléaire», le réquisitoire repose sur les présupposés culturalistes : «Pour emporter la conviction, il faut prendre en considération les déclarations faites par les responsables et l'intérêt politique et religieux résultant pour l'Iran de la possession d'un armement nucléaire.» En orphelin de la guerre froide, le rédacteur construit la menace iranienne sur le modèle du danger communiste. Une déclaration du président Rafsandjani, décidé à marier la technologie occidentale et la fidélité aux principes révolutionnaires, est immédiatement rapprochée de la phrase fameuse de Lénine : «Les Occidentaux nous vendront tout, même la corde pour les pendre.» L'Iran est présumé incarner un «islam révolutionnaire» qui est devenu l'«arme fondamentale de sa volonté impériale» :

«L'arme, c'est la formation à Qom, au sein des universités islamiques, de toute une population d'étudiants venant de tous les coins du monde islamique. C'est le soutien financier apporté aux mouvements islamiques des minorités opprimées dans les différents États musulmans. C'est l'espérance, donnée à tous les déshérités, d'un monde meilleur, en revenant à la loi coranique ancienne. L'Iran se veut porteur du messianisme islamique. En cela l'Iran a pris la succession de l'URSS, ex-espérance des prolétaires, avec son université Lumumba, et de son soutien aux mouvements révolutionnaires locaux. Il a les mêmes atouts que l'URSS, patrie des prolétaires. L'Iran, depuis la défaite de Kerbala, en 680, est la patrie de la souffrance, des déshérités et des martyrs. Il est le héraut de leurs espérances.»

Il convient de ne pas sous-estimer la mutation que représente cet «islam révolutionnaire», au côté duquel le terrorisme palestinien apparaît des plus respectables :

«Le terrorisme de ces dix dernières années était le fait d'Arabes combattants de la cause arabe, pour la terre arabe de Palestine. Psychologiquement, le terroriste des années 80 est un soldat et il utilise des armes de soldat : l'explosif, l'arme à feu, voire l'arme blanche [...]. Le terroriste d'Abou Nidal ou du FPLP se considère comme la continuation des cavaliers arabes qui ont fait l'Empire des Omeyades et des Fatimides;

un cavalier d'Allah utilise le sabre, l'arme à feu, à la rigueur l'explosif [*sic*]. Il se bat contre un ennemi qui est également un soldat. Nos croisades en sont la preuve. Pour l'Islam révolutionnaire, il en est tout autrement. L'ennemi est devenu un "mécréant". Il est totalement haïssable. C'est le grand Satan qui, fort de sa technologie, a humilié l'Islam des Pères. Il ne faut pas seulement le vaincre mais également le punir et le détruire en anéantissant sa technologie qui est le fondement de sa puissance et le moteur de son évolution sociale. Si les services iraniens mettent en œuvre une stratégie de terrorisme, les méthodes utilisées seront très différentes de celles que nous avons connues. »

Face à cette menace de l'«islam révolutionnaire», il faut admettre que «la théologie est une science» et qu'il est opportun «de suivre l'évolution des conférences islamiques qui, à Téhéran mais aussi ailleurs, essaient de gommer les différences entre chiites et sunnites, de mesurer l'impact réel des jurisconsultes iraniens dans le développement des divers fondamentalismes, de suivre les controverses qui opposent les diverses écoles jurisprudentielles», etc. Car «l'islam est à nos portes». Aussi l'auteur du rapport recommande-t-il… «de recruter un conseiller théologique bien informé»! En conclusion, il ne peut cependant dissimuler une certaine perplexité : «Iran agressé, Iran agresseur, Iran encerclé, Iran révolutionnaire. Iran impérial ou Iran fragile ? L'Iran ne se laisse pas facilement deviner. D'ailleurs existe-t-il un Iran unique, ou des Iran aux multiples visages ?», se demande-t-il gravement. Autant ouvrir le parapluie : «Je pense donc qu'il est prudent, en ce qui nous concerne, de prendre en compte la menace maximum, à savoir l'Iran impérial, révolutionnaire, porteur de la Vengeance d'Allah et à qui est promis l'Empire du Monde. Nous aurons peut-être la surprise de découvrir que la menace réelle est moins importante. Mais ce sera alors une bonne surprise. »

À la lecture d'un tel florilège culturaliste, on peut évidemment se demander si son rédacteur ne partage pas avec M. Sohaing un goût immodéré pour le beaujolais nouveau. D'une part, la République islamique repose sur des équilibres de pouvoir autrement plus complexes que ceux de «l'islam révolutionnaire»[28]. De l'autre, sa volonté de se procurer l'arme atomique, que confirment effectivement des sources sûres (et non américaines), se heurte à des problèmes de financement qui retardent d'autant l'échéance du danger. Elle peut s'expliquer rationnellement par les exigences de la défense nationale dans l'environnement du Moyen-Orient : Israël, le Pakistan et l'Inde sont d'ores et déjà des puissances nucléaires, et les intentions de l'Irak en la matière n'ont rien de mystérieux. En outre, des sources américaines, pourtant peu enclines à l'indulgence envers l'Iran, indiquaient à la même époque que l'effort militaire de ce pays était assez modeste. Il était estimé à 1,9 milliard de dollars par an pour les exercices budgétaires 1989-1990 et 1990-1991, et, d'après le Pentagone, il ne représentait que le sixième de celui de l'Arabie Saoudite et moins de la moitié de celui d'Israël. Il avait d'ailleurs diminué depuis les années soixante-dix et, proportionnellement au PNB, il ne venait qu'au 68e rang d'un échantillon de 144 pays, après celui de l'Irak (n° 1), de l'Arabie Saoudite (n° 6), d'Israël (n° 9), de la Turquie (n° 51) et de la France (n° 57) [29].

Depuis 1982, l'aggravation de la situation financière et l'enlisement de la réforme économique de la République islamique ne lui ont vraisemblablement pas permis de beaucoup avancer dans la voie du réarmement. En tout cas, les observateurs de ses manœuvres militaires ne semblent pas impressionnés par l'état du matériel déployé. Sauf à considérer que nous sommes trompés par «cette duplicité fondamentale qui caractérise tout ce qui est iranien» et que la crise elle-même est un stratagème de mollahs en mal de prolifération, nous devons admettre que la construction culturaliste des faits est décidément un ressort de l'imaginaire politique dont les effets sur le réel ne laissent pas d'être préoccupants : ainsi, M. Pasqua, ministre de l'Intérieur, a instauré en 1994 un visa de sortie pour «mieux contrôler les allées et venues d'étrangers de treize nationalités sensibles» en dressant une «première liste [...] composée de pays qui vont de soi, de nations potentiellement dangereuses soit parce qu'elles pratiquent le terrorisme, soit parce qu'elles sont en guerre idéologique». Le lecteur ne s'étonnera pas que l'Iran figure parmi ces «pays qui vont de soi», ces «nations potentiellement dangereuses» [30].

C'est au gré de tels raisonnements culturalistes et de tels glissements sémantiques que la France s'est compromise dans un troisième songe identitaire, le génocide des Tutsi au Rwanda. Le soutien apporté par l'Élysée au régime du président Habyarimana du mois d'octobre 1990 à celui d'avril 1994, voire au-delà, trouvait

sans doute son origine dans la défense triviale d'intérêts ô combien matériels : les liens entre les deux familles présidentielles
étaient notoires, et il est également possible que la France ait
contourné les embargos qui frappaient certains pays de la région
grâce à la complaisance du gouvernement rwandais. Mais les argu-
ments dont cette politique s'est entourée révélaient une part
d'irrationnel peut-être décisive. Alors que la rivière Kagera char-
riait deux corps à la minute, que dix mille cadavres dérivaient sur
le lac Victoria et que le chiffre effrayant de cinq cent mille victimes, dont la responsabilité était clairement imputable aux ultras
hutu, commençait à circuler, il se trouvait encore de hauts responsables militaires français pour justifier la lutte contre le Front
patriotique rwandais par la nécessité de défendre la francophonie[31].
On ne peut s'empêcher de penser que Joachim du Bellay n'en
demandait pas tant !

Mauvais mensonge de circonstance ? Naïvetés d'officiers mal
dégrossis ? Ce n'est pas sûr, car la diplomatie française au sud du
Sahara semble parfois obsédée par le souvenir de l'humiliation de
Fachoda, cette ville située sur le Haut-Nil que dut évacuer la mission Marchand en 1898 sous la pression de la Grande-Bretagne, à
laquelle choisit de céder Delcassé, le ministre des Affaires étrangères, pour consolider les alliances de la France sur le Vieux
Continent et nouer une Entente cordiale avec Londres. Certes, on
n'incrimine plus au premier chef la «perfide Albion», mais plutôt
les États-Unis, que le Royaume-Uni est au demeurant réputé servir avec zèle et auxquels le parti colonial français n'a jamais par-
donné, depuis la Seconde Guerre mondiale, leur attachement au
libre-échange, leur soutien aux mouvements de décolonisation,
leurs offensives contre les vestiges du Pacte colonial par institutions de Bretton Woods interposées. Le complexe de Fachoda, qui
travaille nombre des acteurs de la politique africaine de la France,
exprime d'abord cette sensibilité obsidionale et volontiers protectionniste, si vivace dans certains milieux d'affaires, chez les diplomates ou dans les communautés d'expatriés. La présence ou le
rôle de son armée au Tchad, en Centrafrique, au Zaïre et au
Rwanda, l'activisme de ses services secrets au Soudan même ne
sonnent-ils pas comme autant de revanches discrètes par rapport
au camouflet de 1898 ? En tout cas, parmi les nombreuses raisons
qui ont poussé la France à s'accommoder de la restauration autoritaire du général Eyadéma au Togo, en 1991, les accointances,
réelles ou supposées, de Gilchrist Olympio, son principal oppo-

sant, avec les «Anglo-Saxons» ont pesé leur poids. À l'approche des élections législatives qui allaient le ramener au pouvoir, le Rassemblement pour la République de Jacques Chirac avait d'ailleurs critiqué le gouvernement socialiste pour sa «politique de la terre brûlée» (*sic*) qui faisait fi des «liens d'amitié» entre le Togo et la France et qui risquait de «laisser d'autres pays occuper la place qui était jusqu'ici la nôtre[32]». De même, au Cameroun, Américains et Britanniques furent soupçonnés de jouer en sous-main la carte du leader anglophone du Social Democratic Front et donnèrent à Paris un motif supplémentaire de se résigner aux errements du président Biya. Enfin, la France défendit bec et ongles le siège du Zaïre au Fonds monétaire international, bien que ce pays n'honorât plus sa dette, pour que le groupe des actionnaires francophones ne fût pas diminué. C'est aussi parce qu'il parle français, fût-ce avec l'accent wallon, que le maréchal Mobutu bénéficie d'une réelle sympathie sur les bords de la Seine et qu'il a été rétabli dans sa dignité de garant de la stabilité régionale à la faveur de la crise rwandaise de 1994. Fins psychologues, les clients africains de la France savent attiser ses craintes pour négocier au mieux de leurs intérêts, n'hésitant pas à faire mine de courtiser Washington afin d'obtenir plus de Paris[33].

Néanmoins, le songe de la communauté culturelle francophone apparaît somme toute bénin, et presque universaliste, comparé au sottisier identitaire de l'ethnicité dans lequel se sont complu les responsables de la politique africaine de la France depuis tant d'années avec la caution intellectuelle d'une partie de la presse[34]. Le soutien militaire consenti au président Habyarimana fut dès lors pensé comme un choix ethnodémocratique. «Comme la population du Rwanda est composée de Hutu à 80% et comme, en Afrique, le vote libre est toujours ethnique, le pouvoir doit revenir entièrement aux Hutu», déclarait à qui voulait l'entendre un officier de la Mission militaire de coopération, en se réclamant de l'esprit de la conférence franco-africaine de La Baule, au cours de laquelle François Mitterrand avait exhorté ses pairs à s'ouvrir au grand vent de la démocratisation[35]. Jean-François Deniau, député du Cher, commentait dans la même veine le génocide d'avril-mai 1994 : «C'est un cas d'abus de majorité, le président de la République a joué vraiment les Hutu parce que c'était la majorité [...] alors que les Tutsi sont une minorité, mais une minorité qui gagne. Alors, où est la démocratie quand c'est une minorité qui gagne? Tous nos schémas sont un peu perturbés[36].»

Un tel raisonnement réduit la dimension politique à l'appartenance ethnique : la hututude commande une orientation politique exclusive et le président Habyarimana était par définition détenteur de la légitimité démocratique puisque, hutu, il était le représentant naturel de la majorité. L'analyse est évidemment spécieuse. Elle suppose que l'ethnicité est une réalité objective, alors qu'elle est un simple fait de conscience[37]. Elle veut que le sentiment d'appartenance à un ensemble ethnique soit atavique, alors qu'il est changeant dans le temps et dans l'espace : on n'est pas hutu ou tutsi en 1990 de la même manière que dans les années cinquante ou qu'au XIXe siècle (et on ne le sera bien sûr pas identiquement après le génocide de 1994); on ne l'est pas non plus de la même façon au nord qu'au sud du Rwanda, à l'intérieur du pays et dans les camps de réfugiés, au Rwanda et au Burundi ou au Kivu[38]. Tant et si bien que la nature – ethnique ou sociale – de la distinction entre Hutu et Tutsi et l'origine de leur antagonisme – précoloniale ou coloniale – font l'objet d'un vif débat entre spécialistes et entre acteurs politiques.

Rien, dans cette histoire tragique, ne tombe sous le sens, comme ont fait mine de le croire les autorités françaises. Et leur lecture strictement identitaire du conflit a laissé dans l'ombre d'autres logiques qui étaient aussi déterminantes. Il est entendu que les milices hutu interhamwe ont tué les Tutsi parce qu'ils étaient Tutsi. L'intention génocidaire est avérée, ne serait-ce que parce que des enfants ont été délibérément tués et des fœtus arrachés du ventre de leur mère. Mais derrière cette évidence aveuglante, n'était-il pas aussi significatif que ces miliciens fussent simultanément des jeunes en mal de survie ou d'ascension sociale dans une économie en guerre, ravagée par la crise et les flots de réfugiés ? Qu'ils fussent salariés pour commettre leur sale besogne ? Qu'ils fussent séropositifs et eux-mêmes condamnés à mort en sursis pour la moitié d'entre eux ? Qu'ils appartinssent à un type d'organisation paramilitaire, une milice, dont la propriété, au Rwanda comme ailleurs, est d'accueillir des déclassés sociaux, des marginaux, des bandits, et de leur permettre d'assouvir sur un mode soudain légitime leur rancœur ou leur convoitise ? Cette guerre est sociale et politique, en même temps qu'«ethnique». En outre, le raisonnement ethnosubstantialiste oublie que, pour être hutu ou tutsi, on n'en est pas moins homme, en proie à des peurs, mais aussi à des préférences, à des calculs ou à des générosités que ne conditionne pas entièrement l'appartenance identitaire. Au

Rwanda, en 1994, on a vu des Hutu sauver des Tutsi par esprit de lucre ou par conviction politique, par simple humanité ou par charité chrétienne, de même qu'en 1972, des Tutsi burundais avaient protégé des Hutu pourchassés par la soldatesque du colonel Micombero.

Face à des dissonances de ce genre, les tenants de l'interprétation ethnique ont une réponse identitaire toute prête : les opposants hutu qui ont déstabilisé le général Habyarimana dès la première moitié de l'année 1990, avant que le FPR ne lance son offensive d'octobre, étaient généralement originaires du sud du pays ; en quelque sorte ils auraient constitué une sous-espèce. Mais ce fait relève de la sociologie la plus banale des fiefs politiques ou des terroirs historiques. Bien que les socialistes français soient maîtres de la mairie de Lille depuis des lustres et que la fédération du Nord ait un poids crucial dans la vie de leur parti, nul ne songerait à dire que les Lillois sont socialistes ou que le Parti socialiste est un parti lillois. Et aux heures les plus sombres du génocide, l'autonomie de l'action politique par rapport à la dynamique ethnique subsistera, fil ténu d'une très hypothétique reconstruction de l'État rwandais : le FPR affectera de mettre en première ligne un président hutu et maintiendra le dialogue avec l'opposition intérieure ; des représentants de celle-ci tenteront d'échapper à la mort dans les chambres surpeuplées de l'hôtel des Mille Collines à Kigali, sous la protection dérisoire d'un détachement des Nations unies ; quelques personnalités du parti du président Habyarimana entreront en dissidence à l'étranger et condamneront les massacres.

Bien que des soldats français aient participé de 1990 à 1993 à des contrôles de cartes d'identité mentionnant l'appartenance ethnique de leurs titulaires et désignant *de facto* comme complices des «cancrelats» du FPR les porteurs de la mention «tutsi», ce serait naturellement faire injure à l'armée et au gouvernement de notre bonne République que de penser qu'ils étaient prêts à tirer les conséquences les plus extrêmes de leur combat en faveur de la francophonie et de la majorité démocratique hutu. Cependant, les ultras du *Hutu Power** s'en sont chargés pour eux, après les avoir convaincus du bien-fondé de leur propre raisonnement identitaire. La force hallucinatoire de l'imaginaire français aura en

---

* Ironie de l'Histoire : ainsi se qualifient eux-mêmes ces représentants de la francophonie que François Mitterrand s'est attaché à défendre.

l'occurrence conduit à couvrir militairement la préparation d'un génocide réel, voire peut-être son accomplissement si l'on en croit certaines sources, pour mieux prévenir les massacres dont le Front patriotique rwandais était supposé devoir se rendre coupable en cas de victoire. Cette politique erratique n'a été que le point d'aboutissement d'une longue série de contresens sur les «cultures» africaines. En saisir l'étendue, c'est par exemple se permettre de comprendre comment on peut encore aujourd'hui présenter comme l'ultime symbole de l'unité du Zaïre un maréchal qui déclarait en 1988, dans une allocution radiotélévisée :

> «J'étais encore à Gbadolite quand j'ai entendu qu'une douzaine de femmes avaient manifesté. Vous assistez à une telle manifestation, que faites-vous, vous, militants de la JMPR? Que faites-vous, vous CADER*? Vous n'attendez pas les gendarmes, vous n'attendez pas les soldats ou la JMPR. Vous connaissez la signification de notre paix, si chèrement acquise. Vous avez des chaussures. Alors vous leur donnez des coups de pied. Je ne vous dis pas de commettre des désordres. Mais vous leur donnez des coups de pied. Je le répète, vous les frappez de vos pieds. Vous avez des mains, vous frappez. Vous avez une tête : *Kamo*!** Au nom de la paix, vous les chassez de la rue.»

Ce jour-là, ce furent les forces de l'ordre qui sauvèrent la paix zaïroise «si chèrement acquise». Les douze femmes furent arrêtées et violées à plusieurs reprises par des agents séropositifs de la police politique[39]. Il est vrai que le maréchal Mobutu, défavorablement impressionné par la fin sordide de son ami Ceaucescu, a depuis été saisi par la grâce démocratique et qu'il a instauré le multipartisme en avril 1990. Mais il a vite réinventé sa différence. Dès le mois de mai, les commandos de sa Division spéciale présidentielle nettoyaient à l'arme blanche le campus contestataire de Lubumbashi en prenant soin d'épargner les originaires de sa province de l'Équateur[40]. Ils inauguraient ainsi une reprise en main de la situation, qui a finalement réussi grâce à la veule nonchalance des puissances occidentales. Sans doute la plupart de leurs dirigeants étaient-ils intimement persuadés que le maréchal Mobutu était incorrigible, tant en matière de gestion que dans le

---

* Milices du parti unique.
** Onomatopée désignant un violent coup de tête.

domaine du respect des droits de l'homme. Chacun devinait également qu'il tergiversait pour mieux rétablir sa suprématie. Pourtant, le bénéfice de ces certitudes lui fut accordé, tandis que l'on refusait aux personnalités de l'opposition celui du doute. Peu importe ici que la classe politique zaïroise ait elle-même creusé, par son impéritie et ses divisions, la tombe de ses espérances, ou que Nelson Mandela et Jean-Paul II aient eux aussi participé à la relégitimation internationale du maréchal Mobutu. L'intéressant est de saisir sur le vif un imaginaire culturaliste en action et de repérer la procédure de perception sélective par laquelle il opère. Trois mythes ont convaincu les Occidentaux – et singulièrement les Français – de se résigner à la continuité au Zaïre : le spectre d'une reprise des rébellions des années soixante et d'un éclatement du pays, dont la position au cœur de l'Afrique centrale est jugée stratégique ; l'idée que cet État géant n'est qu'une mosaïque d'« ethnies » prêtes à en découdre ; la conviction que la « culture africaine » est incompatible avec le pluralisme politique parce qu'elle repose sur la primauté du chef.

« Deux caïmans mâles ne peuvent vivre dans le même marigot », nous avaient en effet répété à l'envi les idéologues des régimes de parti unique pendant trente ans. Nous étions d'autant plus disposés à les croire qu'ils conféraient une aura de respectabilité *ex post* à la conception, volontiers cinglante, de l'autorité coloniale et que l'endiguement du communisme semblait nécessiter des pouvoirs forts. Puis les convulsions du multipartisme, les divisions scissipares des oppositions ont paru à nouveau valider le théorème du caïman mâle. Forts de ce savoir ethnologique, les responsables de la politique africaine de la France ont à peine caché qu'ils ne croyaient guère à la viabilité de l'expérience démocratique au sud du Sahara. « Le mythe du "chef" – chef de tribu, chef de guerre ou chef d'État – reste profondément ancré, comme le démontre amplement le triste exemple de la Somalie ou celui de l'Angola », faisait valoir *Le Monde,* qui en appelait à la « prudence » de l'analyse [41]. Bien au-delà des milieux éclairés de la politique et du journalisme, le thème reste, trente ans après la décolonisation, le fleuron du sottisier africaniste : « On a parfois le sentiment que les Noirs africains ne comprennent pas ce qu'on leur demande, pas seulement parce qu'ils ne maîtrisent pas toujours le français, mais parce qu'on s'y prend mal pour communiquer avec eux. J'ai appris que les Africains fonctionnaient beaucoup par clans et qu'il était très important de tenir compte de

l'avis du chef de tribu lorsqu'on voulait imposer quelque chose »,
expliquera un agent de la société de nettoyage du métro parisien
à l'issue d'un stage de « sensibilisation aux cultures et civilisations
maghrébines et africaines[42] ».

Or, ce « mythe du chef » – qui n'a pas dissuadé les Africains de
manifester par centaines de milliers depuis 1989, ni de manquer
de respect électoral dans plusieurs pays – est une pure vue de
l'esprit. L'échec de la démocratie dans le sous-continent tient peu
à la « culture », et beaucoup aux rapports de forces politiques, à la
crise économique, aux relations internationales. En outre, l'autoritarisme présidentiel en cours de restauration puise une bonne part
de son inspiration idéologique et pratique dans le moment colonial, et non dans l'époque précoloniale. La façon dont le maréchal
Mobutu, au Zaïre, et le président Biya, au Cameroun, ont chacun
créé plusieurs partis d'« opposition » pour diviser leurs adversaires
rappelle par exemple une technique bien rodée de l'administration française au cours de sa lutte contre les partis nationalistes. Si
des dictateurs comme Sékou Touré, en Guinée, ou le chef Buthelezi, dans la province sud-africaine du Natal, se sont réclamés de
prestigieuses figures du passé africain – respectivement Samory et
Shaka –, cela n'a pas été sans un travail de réinterprétation idéologique moderne, dans le contexte contemporain de la décolonisation ou de l'apartheid[43]. Quant à Jean-Bedel Bokassa, à Gnassingbé Eyadéma ou à Amin Dada, ils ont été de purs produits
culturels de l'armée coloniale, même si leur brutalité madrée a pu
susciter des résonances spécifiques dans leur société au regard
d'un panthéon particulier[44]. Cette filiation avec l'appareil de coercition du Blanc ne les a nullement desservis, car, historiquement,
la bureaucratie militaire européenne a été un vecteur de modernité et d'ascension sociale aux yeux de nombreux Africains, qui
l'ont souvent prise pour modèle de leurs propres actions, par
exemple religieuses[45].

Hormis les exemples, il est vrai relativement nombreux au
XIXe siècle, des États guerriers dont les destinées étaient conduites
par des héros despotiques et prédateurs, les formations politiques
de l'Afrique ancienne se caractérisent plutôt par des équilibres de
pouvoir complexes entre diverses institutions ou hiérarchies
sociales. Sans doute serait-il vain de parler à ce propos de démocratie. Mais ces constructions étatiques ou lignagères, parfois très
proches d'un ordre constitutionnel, comme dans l'Asante aux
XVIIIe et XIXe siècles, limitaient l'autonomie des détenteurs de

l'autorité[46]. Ainsi, les mythes bantous de fondation des royautés sacrées «véhiculent une véritable idéologie politique» – au contraire de la mythologie amérindienne – et «développent une conception bicéphale du pouvoir» qui n'est pas sans évoquer la première des trois fonctions indo-européennes étudiées par Georges Dumézil[47]. Les «chefs noirs» chers au gouverneur Robert Delavignette ont été le plus souvent une création du colonisateur, soucieux de coopter des notables indigènes pour administrer les sociétés qu'il avait conquises.

Cela est clair dans les sociétés acéphales qui étaient dépourvues d'institutions politiques centralisées, et l'instauration de chefferies dans ces situations contredisait précisément les représentations culturelles du pouvoir, au prix de conflits ou de malentendus sérieux[48]. Mais, même dans les royaumes ou dans les chefferies d'origine précoloniale, l'idée monarchique, la perception de l'autorité ont été profondément modifiées par l'action du colonisateur. Allemands et Britanniques ont notamment eu recours aux figures imposantes du Kaiser et de la reine Victoria pour asseoir leur prestige en organisant maints rituels de célébration de la «monarchie impériale», rituels qui n'avaient sans doute rien à envier, en matière de kitsch, à la fête du beaujolais nouveau à Bayangam : en 1890, un officier allemand remit au chef des Chagga, au Tanganyika, le manteau et le casque de Lohengrin qu'il s'était procurés à l'Opéra de Berlin. De leur côté, les chefs indigènes, soucieux d'accroître leurs ressources symboliques, quémandaient le titre de «roi», voulaient être invités au couronnement des souverains britanniques, s'équipaient de trônes, de couronnes et de sceptres, célébraient à leur tour des jubilés. Cet engouement pour les signes politiques européens n'était d'ailleurs pas le fait des seuls notables : la foule anonyme des citadins s'y adonnait également, en particulier dans le cadre d'associations de danse qui reprenaient la dramaturgie du *drill* des militaires allemands ou de la pompe entourant le représentant de Sa Majesté[49].

Bien malin celui qui démêle, dans cet écheveau, les parts respectives de l'africanité et de l'idéologie coloniale. Le maréchal Mobutu porte une toque de léopard, animal qui est un symbole immémorial de pouvoir chez les peuples bantous de la forêt[50]. Mais les chefs indigènes qui ont collaboré avec le colonisateur belge ont utilisé avant lui cet insigne et lui ont conféré une connotation autre que celle qu'il pouvait avoir dans une société lignagère souveraine du XIXᵉ ou du XIIᵉ siècle. Dans l'opinion zaïroise, l'autorité du maréchal Mobutu est d'ailleurs associée à l'image terrifiante de Bula Matari, «Celui qui brise les rochers», qu'évoquait la domination coloniale[51]. De même, les historiens savent que le pouvoir, dans le monde bantou, s'exprime dans les termes de la parenté depuis une époque très ancienne[52]. Pourtant, en 1925, c'est le prince de Galles qui écrit au Paramount Chief des Sotho qu'il est «très heureux que vous chérissiez toujours la mémoire de ma grand-mère la reine Victoria» : «[...] Elle n'est plus avec nous mais le Roi continue de veiller sur vous avec un soin tout paternel.» En 1910, le roi George V s'était déjà adressé sur ce ton à ses sujets du Basutoland :

> «Si un jeune enfant a des ennuis, il va voir son père et son père, après l'avoir écouté, décide de ce qui doit être fait. L'enfant doit faire confiance et obéir à son père car il n'est qu'un individu parmi une nombreuse famille et son père a acquis une grande expérience en traitant les problèmes des aînés ; il est à même de juger ce qui est bon non seulement pour l'enfant mais pour la paix et le bien-être de toute la famille [...]. La nation basuto est comme ce jeune enfant, parmi les nombreux peuples de l'Empire britannique[53]. »

À traditionnel, traditionnel et demi, observions-nous à Bayangam. Nous pourrions maintenant préciser que le plus traditionnel n'est pas celui que l'on croit. Dans l'Afrique ancienne, les traditions étaient des processus assurant une «continuité en mouvement»[54]. Le travail idéologique et juridique de la colonisation les a figées en coutume et en folklore[55]. Simultanément, l'administration européenne s'est efforcée de fixer dans l'espace les populations assujetties ou de canaliser leurs migrations au mieux de ses intérêts. La résultante de ces politiques publiques et des stratégies par lesquelles les Africains y ont répondu n'est autre que l'ethnicité. Une pléthore d'ouvrages anthropologiques ou historiques ont démontré que les sociétés précoloniales étaient presque toujours pluriethniques et abritaient une grande diversité de répertoires culturels, que les principales formes de mobilisation sociale ou religieuse étaient transethniques et que, décidément, l'Afrique ancienne n'était *pas* constituée en une mosaïque d'ethnies[56]. Cela ne veut pas dire que l'ethnicité soit une pure «construction» du colonisateur soucieux de diviser pour mieux régner, comme le soutiennent encore volontiers les nationalistes (ou, paradoxalement, certains ethnonationalistes) africains. En réalité les colonisés ont participé à sa « formation » en s'appropriant les nouvelles ressources politiques, culturelles et économiques de l'État bureaucratique. Malentendu opératoire parmi beaucoup d'autres, « les Européens croyaient que les Africains appartenaient à des tribus, les Africains édifièrent des tribus auxquelles appartenir », écrit John Iliffe, en un brillant raccourci[57]. L'importance politique de l'ethnicité provient justement de ce qu'elle est un phénomène éminemment moderne, lié à l'« État importé », et non un résidu ou une résurgence de la « culture traditionnelle ».

Celle-ci, au fond, n'existe pas, en tout cas pas au sens où l'entendent les culturalistes. On peut dégager la permanence dans le temps, et dans un espace donné, d'un certain nombre de représentations culturelles, d'un certain nombre de « traditions », en particulier cognitives, comme l'a fait Jan Vansina pour les Bantous de la forêt équatoriale. Mais chacune de ces représentations est constamment négociée par une grande diversité d'acteurs, y compris à l'intérieur des sous-ensembles « ethniques ». Parlera-t-on par exemple de l'ethos économique des Bamiléké en arguant de leur « dynamisme » légendaire et des craintes que celui-ci suscite ? Ce serait prendre pour argent comptant un discours politique explosif qui flirte avec la purification ethnique et renoncer à saisir la différenciation d'itinéraires d'accumulation (ou de désaccumulation) selon les catégories sociales et les générations d'entrepreneurs[58]. Se consolera-t-on avec la notion d'une culture politique africaine qui serait incompatible avec les structures d'un État-de-conception-occidentale-dont-les-frontières-tracées-au-congrès-de-Berlin-sont-artificielles ? Mais les crises paroxystiques du Rwanda, du Burundi et de la Somalie suggèrent que la continuité territoriale et culturelle entre les sociétés précoloniales et les États contemporains ne constitue nullement un gage de stabilité. On peut même se demander, à partir de l'exemple des conflits de la région des Grands Lacs, si la modernisation idéologique et militaire des États d'origine précoloniale n'a pas favorisé la radicalisation des rapports sociaux en leur sein, là où leur incorporation dans des espaces politiques élargis, à la faveur du changement d'échelle généralement provoqué par la colonisation, a rendu inévitables des compromis entre les élites, voire leur assimilation réciproque, et a tendu à diluer les contradictions sociales, ou en tout cas à les amortir[59]. Quoi qu'il en soit, la crise politique de l'Afrique n'a pas grand-chose à voir avec le caractère prétendument factice de ses frontières, parfois plus anciennes que celles de quelques pays européens. La frontière, ô combien naturelle ! du Rhin, celle, ô combien historique ! qui sépare les pays héritiers de l'Empire romain d'Occident et les pays héritiers de l'Empire romain d'Orient ont-elles d'ailleurs été des facteurs de paix ?

En vérité, l'adhésion des Africains aux cadres territoriaux légués par le colonisateur est l'un des traits saillants de l'histoire récente du sous-continent. L'État importé a d'emblée été investi par les autochtones. La « formation » de l'ethnicité, en réponse aux nouvelles institutions et aux nouvelles règles d'allocation des ressources, a constitué l'une de leurs stratégies de prédilection, mais non la seule : la conversion au christianisme ou à l'islam, la création de cultes, de prophétismes ou d'Églises indépendantes, l'organisation de syndicats ou de partis politiques, le développement de l'agriculture et du secteur informel ont simultanément témoigné de cette reprise de l'« initiative africaine[60] » en osmose avec le système colonial. En signant la Charte de l'Organisation de l'unité africaine, les régimes issus de la décolonisation ont solennellement assumé cette continuité.

Aujourd'hui, les guerres civiles qui endeuillent l'Afrique, quelle que soit leur teneur régionaliste ou ethnique, ne remettent pas en cause l'unité nationale. Même la voie fédérale a parfois été écartée avec violence par les protagonistes de ces conflits, partisans farouches d'un État unitaire, comme au Tchad, en Angola ou au Soudan. La seule véritable tentative de sécession a été celle du Biafra, en 1967, et elle a été écrasée. Le projet séparatiste du Katanga, en 1960, était quant à lui largement télécommandé par des intérêts étrangers et a fait long feu, bien que son souvenir reste présent dans la mémoire historique des Zaïrois et ait été ravivé à intervalles réguliers par l'habile maréchal Mobutu, désireux d'apparaître comme le dernier rempart contre l'éclatement de son pays. Mais, précisément, la grande leçon de l'histoire du Zaïre tient à la persistance phénoménale de l'idée nationale. Voilà un État immense dont la majorité de la population est concentrée sur ses frontières, dont le système de communication est ruiné et dont les campagnes sont enclavées, dont les institutions se sont effondrées, dont les villes sont en proie à des pillages intermittents dont l'économie échappe à toute réglementation et à toute fiscalité, à défaut d'être libérée de tout prélèvement obligatoire. Néanmoins, il demeure politiquement uni et le débat sur le régionalisme qui a eu lieu dans l'enceinte de la Conférence nationale au début des années quatre-vingt-dix a été formulé dans les termes d'une nécessaire décentralisation administrative, non d'un démembrement territorial : une province comme celle du Kivu, laissée à elle-même par le pouvoir central depuis de nombreuses années et qui commerce intensément avec le reste du monde par l'intermédiaire de la diaspora nande, n'a pas envisagé de briser son appartenance au Zaïre et a joué un rôle politique de premier plan au sein de la Conférence nationale. Paradoxalement, le cas du géant malade de l'Afrique atteste la solidité des États tracés au congrès de Berlin. Plus éloquemment encore, la lutte armée au Sahara occidental, en Érythrée et au Somaliland a eu pour revendication principale le retour aux frontières coloniales, ou le maintien de celles-ci.

Pour malaisée et conflictuelle qu'elle soit, la greffe des institutions et des idéologies importées en Afrique à la faveur de l'expansion impérialiste de l'Europe ne se heurte pas à l'obstacle rédhibitoire d'une «culture traditionnelle africaine», que nous serions bien en peine de définir. En revanche, nous voyons comment ce mythe, inhérent au raisonnement culturaliste, inspire un relativisme politique qui tend à dénier aux Africains l'accès à l'universel. Puisque «la race des Nègres est une espèce d'hommes différente de la nôtre, comme la race des épagneuls l'est des lévriers», puisque «des Nègres et des Négresses, transportés dans les pays les plus froids, y produisent toujours des animaux de leur espèce[61]», il est vain de vouloir leur imposer notre modèle démocratique, notre conception du développement, notre idée de la *res publica*, en bref, notre culture. Sur les rives du lac Kivu, cette argumentation a tourné au cauchemar.

L'INVENTION DE LA TRADITION COMME INVENTION DE LA MODERNITÉ

Il en est malheureusement du culturalisme comme du beaujolais nouveau : l'ivresse qu'il suscite est volontiers méchante et donne la gueule de bois. On ne peut dire en outre que dans son vin se trouve la vérité : l'analyse des faits infirme vite ses hypothèses. La raison en est simple. Le culturalisme s'entête à considérer qu'une «culture» se compose d'un corpus stable et clos sur lui-même de représentations, de croyances ou de symboles qui aurait une forte «affinité» – le mot est utilisé par Tocqueville aussi bien que par Max Weber – avec des opinions, des attitudes ou des comportements précis.

Or, Max Weber *n'*était *pas* culturaliste et n'a jamais adhéré à l'interprétation de «l'esprit du capitalisme» qu'on lui attribue encore trop souvent en citant à tort et à travers son célèbre essai sur l'éthique protestante[62]. Il se refusait à abstraire les facteurs de la matérialité de ceux de l'éthique religieuse pour expliquer la genèse du capitalisme : «[...] il est hors de question de soutenir une thèse aussi déraisonnable et doctrinaire qui prétendrait que "l'esprit du capitalisme" [...] *ne* saurait être *que* le résultat de certaines influences de la Réforme, jusqu'à affirmer même que le capitalisme en tant que *système économique* est une création de celle-ci.» Weber parlait de «l'énorme enchevêtrement d'influences réciproques entre bases matérielles, formes d'organisation sociales et politiques, teneur spirituelle des époques de Réforme». Et il concluait son ouvrage par cette mise au point qui aurait dû clore définitivement une mauvaise querelle : «Est-il nécessaire de protester que notre dessein n'est nullement de substituer à une interprétation causale exclusivement "matérialiste" une interprétation spiritualiste de la civilisation et de l'histoire qui ne serait pas moins unilatérale ? *Toutes deux* appartiennent au domaine du *possible*; il n'en demeure pas moins que dans la mesure où elles ne se bornent pas au rôle de travail préparatoire, mais prétendent apporter des conclusions, l'une et l'autre servent aussi mal à la vérité historique.»

Certes, Weber parle par endroits du «caractère intrinsèque et permanent des croyances religieuses», donne la priorité à l'étude des «fondements dogmatiques» et de la «théorie éthique», ne s'en tient pas à l'analyse de la «pratique morale». Cependant, son projet de «rechercher si certaines "affinités électives" sont perceptibles entre les formes de la croyance religieuse et l'éthique professionnelle» n'était qu'une étape de sa démonstration, qui consistait à composer un «type idéal», «tel qu'il ne se rencontre que rarement dans la réalité historique». Pour le reste, Weber raisonne en termes d'expérience historique ou, mieux, de matrice historique : «La conceptualisation des phénomènes historiques [...] n'enchâsse pas, à toutes fins méthodologiques, la réalité dans des catégories abstraites, mais s'efforce de l'articuler dans des relations génétiques concrètes qui revêtent inévitablement un caractère individuel propre.» À ses yeux, la genèse du capitalisme relève de la contingence, elle tient à un «enchaînement de circonstances». La singularité du capitalisme est un «phénomène culturel» puisqu'elle consiste en un «esprit» : «Le problème majeur de l'expansion du capitalisme moderne n'est pas celui de l'origine du capital, c'est celui du développement de l'esprit du capitalisme» qui a fait son «apparition dans la civilisation occidentale, et uniquement dans celle-ci». Mais, si le capitalisme se définit par son «esprit», son engendrement ne procède pas de la seule «culture». En cela, les partisans de l'explication «néoconfucéenne» des miracles économiques d'Asie orientale se montrent bien peu wébériens, à l'inverse des historiens de l'école française de sinologie, qui critiquent volontiers les hypothèses émises par le sociologue de Heidelberg au sujet de la Chine, mais poursuivent la même quête d'une «histoire globale».

Max Weber se sépare également des présupposés culturalistes par l'importance qu'il accorde à la dimension exogène du changement. Dans son œuvre, les sociétés ne répondent pas seulement aux injonctions de leurs logiques propres, en particulier à celles de leur culture. Elles sont en interaction permanente avec leur environnement, même si celui-ci tend à être indûment réduit à la catégorie des phénomènes militaires et diplomatiques[63]. D'un point de vue idéologique, et par ses attaches familiales, le très anglophile Weber était d'ailleurs étranger au *Zeitgeist* romantique, nationaliste et impérialiste qui fut en Allemagne le principal foyer de la pensée culturaliste[64]. Il écartait en particulier toute définition substantialiste des groupes ethniques et des nations, dans lesquels il voyait des «artefacts politiques», estimant que «la notion d'une action sociale "ethniquement" déterminée subsume des phénomènes qu'une analyse sociologique rigoureuse devrait soigneusement distinguer[65]».

La remarque n'est pas seulement anecdotique. Dans ses formes modernes, le culturalisme politique est un avatar de ces «grandes figures de la méconnaissance des autres» qu'ont été le racialisme scientiste, le nationalisme ou l'exotisme égocentriste[66]. Selon la perspective de l'analyse politique, il doit être plus précisément rattaché au mouvement d'«invention de la tradition» qui a marqué l'histoire de l'Occident depuis la fin du XVIIIe siècle[67]. Ce «processus de formalisation et de ritualisation» s'est traduit par l'inculcation, par voie de répétition, de certaines valeurs et de certaines normes de comportement se référant explicitement au passé, celui-ci pouvant éventuellement être reconstruit ou fabriqué. L'«invention de la tradition» a été un ingrédient fondamental de la

« construction » et de la « formation » de l'État moderne en Occident. Elle a véhiculé l'intégration, plus ou moins conflictuelle, des périphéries régionales au centre, le « réveil des nationalités » et la genèse du nationalisme, l'unité italienne et allemande, l'édification de sociétés industrielles de masse, la création d'États-nations sur les décombres des vieux empires pluriethniques ou, dans le Nouveau Monde et en Australie, le fusionnement de populations hétérogènes d'immigrés.

Au-delà de cette diversité de situations, la caractéristique majeure de l'« invention de la tradition » est le remploi – instrumental ou inconscient – de fragments d'un passé plus ou moins fantasmatique au service de l'innovation sociale, culturelle ou politique. Ainsi, en Grande-Bretagne, les fastes du rituel monarchique ne s'affirmèrent que tardivement, à la fin du XIXe siècle – et contre les inclinations d'une reine Victoria psychologiquement réticente – dans une société industrielle en proie aux incertitudes de la compétition impérialiste et de la montée de la classe ouvrière. Le développement de la grande presse, à partir des années 1880, aida à populariser cette glorification de la royauté, avant que la BBC ne prenne le relais[68]. De même, la vogue du néogothique, du néobaroque ou du néoclassique dans les capitales du monde occidental a été concomitante de la centralisation, de la bureaucratisation, de l'élargissement des capacités civiques à un nombre croissant de citoyens et, de façon générale, de l'innovation sociale[69]. À Vienne, par exemple, le style néogothique du Rathaus devait rappeler, dans l'esprit des libéraux, que la ville avait été une commune libre au Moyen Âge et renouait avec ce passé après une longue période d'absolutisme ; le style néobaroque du Burgtheater commémorait l'époque où clercs, hommes de cour et gens du peuple avaient partagé la passion du théâtre ; le style néorenaissance de l'université affichait la rupture du rationalisme avec les superstitions ; le classicisme du Parlement évoquait l'idéal démocratique hellène[70].

Dans les pays colonisés d'Afrique et d'Asie, le figement d'une « culture traditionnelle » au moment de l'occupation européenne correspond à ce schéma : le « processus de ritualisation et de formalisation » de la coutume est allé de pair avec une intensification du changement social. Ainsi, en Inde, l'instauration de la monarchie impériale après la révolte des Cipayes de 1857 et l'abolition de la souveraineté moghole en 1858 prit les atours d'un traditionalisme politique et culturel. Les princes qui acceptèrent de

s'associer à l'action de la Couronne britannique virent institution-
naliser leur étiquette et leurs prérogatives; ils se constituèrent
progressivement en une catégorie dominante aussi «traditionnelle» que celle des «chefs» en Afrique[71]. «Les peuples et les cultures de l'Inde» furent décrits, répertoriés et photographiés.
Bibliothèques et musées consignèrent une civilisation dont on
disait qu'elle était vouée à la disparition. Des fouilles archéolo-
giques furent entreprises et les «grands monuments» du sous-
continent firent l'objet d'un inventaire. En bref, les Britanniques
définirent avec une autorité croissante ce qui était indien, et les
Indiens furent sommés d'avoir l'apparence de vrais Indiens : alors
que les soldats indigènes portaient un uniforme de coupe européenne avant 1860, ils reçurent par la suite une tenue néomoghole
comprenant turban, ceinture et tunique[72].

Le basculement de l'Inde dans l'ère de l'impérialisme colonial
s'est effectué par exaltation de la tradition, ou tout au moins de
l'exotisme. Mais son entrée dans la période de la mobilisation
nationaliste et bientôt des déchirements communalistes a pris une
coloration analogue. Pendant que l'administration britannique
fabriquait de l'indianité, les intellectuels hindous produisaient de
l'hindouité en recourant à un «syncrétisme stratégique». Il s'agissait, selon Christophe Jaffrelot, de «structurer son identité contre
l'Autre en assimilant ses traits culturels prestigieux et efficaces» :
«L'apparition d'une menace exogène éveille chez la majorité hindoue un sentiment de vulnérabilité, voire un complexe d'infério-
rité, qui justifie une réforme de l'hindouisme empruntant ses
points forts à l'agresseur, sous couvert d'un retour aux sources
d'un prestigieux âge d'or védique grandement réinventé mais dont
la "xénologie" reste active[73]. » Trait récurrent de la résistance
indienne aux invasions étrangères, le «syncrétisme stratégique» a
connu à l'époque moderne deux temps forts, à la fin du XIXe siècle
et dans les années vingt, avant de s'instituer en pratique politique
militante chez les nationalistes hindous. Ces derniers se sont
notamment organisés sur le modèle autochtone de la secte, et plus
précisément de l'*akhara*, tout à la fois ordre combattant et lieu
d'exercice physique et martial, dont la ritualisation est prononcée.
Des sociétés terroristes avaient déjà remployé cette institution de
l'*akhara* en mélangeant les sources d'inspiration : les membres de
l'une d'entre elles prêtaient serment d'allégeance devant la déesse
Kali, le *Bhagavad-gîtâ* dans une main, le revolver dans l'autre[74]!
Au cours des années vingt, la Hindu Mahasabha encouragea à son

tour la création d'*akhara* pour se défendre contre le Mouvement du Califat des musulmans. Mais elle délaissa le travail du corps et le combat interindividuel au profit de jeux d'équipe prisés par les Anglais. La forme traditionnelle de l'*akhara* se trouvait clairement subordonnée à une innovation politique et éducative [75].

In fine, la réinterprétation du passé « hindou » par les nationalistes et leur instrumentalisation de la « tradition » à des fins militantes ont véhiculé depuis un siècle une identité politique radicalement neuve dans le paysage culturel du sous-continent en incorporant des représentations étrangères à l'hindouisme – par exemple des éléments d'individualisme égalitaire, de prosélytisme, de structures ecclésiales – et en visant à « homogénéiser, pour en faire une nation, une société qui se singularise par une extrême différenciation [76] ». Dans cette mouvance de l'échiquier politique indien, la célébration de l'âge védique est un cache-modernité, au même titre que les différentes moutures de l'« authenticité » africaine qui se sont développées dans la lignée de l'invention coloniale de la tradition, en particulier dans le Zaïre du maréchal Mobutu, dans le Tchad de Tombalbaye, dans le Togo de Gnassingbé Eyadéma, dans la Guinée équatoriale de Macías Nguema ou dans le Natal du Chief Buthelezi.

De telles définitions régressives de la modernité rendent les stratégies identitaires *potentiellement* totalitaires [77]. D'abord parce que la culture imaginée comme authentique se définit par opposition à des cultures voisines mais qui sont appréhendées comme radicalement différentes, et parce que cette altérité supposée entraîne un principe d'exclusion dont la conclusion logique devient vite l'opération de purification ethnique : l'échange interculturel est alors vécu comme une aliénation, une perte de substance, voire une pollution. Ensuite parce que la culture imaginée prescrit aux individus censés relever de celle-ci une identité simplifiée, on serait tenté de dire un kit identitaire, qu'ils sont sommés d'endosser, le cas échéant sous la coercition. Telle est la logique des islamistes ou, aussi bien, celle des « hommes en noir » d'Israël, qui imposent à leurs coreligionnaires une reconstruction idéologique parfaitement arbitraire de leur histoire et de leur foi. Telle est aussi la terrible rationalité des tueries en Bosnie ou dans l'Afrique des Grands Lacs : autant qu'à faire partir l'Autre, elles entendent empêcher les Siens de pactiser avec lui, éventuellement en les contraignant à l'exode quand tourne le sort des armes, comme au Rwanda en 1994 ou à Sarajevo en 1996.

Néanmoins, il faut admettre que les radicalismes politico-religieux ou les formes extrêmes d'ethnonationalisme puisent dans la source commune des nationalismes européens et américains[78], lesquels reposent pareillement sur le mensonge et l'illusion politiques. « L'oubli, et je dirai même l'erreur historique, sont un facteur essentiel de la création d'une nation », avouait Ernest Renan[79]. De ce point de vue, les « grandes figures de la méconnaissance des autres » sont indissociablement des figures de la méconnaissance de Soi. Mais n'en concluons pas pour autant que les « communautés imaginées » par invention de la tradition sont *nécessairement* totalitaires. Tous les régimes n'ont pas les moyens de leurs fins : l'« authenticité » zaïroise était un projet totalitaire, sa mise en œuvre ne dépassa guère le stade du contrôle autoritaire[80]. Surtout, le processus de « construction » des régimes identitaires doit composer avec le processus de « formation » des États. Le jeu complexe des forces et des institutions sociales, le poids de la démographie, les contraintes de l'économie, les pratiques des acteurs relativisent l'efficacité des politiques publiques.

En définitive, l'invention de la modernité politique par invention de la tradition s'accommode d'une grande variété de stratégies et de régimes politiques, les uns et les autres n'étant pas forcément de type identitaire. Elle a été l'une des matrices culturelles de la démocratie parlementaire, d'une conception universaliste de la citoyenneté et de l'État-providence en Angleterre et en France, mais elle a inspiré le glissement totalitaire en Italie et en Allemagne. En outre, dans chacun de ces pays, l'élaboration de la tradition nationale a été contradictoire. Renan, polygéniste, était convaincu de « l'éternelle enfance (des) races non perfectibles », et Barrès, faute de pouvoir exiger « de cet enfant de Sem les beaux traits de la race indo-européenne », eût préféré, « au lieu de juger Dreyfus selon la moralité française et selon notre justice, comme un pair », que l'on reconnût « en lui le représentant d'une espèce différente » et qu'on le plaçât « comme un témoignage vivant, comme une leçon de choses [...] près d'une chaire d'ethnologie comparée[81] ». Contestés, les travaux de l'historien Zeev Sternhell ont au moins le mérite de rappeler que la France n'a pas ignoré le nationalisme culturel et organiciste, voire biologique et racial, que l'on associe habituellement à l'histoire allemande[82]. Inversement, le nationalisme a également eu pour porte-parole, en Italie et en Allemagne, des démocrates qui ont fini par l'emporter après la Seconde Guerre mondiale. Cette ambivalence du culturalisme politique se retrouve dans les nationalismes ethnolinguistiques de l'Europe orientale et centrale : la codification, tardive, des cultures polonaise, hongroise, tchèque, bulgare, grecque, roumaine, ukrainienne ou turque qui a accompagné la construction et la formation de l'État aux XIXe et XXe siècles n'a écarté aucune des expressions, libérale, fasciste ou communiste, de celui-ci. La remarque vaut pour l'ethnicité en Afrique, qui est tout à la fois principe d'exclusion, voire de mort, et véhicule d'une nouvelle économie morale de la cité[83].

LE CULTURALISME COMME IDÉOLOGIE DE LA GLOBALISATION

Dans son équivoque politique, la formation de communautés culturelles imaginées a été une manifestation idéologique privilégiée de la globalisation depuis le XIXe siècle. En affirmant la différence irréductible des identités ethniques ou nationales et des civilisations, le culturalisme contribue bizarrement à l'unité dialectique du monde. Il a par exemple été le filtre qui a tamisé la diffusion de la technologie industrielle, le modèle scolaire occidental, l'organisation étatique et bureaucratique, les schémas ecclésiaux chrétiens, les principes de l'économie capitaliste. Au grand dam des esprits chagrins et passéistes, il a généralement légitimé ces emprunts en prétendant qu'ils serviraient la destinée de la nation ou de la religion sans pour autant altérer sa « culture », opinion fondée, mais en curieuse contradiction avec ses propres prémisses philosophiques[84].

Vu sous cet angle, le culturalisme politique dépasse la problématique classique selon laquelle la mobilisation nationaliste aurait donné aux Africains et aux Asiatiques l'opportunité de retourner contre leurs colonisateurs leurs propres armes culturelles, comme l'on dit dans les manuels d'enseignement secondaire. Le nationalisme, fût-il ethnique ou religieux, est un phénomène complexe qui met en jeu d'autres dynamiques que celles de la « construction » de l'État par les démiurges de l'« intégration nationale », les Soekarno, les Nehru, les Atatürk et tous ces « chefs » africains, admirés ou méprisés selon qu'ils se nomment Félix Houphouët-Boigny ou Jean-Bedel Bokassa.

Dans la deuxième édition de son célèbre *Imagined Communities*, Benedict Anderson révise opportunément son point de vue initial et admet que le nationalisme colonial en Asie ou en

Afrique ne se ramène pas au «nationalisme officiel» que les États dynastiques européens du XIXe siècle s'étaient efforcés d'instrumentaliser, avec un bonheur très inégal[85]. Grâce à cette précision, nous saisissons mieux pourquoi et comment l'État importé s'est érigé en «communauté imaginée» et n'a pas été remis en question par les autochtones au moment de la décolonisation. Ce que nous avons dit de l'Inde peut être généralisé. Par le biais de la cartographie, de la muséographie, de l'archéologie, de l'histoire, de l'ethnologie ou de l'orientalisme, l'occupant européen s'est inscrit dans la continuité des configurations politiques et civilisationnelles qui préexistaient à son arrivée, quand bien même il leur conférait une unité qu'elles ne connaissaient pas et leur assurait l'accès au «progrès». Les nationalistes autochtones ont par la suite repris à leur compte ce «processus de formalisation et de ritualisation» d'une «culture traditionnelle», ainsi que la «logoisation» d'un État neuf à laquelle il a donné lieu[86].

L'imagination de la communauté nationale – parfois vécue comme une communauté religieuse, par exemple chez les islamistes, chez les populistes cinghalais au Sri Lanka ou chez les militants hindouistes du BJP en Inde – n'a pas exclusivement consisté dans la validation d'un cadre territorial, le développement de nouvelles institutions politiques et administratives, la répartition des ressources économiques ou du statut social. Elle a également suscité l'émergence de nouvelles valeurs morales, économiques et politiques qui ont été âprement disputées mais qui ont fini par procurer à l'État colonial ou postcolonial sa qualité de cité véritable[87]. C'est ce qui rend si malaisée l'analyse du nationalisme, mais aussi du compromis entre le colonisé et le colonisateur. Les collaborateurs indigènes de celui-ci n'ont pas seulement servi des intérêts matériels, en même temps que ceux de leurs maîtres supposés. Ils ont incarné des idéaux, des normes, des styles de vie, des savoirs qui pouvaient inspirer respect, sympathie ou engouement, et que leurs contempteurs ne tarderont d'ailleurs pas à épouser, au moins pour certains d'entre eux. En cela, une situation coloniale ou, plus largement, une situation de dépendance est toujours une «aventure ambiguë» : «Je ne suis pas un pays des Diallobé distinct, face à un Occident distinct, et appréciant d'une tête froide ce que je peux lui prendre et ce qu'il faut que je lui laisse en contrepartie. Je suis devenu les deux. Il n'y a pas une tête lucide entre deux termes d'un choix. Il y a une nature étrange, en détresse de n'être pas deux », confie le héros du romancier sénégalais Cheikh Hami-dou Kane[88].

Dans cette œuvre d'invention de la tradition et d'imagination de la communauté, colonisé et colonisateur ont souvent agi de concert, parfois au sein des mêmes institutions, des mêmes courants d'idées, des mêmes croyances, mais avec des objectifs différents et presque toujours sur le mode du malentendu opératoire[89]. Ainsi, la réification de la coutume au sud du Sahara a d'abord concerné les Européens. Elle leur a fourni le moyen de consolider leur identité raciale et leur statut social dans un contexte de précarité que l'on tend rétrospectivement à minimiser : les administrateurs britanniques de l'*Indirect Rule* ont de la sorte forgé un style de vie quasi nobiliaire pour surmonter l'isolement dans lequel ils se trouvaient et préserver leur dignité de « civilisé », tandis que les mineurs blancs d'Afrique du Sud et de Rhodésie ont donné naissance à une culture ouvrière corporatiste qui affirmait leur distinction par rapport aux travailleurs noirs.

Simultanément, l'interprétation culturaliste de la société colonisée a tenu lieu de discours sur la métropole. Au début du XIXe siècle, missionnaires et voyageurs britanniques ont assimilé la barbarie des Africains à la sauvagerie des pauvres dans les quartiers déshérités de Londres : les deux combats en faveur de la civilisation (ou les deux frayeurs devant le primitivisme des mœurs) sont allés de pair[90]. Les colonisateurs n'ont pas été des agents abstraits du changement social, mais des acteurs de chair et d'os, issus de sociétés historiques concrètes, avec leurs rapports d'inégalité, leurs débats politiques, leurs représentations mentales, des sociétés dans lesquelles ils avaient eux-mêmes occupé des positions précises et dont ils avaient tiré ambitions, frustrations, convictions ou rêves[91]. Autant dire qu'ils n'ont jamais formé une catégorie homogène : leurs origines et leurs valeurs étaient disparates, leurs projets coloniaux étaient divergents, leur culturalisme n'était pas de la même encre. Les violents conflits qui opposèrent au XIXe siècle, en Afrique du Sud, les colons boers et les pasteurs de la London Missionary Society posaient déjà tout le problème du relativisme culturel. Les uns étaient polygénistes et justifiaient leur esclavagisme prédateur par leur conviction biblique que les Cafres étaient « les enfants de Cham », voués à la servitude. Les autres ne doutaient pas que les Africains fussent perfectibles et souhaitaient les élever à la dignité de l'individualisme bourgeois et de la famille nucléaire au prix d'une refonte globale de leur société[92].

Mais ces contradictions à l'intérieur du microcosme des colonisateurs se répercutaient dans la société indigène, notamment par
l'intermédiaire de l'école et de la mission. La fable de la «communauté villageoise» illustre bien cette symbiose. L'expansion impériale de l'Europe est contemporaine de la révolution industrielle,
qui a inspiré maintes variations sur la nature, l'innocence menacée
des campagnes et la corruption des villes. Le mouvement d'invention de la tradition a participé de cette sensibilité, en particulier
dans les pays d'Europe ceɪtrale et orientale. La critique historio-
graphique ou anthropologique a également montré combien les
concepts de culture populaire, de religion populaire, de folklore
sont indissociables de ce *Zeitgeist* et ont concouru à la construction
de l'inégalité sociale[93].

Or les missions chrétiennes et les milieux qui leur étaient liés
ont fait grand cas de cette représentation idéalisée de la vie rurale.
Au Liberia, par exemple, l'American Colonization Society, pétrie
des idées jeffersoniennes, souhaitait que les Noirs rapatriés sur
leur continent d'origine s'en tinssent à une sérénité champêtre,
bien que leurs protégés eussent tendance à associer l'activité agricole à l'esclavage honni et provinssent souvent des villes du Nord-
Est des États-Unis[94]. Pareillement, la Mission de Bâle transplanta
en Afrique australe et orientale la formule du «village chrétien
modèle» qu'elle avait inaugurée dans le Wurtemberg pour protéger les campagnes des miasmes de l'urbanisation. Son intention
première avait même été de trouver des terres vierges sur lesquelles auraient pu s'installer des communautés paysannes alle-
mandes. Se voulant «une mission du village pour le village», elle
sublimait une *Gemeinschaft* qui bien sûr n'existait pas plus en
Allemagne qu'au Mozambique. Dans la réalité, les postes africains
de la Mission de Bâle sauvegardèrent moins la «culture traditionnelle» des autochtones qu'ils ne facilitèrent leur contrôle et l'innovation économique[95].

De façon générale, l'attitude des missionnaires était très
confuse et ne cessait d'osciller entre deux positions : d'un côté, le
rejet de coutumes arriérées et souvent indécentes dont les danses
nocturnes et lascives étaient l'insupportable symbole, et la volonté
subséquente de réformer les mœurs des villageois pour les amener
au seuil de la civilisation, par exemple grâce à la pratique du commerce ; de l'autre, le respect naïf de l'authenticité africaine, qui ne
pouvait être que rurale et qu'il convenait de défendre contre la
cupidité des marchands, la brutalité des administrateurs, l'effet cor-

rosif de l'argent, l'attrait imbécile pour les colifichets de la modernité occidentale, l'expansion de l'islam, les visées du bolchevisme
et, *last but not least*, l'évangélisation pernicieuse des missions ou
des confessions concurrentes[96].

Par leur dérivation créative des formes culturelles européennes,
les Africains renvoyèrent dos à dos ces deux approches pastorales,
également condamnées à l'échec : tout en demeurant fidèles à la
foi chrétienne, ils développèrent des institutions ecclésiales et des
rituels inédits, ils voulurent porter le short et même, *horresco referens*, le pantalon, ils partirent s'encanailler à la ville. Pour autant, le
mythe chrétien de la communauté villageoise ne mourut pas. On
l'a vu resurgir sous la plume de théologiens ou d'associations
confessionnelles qui militent en faveur des «communautés chrétiennes de base» dans une perspective qui se veut socialement,
voire politiquement, mobilisatrice, mais dont Terence Ranger
remarque à juste titre qu'elle renoue avec le christianisme populaire de l'époque héroïque de la mission[97]. Il convient en outre de
préciser que l'administration coloniale – singulièrement l'administration britannique, forte de son ethos de *gentry* bureaucratique et
convaincue des bienfaits de l'*Indirect Rule* – s'est complu dans
cette vision des sociétés africaines, allant jusqu'à garantir l'harmonie organique des campagnes kenyanes en regroupant la population dans des villages stratégiques afin de la protéger de la
rébellion du Mau Mau[98], et de noter que les tenants de l'«animation rurale» ou du «socialisme africain» n'ont pas pensé autrement au lendemain des indépendances[99].

En Asie également, l'invention conjointe de la tradition par le
colonisateur et le colonisé est inséparable du concept clef de communauté villageoise, auquel les pages de Marx sur l'Inde et la
Chine conférèrent une immense respectabilité intellectuelle. Dans
les Indes néerlandaises, par exemple, l'administration s'appuya sur
les *pamong desa*, les chefs de village, en même temps qu'elle se
refusait à assimiler les indigènes et qu'elle promouvait une forme
de nationalisme colonial. Il s'ensuivit, en particulier à Java, un
double processus d'«involution agricole» et d'«invention de la tradition» qu'ont respectivement décrit Clifford Geertz et Benedict
Anderson[100]. Néanmoins, «l'idée qu'il existerait *un* village javanais
stéréotypé est une pure illusion» qui repose sur notre ignorance
historique et qu'a entretenue le débat idéologique autour de la
question agraire, d'abord entre les nationalistes et les colonisateurs, puis entre les communistes et la droite[101]. De façon compa

rable, les premiers administrateurs britanniques du sous-continent indien se sont persuadés que les villages pratiquaient un communisme primitif, ignoraient le système des castes, vivaient en autarcie. Une utopie romantique que les nationalistes ont par la suite entérinée : Gandhi fit grand cas de la notion de *panchayat** , au point de rêver d'une *Village Republic* ; son disciple Vinoba Bhave en reprit l'idée dans les années cinquante, et le parti hindou militant du Jana Sangh soutint que « les villages étaient les unités autarciques de la vie indienne, [...] [qu'] ils étaient autosuffisants et se gouvernaient eux-mêmes, [que] le *panchayat* de village datait de l'époque védique[102] ».

Les anthropologues qui ont travaillé sur l'« économie morale » de la paysannerie asiatique n'ont jamais pu entièrement se départir de cette appréhension organiciste de la communauté rurale, bien que leur chef de file, James Scott, en eût d'emblée récusé le romantisme en refusant de confondre l'« éthique de subsistance » – aversion raisonnée pour le risque dans un contexte de précarité économique – avec un idéal de justice sociale : selon cette analyse, la valorisation de la réciprocité, la défense des obligations et des droits traditionnels, la revendication d'une restauration du *statu quo*, en bref « l'économie morale » des paysans, exprimaient moins la résistance de représentations communautaires passéistes devant le progrès – la « résilience », *ketahanan*, disent les idéologues de l'Ordre nouveau en Indonésie – que le déroulement de luttes sociales dans un contexte moderne de transformation capitaliste des campagnes[103].

Il n'empêche que le critique le plus en vue de cette approche anthropologique, Samuel Popkin, eut beau jeu d'attaquer la pierre angulaire de son raisonnement : la notion de « communauté corporative fermée » (*closed corporate community*) que l'on doit à Eric Wolf et qui oblitère tout à la fois la place des *outsiders*, aux confins du village, et l'inégalité entre les *insiders*, en son sein[104]. En outre, le renforcement de la structure villageoise est largement imputable à l'action de la bureaucratie coloniale, qui a coopté ses notables comme intermédiaires et accru leurs fonctions para-administratives[105]. Louis Dumont avait déjà souligné, vingt ans plus tôt, que les villages indiens abandonnaient au moins un

---

* Conseil de cinq membres, traditionnellement chargés de régler les litiges au sein d'une caste. Le terme désigne, dans l'Inde contemporaine, les institutions électives villageoises.

sixième de leurs récoltes aux royaumes et que leur unité apparente recouvrait différentes castes, ou *jati*, qui transcendaient l'espace de chacun d'entre eux[106].

La «communauté villageoise» est un mythe. Mais, à travers cette allégorie, administrateurs coloniaux, nationalistes, hommes de religion, «développeurs», intellectuels ou encore opérateurs économiques et touristes se sont entretenus, par circonlocutions, de la genèse de la modernité, processus auquel ils étaient parties prenantes et au détour duquel ils se sont durement opposés, au nom des intérêts du village, s'entend! Les administrateurs européens des dernières années de la colonisation se sont attachés à défendre les paysans dépositaires de l'âme éternelle de la culture africaine ou asiatique contre les agissements des commerçants voleurs, des fonctionnaires paresseux et des intellectuels communistes. Les leaders nationalistes, eux aussi en quête du vrai développement, ont cherché à capter le surplus agricole en lançant des programmes de «villagisation». Les religieux n'ont pas été en reste, qu'ils aient rêvé le mythique village sous la forme d'une robuste paroisse ou d'une dynamique communauté de base. Industriels, forestiers et planteurs ont traité avec le chef du village pour amadouer la communauté sur les terres de laquelle ils investissaient. Les anthropologues ont à leur tour «cherché le chef», pour reprendre une formule fameuse, et, grâce à son entremise, ils ont écrit des monographies villageoises. Coopérants, Peace Corps et organisations non gouvernementales ont célébré les mérites des «petits projets» : *Small is beautiful!* Les touristes ont photographié les villageois. Quant aux membres de la confrérie du beaujolais nouveau, après avoir officié «suivant les rites séculaires de leur ordre», ils ont emporté avec eux «le souvenir d'un charmant village dans un beau paysage avec un doux climat».

Le dialogue entre les différents locuteurs de la fable de la communauté villageoise devient vite surréaliste et absurde[107]. Là n'est pas l'essentiel. Dans ses multiples moutures, plus ou moins racialistes, relativistes ou substantialistes, le culturalisme fournit justement l'un des idiomes par l'intermédiaire desquels un nombre grandissant d'acteurs du système international entrent en interaction, fût-ce sur le mode du malentendu ou de manière conflictuelle.

CHRISTIANISME ET GLOBALISATION EN AFRIQUE

Les tendances actuelles du christianisme en Afrique noire illustrent bien ce rapport subtil entre l'affirmation de la singularité
locale et la globalisation du monde, deux évolutions apparemment
contradictoires, mais dont l'illusion culturaliste parvient à faire
une synthèse.

Nous avons déjà relevé, au début de ce chapitre, que l'évangélisation missionnaire, du début du XIXᵉ siècle à la Seconde Guerre
mondiale, avait permis tout à la fois de diffuser au sud du Sahara
l'universalisme chrétien et de codifier culturellement des particularismes conçus dans les termes de l'ethnicité, notamment par
l'intermédiaire de la traduction des Écritures dans des langues
autochtones que les prédicateurs contribuèrent à standardiser
pour les rendre véhiculaires. L'identité yoruba, au Nigeria, est par
exemple la résultante de cette combinatoire. Au sein de cette religion importée, incontestablement dominée par les Européens
– quels qu'aient été les efforts des protestants pour coopter un
encadrement indigène –, des entrepreneurs du cru n'ont pas tardé
à «réinventer leur différence» en créant un nombre considérable
d'Églises dites «indépendantes», de confession chrétienne, de
structure ecclésiale mais d'inspiration rituelle «africaine».

Les analystes de cette différenciation du champ religieux ont
longtemps insisté sur ce dernier point en voyant dans de tels mouvements une revanche de la «culture africaine» sur l'«acculturation». Mais on peut tout aussi bien être impressionné par la
continuité qui relie les Églises indépendantes aux missions et au
christianisme populaire du XIXᵉ siècle. Plusieurs de leurs caractéristiques, censées exprimer leur «africanité» – l'esprit prophétique,
la pratique de la possession et de l'exorcisme, par exemple –, ont
été empruntées à la sensibilité religieuse occidentale du siècle
dernier[108]. En définitive, les Églises indépendantes ont peut-être
moins véhiculé une «inculturation» radicale du Testament qu'elles
n'ont assuré l'implantation de l'organisation bureaucratique religieuse dans le sous-continent. Il se confirme en tout cas, depuis
une quinzaine d'années, qu'elles ne sont pas la matrice d'un christianisme spécifiquement africain, tant elles sont devenues tributaires des mutations politiques, économiques et religieuses
mondiales. Elles se sont notamment inscrites dans un contexte
d'extrême méfiance du Saint-Siège à l'égard de toute forme de

théologie ou de politisation du clergé qui aurait pu rappeler la théologie latino-américaine de la libération, de suspicion croissante de l'Occident à l'encontre de l'islam, de montée de la *Religious Right* aux États-Unis, d'implication du protestantisme fondamentaliste dans la croisade de Ronald Reagan contre l'«Empire du Mal» et dans divers conflits de «basse intensité».

L'influence du fondamentalisme américain au sud du Sahara est spécialement intéressante. Remontant aux années vingt, ce courant est une réaction moderne aux innovations religieuses introduites par les grandes Églises. Sous prétexte de retour à un âge d'or, il propose à ses fidèles des contre-innovations, dont la vogue des télévangélistes est une manifestation spectaculaire. Loin d'être un archaïsme ou un conservatisme, il est à sa manière un facteur de changement social, ou tout au moins d'adaptation au changement. À ce titre, il peut être comparé au nationalisme hindou, à l'islamisme ou au «retour au judaïsme» en Israël. Mais il est également proche de ces mouvances politico-religieuses en ce qu'il est porteur d'une stratégie identitaire de facture culturaliste et particulariste : celle du Deep South des États-Unis, meurtri par la guerre de Sécession, humilié par le triomphe du capitalisme libéral, sinistré par la Grande Dépression, en deuil de son style de vie et, finalement, acculé par l'arrogance de Washington au démantèlement des barrières de la ségrégation raciale. Le fondamentalisme «biblique» ne cesse de se référer à ce passé idéalisé : «le passé comme un rêve de pureté, le passé comme une cause de douleur, le passé comme religion», écrit Naipaul[109]. Mais son action se conjugue bien au présent, par exemple lorsque ses prédicateurs «dispensationalistes» tirent de leur lecture millénariste de la Bible la nécessité de soutenir les Contras au Nicaragua, la Renamo au Mozambique ou l'Unita en Angola[110].

Or, dans un pays comme le Liberia, la majorité des prêcheurs se réclamant des Églises évangéliques ou du mouvement de la foi «biblique» appartiennent à cette sensibilité et délivrent les enseignements de la Scofield Reference Bible. Leur dépendance, aussi bien matérielle que théologique et idéologique, par rapport aux Églises du Deep South s'est accrue tout au long des années quatre-vingt, ce qui n'a en rien nui à leur rayonnement local. De telles organisations religieuses semblent, en première lecture, constituer un facteur d'«américanisation» plutôt que d'«africanisation». Par exemple, l'Église qui convertissait le plus de fidèles à Monrovia en 1989, la Transcontinental Evangelistic Association, avait banni l'usage des percussions et des danses dans ses célébrations, sous prétexte que ces pratiques étaient « africaines », et avait remplacé les tambours par des flûtes et des trompettes, instruments qu'elle jugeait « bibliques ». De façon générale, les prédicateurs influencés par le fondamentalisme protestant tendent à ne voir dans les religions traditionnelles africaines que les ténèbres du paganisme[111]. Encore faut-il insister sur le fait que les représentations religieuses ainsi importées au sud du Sahara sont celles d'un terroir américain précis, celui du Deep South, et que leur rapport à la globalisation ou au « nouvel ordre mondial » est décidément complexe. Si les fondamentalistes « bibliques » n'ont pas rechigné à se joindre aux « combattants de la liberté » dans plusieurs conflits de « basse intensité » des années quatre-vingt et se sont avérés des sionistes inconditionnels, ils sont également des critiques sévères des organisations multilatérales qui préparent l'avènement du « gouvernement mondial », à l'instar du Fonds monétaire international, de la Banque mondiale, de l'Unesco ou du Gatt, et pensent que « les vrais croyants n'auront rien à faire » avec ces dernières, qui annoncent que la fin est proche[112]. Semblable discours revêt naturellement une signification toute particulière dans un sous-continent dont les économies sinistrées sont soumises à une vive pression des institutions de Bretton Woods en vue de leur « ajustement structurel ». En réalité, la multiplication des mouvements « bibliques » inféodés au fondamentalisme américain en Afrique a des causes purement locales. Dans un contexte de dépression, ces Églises permettent à des entrepreneurs d'extraire des ressources de l'environnement international, voire de la communauté des fidèles. Simultanément, elles apportent à celles-ci, dans le meilleur des cas, quelques prestations tangibles – par exemple dans le domaine scolaire ou sanitaire – grâce à l'aide étrangère qu'elles drainent ou, plus fréquemment, un simple réconfort moral ou spirituel que rend néanmoins précieux le délabrement des sociétés[113].

Les mouvements bibliques se présentent alors comme des « communautés de substitution » (*alternative communities*) qui amortissent le choc de la crise en procurant aux déshérités un statut social et, surtout, contribuent à reconstruire la cité concurremment au modèle failli de l'État postcolonial. De ce point de vue, ils sont un avatar parmi d'autres de l'imposant courant prophétique qui paraît décidément constituer la matrice privilégiée de la modernité en Afrique[114]. Ainsi compris, ils ne sont pas de simples véhicules d'«américanisation» puisqu'ils entretiennent avec la *Religious Right* un rapport, non de subordination, mais de dérivation créative, conformément au schéma que nous avons déjà rencontré à plusieurs reprises dans les relations entre l'Afrique et l'Occident. Aussi le caractère politique des mobilisations religieuses dépasse-t-il singulièrement le problème de l'apolitisme qu'affichent la majorité des organisations de croyants. Il est vraisemblable que les autoritarismes bénéficient à court terme de cette réserve, d'autant qu'ils ont souvent coopté les prophètes en leur prodiguant diverses prébendes[115]. Néanmoins, la chute tragique de Samuel Doe en 1990 montre les limites de l'exercice : le désintérêt des prédicateurs «bibliques» pour la chose publique, leur compromission avec le régime n'ont empêché ni le renversement de celui-ci ni la banalisation de la guerre comme voie d'accès de la jeunesse à la modernité «globale» et comme mode de partage du pouvoir[116].

Le lien entre la sphère religieuse et la sphère politique n'est ni explicite ni strictement fonctionnel. Elle consiste en des échanges plus ténus. Par exemple, les groupes pentecôtistes, au Nigeria, s'emploient à lutter contre le Malin, auquel ils attribuent une organisation de type bureaucratique. Ils décrivent la hiérarchie satanique comme un «gouvernement», avec ses «ministres», éventuellement «fédéraux», et sa grande «armée de soldats», et admettent que «le diable est un excellent administrateur», qu'«il est le champion de la division du travail»[117]. Que Satan soit ainsi dépeint et que ses intermédiaires privilégiés soient réputés être des musulmans n'est évidemment pas aimable à l'endroit des responsables militaires qui dominent la scène politique nationale et dont les accointances avec la classe dirigeante islamique du Nord sont notoires. Nonobstant leur apolitisme de façade, les mouvements pentecôtistes nigérians recèlent un fort potentiel critique du pouvoir et sont susceptibles de politiser un jour leur résistance religieuse à la progression de l'islam dans le pays[118]. Mais on doit aussi se demander s'ils ne participent pas simultanément à la diffusion de l'imaginaire bureaucratique et à l'appropriation de l'État de facture occidentale auquel leur insistance sur la moralité et leur sens de la collectivité pourraient à terme apporter une légitimité neuve.

Il est clair en tout cas que la définition de nouvelles subjectivités politiques au sud du Sahara passe plus que jamais par le truchement des mobilisations religieuses et qu'à travers ce jeu de miroir entre la «culture africaine» et la «culture occidentale» le rapport entre les sociétés locales et le processus de «globalisation» se renégocie constamment[119].

Un dernier exemple, celui de Mgr Milingo, l'archevêque guérisseur de Lusaka contraint par le Vatican à démissionner de sa charge en 1983, n'est pas superflu pour confirmer que la contribution du culturalisme à la «globalisation» se joue dans un entre-deux et n'est pas univoque[120]. D'un côté, notre prélat se réclame sans ambages de son africanité. Il est convaincu de l'existence d'un monde des esprits, localisé entre la sphère du Bien et celle de l'homme. Contrairement aux Églises indépendantes, il n'assimile pas cette croyance au paganisme et pense que l'Afrique est pourvue de sa propre identité spirituelle. Seul le respect de celle-ci peut faire partager à ses peuples l'expérience de la Révélation. Sur le plan politique, Mgr Milingo dénonce l'oppression que subit son continent et est proche de la théologie «contextuelle» de l'Afrique australe. D'où son conflit avec Rome. Aux dissensions habituelles entre missionnaires expatriés et clergé autochtone, notamment dans le domaine de la gestion de l'archevêché, s'est ajoutée la suspicion du Vatican devant le risque d'une politisation du catholicisme en Zambie. La popularité croissante de Mgr Milingo et sa capacité à capter le monde des esprits le posaient en rival implicite du président de la République, Kenneth Kaunda, à un moment où le crédit de ce dernier s'émoussait dans l'opinion*.

Mais, d'un autre côté, l'archevêque de Lusaka fonde ses convictions sur une lecture attentive de la Bible, demeure fidèle à sa foi catholique, dont il reprend la dichotomie absolue entre le Bien et le Mal, et s'est vu conforter dans sa démarche par le soutien chaleureux du Renouveau charismatique américain, qui a achevé de le convaincre de la dimension universelle de son don thérapeutique. Jean-Paul II, s'il a cautionné la destitution de Mgr Milingo en 1983, n'a pas moins encouragé celui-ci à se consacrer à son ministère de la guérison. Le prélat zambien, nommé responsable à Rome de la Commission pontificale pour la migration et le tourisme, consacre désormais ses après-midi aux

---

* Les appréhensions du Saint-Siège n'étaient pas sans fondement : le syndicaliste Frederick Chiluba, qui a remporté les élections présidentielles de 1991, est un adepte du Renouveau charismatique qui a fait procéder dans les appartements de la State House à un rite d'exorcisme par quatre prêtres – dont deux Blancs – de la Kaniki Bible Society de Ndola afin de conjurer la présence de son prédécesseur (*Africa Analysis*, 10 janvier 1992).

malades et tient une fois par mois un service auquel assistent un nombre considérable de fidèles de toutes origines et de toutes conditions. En outre, il voyage beaucoup de par le monde, non sans éviter les déplacements trop fréquents ou entourés d'une trop grande publicité en Afrique. Il soigne également par correspondance et par téléphone. Sa réputation n'a cessé de grandir en Occident grâce au Renouveau charismatique. Le phénomène est ambigu et n'est pas forcément un gage d'universalité. Une partie de ses nouveaux sympathisants apprécient sans doute en lui une figure exotique et y voient une preuve supplémentaire que « l'Afrique croit autrement », selon l'expression d'un journal néerlandais[121]. Toutefois, aux yeux des charismatiques, il n'est qu'un disciple de Jésus parmi d'autres, dont l'intense spiritualité répond à leurs besoins religieux d'hommes modernes, vivant dans des sociétés industrielles.

Ainsi, on saisit en quoi la valorisation par Mgr Milingo de son héritage culturel africain relève de la globalisation, mais également en quoi son culturalisme se différencie de celui d'autres courants du christianisme. L'ancien archevêque de Lusaka définit l'« inculturation » catholique comme un travail d'« incarnation », « préservant l'identité de l'un tout en empruntant à l'autre sans qu'aucune des deux parties ne perde rien[122] », et prend ses distances par rapport au terme d'« africanisation », qui incline à enfermer les Africains dans leur africanité et à leur interdire de nourrir l'universalité. Le raisonnement est aux antipodes de celui des prédicateurs libériens, qui, eux, ne voient d'universalité que dans le particularisme biblique du Deep South. Mgr Milingo est parvenu à ses fins puisque sa croyance « africaine » en un monde des esprits lui permet de soigner non seulement les malaises anonymes du monde industriel, mais aussi des cas de possession aussi culturellement connotés que ceux du Mezzogiorno.

L'universalité de son message n'est d'ailleurs pas validée uniquement par son succès en Occident. En Zambie même, la politisation implicite du charisme de Mgr Milingo renvoyait certes à une histoire singulière, celle des grands guérisseurs auxquels pouvait jadis revenir le leadership politique. En outre, le profil de l'ancien archevêque de Lusaka n'était pas sans évoquer un héros de la lutte nationaliste, Simon Kapwepwe, qui s'opposa à Kenneth Kaunda après l'indépendance et mourut dans des circonstances suspectes. Cependant, l'hypothèse volontiers avancée dans la capitale zambienne pour expliquer l'effacement des anciens guérisseurs, les *nganga*, au profit d'un personnage comme Mgr Milingo est qu'un prélat catholique est mieux armé pour combattre chez les possédés un esprit universel[123]. De manière similaire, au Sénégal, *ufann* – l'esprit pré-islamique des Badya-ranke, qui adore le vin de palme et ne peut supporter l'odeur de l'essence s'échappant des camions – s'est retiré dans la forêt lorsque sont arrivées dans la région les cultures d'exportation, laissant à Allah le champ libre[124]...

Forte de ses équivoques, la représentation culturaliste du sys-tème international est devenue une formulation majeure du débat politique tant sur la scène intérieure des différents États que dans les relations qu'ils entretiennent entre eux ou dans la dimension transnationale du monde contemporain. Dans leur complexité, ces échanges ne se ramènent pas à un «choc de civilisations». Lorsque le Premier ministre de Malaisie, Mohammad Mahathir, le leader islamiste soudanais Hassan Tourabi, les chefs-présidents africains ou les dignitaires néoconfucéens qui veillent sur les per-formances économiques de leurs «dragons» récusent la perti-nence de la conception libérale de la démocratie et des droits de l'homme dans leurs propres sociétés et font de celle-ci un trait cul-turel spécifiquement occidental, ils ne se démarquent pas de cet Occident autant qu'ils le prétendent. Une fraction non négli-geable des opinions européennes approuve leur relativisme, celle-là même qui défend contre vents et immigrés l'identité consub-stantielle des nations du Vieux Continent et qui au fond n'est pas tellement convaincue que la démocratie libérale en soit l'expres-sion culturelle indéniable... Un Jean-Marie Le Pen ne s'offusque pas de l'islamisme : d'une part, celui-ci le conforte dans l'idée que les Arabes sont indécrottables, et donc inassimilables (*pace* ses convictions de 1960!); d'autre part, le Front national poursuit une stratégie identitaire de la même encre et réduit cette «identité de la France» à une francitude, pour ne pas dire une franchouillar-dise, qu'il définit arbitrairement. À l'unisson, Vladimir Jirinovski, le chef du Parti libéral-démocrate russe, déclare qu'«il ne faut pas avoir peur du fondamentalisme islamique» : «Le fondamenta-lisme, c'est l'instauration d'un ordre, de traditions caractéristiques des peuples du Sud. La polygamie, le respect des vieillards, la sou-mission, les métiers traditionnels, le Coran, en quoi cela est-il mauvais pour nous les Russes? La voie turque "démocratique", qui a permis aux Turcs de se répandre dans toute l'Europe, est

bien pire pour nous : c'est le kominternisme, alors que le fondamentalisme, c'est le nationalisme[125]. »

À son corps défendant, le relativisme xénophobe rappelle ainsi
lui-même qu'il n'y a guère de valeurs, dans le monde contemporain,
qui soient propres à des civilisations, à des aires culturelles ou à des
religions vouées, au mieux, à l'ignorance réciproque, au pis à la
confrontation. Certains musulmans optent pour « la voie turque
démocratique », et si les contestataires chinois ou thaïlandais sont
apparemment restés fidèles à certaines « valeurs » de leurs sociétés
en 1989-1992, celles-ci ne sont pas aussi « asiatiques » que veulent
nous en convaincre les partisans de l'explication « néoconfucéenne »
des miracles économiques de la région : selon les sondages, 53 %
des Américains ont approuvé la punition corporelle infligée à
Michael Peter Fay par la justice singapourienne en 1994 pour van-
dalisme, tandis qu'un an plus tard l'exécution d'une employée phi-
lippine soulevait une immense émotion à Manille, peu soucieuse en
l'occurrence des bienfaits desdites « valeurs asiatiques ». D'un côté,
l'attrait du modèle libéral a jeté dans la rue des rangs serrés de
manifestants en Afrique ou en Asie. De l'autre, la conception patri-
moniale de l'autorité, le sens du travail bien fait et de la discipline,
le refus de laisser les jeunes se vautrer dans la licence, la suspicion
envers le désordre démocratique, la tentation d'endiguer les abus
du droit de grève, le culte de la terre, de la nature et de la communauté, et par-dessus tout cette définition intra-utérine de *sa* culture,
obtiennent une audience certaine en Occident : au moins, sous
Mussolini, les trains arrivaient à l'heure !

Nous avons déjà noté, d'ailleurs, que les sociétés occidentales
n'ont pas exporté que des valeurs de « progrès » ou de « liberté ».
Au XIXe siècle, les Jeunes Ottomans ont trouvé dans leur enseignement des idées et des théories justifiant leur résistance à des
changements excessifs[126]. En Iran, Mehdi Bazargan, le leader du
Mouvement national de libération, et Ali Shariati, l'un des principaux inspirateurs de la révolution de 1979, faisaient grand cas de
l'œuvre d'Alexis Carrel[127]. Et sans même parler de la sympathie
que rencontra Hitler auprès de certains dirigeants d'Asie ou du
monde arabe, il faut bien admettre que le génocide du Rwanda a
été conçu par des diplômés d'universités européennes ou américaines qui auront retenu de leurs études une notion de la pureté
raciale radicalement étrangère à l'histoire de leur pays[128].

Le 1er mai 1991, Henri Rieben, professeur à l'université de Lausanne et proche du Parti radical vaudois, remettait le diplôme de

docteur *honoris causa* à son ancien étudiant, Jonas Savimbi, qui incarnait l'ethnonationalisme, voire le régionalisme de l'hinterland angolais face au cosmopolitisme cupide de l'élite métisse et compradore de Luanda, et qui jouissait de la sympathie de la *Religious Right* aux États-Unis. Sous les applaudissements spasmodiques de son ministre-griot des Affaires étrangères, le chef de l'Unita, nullement embarrassé par sa canne néotraditionnelle de commandement, reçut en présent les volumes de l'*Encyclopédie vaudoise*, monument à la gloire d'une culture cantonale inventée depuis la fin du siècle dernier[129]. Pour pittoresque qu'elle fût, la cérémonie n'était pas plus dénuée de sens que la fête du beaujolais nouveau à Bayangam ou que la remise du casque de Lohengrin au chef des Chagga. Les stratégies identitaires ovimbundu et helvétiques sont à peine décalées dans le temps. Le nationalisme suisse est né en 1891, lors du jubilé célébrant le «six centième anniversaire» de la création de la Confédération en 1291 – en réalité, de celle de Schwyz, Obwalden et Nidwalden[130]. Pour reprendre l'observation irrespectueuse de Benedict Anderson, il appartient à cette même «dernière vague» de la «communauté imaginée» que les nationalismes d'Afrique ou d'Asie, ne précédant par exemple les nationalismes indonésien ou birman que d'une décennie[131]. Le soutien prodigué à Jonas Savimbi par le professeur Rieben revêt donc une cohérence idéologique réelle. Il illustre ce processus de clôture culturelle qui, autant que le processus d'universalisation et de fausse uniformisation, caractérise la globalisation du monde contemporain.

CHAPITRE II

La culture : un mot à jeter ?

De la côte beaujolaise au pays bamiléké, du Deep South au Liberia, de Lusaka à Rome, du canton de Vaud au pays ovimbundu, en bref, d'un espace ou d'un terroir historique à l'autre, le chassé-croisé des processus d'invention de la tradition, constitutif du mouvement général de globalisation depuis plus d'un siècle, nous rappelle qu'il n'est de culture que créée, et que cette création est généralement récente. De surcroît, la formation d'une culture ou d'une tradition passe nécessairement par le dialogue et s'effectue en interaction avec son environnement régional et international. C'est ce qu'il nous faut désormais préciser en quittant l'évidence des faits pour le terrain de la méthode.

Nous l'avons vu, le raisonnement culturaliste tient implicitement pour acquise, ou en tout cas pour nécessaire, la correspondance entre une communauté politique et une cohérence culturelle, que celle-ci soit originelle et héréditaire (le *Volksgeist* post-herderien) ou raisonnée et choisie (le fameux «plébiscite de tous les jours» de Renan). Telle peut être l'illusion prodiguée par quelques États, aujourd'hui solidement constitués, qui ont forgé leur unité politique en construisant, plus ou moins tardivement, leur unité culturelle, à l'instar du Japon, de la Chine, des États-nations ouest-européens ou des nationalismes ethnolinguistiques d'Europe orientale, Turquie comprise.

Mais ne prenons pas l'exception pour la règle et ne soyons pas non plus dupes des conflits férocement identitaires dont les protagonistes font mine de savoir qui ils sont et qui ils tuent, car ces événements ne sont eux-mêmes que les fruits tardifs du mouvement de clôture culturelle des XIXe et XXe siècles. L'histoire et l'anthropologie nous fournissent maints exemples de sociétés culturellement indéfinies dont les membres fondent leur identité sur l'échange, le métissage et le cosmopolitisme. La plupart des espaces maritimes ont aussi été des champs d'hybridation qui ont donné naissance à des civilisations syncrétiques plus ou moins brillantes, mais généralement morcelées d'un point de vue politique, tels ces espaces «galactiques» étudiés par S. J. Tambiah en Asie du Sud et du Sud-Est [1].

Les définitions ethniques de la culture ne permettent pas de saisir la positivité historique de ces configurations que nous sommes tentés de concevoir comme inachevées. À cet égard, le «carrefour javanais» est un cas d'école, au même titre que la Méditerranée ou les Caraïbes :

> «Les horizons du commerce étaient certes bien spécifiques : Chine, Inde, pays arabes, Afrique des Noirs; mais les marchands qui l'effectuaient, issus le plus souvent de mariages mixtes et naturellement polyglottes, constituaient un milieu social extrêmement diversifié et syncrétique, ouvert à toutes les cultures et favorable aux idéologies universalistes. C'est dans ce sens qu'il faut concevoir les deux grandes religions qu'ils ont successivement portées en Asie du Sud-Est : le bouddhisme, puis l'islam, que les Occidentaux ont parfois un peu trop tendance à concevoir, selon le cas, comme «indien» ou comme «arabe», en donnant inconsciemment à ces termes une connotation raciale. Ces grandes idéologies de réseaux ont précisément pénétré fort avant en Asie extrême parce qu'elles abolissaient le facteur proprement ethnique, que d'autres religions, et notamment l'hindouisme, avaient exacerbé. Dans tout cela, la Chine, loin d'être une masse répulsive, repliée sur son "confucianisme mandarinal", a joué également un rôle de plaque tournante, voire de moteur. Le bouddhisme, comme l'islam, l'ont profondément innervée, à la fois par l'Asie centrale et par la mer [2].»

Or le problème dépasse le seul cas des espaces maritimes et marchands. Il n'est, par exemple, pas possible d'identifier une société africaine qui ne soit pas semblablement une société de «frontière», une société de «frange» [3]. La recherche anthropologique de ces dix dernières années a ainsi fait voler en éclats le

mythe de la « tradition soudanaise » : les sociétés de la vallée du Nil
ont constamment été en interaction avec les royaumes musulmans
qui les reliaient aux marchés esclavagistes de Zanzibar, d'Égypte
et de l'Empire ottoman, et cette imbrication, l'existence aussi de
no man's lands entre les principaux foyers de pouvoir interdisent
de retrouver « un cosmos tribal cohérent, un système intégré de
discours, une orthodoxie » qui correspondraient aux vieux présupposés de l'ethnologie [4]. Les anthropologues inclinent désormais à
abandonner le concept d'ethnie – mais non pas forcément, nous y
reviendrons, celui d'ethnicité ou de conscience ethnique – pour
parler des « chaînes de société » qui structuraient, dans l'ancien
temps, des espaces régionaux plus ou moins vastes et complexes :
espaces marchands, espaces monétaires, espaces religieux ou
espaces politiques qui se superposaient sans obligatoirement coïn-
cider [5]. Dans ces contextes, les disjonctions entre l'ordre politique
et les représentations ou les pratiques culturelles étaient sans
doute systématiques. Les populations conquises perpétuaient leurs
cultes et leurs usages, dans les royaumes mais également, de façon
peut-être plus difficile à percevoir, dans les sociétés lignagères [6].

La colonisation n'a fait que dramatiser ce pluralisme culturel
en figeant la tradition, en modifiant la nature de l'inégalité sociale
et en introduisant la discrimination raciale. Loin d'annuler la relative indétermination culturelle des temps anciens par l'imposition
de la « civilisation » légale rationnelle, elle l'a compliquée en y
ajoutant la dimension de l'« hétéroculture » : de nos jours,
l'Afrique « s'alimente à deux matrices culturelles considérées à la
fois comme essentielles (et même proprement vitales) et antagonistes [7] ». On peut disputer du caractère « antagoniste » de ces deux
« matrices » et de la capacité des Africains à surmonter la contradiction. Ceux-ci, en tout cas, font la distinction entre elles. Les
BaKongo du Zaïre, par exemple, opposent le système culturel des
Blancs (*kimundele*) et celui des Noirs (*kindombe*), qui demandent
des « techniques du corps » et des croyances différentes. Les prophétismes permettent précisément de dépasser l'incompatibilité
entre ces deux mondes [8]. Pareillement, on parlera volontiers du
« pays des Blancs » pour désigner la ville, ou du « travail des
Blancs » pour qualifier une activité salariée, par exemple au Togo
ou au Cameroun [9].

Mais ces lignes de fracture ou d'incertitude culturelle ne caractérisent pas plus l'héritage colonial que les sociétés non centralisées ou les « périphéries » marginalisées par le « centre », comme

on le pense parfois. L'édifice imposant de l'Empire romain reposait sur une structure indirecte et une politique de municipalisation qui ont favorisé en son sein l'hétérogénéité des croyances et des usages [10]. En outre, il se situait «sur les franges de la grécité», tout comme le Japon des Minamoto sera littéralement sinisé, un millénaire plus tard [11]. La culture russe, que l'on s'imagine enracinée dans la glèbe, n'a cessé de se situer par rapport à un pôle étranger de référence (ou de répulsion) : Byzance à l'époque de la christianisation, puis l'Europe des Lumières lors des réformes pétriniennes, et maintenant «l'avenir radieux» de l'économie de marché telle que l'entendent les gnomes de Washington.

L'élite ottomane, quant à elle, s'identifiait à une culture osmanlie ouverte aux influences byzantines, arabes, perses, juives ou arméniennes, qui était en décalage par rapport aux cultures démotiques des campagnes, en particulier par rapport à la culture populaire turcophone. Cette disposition symbiotique des conquérants turcs se retrouve dans l'Empire seldjoukide et dans les États qu'ils avaient institués en Syrie et en Égypte [12]. Tant et si bien que l'on peut se demander si la politique d'emprunt à l'Occident, à partir des Tanzimat, au début du XIXe siècle, n'est pas le simple rebondissement d'une stratégie plus ancienne, au lieu d'être le retournement spectaculaire que nos conteurs attribuent au démiurge Atatürk. On a également tendance à oublier combien la culture persane, elle-même en osmose avec la pensée hellène, a été un foyer de civilisation cosmopolite en Asie centrale et en Inde jusqu'au XVIIIe siècle et a marqué la modernité occidentale de l'âge classique par l'intermédiaire du commerce avec la Chine et l'océan Indien [13]. Les civilisations majestueusement reconstituées par les savants orientalistes à partir de leur grande tradition, dans le contexte que nous avons évoqué au fil du précédent chapitre – la civilisation chinoise, la civilisation khmère, la civilisation indienne, la civilisation islamique, etc. – n'ont jamais eu la cohésion que leur prête le raisonnement culturaliste.

L'Europe de la chrétienté médiévale, des Lumières ou de la Sainte-Alliance donne elle-même un très bel exemple de disparité entre des cultures locales fortement singularisées et une culture transnationale dont le latin et le français ont été successivement la langue véhiculaire. Il va sans dire que le cosmopolitisme a survécu au mouvement de clôture culturelle, concomitant de l'épanouissement du nationalisme. La chute de l'Empire austro-hongrois et de l'Empire ottoman, la fin de l'âge libéral – la «grande transformation » dont parle Karl Polanyi – entre les deux guerres et la Shoah n'ont pas assuré le triomphe définitif des stratégies identitaires. Le national-socialisme et ses alliés ont été défaits, la conception protectionniste et quasi autarcique de l'«économie nationale» a fait faillite, le principe wilsonien de l'adéquation des frontières d'État et des frontières de nationalité et de langue s'est avéré impraticable et l'Empire soviétique, qui observait un culturalisme forcené sous couvert d'internationalisme prolétarien, s'est effondré.

À la lumière des guerres qui déchirent l'ancienne Yougoslavie, le Caucase et l'Asie centrale, on peut évidemment s'inquiéter de l'exacerbation ethnonationaliste qui menace de s'ensuivre. Néanmoins, «il ne faut [...] pas seulement s'intéresser au chien qui aboie, mais aussi à celui qui n'aboie pas [14]». Somme toute, le pire n'est pas toujours sûr : Tchèques et Slovaques ont certes divorcé, mais à l'amiable ; les Hongrois font preuve de modération en défendant les minorités magyares vivant dans les pays voisins, quand ils n'affichent pas à leur endroit une molle indifférence ; le spectre d'une dislocation sanglante de la Russie paraît s'éloigner.

Plus à l'Ouest, les difficultés récurrentes de la construction européenne sont souvent moins la conséquence d'une crispation identitaire des opinions que des divergences entre gouvernements sur le contenu et l'orientation économique de l'Union. Ces à-coups ne peuvent dissimuler le développement de l'intégration transnationale à l'échelle des régions, des entreprises ou des individus, ni les progrès réalisés dans la reconnaissance des particularismes culturels ou politiques à l'intérieur de certains États farouchement centralisateurs, telle l'Espagne. Nonobstant la banalisation préoccupante des thèses et de la violence racistes ou xénophobes et la montée de sentiments frileusement protectionnistes dans les domaines de l'économie ou de la culture, l'Europe, ravagée par deux guerres mondiales, a su réactualiser sa tradition pluriculturelle et lui donner un fondement économique dont l'approche culturaliste est incapable de rendre compte. Aujourd'hui, les perspectives d'élargissement de l'Union européenne doivent accepter ce principe de diversité : «[...] la disparition de la division Est/Ouest a sonné le glas des modèles institutionnels unidimensionnels et en quête d'achèvement au profit d'une multiplicité de processus dont la principale fonction consiste désormais à surmonter les ambivalences et à accommoder les différences nées de la désorganisation du continent [...]. L'Union européenne est condamnée à demeurer une entreprise politique *sui generis* et inachevée, évoluant au gré d'un enchaînement de compromis pragmatiques», relèvent Françoise de La Serre, Christian Lequesne et Jacques Rupnik[15]. La sympathie que l'opinion témoigne à l'égard de la cause bosniaque – lui faisant oublier sa paranoïa anti-islamique – n'est qu'un signe parmi d'autres de cette récurrence du rêve cosmopolite ou universaliste, au même titre que la nostalgie un peu cafarde qu'elle affiche à l'endroit de l'Empire austro-hongrois ou que sa fascination pour l'héritage littéraire de Trieste.

De leur côté, les États-Unis doivent administrer une hétérogénéité humaine qui n'est pas nouvelle mais qui répugne désormais à se dissoudre dans le *melting pot*. Rien, par ailleurs, ne permet d'affirmer que les stratégies identitaires radicales à l'œuvre dans les pays arabo-musulmans, africains ou asiatiques viendront à bout de leur diversité, tandis que les spécialistes de la Chine se demandent comment Pékin parviendra à continuer d'encadrer politiquement l'autonomisation économique et culturelle des provinces du Sud-Est. Enfin, des diasporas, des métropoles, des régions ou encore des entreprises, des fondations, des Églises, des sectes s'affirment, poursuivent des objectifs propres dans les creux du système interétatique et contribuent à la dissociation des identités culturelles et de l'organisation politique[16].

Si l'on veut comprendre aussi bien les stratégies de fermeture identitaire que les situations d'indécision identitaire ou les processus d'élargissement culturel, les dynamiques d'homogénéisation aussi bien que celles d'«hétérogénéisation», le culturalisme n'est d'aucune aide car il commet trois erreurs de méthode : il croit qu'une culture est un corpus de représentations stables dans le temps ; il considère que ce corpus est clos sur lui-même ; il postule que ce corpus détermine une orientation politique précise. Le moment est venu de réfuter chacune de ces assertions.

HÉRITAGE OU PRODUCTION ?

Dès lors que l'on réfléchit sur la culture, l'on doit tenir compte d'une évidence : celle de l'héritage, de ce que l'on reçoit des époques antérieures et qui est inculqué aux nouvelles générations. Mais – ne serait-ce que parce que l'on est «cultivé» ! – l'on ne peut oublier pour autant cet acquis de la pensée hégélienne lorsqu'elle «comprend d'emblée l'Être-dans-le-monde comme

une production[17] ». Michel de Certeau a bien exprimé cette oscil-
lation de la culture « entre deux formes dont l'une ne cesse de
faire oublier l'autre » :

> « D'un côté, elle est ce qui "permane" ; de l'autre, ce qui
> s'invente. Il y a, d'une part, les lenteurs, les latences, les retards
> qui s'empilent dans l'épaisseur des mentalités, des évidences et
> des ritualisations sociales, vie opaque, têtue, enfouie dans les
> gestes quotidiens, à la fois les plus actuels et millénaires.
> D'autre part, les irruptions, les déviances, toutes ces marges
> d'une inventivité où des générations futures extrairont succes-
> sivement leur "culture cultivée". La culture est une nuit incer-
> taine où dorment les révolutions d'hier, invisibles, repliées dans
> les pratiques – mais des lucioles, et quelquefois de grands
> oiseaux nocturnes, la traversent, surgissements et créations qui
> tracent la chance d'un autre jour[18]. »

La tentation est grande de ne retenir que le premier terme du
concept de culture et d'insister sur la transmission, la reproduction,
la permanence, la continuité, la pesanteur. Telle a été la pente suivie en Allemagne par la *Geistesgeschichte*, l'équivalent de l'histoire
des mentalités, qui a progressivement attribué au *Zeitgeist* une
cohérence statique quand les penseurs révolutionnaires de la fin
du XVIIIe siècle et du début du XIXe siècle, en particulier Arndt, et
jusqu'à Hegel, voyaient en lui une force irrésistible de transformation[19]. La culture devient alors un principe de détermination des
attitudes et de résistance au changement. « Personnellement, j'ai
toujours été convaincu et effrayé du poids énorme des origines
lointaines. Elles nous écrasent », écrit Fernand Braudel, qui
n'hésite pas à parler des « prisons de la longue durée » [20]. Cette
« longue durée », chez l'historien – outre qu'elle ne se ramène pas
entièrement aux représentations culturelles –, n'exclut cependant
pas le changement. Elle en désigne le « rythme », qui est original
et lent[21]. C'est à partir de ce constat que Braudel privilégie tout à
la fois la continuité et l'irréductibilité des cultures ; qu'il croit « à
l'hétérogénéité, à la diversité des civilisations du monde, à la permanence, à la survie de leurs personnages, ce qui revient à placer
au premier rang de l'actuel cette étude de réflexes acquis, d'attitudes sans grande souplesse, d'habitudes fermes, de goûts profonds
qu'explique seule une histoire lente, ancienne, peu consciente (tels

ces antécédents que la psychanalyse place au plus profond des comportements de l'adulte)[22]».

Tout cela est juste et bon à condition de garder à l'esprit que les cultures sont en même temps des «combinatoires d'opérations[23]». De ce fait, elles sont également innovantes. Les cultures populaires, les religions populaires ne sont nullement immobiles. Elles connaissent des évolutions, des transformations, voire des métamorphoses[24]. Michel Vovelle souligne ainsi «que l'histoire des mentalités ne se confond pas uniquement avec l'histoire des résistances, comme inerties ou temps de latence, mais qu'il existe aussi une réelle possibilité de mutations brusques, de créativité à chaud, d'époques ou de moments où se cristallise brutalement une sensibilité nouvelle[25]» : par exemple, les moments de floraison révolutionnaire.

L'étude des sociétés politiques d'Afrique et d'Asie a été confrontée à ce dilemme depuis la décolonisation. Elle n'a cessé de se demander «ce que sont en fait les relations entre la façon dont les régimes des Nouveaux États se comportent et la façon dont se comportaient les traditionnels[26]». Et on ne peut être certain que le très Normand Clifford Geertz – dont l'œuvre a été si importante pour «l'interprétation des cultures» – fasse beaucoup avancer le débat en voulant ne «succomber ni à l'une ni à l'autre des deux formules également trompeuses (et pour le moment également populaires) : que les États contemporains sont les simples captifs de leur passé, reproduisant en habits modernes transparents des drames archaïques; ou que de tels États ont complètement échappé à leur passé, sont le produit absolu d'un âge qui ne doit rien qu'à lui-même[27]»...

Cette dialectique entre la permanence et le changement de la culture procède *en partie* du rapport que *toute* société entretient nécessairement avec son environnement. Le mythe de la communauté villageoise suggère que la pensée occidentale n'est pas forcément disposée à en convenir. Pourtant, la démonstration classique de Edmund Leach au sujet des Kachin de Birmanie a été largement corroborée par l'analyse d'autres cas, asiatiques ou africains : les sociétés anciennes, au lieu d'être des isolats, constituaient des systèmes de relations politiques, commerciales et culturelles, et se structuraient par ces liens organiques avec l'extérieur[28]. Ce qui est vrai des sociétés «primitives» l'est *a fortiori* des empires, des royaumes anciens et des États contemporains. Dès lors, la «modernisation» ne consiste pas en une évolution endo-

gène et universelle du « traditionnel » au « moderne » ; elle répond
à une émulation régionale ou internationale[29]. Ainsi, la formation
de l'État-nation en Europe occidentale s'est souvent conformée à
un principe compétitif dont la rivalité franco-britannique est
l'archétype, et a constamment été englobée dans des mouvements
transnationaux[30].

Pour ce qui est des phénomènes culturels *stricto sensu*, la chose
devrait être si évidente que nous nous contenterons d'exemples
triviaux. Les « emblèmes[31] » d'une identité culturelle sont souvent
le fruit d'un emprunt. Les azulejos portugais ? La technique est
d'origine arabe et le bleu vient de Chine, qui l'avait elle-même
adopté de la Perse. La tomate, qui incarne la cuisine méditerranéenne au même titre que l'olive, le pain et le vin ? Elle a été
importée des Amériques par les Espagnols et le mot est d'origine
aztèque. Le thé à la menthe, rituel immuable de la sociabilité
marocaine ? Introduit par les Anglais au XVIIIe siècle, il est devenu
un aliment de substitution pendant la crise économique de 1874-
1884, au point de se transformer en boisson nationale[32].

Plus sérieusement, les cultures politiques, aussi singulières
soient-elles, remploient toujours des représentations, des théories
ou des pratiques étrangères. Comment, par exemple, évoquer le
nationalisme allemand, si spécifique dans sa revendication culturaliste d'un *Volksgeist*, en faisant abstraction du modèle universaliste de la Révolution française et de l'épisode de l'occupation
napoléonienne ? Il est d'ailleurs révélateur que les émigrés et les
réfugiés jouent un rôle crucial dans la genèse des nationalismes
(ou des ethnonationalismes) et poussent fréquemment à leur radicalisation : ainsi de la Turquie au XIXe siècle et au début du
XXe siècle, ou plus récemment des Irlandais, des Libanais, des Éry-
thréens, des Sikhs, des Tamouls, des Hutu et des Tutsi.

Ces rapports complexes entre le vieux et le neuf et entre l'intérieur et l'extérieur ont été remarquablement analysés par l'école
sémiotique de Tartu et de Moscou à partir de l'opposition structu-
rale, dans la culture russe, entre l'« ancien » (*starina*) et le « nouveau » (*novizna*). Cette distinction a recoupé, et largement
brouillé, d'autres dichotomies, par exemple entre la Russie et
l'Occident, ou entre le christianisme et le paganisme, sans
qu'aucune de ces relations d'équivalence ne demeure constante.
En outre, « l'insistance à considérer la terre russe comme neuve » a
souvent coïncidé avec la « dynamisation de modèles culturels
extrêmement archaïques » : « Le concept lui-même de nouveauté

se révèle être une réalisation d'idées dont les racines remontent à une très haute antiquité. » Ainsi, au XVIe siècle, divers mouvements de mécontentement populaire ont revendiqué un retour aux anciens temps dont « l'image [...] était profondément anti-historique et voulait rompre avec la tradition réelle ». Les vieux-croyants, eux, opérèrent une inversion du temps historique. Les notions positives – l'orthodoxie, la piété – se virent attribuer l'épithète d'anciennes, tandis que le péché était perçu comme relevant de la « nouveauté » et rattaché à l'Occident, espace « nouveau » mais également « retourné », « à gauche », c'est-à-dire diabolique. À leurs yeux, les réformes de Pierre le Grand ne pouvaient être que sacrilèges et elles se réclamaient d'ailleurs de la « nouveauté ». L'image d'une « Russie nouvelle » et du « peuple neuf » dont aurait accouché le *Policeystaat* s'est imposée et a été perçue comme une « européanisation » de l'« ancienne » Russie. De cette « européanisation » nous avons vu qu'il ne fallait pas être dupe : « La nouvelle culture n'était pas tant construite sur des modèles "occidentaux" (bien qu'elle fût vécue subjectivement comme "occidentale") que sur des modèles structuraux "inversés" de la vieille culture. » On peut même observer que cette européanisation a souvent « renforcé les traits archaïques de la culture russe » et qu'« à cet égard, contrairement à l'opinion courante et superficielle, le XVIIIe siècle fait partie, organiquement, de la culture russe en tant que telle[33] ».

Les cultures populaires elles-mêmes – dont nous avons vu que la délimitation par les intellectuels a été un temps fort du mouvement de clôture identitaire – n'ont jamais eu l'homogénéité ni l'autonomie que leur ont accordées les théoriciens de l'invention de la tradition, en particulier les nationalistes d'Europe centrale ou orientale. Les historiens ont abondamment démontré que la « religion populaire », par exemple, ne se différenciait pas terme à terme de la religion cléricale et savante et qu'au demeurant elle était souvent un artefact fabriqué par les clercs pour les besoins de leur pastorale. On peut notamment douter qu'il y ait eu une forme unique de religiosité dans les campagnes françaises de l'Ancien Régime : sans même parler des différences régionales, manouvriers, laboureurs, artisans, vignerons, notables n'avaient pas forcément une pratique identique de leur foi. En outre, divers « intermédiaires culturels » assuraient une certaine circulation des croyances et des rites entre la ville et le monde rural, entre le peuple et les élites[34]. De façon générale, « les Français du XVIIIe siècle vivaient dans des étendues culturelles contrastées *et mêlées*[35] ». Ainsi, à la veille de la Révolution, l'œuvre de Rousseau était lue autant par le petit peuple citadin que par les bourgeois négociants ou les aristocrates[36]. Mieux vaut réfléchir sur les interfaces entre ces « étendues culturelles » que de voir en elles autant de monades.

La fluidité du populaire se vérifie dans des situations où la polarisation sociale et la fragmentation culturelle sembleraient devoir l'empêcher. En Inde, par exemple, les basses castes célèbrent des cultes différents de ceux des brahmanes. Néanmoins elles copient souvent leurs pratiques et ont tendance à se « sanskritiser[37] ». De même, dans l'Empire ottoman, la distance, en particulier linguistique, qui séparait la culture osmanlie de l'élite de la culture démotique turcophone n'interdisait pas le partage de certaines expressions artistiques : la forme poétique du *gazel**, qui appartenait incontestablement à la haute littérature du *divan*, était appréciée d'un public plus large que le cercle de la Cour et des lettrés, bien qu'elle comportât nombre de tournures ou de termes persans et arabes, et finalement elle développait une thématique lyrique très proche de celle de la poésie populaire des *açik*[38].

Aussi ne peut-on prendre au pied de la lettre des assertions du type de celle de Marc Raeff quand il parle de « l'isolement » de la culture populaire russe, après les réformes de Pierre le Grand : « Celle-ci n'a pas disparu mais elle s'est trouvée en marge des forces vives, dynamiques et créatrices ; en se calfeutrant en un isolationnisme méfiant à l'égard de toute innovation étrangère, elle s'est pétrifiée, sclérosée[39] ». Il est plus vraisemblable, à la lecture des travaux de Bakhtine et de l'école sémiotique de Tartu et de Moscou, que le « rythme » de ses transformations s'est ralenti mais qu'elle est demeurée en rapport avec les autres secteurs de la société, par exemple par l'intermédiaire des serfs, dont Raeff convient lui-même qu'ils ont véhiculé dans les milieux populaires des éléments de la culture de l'élite.

Le raisonnement culturaliste, tant politique que savant, élude ces parts de l'innovation et de l'emprunt en supposant qu'un noyau dur de représentations intangibles se perpétue à travers les siècles et en vase clos. En cela, il se montre plus fixiste que ne l'a jamais été Braudel, avec ses « prisons de longue durée ». Traduction cognitive ou idéologique du mouvement de clôture

* Le *gazel* est un poème lyrique, généralement assez bref.

identitaire qui a forgé les traditions au XIXᵉ et au XXᵉ siècle sur le mode folkloriste, ethniciste ou nationaliste, il s'interdit de dégager les opérations concrètes par lesquelles les acteurs sociaux produisent de façon conflictuelle leur histoire en se définissant à la fois par rapport à leur perception du passé *et* par rapport à leur conception de l'avenir.

Quatre de ces opérations culturelles méritent plus spécialement d'être détaillées en raison de leur récurrence dans le champ politique : les tactiques ou les stratégies d'extraversion, les pratiques de transfert, les procédures d'authentification, les processus de formation des identités primordiales.

EXTRAVERSION CULTURELLE ET TRANSFERT DE SENS

L'extraversion consiste à épouser des éléments culturels étrangers en les soumettant à des objectifs autochtones. Elle peut s'apparenter à une «tactique», définie par Michel de Certeau comme «la construction de phrases propres avec un vocabulaire et une syntaxe reçus», ou à une «stratégie», si elle acquiert «la possibilité de se donner un projet global [et] de totaliser l'adversaire dans un espace distinct, visible et objectivable[40]». Le «syncrétisme» hindou, qui s'est institutionnalisé par l'entremise des différents courants nationalistes, semble relever de cette dernière catégorie, et c'est à juste titre que Christophe Jaffrelot le qualifie précisément de «stratégique».

Mais les situations de domination, en particulier coloniales, ouvrent un champ immense aux «tactiques» d'extraversion dont la capitalisation influe en définitive sur la formation de l'État[41]. L'adhésion au christianisme des Indiens d'Amérique centrale illustre bien ce type d'expérience historique. Confrontés aux Franciscains qui déployaient une évangélisation de facture culturaliste et s'attachaient à légitimer la civilisation autochtone au point de veiller à en respecter la hiérarchie établie, les indigènes sédentaires de la Nouvelle-Espagne choisirent de s'incliner et acceptèrent la religion des Européens. Cependant, ils se convertirent «pour rester Indiens». L'indigénisme des ordres mendiants leur épargnait l'hispanisation voulue par les conquistadores et leur donnait en quelque sorte «un abri pour pratiquer l'ancienne religion», sous le couvert du culte des saints : «On peut donc affirmer, sans craindre le paradoxe, que c'est grâce aux ordres mendiants que les

Indiens du Mexique se sont convertis, mais que c'est également grâce à eux qu'ils sont demeurés Indiens[42] ». Or, sur une plus longue durée, ce nouveau cas de chassé-croisé culturel – « Le Mexique du XVIe siècle voit des missionnaires fidèles à leur foi s'indianiser au point de devenir la mémoire culturelle de la civilisation païenne, tandis que des Indiens se christianisent tout en restant indiens dans leur être et dans leurs croyances[43] ! » – est à l'origine de l'idée nationale. Ce sont les frères mendiants qui, les premiers, ont fondé « l'existence d'une entité mexicaine en en recueillant l'histoire et en en décrivant la culture[44] ». Les missions chrétiennes en Afrique seront pareillement des matrices privilégiées du nationalisme colonial, bien que l'on mette aujourd'hui plutôt l'accent sur leur rôle dans la cristallisation et la standardisation des identités ethniques : la conversion à la religion du Blanc (ou à l'islam) sera l'une des étapes de la participation des acteurs autochtones au nouveau cadre politique et de leur instrumentalisation de l'État.

Il est clair, au vu de ces exemples, que l'extraversion culturelle suppose une seconde opération : le transfert de sens d'une pratique, d'un lieu, d'une représentation, d'un symbole ou d'un texte à l'autre, car elle est, presque par définition, réinterprétation et dérivation. Ainsi de la christianisation des Indiens du Nouveau Monde qui s'est soldée par l'osmose de la foi étrangère et des anciennes croyances, sur le mode qui nous est désormais familier du « malentendu opératoire ». Le culte des morts est venu se nicher au creux des célébrations catholiques. À Bogota, le pèlerinage de Montserrat permet aux fidèles de s'entretenir avec les puissances surnaturelles de l'invisible, et le vendredi saint est un jour tabou pour la prostitution, selon le même esprit qui mène les habitants de la capitale colombienne à fréquenter certaines « tombes privilégiées » – comme celle du fondateur de la Brasserie Bavaria – pour s'attirer la bonne fortune ou à porter en talisman des pièces de monnaie passées sur les bûchers de crémation des cadavres non identifiés[45].

Le transfert de sacralité a été d'autant plus massif en Amérique latine que l'Église catholique l'a souvent orchestré en cherchant à capter à son profit la force des lieux ou des symboles de la religion autochtone. Telle semble avoir été l'origine de l'intense dévotion dont jouit la Vierge de Guadalupe[46]. Au début des années 1530, les premiers évangélisateurs établirent un ermitage sur la colline du Tepeyac, à l'emplacement d'un sanctuaire préhistorique, consacré

à Toci, la Mère des dieux, «Notre Mère». Les Indiens continuè-
rent de le visiter, perpétuant une tradition antéchrétienne, et les
créoles commencèrent de s'y rendre à leur tour à partir du milieu
du siècle pour y vénérer une Vierge peinte, Notre Dame de Guadalupe. Celle-ci aurait été l'œuvre d'un artiste indigène, qui se
serait inspiré d'un modèle européen, sur une commande de
l'archevêque Montufar. Le prélat aurait subrepticement substitué
la statue à l'image primitive adorée des Indiens et aurait attribué
ce remplacement à une intervention plus ou moins miraculeuse.
L'ambivalence du procédé et de cette nouvelle dévotion n'échappa
point aux Franciscains, qui s'en indignèrent. «Et venir maintenant
dire aux naturels qu'une image peinte hier par un Indien appelé
Marcos fait des miracles, c'est semer une grande confusion», tonna
en chaire le provincial de l'ordre. Non sans raison : les foules
indiennes qui se rendaient à Tepeyac superposaient les deux noms
de Notre Dame de Guadalupe et de Tonantzin ; de toute évidence,
les cultes des deux Mères se fondaient en un seul.

Pareillement, la conversion de la Russie au christianisme
byzantin s'était accompagnée de la pénétration des idées païennes
dans la nouvelle culture de référence. Tantôt les anciens dieux
furent identifiés aux démons et occupèrent dans la foi orthodoxe
une place négative, mais cognitivement légitime. Tantôt ils furent
assimilés aux saints, derrière lesquels ils s'effacèrent. Éventuellement, ils subirent simultanément ces deux transmutations : Volos
devint le démon Volosatik, mais aussi saint Blaise (Vlas), saint
Nicolas ou saint Georges ; Mokos continua d'être associé à l'impu-
reté, notamment sexuelle (*mokos'ja* : une femme légère), mais
aussi à la personnification du vendredi saint, Parascève-Piatnitsa,
voire à la Vierge[47].

Cependant, si l'extraversion culturelle implique un transfert de
sens, celui-ci peut aussi survenir indépendamment d'un tel
contexte d'hétéroculture radicale. Les cultes républicains, pendant
la Révolution française, se sont moulés dans l'imaginaire de la
religiosité catholique. «Aujourd'hui on a promené la mère de
Dieu vivante», écrivait un tisserand avignonnais à la suite d'une
célébration civique de la déesse Raison. Des dévotions locales
s'organisèrent spontanément autour de sainte Pataude, la sainte
aux ailes tricolores ; des prophètes surgirent, tel Marat ; des martyrs furent chantés ; la postérité révolutionnaire ou patriotique tint
lieu d'au-delà ; l'idéologie des sans-culottes reprit sans complexe
le vocabulaire chrétien[48]. Inversement, les organisateurs des fêtes

révolutionnaires qui omirent de récupérer à leur profit ce répertoire et qui boudèrent la géographie sacrée de leur ville rencon-
trèrent l'indifférence, l'incompréhension ou l'hostilité de leurs
concitoyens[49].

Trait d'union entre la culture-héritage et la culture-innovation,
l'opération de transfert de sens semble inhérente au changement
politique, sans que celui-ci soit nécessairement dramatique. Par
exemple, au VIᵉ siècle, l'institutionnalisation ecclésiale a procédé
par détournement du cérémonial de soumission qui honorait les
puissants de l'Empire romain : l'entrée de l'évêque dans sa cité se
devait de reproduire le rituel de l'*adventus* des plus grands dignitaires impériaux ; les laïcs se voyaient enjoindre de « s'incliner
humblement » devant Dieu et ses clercs, comme ils le faisaient
devant leur roi ou leur juge[50]. Ces glissements symboliques ou
cognitifs d'une sphère à l'autre de la société sont systématiques et
sont à la base des grands processus de formation de l'État, en particulier de sa centralisation et de sa rationalisation. On ne s'étonnera pas qu'ils caractérisent les stratégies identitaires extrêmes
qui exagèrent la part de « l'oubli » (ou du mensonge) dans leur
relecture du passé. Invoquer Ibn Taïmiyya (1263-1328) pour justifier l'assassinat du président Sadate, voir dans le dieu Ram, le
dieu « au cœur tendre » des anciens hindous, le héros martial de la
lutte contre les musulmans, trouver dans la Bible la condamnation
de « l'empire du mal » soviétique et, pourquoi pas ? de la Banque
mondiale, revient naturellement à conférer une signification anachronique à des textes écrits il y a des siècles ou des millénaires, et
à les enrôler dans des combats alors inimaginables. Mais il faut
bien voir que de tels transferts de sens, loin d'être des subterfuges
propres aux radicalismes identitaires, sont le lot quotidien de
l'action politique. Il serait même difficile de concevoir celle-ci sans
recours à ceux-là.

Au Kenya, par exemple, la confusion entre les registres du religieux et du politique est telle que les allocutions des politiciens
prennent des allures de prêche, quand ce ne sont pas les prêches
qui tournent au discours politique : le président arap Moi délivre
la Bonne Parole – la sienne et celle de son Dieu – chaque semaine
dans le temple d'une confession différente et, en 1983, le pasteur
de Rungiri déclencha une furieuse polémique politico-biblique en
évoquant la parabole du mouton boiteux incapable de mener le
troupeau dans le vert pâturage, sans que l'on sache s'il visait le
député de la circonscription, Charles Njonjo, soupçonné d'être le

«traître» à longueur de colonnes par les médias, ou au contraire le chef de l'État, ébranlé par une tentative de putsch[51]. Dès les années vingt, les hymnes étaient devenus des formes d'expression politique. Ils chanteront successivement le charisme messianique d'un Harry Thuku ou d'un Jomo Kenyatta, le combat des Mau Mau ou leur répression par les troupes britanniques[52]. Et les squatters kikuyu qui coloniseront la Rift Valley, les guérilleros qui prendront le maquis dans la forêt assimileront leur démarche à l'Exode[53].

De même, au Zaïre, des figures politiquement aussi antithétiques que celles de Simon Kimbangu, Patrice Lumumba, Pierre Mulele, Joseph Kasavubu, le maréchal Mobutu et Étienne Tshisekedi paraissent quasiment interchangeables en tant que «Messie», «libérateur», «sauveur», «rédempteur», «martyr». Finalement, l'histoire du pays se confond avec celle d'Israël :

> «Des images religieuses illustrent des contextes politiques. Le communisme apparaît comme une "religion" nantie d'une "morale", organisée en "cultes" et en "rites", en "sacrements" et en "sacrifices". Les textes constitutionnels sont comparés à la "Bible", au "bréviaire" romain, au "missel", les idéologies au "catéchisme", la clientèle politique aux "acolytes". Les choix politiques ouvrent la porte du "Paradis" ou de "l'Enfer", selon les cas. Certains enseignements politiques sont coulés en images, épisodes ou paraboles évangéliques : l'attitude de certains politiciens leur vaut le nom de "boucs émissaires"; la démagogie circule parmi les politiciens et dans un moment de crise le pays compte beaucoup d'antichrist ou d'antéchrist; les leaders, groupes et régions dissidents sont des "brebis égarées" à ramener au "bercail" que constitue le gouvernement; le colonialisme est un "tombeau blanchi"; l'indépendance figure un "douloureux enfantement"; des épisodes politiques évoquent les paraboles du "bon Samaritain", du "festin", de l'"ivraie dans le champ de blé"[54].»

Ainsi, en juin 1982, le procès des treize commissaires politiques qui avaient fondé l'Union pour la démocratie et le progrès social fut émaillé de chants religieux en kiswahili dont la portée politique était limpide :

> «Debout, Jésus-Christ, il vient en guerre contre Satan,
> nous nous tenons debout avec force
> La parole de Dieu est plus forte que Satan

Vierge Marie protège ceux qui se sacrifient pour le peuple
Dieu t'a choisi pour le servir avec son corps et son cœur
entier. »

Et soudain un pasteur d'apostropher la foule : « Moïse fut élevé
à la cour de Pharaon. Il avait autorité, on l'appelait fils du Pharaon mais en découvrant la misère de son peuple il quitte
[l'Égypte]*. Moïse est le vrai démocrate, il conduit son peuple
mais lui n'entrera pas dans la Terre promise ; des autres mourront
avec lui, en route. C'est le cas aujourd'hui. Amen, Alléluia[55] ».

Dans des pays où les Églises ont été les principales agences de
socialisation des élites et où la sacralisation du pouvoir remonte à
la nuit des temps, le Testament s'est aisément imposé comme
métaphore de l'action, et l'on a vu les manifestants malgaches, en
1991, faire sept fois le tour du palais présidentiel pour en renverser les murailles...

LA FABRICATION DE L'AUTHENTICITÉ

Procédure quotidienne de la vie sociale, le transfert de sens
repose sur l'équivoque et l'artifice. Cela explique-t-il ceci ? La
revendication, et si besoin est, la fabrication d'authenticité sont
chères aux culturalistes, qui prétendent préserver la pureté originelle de leur identité des pollutions de l'extérieur et des agressions de l'Autre, au besoin en reconstituant autoritairement
« leur » culture au terme d'une démarche régressive : les évangélisateurs s'efforcent de protéger l'aimable innocence indigène que
violentent conquistadores, créoles, colons et autres fauteurs
d'urbanisation ; les nationalistes d'Europe centrale et orientale
érigent la culture populaire en reliquaire de l'identité nationale ;
les partisans d'un hindouisme militant se réfèrent à un âge d'or
védique ; la République islamique d'Iran part en guerre contre la
« corruption » occidentale ; Vladimir Jirinovski se propose de
conquérir la Turquie, l'Iran et le Pakistan, où il sera accueilli en
sauveur et où il laissera « tout en l'état comme le veulent les habitants locaux : les troupeaux, les brochettes de viande, l'air pur et le

---

* Allusion au fait que le leader de l'UDPS avait d'abord été un responsable
de région du parti unique et avait notamment rédigé son manifeste de la Nsele.

pèlerinage à La Mecque – un pèlerinage à pied, pas en Boeing[56]»;
le maréchal Mobutu restaure l'«authenticité», précisément.

Or, est-il besoin de le rappeler?, la caractérisation de ce qui est
(ou n'est pas) «authentique» est toujours problématique.
L'authenticité ne s'impose nullement par les propriétés imma-
nentes du phénomène ou de l'objet que l'on considère. Elle
résulte du regard, lourd de désirs et de jugements, que l'on porte
sur le passé, dans le contexte, éminemment contemporain, dans
lequel on est situé : «Il s'agit en fait d'une construction sociale,
d'une convention, qui déforme partiellement le passé[57].» Des bars
à vin et des bistrots parisiens aux pubs londoniens néotradition-
nels, de la vogue des produits du terroir aux commerces d'«anti-
quités», du marché immobilier des «fermettes» normandes à la
mode des «poutres apparentes» dans le Marais, les sociétés industrielles sont de grandes fabriques d'«authenticité».

Ce discours sur un passé entièrement reconstitué et fantasmatique est d'abord un commentaire critique sur le présent[58]. Autant
dire qu'il est âprement disputé. Ainsi, la restauration des œuvres
d'art donne lieu à de virulentes polémiques dans le public, comme
celle qui a récemment salué les travaux conduits dans la chapelle
Sixtine. Les spécialistes sont eux-mêmes en désaccord. Les prestigieux ateliers du Vatican cherchent moins à retrouver l'intégrité
ou la vérité originelles de l'œuvre, inévitablement hypothétiques,
qu'à la conserver, et la restauration obéit aux nécessités de
l'entretien. Élaborée en Italie, cette conception l'emporte dans
l'Europe méditerranéenne, mais se heurte à l'approche plus ambi-
tieuse des artisans anglais ou allemands. Quoi qu'il en soit, le travail de restauration est marqué par le goût et les connaissances de
l'époque à laquelle il est effectué. Au XIXe siècle, les couleurs
sombres étaient préférées, sous l'influence du romantisme, et les
contrastes chromatiques étaient volontiers gommés. La sensibilité
contemporaine demande la révision de cette lecture artistique. La
préoccupation de «restaurer les restaurations» est devenue suffisamment vive pour que les restaurateurs d'aujourd'hui veillent à
la réversibilité de leurs propres interventions afin de faciliter la
tâche de leurs successeurs lorsque la notion du Beau et les techniques auront de nouveau évolué.

De même, l'interprétation de la musique baroque a donné lieu
à un débat serré entre les mélomanes qui acceptent que «soit alté-
rée la structure sonore conçue par Bach, son équilibre» et ceux
pour qui «le sens de l'œuvre musicale est inséparable de la resti-

tution attentive, vigilante, de sa texture sonore», au prix d'un sérieux décapage des styles d'exécution qui se sont généralisés à partir du XIXe siècle[59].

Dans ces conditions, il convient de toujours analyser la genèse de la qualité d'authenticité que nous accordons à une pratique ou à un produit culturel. L'exemple du tapis turkmène a été bien étudié par Brian Spooner[60]. Dans la société ancienne, celui-ci était noué dans les maisonnées, ce qui assurait le strict respect de normes techniques rigoureuses et en faisait la qualité. La tapissière évitait notamment d'acheter la laine sur le marché afin de garder le contrôle du choix des fibres. À la fin du XIXe siècle, l'apparition de teintures synthétiques plaça la production du tapis turkmène dans l'orbite de l'économie mondiale et leur coût élevé favorisa vraisemblablement sa «marchandisation». Utilisé par les nomades eux-mêmes, commercialisé dans les villes d'Asie centrale et du Moyen-Orient, le tapis turkmène commença à pénétrer le marché occidental sans perdre pour autant sa valeur symbolique directe aux yeux de ses producteurs (à l'inverse, par exemple, des tapis confectionnés dans les grands centres urbains de Perse). Il était apprécié à l'aune de deux grilles culturelles distinctes : l'une, strictement autochtone, s'appuyait sur la réputation des artisanes, l'usage auquel était destiné le tapis, son symbolisme ; l'autre, introduite par le consommateur du marché mondial, dépendait de diverses modes orientalistes, telles que l'engouement pour l'art chinois et les chinoiseries ou le «japonisme». Non seulement l'interprétation des symboles ou l'évaluation de la qualité pouvaient donner lieu à malentendu d'une grille à l'autre, mais, plus profondément, les producteurs turkmènes s'attachèrent à répondre à la demande de leurs nouveaux clients en modifiant la taille, les motifs ou les couleurs de leurs pièces, jusqu'à reproduire la bannière étoilée américaine, comme dans un tapis gardé par le musée de l'université de Pennsylvanie.

Les conquêtes russes, les pressions militaires persanes et afghanes, la soviétisation de l'Asie centrale entre les deux guerres bouleversèrent totalement la société turkmène, provoquèrent de nombreuses migrations et finirent par interrompre presque complètement la fabrication des tapis à la fin des années trente. Celle-ci ne reprit vraiment que dans les années soixante, dans des usines en Union soviétique, dans des maisonnées ou de petits ateliers en Afghanistan. Avec les nouvelles formes d'organisation de la production, les tapissiers, désormais, étaient souvent des hommes ou des enfants (en particulier des orphelins et des réfugiés, après la grande famine de 1971-1972). Il va sans dire que la guerre d'Afghanistan a achevé de transformer cette économie du tapis. Dès lors, la deuxième grille d'évaluation semble l'avoir emporté. Quelle que soit la qualité, réelle, de leur facture, les tapis turkmènes contemporains sont très différents de ceux du milieu du XIXe siècle, bien que l'on puisse d'emblée les identifier comme turkmènes Le contrôle des associations tribales qui limitaient la marge d'innovation laissée aux créateurs a d'ailleurs disparu. Et le consommateur étranger, si averti soit-il, a poussé à l'unification d'un genre artistique autrefois beaucoup plus fragmenté du fait de l'hétérogénéité de l'ordre familial et tribal turkmène. De son côté, cette demande du marché mondial s'est elle aussi modifiée. Plus attentive aux dessins des tapis orientaux avant l'apparition des métiers mécaniques, elle a ensuite privilégié la technique artisanale qui est devenue en elle-même un critère de distinction et, au fur et à mesure qu'elle s'est accrue, elle s'est portée sur des tapis tribaux, jusqu'alors méprisés, comme les tapis baloutches.

En bref, la définition de l'authenticité en matière de tapis est élusive et indissociable des interférences de l'économie mondiale, en dehors même du fait qu'elle n'est pas un processus exclusivement culturel, mais aussi bien matériel. Dans le même temps, les jeunes Turkmènes, les jeunes Afghans, les jeunes Iraniens, sans doute peu soucieux de l'authenticité de leurs tapis, sont en quête du blue-jean authentique, le Levi's 501, auquel ils accordent une valeur symbolique bien supérieure à celle que nous lui reconnaissons. Vladimir Jirinovski aura quelque peine à s'y retrouver quand ses soldats «laveront leurs bottes dans les eaux chaudes de l'océan Indien»...

Les processus d'«invention de la tradition» nous ont déjà appris que le souci d'authenticité est souvent lié aux transformations de la société et au changement d'échelle de son espace de référence. Il est l'une des expressions de la modernité et de la globalisation. En tant que telle, il n'est en rien réservé aux sociétés dépendantes, contraintes à se redéfinir par rapport à des mutations imposées de l'extérieur ou compensant leur extraversion débridée. La *country music* aux États-Unis – superbe exemple de «fabrication de l'authenticité en matière de culture populaire» – a constitué une réponse à la «progression du modernisme par le biais de la sauvegarde ou de la construction de valeurs intégristes», à un moment où une partie de l'opinion américaine s'inquiétait du développement de la permissivité dans la société et du recul de l'hégémonie WASP[61]. Sous cet angle, elle n'est pas sans relation avec la montée du fondamentalisme dans le Deep South, encore que celui-ci ait eu pour principale cible idéologique cette même domination «protestante, blanche et anglo-saxonne» de la côte Est. Mais la *country music* s'apparente également à l'instrumentalisation de la musique populaire par les nationalistes d'Europe centrale et orientale. Le chef d'orchestre Lamar Stringfield prônait en 1931 «l'épanouissement d'une forme de nationalisme musical américain» qui ne pourrait venir que «des émotions enracinées dans le peuple» et qu'il croyait retrouver dans la musique «rétro» : «Naturellement la musique populaire américaine la moins influencée par d'autres est celle que sauvegardent les habitants des régions montagneuses et des grandes plaines. Le manque de moyens de transport modernes a conservé intacte chez ces gens leur sensibilité d'êtres humains et préservé leur musique de tous les artifices[62].»

Henry Ford, l'une des figures de proue de la globalisation de notre monde[63], soutint vigoureusement cette conception. Nonobstant le fait que son célèbre «Modèle T», vendu en masse grâce à l'abaissement des coûts de production, accélérait le désenclavement des campagnes et l'extension du mode de vie urbain, il voyait dans les villes des «excroissances pestiférées» et vantait les mœurs champêtres, «saines» et empreintes d'une «honnêteté à toute épreuve». Il estimait que «les vrais États-Unis se trouvent hors des villes» et imputait naturellement la dégradation de la moralité, la consommation d'alcool, l'usage du tabac, la licence sexuelle et le jazz, aux Noirs, aux derniers immigrants et aux «Juifs internationaux», n'hésitant pas à reproduire dans son journal, le *Dearborn Independent*, des extraits des *Protocoles des Sages de Sion*, à subventionner la Ligue germano-américaine dont le chef était un pronazi notoire et à recevoir du IIIᵉ Reich la Grand-Croix de l'Aigle germanique en 1938. Pour lutter contre l'évolution funeste de la société américaine, le génial constructeur d'automobiles préconisait, sans grande originalité, un retour aux coutumes paysannes. En 1925, il lança une campagne en faveur des danses anciennes, la ronde et le quadrille, et publia un opuscule, *"Good morning", après 25 ans de sommeil les danses traditionnelles revivent grâce à M. et Mme Henry Ford*, qui condamnait la pratique délétère du charleston et recommandait aux danseurs de placer leur main droite de telle façon que seuls le pouce et l'index touchent la taille de leur partenaire. Il fit venir à Dearborn des violonistes afin de «standardiser le renouveau des danses traditionnelles» (et cette taylorisation de la culture populaire est comparable à d'autres entreprises de «calibrage» en Europe centrale, en Turquie, en Union soviétique, par constitution d'ethnocultures et par folklorisation des pratiques populaires). Grâce à son réseau de concessionnaires, Henri Ford monta également des tournées de violonistes «rétros».

Mais le plus intéressant dans cette saga de la *country music* réside dans l'attitude du public, qui imposa sa propre définition de l'authenticité de la culture populaire. Les lauréats des joutes financées par Ford menaient souvent une vie déplorable et ne se conformaient guère à l'éthique d'abstinence que ce dernier prisait. Le vieillard qu'il essaya de leur substituer, Allison Mellen Dunham – un artisan qui avait confectionné les raquettes utilisées par l'amiral Peary pour son expédition au Pôle Nord – ne parvint pas à percer. En définitive, le personnage du musicien «rétro» finit par s'effacer au profit de deux autres types d'interprètes de la *country music*, le *hillbilly* (le péquenaud) et le «cow-boy chantant», tous deux produits par les médias modernes. La plupart des *hillbillies* à succès étaient en fait des citadins du Sud-Est et de Californie, et non des montagnards de la chaîne des Appalaches, censée être la dépositaire de la véritable musique populaire américaine. Autrement dit, «l'authenticité telle que l'entendaient les adeptes de la *country music* ne signifiait pas une adhésion stricte à une musique traditionnelle idéale», elle n'était pas «synonyme de vérité historique», mais elle était culturellement construite à la fois par ses promoteurs – les théoriciens du nationalisme musical, Henry Ford, les animateurs de radio – et par le public. On peut en conclure plus généralement que la «mémoire collective est systématiquement infidèle au passé afin de satisfaire les besoins du présent[64]», plutôt qu'elle n'assure la transmission mécanique d'une culture ou d'une identité.

Là où le raisonnement culturaliste postule l'existence d'un noyau dur propre à chaque culture, qui conférerait à celle-ci sa véridicité et qui conditionnerait le présent, l'analyse dégage un processus d'élaboration culturelle, dans les domaines de l'idéologie et de la sensibilité, qui nous parle du présent en fabriquant du passé. Tel est le ressort intime de la «cinéscénie» créée par Philippe de Villiers au Puy du Fou[65]. Sa reconstitution unanimiste et ruraliste de l'ancien temps participe d'une stratégie globale de la

Vendée qui a su inventer une modernité bien réelle – notamment agricole et industrielle – sous le couvert d'une tradition «chouanne», forgée en réponse au traumatisme des événements sanglants de 1793[66]. À bien des égards, cette «culture réfractaire» – pour reprendre l'expression de Jean-Clément Martin et de Charles Suaud – est comparable à celle du Deep South américain après la guerre de Sécession. Elle tire de l'expression historique d'un terroir particulier un message universel et actuel. La Vendée serait la terre d'une droite chrétienne et progressiste, voire sociale, par l'intermédiaire des mouvements d'action catholique. Renvoyant dos à dos le matérialisme libéral et l'athéisme marxiste, elle incarnerait une voie tierce du changement. À travers la création pyrotechnique d'un monde paysan communautaire que l'urbanisation aurait méchamment déstabilisé, Philippe de Villiers, qui a la province «chevillée au cœur, chevillée au corps», met en scène une idéologie du refus. En se réclamant de Cathelineau, de Clemenceau, du maréchal de Lattre de Tassigny, il célèbre «une même Vendée qui sait dire "non"[67]». Il s'inscrit à son tour dans cette lignée prestigieuse en démissionnant de son poste de sous-préfet en 1981 pour ne pas servir un «gouvernement socialo-communiste». Néanmoins, le rejet d'une époque et de ses renonciations n'est en rien passéiste, contrairement aux apparences. Philippe de Villiers se fait oindre par le suffrage universel en 1987 et représente en toute légitimité républicaine la Vendée en tant que président du conseil général. L'époque qu'il récuse est une simple parenthèse, que son combat politique s'emploie à refermer : «Jeanne Bourin nous disait récemment : "Vous êtes en avance. Votre goût du risque, de la création, de l'art populaire, de la gratuité militante n'est pas de ce siècle. Il est du XIIIe et du XXIe siècles". Nous sommes nés trop tard ou trop tôt[68].»

Le score de la liste conduite par Philippe de Villiers aux élections européennes de 1994 montre que cette attitude «réfractaire», productrice d'authenticité, n'est pas sans écho : elle fournit à une proportion non négligeable de la population française un schéma interprétatif de l'industrialisation et de ses conséquences, une lecture de la crise économique et de l'intégration à l'Union européenne ou au marché mondial, une posture face à l'immigration. Raisonnement culturaliste oblige, la réaction opposée à autant de changements, inconcevables par les «chouans» et leurs héritiers «paysans», s'articule autour de la notion centrale d'identité : fort de son identité vendéenne, Philippe de Villiers défend l'identité française. Peu lui chaut que cette «identité de la France», telle que l'a décryptée Braudel, se soit construite historiquement, à la confluence des facteurs matériels et des facteurs culturels; qu'elle ait été très tardive si l'on suit l'analyse d'Eugen Weber; et qu'elle soit de toute façon incomplète si l'on tient compte de la rémanence d'une diversité sociale réelle, par exemple dans le domaine des structures familiales[69]. Car le culturaliste croit en l'existence de divinités identitaires, les identités primordiales, qui traverseraient impavidement les siècles, chacune nantie de son noyau d'authenticité*. Ce n'est pas faute d'écarquiller les yeux, mais nous ne voyons pour notre part que des processus de formation des identités culturelles ou politiques dont la cristallisation est souvent récente et peut en tout cas être datée de façon relativement précise.

LA FORMATION DES IDENTITÉS PRIMORDIALES

L'analyse des situations politiques qui semblent dominées par des conflits identitaires, et qui devraient logiquement corroborer la validité du concept d'identité primordiale, infirme justement la pertinence de ce dernier. La tension croissante entre les nationalistes hindous et les musulmans en Inde paraît être, par exemple, le prototype d'un antagonisme atavique entre de telles identités primordiales, puisqu'il met aux prises deux religions qui ont été simultanément les matrices de grandes civilisations. Néanmoins, l'opposition de l'hindouisme et de l'islam se contente de reprendre le discours idéologique des organisations militantes sans beaucoup d'égards pour la réalité des faits. Elle surestime l'ancienneté et l'unité de chacun des protagonistes, en même temps qu'elle occulte les échanges entre ceux-ci.

Contrairement au judaïsme, au christianisme et à l'islam, l'hindouisme ne s'incarne en aucun Livre sacré qui lui procurerait une

---

*Tout comme les voies du Seigneur, celles des sciences sociales sont impénétrables. Le concept d'«allégeance primordiale» semble avoir été lancé par un auteur marxiste, Hamza Alavi, à une époque lointaine où Bernard-Henry Lévy proposait une lecture maoïste du Bangladesh. Dans l'esprit de son promoteur, il désignait les liens de groupe, tels les liens de caste ou de parenté, qui empêchent les paysans pauvres de percevoir les contradictions de classes et les font agir contre leurs intérêts objectifs (H. Alavi, «Peasant Classes a d Primordial Loyalties», *Journal of Peasant Studies* I (1), octobre 1973, pp. 23-62).

référence unitaire. Ses textes religieux s'adressaient à des sectes particulières, et historiquement il se présentait précisément sous la forme d'un « conglomérat de sectes[70] », au point que des indianistes ont pu douter de son caractère de religion et discerner en lui une « juxtaposition de religions, en outre peu structurées[71] ». Il faut attendre le XIXᵉ siècle pour voir des mouvements de réforme socioreligieuse essayer de rationaliser l'hindouisme en lui découvrant des Écritures saintes au sens monothéiste du mot, en adoptant un mode d'organisation ecclésiale, en purifiant les pratiques de dévotion, en confrontant les enseignements védiques à la connaissance scientifique occidentale, et en tentant une lecture « sociale » de la hiérarchie des castes. La logique de ces mouvements de réforme était clairement celle du « syncrétisme stratégique », et l'adversaire dont ils empruntaient les « traits culturels prestigieux et efficaces » le monothéisme chrétien, que le prosélytisme des missionnaires rendait menaçant.

Mais l'islam ne tarda pas à fournir un second modèle de référence et de répulsion dès lors que la colonisation commença à favoriser les élites musulmanes, à partir du début du XXᵉ siècle, pour contrer le nationalisme des élites hindoues et écarter le spectre de la partition. La mobilisation politique des musulmans pendant le Mouvement du Califat, dans les années vingt, tourna à l'agitation communaliste anti-hindoue. L'on vit derechef des responsables hindous réagir à ce danger en reprenant, toujours sous prétexte de retour à l'âge d'or védique, les qualités prêtées à l'agresseur : en l'occurrence la force physique, la solidarité, l'unité, et même, pour certains, le régime carné ! La nébuleuse nationaliste hindoue qui défraie aujourd'hui la chronique électorale et tient le haut du pavé émeutier procède de ce dernier avatar du « syncrétisme stratégique ».

On observe donc que « l'identité nationaliste hindoue engendrée par le "syncrétisme stratégique" est bien peu fidèle aux valeurs hindoues traditionnelles que sont le polythéisme, la tolérance religieuse, la hiérarchie et l'absence d'organisation ecclésiale[72] ». La fabrication d'une authenticité védique, par « assimilation des valeurs de l'Autre », a véhiculé une mutation radicale de l'identité culturelle hindoue et sa politisation sur le mode nationaliste. De son côté, l'islam du sous-continent indien ne s'est pas montré plus uni ni plus stable que l'hindouisme, en dépit de la perception que les nationalistes hindous en ont eue. Le communalisme, en Inde, se nourrit, non de la cohérence interne de chacune des deux communautés religieuses, mais bel et bien de leur relation, vécue conflictuellement dans une situation et à une période historique données. Encore faut-il préciser que cet antagonisme n'est pas immanent à leurs dogmes respectifs, ni à leur mise en rapport dans une société politique élargie, construite par le colonisateur. L'empire moghol, notamment à l'époque d'Akbar (1556-1605), était fondé sur un compromis, certes inégal, entre musulmans et hindous. Les échanges et les syncrétismes ont été nombreux entre ceux-ci, y compris dans le domaine religieux. Bien sûr, le refus des conquérants musulmans de se laisser assimiler par la culture hindoue – comme tant d'autres s'y étaient prêtés avant eux – devait nécessairement provoquer une résistance autochtone, et, dès les XVIe et XVIIe siècles, l'Empire de Shivaji, puis la Confédération marathe prirent les armes contre l'Empire moghol. Toutefois, la cristallisation d'une identité communautaire hindoue n'est pas antérieure aux années 1860[73].

Cette concomitance entre la précipitation – au sens chimique du mot – du communalisme et la construction d'un État bureaucratique par le colonisateur ne doit rien au hasard. La genèse des identités particulières, dans le nouvel espace politique, n'est pas le rejet ou la négation de l'État, mais l'adaptation inventive aux changements radicaux qu'il représente, un mode d'appropriation de ses institutions et de partage de ses ressources. Cela est maintenant bien connu des africanistes, et R. H. Bates peut affirmer, en bon libéral réducteur, que «[...] les groupes ethniques sont une forme de coalition gagnante à la marge, suffisamment large pour garantir des profits dans la lutte pour le partage des dépouilles, mais aussi suffisamment restrictive pour maximiser le rendement *per capita* de ces profits[74]». Nous verrons que les choses sont malheureusement plus compliquées. Cependant, le lien organique entre la formation de l'État, les stratégies d'accumulation matérielle dans une économie soudain élargie, et l'affirmation identitaire se retrouve dans maintes situations.

En Europe même, les hérauts des nationalismes linguistiques au XIXe siècle ont souvent été des catégories sociales instruites ou semi-instruites qui voyaient dans la reconnaissance de leur langue vernaculaire par l'État – ou, mieux, dans la création d'un État correspondant à l'espace de leur langue vernaculaire – un puissant moyen d'ascension sociale[75]. Les motivations des militants cinghalais qui ont imposé l'adoption de leur idiome comme langue nationale officielle en 1956, celles des intellectuels arabophones algériens qui ont remporté une même victoire suicidaire dans les années quatre-vingt, étaient similaires.

Les socialistes du XIXe siècle n'avaient pas tort, qui parlaient de « nationalisme petit-bourgeois ». Au lieu d'exprimer le génie des « peuples », lové au plus profond de leur « culture populaire » – comme le veut la fable culturaliste –, les stratégies identitaires trahissent l'appétit d'élites nouvelles en mal d'intégration, de pouvoir et de richesse. La responsabilité des classes moyennes, des bureaucrates, des intellectuels, des étudiants (ou des déscolarisés) dans la radicalisation des conflits identitaires – par exemple au Sri Lanka, au Natal ou au Rwanda[76] – est souvent plus écrasante que celle des classes populaires.

Et ne nous méprenons pas. Ces élites ne se contentent pas d'activer des communautés déjà constituées dont l'identité serait en quelque sorte dormante. Loin de préexister à l'État, les groupes primordiaux, religieux ou ethniques, dont elles prétendent être les représentantes sont les fruits, plus ou moins vénéneux, de celui-ci. De ce point de vue, les trajectoires de l'ethnicité en Afrique subsaharienne ou du communalisme en Inde constituent la règle, que confirment les exemples du communalisme au Sri Lanka, des nationalismes ethniques en Birmanie, du confessionnalisme au Liban ou du nationalisme en Asie centrale et dans le Caucase[77]. Dans tous ces cas, la cristallisation des identités particulières, telles que nous les connaissons aujourd'hui, s'est effectuée lors du moment colonial, sous l'action conjuguée (mais éventuellement conflictuelle) des occupants étrangers, de leurs collaborateurs autochtones et de leurs adversaires.

Néanmoins, la colonisation n'a été qu'un facteur contingent de ce processus, n'en déplaise aux idéologues nationalistes africains. La centralisation étatique, les mutations économiques ont engendré des logiques identitaires semblables dans des situations qu'il serait abusif ou anachronique de qualifier de « coloniales ». Par exemple, les Baloutches d'Iran, dans leur conscience et leur organisation actuelles, sont les rejetons des mesures politiques et administratives prises au XIXe siècle par la dynastie Qajar[78]. Les confédérations tribales kurdes de la province du Khorassan ont été pareillement fondées par l'État central, au moment de leur déportation par Shah Abbâs Ier, au XVIe siècle[79].

Quant à la fameuse « identité kurde » en Turquie et en Irak, elle procède elle aussi d'un processus d'ethnogenèse qui trouve son origine dans la compétition régionale entre l'Empire ottoman et la Perse. Rappelons tout d'abord que la totalité des Kurdes ne se trouve pas directement intégrée à la structure tribale. Celle-ci s'est surajoutée à d'autres relations sociales et a cimenté la pré-éminence d'une aristocratie militaire à laquelle s'est inféodée, *volens nolens*, une population flottante, moins fidèle à une tribu précise qu'elle ne suit circonstanciellement un leader dont le vent est en poupe[80]. De ce fait, la conscience tribale kurde est sans doute aussi mouvante et relative que la conscience ethnique en Afrique noire. Par ailleurs, l'organisation interne des tribus a enregistré les interactions entre la société kurde et les États avoi-sinants, l'Empire perse et l'Empire ottoman, qui ont fait des montagnes de l'Est anatolien une zone tampon entre leurs ambitions respectives. Au XIXᵉ siècle, les réformes de la Sublime Porte se sont notamment traduites par l'abolition de l'institution des émi-rats kurdes, sans pour autant assurer une administration directe de cette partie de l'empire. Les chefs de tribu se sont alors érigés en intermédiaires privilégiés du pouvoir central, et la structure tri-bale a eu tendance à s'atomiser, sa complexité devenant inverse-ment proportionnelle à la densité du maillage administratif. De plus, la promulgation d'un code foncier en 1858 entraîna l'émer-gence d'une catégorie nouvelle de propriétaires terriens qui chan-gèrent les règles du jeu clientéliste et, en 1891, la levée d'une milice, la Hamidiye, inspirée des Cosaques russes, modifia le rap-port de forces entre les tribus quand elle ne donna pas carrément naissance à des groupes sociaux para ou prototribaux, comme l'avait fait en Iran, au XVIᵉ siècle, la milice des Sah-Sevan mobili-sée par Shah Abbâs Iᵉʳ.

Enfin, la chute de l'Empire ottoman bouleversa le cadre d'interaction entre l'État et l'ordre tribal, le tracé d'une frontière entre la Turquie, la Syrie et l'Irak, propice à une contrebande effrénée, n'étant pas la moindre de ses conséquences[81]. Dans le contexte créé par les nationalismes balkaniques, caucasiens et arabes, l'extermination des Arméniens et l'échange de populations entre la Grèce et la Turquie, les élites kurdes, encouragées par les épanchements wilsoniens, purent alors caresser le rêve d'un État-nation ethnique, si l'on peut s'exprimer de la sorte. Cependant, leur nationalisme n'a pas éliminé l'identification tribale, ni d'ailleurs la conscience religieuse qui la brouille partiellement. La plupart des révoltes nationalistes ont été dirigées par des cheikhs, et le leader du Parti des travailleurs du Kurdistan, Abdullah Öca-lan, qui avait cru pouvoir partir en guerre contre la religion au nom du marxisme-léninisme, a dû mettre de l'eau dans son thé et a commencé à parler d'un Kurdistan libéré qui serait le « berceau de l'internationalisme islamique[82] ». Mais l'adhésion religieuse ou politique n'est pas elle-même dissociable de l'identification tribale. L'implantation des confréries de la Nakchibendiyya et de la Qadiriyya, puis la création de celle des Nurcu ont été contemporaines de la tribalisation de la province et sont apparues comme une réponse connexe au vide provoqué par le renversement des émirats et à la menace du prosélytisme des missions chrétiennes[83]. L'allégeance aux cheikhs s'effectue le plus souvent à l'échelle de la tribu et est collective, tout comme les soulèvements nationalistes ont épousé les clivages tribaux et ont ainsi contribué à les reproduire, au prix de leur efficacité militaire.

Autrement dit, les stratégies identitaires des Kurdes, prises dans leur diversité, sont le reflet d'un moment historique vieux d'un siècle, au cours duquel ont prévalu de multiples innovations sociales et politiques, telles que la centralisation de l'État, le développement de l'ordre tribal et du mouvement des confréries, l'appropriation privée de la terre, l'émigration, l'urbanisation, la constitution d'un parti révolutionnaire armé, la guérilla et sa répression par une bureaucratie militaire rompue aux techniques internationales de la lutte « antisubversive ». Elles sont décidément tout sauf primordiales.

Force est de revenir à la problématique wébérienne qui voyait dans la tribu « un artefact politique » généralement établi par l'État, dont il est une subdivision, et qui déniait au concept d'ethnicité son utilité analytique : « La notion d'une action sociale "ethniquement" déterminée subsume des phénomènes qu'une analyse sociologique rigoureuse [...] devrait distinguer sérieusement[84]. » Mais, curieusement, Weber s'arrête en chemin et oppose l'appartenance ethnique, « identité présumée », au groupe de parenté, doté d'une « action sociale concrète », dont il reconnaît néanmoins le caractère historique[85]. En fait, la parenté est elle aussi un artefact, « un idiome plutôt qu'un système », par l'intermédiaire duquel les acteurs négocient constamment leurs appartenances et leurs alliances sociales[86]. Comme telle, elle est d'abord un champ de conflit – par exemple, le site privilégié de la sorcellerie en Afrique noire – avant de devenir éventuellement un champ de solidarité et d'action collective[87].

Sous cette lumière, la continuité générative de la famille à l'ethnicité et à l'État est claire. Dans la Grèce antique, le *gènos*, la phratrie, la tribu n'étaient pas des «identités primordiales» propres à la société précivique; ils se sont épanouis comme institutions de la cité, procurant à ses membres la cohésion, la *philia* qui les unissait[88]. Aujourd'hui, une notion comme celle d'*asabiyya*, que certains spécialistes du monde musulman utilisent pour désigner la «communauté [...] soudée par des liens de sang ou simplement une similitude de destin», ne doit pas plus prêter à confusion. Dans l'œuvre d'Ibn Khaldoun elle relève bien du domaine de l'illusion (*amr wahmî*) et n'a aucun fondement réel (*lâ haqîqata lahu*)[89]. «La ville dans la tête», écrivait Michel Seurat, qui a recouru à ce concept dans son étude du quartier de Bâb Tebbâne à Tripoli, au Liban[90]. Ainsi définie, l'*asabiyya* est peut-être moins une «solidarité de base» qu'une «inimitié de base». La réaction de différenciation par rapport à l'Autre (*ta'assab*) est première, et la solidarité avec les siens n'en est que le ricochet, selon le vieil adage «Avec mon frère contre mon cousin, avec mon cousin contre mon voisin, etc.[91]».

Dans la situation, naturellement très différente, du département français de l'Yonne, «les positions d'éligibilité se transmettent de longue date au sein de réseaux où les liens de parenté et les stratégies matrimoniales interfèrent étroitement». Néanmoins, ces réseaux «ne sont pas des entités figées» et il serait par exemple vain de s'essayer à en faire l'inventaire: «Nous avons affaire ici non pas à des sortes de groupes plus ou moins identifiables, mais à un ensemble de potentialités actualisables au gré des situations concrètes. L'opération de vote est l'un des moments où se trouve actualisé ce système relationnel[92].» Comprise de la sorte, l'*asabiyya* arabe (ou bourguignonne) ne fait que nous rappeler cette évidence, tenacement rejetée par les culturalistes: il n'est point d'identités, mais seulement des opérations d'identification. Les identités dont nous parlons pompeusement, comme si elles existaient indépendamment de leurs locuteurs, ne se font (et ne se défont) que par le truchement de tels actes identificatoires, en bref par leur énonciation[93].

Or l'expérience historique prouve que l'identification qu'effectue un acteur social est toujours contextuelle, multiple et relative. L'habitant de Saint-Malo se définira comme Malouin face à un Rennais, comme Breton face à un Parisien, comme Français face à un Allemand, comme Européen face à un Américain, comme Blanc face à un Africain, comme ouvrier face à son patron, comme catholique face à un protestant, comme mari face à sa

femme, comme malade face à son médecin. Chacune de ces
« identités » est « présumée », comme le dit Max Weber de l'ethnicité, et peut éventuellement favoriser l'intégration à un groupe
social, par exemple dans la sphère politique, sans fonder à elle
seule la constitution d'un tel groupe. En corollaire, aucune de ces
« identités » n'épuise la panoplie identitaire dont dispose un individu. Le raisonnement culturaliste est inepte car, non content
d'ériger en substance atemporelle des identités en constante
mutation, il occulte les opérations concrètes par lesquelles un
acteur ou un groupe d'acteurs se définissent, à un moment historique précis, dans des circonstances données et pour une durée
limitée. Répétons-le, il est évident que des Hutu ont tué des Tutsi
au Rwanda au nom de leurs identités ethniques respectives, et de
cela il nous faudra rendre compte le moment venu. Mais si les uns
et les autres n'obéissaient qu'à ce seul programme identitaire, l'on
comprendrait mal pourquoi ils ont attendu si longtemps pour
s'entre-tuer ou pourquoi certains Hutu n'ont pas tué en faisant
intervenir d'autres lignes d'identification que leur appartenance
ethnique (leur foi chrétienne, leur idéal démocratique, leur nationalisme rwandais). De même, l'on aurait quelque peine à saisir
pourquoi les catholiques ont renoncé à étriper les réformés ou
comment les Français se sont réconciliés avec les Allemands.

Quiconque étudie une société concrète rencontre constamment
de tels passages, voire de telles sautes d'un registre identitaire à un
autre. « Nous fûmes affligés car nous allions sans doute périr dans
l'eau. Tout le monde était *redevenu* chrétien », raconte un officier
zaïrois fuyant les rebelles du Kivu dans les années soixante et surpris par une tempête au milieu du lac Albert[94]. Dans cet exemple,
la séquence de la variation identitaire est très brève. Mais nous
pouvons repérer de véritables itinéraires identitaires sur la longue
durée, tel celui des Chinois de l'Insulinde. Compte tenu de l'hégémonie commerciale et culturelle de l'islam dans la région, les marchands venus du Fujian ou du Guangdong entre le XIIIe et le
XVe siècle s'y étaient convertis et avaient tendance à se fondre
dans la société javanaise. Bien que les Hollandais les eussent
encouragés à se constituer en communautés spécifiques, nombre
d'entre eux demeurèrent fidèles à la foi du Prophète et aux usages
malais ou javanais jusqu'aux XVIIe et XVIIIe siècles. À partir du
XIXe siècle, l'afflux d'immigrants pauvres et de femmes chinoises,
le soutien politique de l'Empire mandchou, l'avènement de la
République en 1911, et surtout l'application de l'article 109 du

Statut fondamental des Indes néerlandaises (1854), qui distinguait les «étrangers orientaux» (*Vreemde Oosterlingen*) des «indigènes» (*Inlanders*), provoquèrent une «resinisation» progressive de la population chinoise de Java, qui finit par être ravalée au rang de minorité ethnique[95]. Ironie de l'histoire, leurs lointains cousins de la Chine continentale, les Hui, qui, eux, sont demeurés musulmans, subissent aujourd'hui un sort assez similaire dans un contexte politique et économique radicalement autre[96].

Le déroulement des violences intercommunautaires est incompréhensible si on laisse dans l'ombre ces changements de registre identitaire. Le voisin avec qui l'on commerce et l'on entretient une sociabilité de quartier ou de village devient soudain l'Ennemi que l'on suspecte des pires desseins, que l'on viole ou que l'on tue. «Est-ce que Moustapha, mon marchand d'œufs, est un chien d'Agar?», se demande tout à coup Loxandra terrorisée, dans le roman de Maria Iordanidou, quelques jours après un massacre d'Arméniens à Istanbul:

«– Memet, il y a quelque chose que j'aimerais savoir. Mais il faut me dire la vérité. Tu y étais, dans les rues, toi, à massacrer les gens?

– Par Allah, Memet n'y était pas.

– Parce que je me disais aussi… Et elle fondit en larmes. Qu'est-ce qui leur a pris? Qu'est-ce qu'il leur avait fait, le pauvre moussiou Ardine? Non mais dis-moi pour quelle raison il fallait qu'ils l'égorgent?

– Hélas, hélas, hélas, se lamenta Memet.

– Hélas, hélas, hélas, se lamenta le marchand d'abats, un peu plus tard.

– Hélas, hélas, hélas, reprit le léblébidji. On s'est trompés.

Dix mille hommes, peut-être même vingt, s'étaient fait tuer, leurs maisons et leurs églises avaient été pillées, des familles entières avaient été décimées, et «on s'est trompés»!

Le sang sur les trottoirs s'effaça, les chiens l'avaient léché. La vie reprit son cours comme si rien n'avait changé[97].»

La soudaineté de ces glissements meurtriers, qui indigne les observateurs étrangers, n'étonne que parce que l'on tient pour acquis le principe d'unicité identitaire. Sans être sympathique, elle devient plausible si l'on admet que chacun s'adonne au bricolage identitaire, selon l'alchimie des circonstances. En cela, l'idée de communauté est contestable. Elle laisse par trop entendre que nous appartenons à un agrégat identitaire, et à un seul, qui nous dicterait nos intérêts et nos passions, alors que dans la réalité nous nous situons par rapport à «une pluralité de communautés en partie disjonctives, en partie imbriquées[98]» – mais à quoi bon alors conserver le terme, décidément trompeur ? Il ne s'agit pas de nier la terrible efficace des identités qui sont *ressenties* comme primordiales. Autant nous devons être convaincus de «l'origine artificielle de la croyance en une appartenance ethnique commune», autant nous devons admettre que cette croyance est opératoire et que «l'association rationnelle» est susceptible de se transformer en «relations personnelles», en «conscience de communauté» (*overarching communal consciousness*)[99]. D'une certaine façon, les identités primordiales «existent», mais en tant que faits de conscience et comme régimes de subjectivité, non en tant que structures. Au lieu d'être des facteurs explicatifs, elles demandent elles-mêmes à être expliquées : si l'on accepte que «l'identité considérée d'un point de vue ethnographique est toujours mélangée, relationnelle et inventive», qu'elle est «circonstancielle et non essentielle»[100], il reste à comprendre dans quelles conditions une collectivité d'individus l'appréhende sous la forme d'un noyau dur et «primordial» pour suivre les enchanteurs qui instrumentalisent à leur avantage cette illusion.

En attendant, une première conclusion se dégage, qui prend à contre-pied le raisonnement culturaliste : nous nous identifions moins par rapport à la positivité d'une communauté d'appartenance ou d'une culture que par rapport aux communautés et aux cultures avec lesquelles nous sommes en relation. Bien connu des théoriciens de l'ethnicité ou du nationalisme[101], ce phénomène est plus général. Dans les Cévennes, par exemple, les identités catholique et protestante «se définissent beaucoup plus l'une par rapport à l'autre qu'en elles-mêmes et par rapport à leur doctrine propre[102]». Quiconque est familier de la vie de village en France sait que *La Guerre des boutons* de Louis Pergaud est à la compréhension des campagnes ce que *Le Prince* de Machiavel est à l'étude de l'État ! Le couplage de l'affirmation identitaire et de sa frontière éclaire à la fois le développement des identités particulières dans le giron de l'État et la rétraction identitaire concomitante du processus de globalisation : dans ces deux cas de figure, l'élargissement de l'espace de référence des acteurs sociaux les met en relation avec d'autres groupes ou d'autres habitudes culturelles.

Voilà également rappelé, sous un angle différent, que la « culture » dont on se réclame et se nourrit est elle-même formée d'emprunts et n'existe que dans sa relation à l'Autre, relation éventuellement, mais non forcément, conflictuelle. La production des identités, c'est-à-dire, aussi bien, la production des cultures est relationnelle ; elle traduit un rapport à l'Autre autant qu'un rapport à Soi. À ce titre, elle émane sans doute moins d'un « lieu institutionnel privilégié du processus symbolique », dont Marshall Sahlins faisait l'hypothèse, et du « cœur des sociétés », que de leurs franges et de leurs creux, sur lesquels l'anthropologie postmoderne porte son regard[103].

TABLEAUX DE PENSÉE OU TABLES DE LA LOI ?

Ainsi, « la culture », c'est moins se conformer ou s'identifier que faire : faire du neuf avec du vieux et parfois aussi du vieux avec du neuf ; faire du Soi avec de l'Autre. Le culturalisme commet un dernier contresens en attribuant à de telles opérations culturelles, dont il ne comprend pas la logique même, des orientations politiques précises. L'opinion française qui s'effraye de l'islam en l'associant à des pratiques o à des croyances données – la ségrégation des femmes, la guerre sainte, l'amputation des voleurs, le fatalisme – serait moins mécaniste si elle se souvenait que le christianisme a successivement et bien souvent simultanément légitimé l'eau et le feu. Il en fut de la sorte dans le domaine social, et l'on a vu le catholicisme breton, antirévolutionnaire, antirépublicain, ultramontain, se muer en facteur de modernisation, donner naissance au syndicalisme agricole le plus progressiste de son époque, porter sur les fonts baptismaux une presse indépendante et finalement ouvrir la voie au vote de gauche[104].

Sur un plan strictement politique – et sans remonter aux guerres de religion où les Français se sont massacrés au nom du même Dieu tout-puissant – la foi chrétienne s'est incarnée dans des choix hétéroclites et parfois antagoniques. Sous le régime de Vichy, par exemple, deux lectures divergentes du catholicisme se sont télescopées. Aux yeux du maréchal Pétain, la défaite sanctionnait la démission morale du pays : « L'esprit de la jouissance a détruit ce que l'esprit de sacrifice avait construit [...] ; vous avez souffert, vous souffrirez encore ! » Ce « langage pénitentiel » fut d'autant mieux accueilli par l'épiscopat et la majorité des croyants que la République n'avait pas comblé à leurs yeux son déficit de légitimité et que le nouveau gouvernement ne formulait aucune exigence particulière à leur endroit[105]. Néanmoins, quelques prélats, des intellectuels catholiques autour d'*Esprit*, de *Sept* ou des *Cahiers du Témoignage chrétien*, des jeunes formés dans les mouvements d'Action catholique prirent vite leurs distances par rapport à la nouvelle idéologie de l'ordre moral et à sa dérive racialiste, qu'ils interprétèrent en termes chrétiens comme une « formidable poussée païenne », selon la formule du père de Lubac. Dans la foule anonyme des fidèles, la Résistance a pu recourir au langage de la foi, l'esprit de charité dût-il en pâtir, ainsi que l'illustrent ces deux tracts manuscrits circulant à Besançon en 1943[106] :

« Mes biens chers frères
   Noël n'aura pas lieu cette année. La Vierge et l'enfant Jésus ont été évacués. Saint Joseph est dans un camp de concentration, l'étable est réquisitionnée, les Rois sont en Angleterre, l'Âne est à Rome et la Vache est à Berlin ; les Anges ont été descendus par la D.C.A. et les étoiles sont détenues par le chef de l'État,
   maintenant prions…

   Notre Père de Gaule qui est en Angleterre, que votre nom soit glorifié, que votre victoire arrive sur la terre, sur mer et dans les airs. Donnez leur aujourd'hui leur bombardement quotidien rendez leur au centuple les souffrances qu'ils ont fait subir aux Français, ne nous laissez pas sous leur domination et délivrez nous des Boches.
   Ainsi soit-il »

En réalité, toute croyance religieuse, toute représentation culturelle, tout discours idéologique, tout texte littéraire, tout symbole est susceptible d'être interprété de manière différente ou contradictoire par les individus ou par les groupes qui s'y réfèrent. Nous relevions précédemment que l'œuvre de Rousseau, à la veille de la Révolution française, était lue dans des milieux très divers. Il est plausible que la sans-culotterie et l'aristocratie n'en tiraient pas les mêmes enseignements… Des historiens ont observé que les nobles émigrés et les condamnés possédaient dans leur bibliothèque les ouvrages prisés des révolutionnaires : le maréchal de Broglie étudiait *L'Encyclopédie* dans sa prison, Louis XVI, Montesquieu et Voltaire[107]. «Au fond tous les hommes placés au-dessus du peuple se ressemblaient : ils avaient les mêmes idées, les mêmes habitudes, suivaient les mêmes goûts, se livraient aux mêmes plaisirs, lisaient les mêmes livres, parlaient le même langage», écrit Tocqueville[108]. Pourtant ils se déchirèrent férocement.

La Renaissance, autre moment de grand basculement historique, confirme l'extrême plasticité politique des formes culturelles. Ainsi, l'entrée triomphale d'Elizabeth Iʳᵉ à Londres, en 1559, garda le style gothique de ce rituel, juste épuré de ses apparats catholiques : la légitimité dynastique reprit le symbole habituel de l'arbre ; les vertus traditionnelles de *speculum principis* furent réitérées selon la nouvelle éthique protestante à travers un tableau représentant les béatitudes bibliques et la déroute du vice. Comme la Réforme condamnait l'iconographie et les cérémoniels religieux, la monarchie capta facilement les festivités médiévales pour le service de sa gloire : des spectacles furent ainsi donnés en l'honneur de la Reine Vierge visitant son Royaume[109]. Il est vrai que l'époque, imprégnée de philosophie néoplatonicienne, était propice à ces opérations de transfert de sens : «Dans l'Europe entière, des humanistes et des écrivains utilisèrent un même répertoire de sources et d'images pour exprimer des idéaux extrêmement différents selon les périodes, les lieux et les circonstances. Les mêmes personnages mythologiques ou les mêmes images symboliques pouvaient ainsi totalement changer de signification et durent continuellement être adaptés aux différentes occasions[110].»

Mais l'analyse du monde contemporain ne permet pas plus de conclure à l'univocité politique des «religions», des «cultures» ou des «civilisations» que Samuel Huntington voue à l'entrechoquement. Essayons par exemple de rassurer notre service secret occidental convaincu de la menace que fait peser «l'islam révolutionnaire» iranien sur le reste du monde. La foi chiite a toujours inspiré une grande diversité d'attitudes politiques qui ne se ramènent nullement à cette défiance atavique à l'égard du pouvoir temporel[111]. Autrement dit, elle ne prédisposait pas spécialement au soulèvement populaire de 1978. Quelques années avant la révolution, le philosophe Ali Shariati, qui cherchait à concilier l'islam et un engagement radical de type tiers-mondiste, ne jugeait pas superflu de stigmatiser le «chiisme safavide» de ses compatriotes qui pactisaient avec la monarchie. Mais il entra également en conflit avec l'ayatollah Motahhari qui s'effarouchait de son extrémisme et qui devait devenir l'un des principaux idéologues de la future République islamique, avant de tomber sous les balles d'autres musulmans révolutionnaires[112]. Sitôt le nouveau régime installé, ses dirigeants, tout chiites qu'ils fussent, se divisèrent non seulement sur les problèmes de politique économique ou étrangère, mais aussi sur les principes de légitimité islamique dont ils se réclamaient. La fraction conservatrice ou quiétiste du clergé ne pouvait accepter de gaieté de cœur l'innovation khomeynienne du *velayat-e faqih* (gouvernement du docteur de la Loi) : les grands ayatollahs Khoï, Qomi et Shariat-Madari exprimèrent leurs réserves, les deux derniers payant de leur liberté leur prise de position ; de même, la Hojjatiyyeh, une société dévote influente fondée en 1953 pour lutter contre l'hérésie bahaï, propager l'islam chiite et le « défendre scientifiquement », ne voulut pas reconnaître à l'ayatollah Khomeyni la qualité d'imam, jusqu'au moment où elle fut obligée de faire amende honorable et de suspendre officiellement ses activités en 1983. Les réticences de ce courant du clergé à l'endroit du *velayat-e faqih* et de l'action du gouvernement étaient avant tout dictées par des considérations théologiques, même si elles se doublaient d'un rejet de l'étatisation de l'économie, de la réforme agraire, des empiétements du pouvoir politique dans la sphère privée au nom des droits sacrés de la famille et de la propriété[113].

Il faudra bien un jour prendre la mesure de la complexité de la pensée de l'imam Khomeyni. Nous ne voulons connaître de son œuvre que ses textes politiques – pour l'essentiel des enseignements oraux pris en note par des étudiants en 1970, à Najaf, puis publiés en persan et en arabe –, à l'exclusion de ses traités philosophiques et juridiques, d'inspiration néoplatonicienne et aristotélicienne, et de sa poésie mystique, composée dans la veine de la tradition gnostique et ésotérique (*erfan*) du chiisme[114]. Par ailleurs, Khomeyni leader s'est comporté en *javânmard*, en « compagnon-chevalier », autant qu'en imam messianique : son style de gouvernement, en retrait du devant de la scène publique, s'appuyant sur une « maison » (*beyt*) de fidèles qui relayaient son action, et procédant par arbitrages entre factions concurrentes, n'était pas sans évoquer l'ethos de la *fotowwat** qui, certes, n'est pas incompatible avec l'islam, mais qui ne s'y réduit pas[115].

---

* Groupes de jeunes, animés par un ethos « chevaleresque » passablement ambivalent, qui contrôlaient les quartiers dans les villes du Moyen-Orient.

La démarche de Khomeyni, qui s'était caractérisée par une très grande rigidité jusqu'au renversement de la monarchie, a ensuite fait la part belle au pragmatisme – sauf sur la question du cessez-le-feu avec l'Irak – et a moins obéi à la clarté aveuglante du dogme chiite (ou de «l'islam révolutionnaire») qu'aux nécessités dictées par les circonstances. L'imam affecta dans un premier temps de rester «au-dessus de la politique», interdit à l'ayatollah Behesti, le leader du Parti de la République islamique, de se porter candidat à l'élection présidentielle de janvier 1980 et demanda aux autres dignitaires religieux de ne pas occuper eux-mêmes des postes officiels en vue. Seule la vague d'attentats qui décima l'état-major du Parti de la République islamique et le gouvernement pendant l'été 1981 rendit possible l'arrivée des clercs aux commandes de l'État, et en particulier l'accession de l'ayatollah Khamenei à la présidence de la République. Dans la période qui suivit (1982-1983), le *velayat-e faqih* fut imposé, à grand renfort de moyens, comme doctrine idéologique et principe constitutionnel, et les clercs qui persistaient à le récuser, dans le sillage de l'ayatollah Shariat-Madari, furent impitoyablement réprimés. Néanmoins, l'imam Khomeyni, dans une dernière volte-face, révisa partiellement le principe constitutionnel du *velayat-e faqih* à la veille de sa mort, dans l'espoir d'empêcher que le destin de la République ne tombe entre les mains de la fraction conservatrice du clergé[116].

Il y a donc quelque abus à présenter l'instauration de la République islamique comme la victoire mécanique de l'islam sur l'État à l'issue d'un combat pluriséculaire. La révolution iranienne a moins provoqué la capture du pouvoir par la religion que l'inféodation de celle-ci au pouvoir, dans la mesure où le champ islamique est soumis à un surcroît de bureaucratisation et de centralisation étatique[117]. Surtout, le chiisme a politiquement divisé les croyants autant qu'il a contribué à leur unification révolutionnaire en 1978-1979, grâce à un concours de circonstances contingentes. La figure même de l'imam Hussein, dont le martyre à Kerbala, en 680, est célébré avec ferveur chaque année lors de la fête d'*ashura*, et qui a fourni aux manifestants de 1978 ou aux jeunes combattants de la guerre contre l'Irak le symbole mobilisateur de leur destinée, est en réalité équivoque. On peut voir en lui le témoin, le modèle de la lutte contre l'injustice et pour la vérité, mais aussi un simple intercesseur auprès de Dieu, dans le cadre d'une religion quiétiste. La première interprétation justifie un engagement militant, la seconde s'accommode des jeux classiques des relations de clientèle[118]. Nous ne résisterons pas au plaisir d'achever de brouiller les cartes de nos amis culturalistes en rappelant que, dans le feu de la révolution, Hussein a été également invoqué par des sunnites étrangers, voire hostiles à la « culture chiite » ; que dans la Turquie voisine il a mis en forme l'adhésion de la minorité alevi à la laïcité kémaliste, voire à la critique marxiste-léniniste de l'État capitaliste, comme dans les années soixante-dix ; et enfin, qu'il n'a pas empêché les deux principales milices libanaises chiites, Amal et le Hezbollah, de se combattre[119].

Hussein n'est d'ailleurs pas le seul modèle de vie que le chiisme propose à ses fidèles. Mehdi Bazargan, le leader historique du Mouvement national de libération, qui occupa brièvement le poste de Premier ministre après la révolution de 1979, reprochait à Shariati d'avoir occulté le premier fils d'Ali, Hassan, qui conclut un pacte avec le calife après l'assassinat de son père, se retira à Médine et préféra la paix (et peut-être la jouissance) au martyre[120]. Mis en cause pour son attitude modérée à l'égard de la monarchie, l'ayatollah Shariat-Madari se réclama pareillement de l'exemple d'Hassan le conciliant[121].

L'ensemble du « langage politique de l'islam[122] » est objet de débat. Ainsi de la notion clef de la « guerre sainte », qui déclenche dans l'opinion française un réflexe pavlovien. En dehors même de la majorité des *ulema* d'Al-Azhar et de la masse des Égyptiens qui récusent l'islamisme, la mouvance des groupes radicaux contestant la légitimité du régime nassérien ou postnassérien ne s'entend pas sur l'acception de ce concept et les conséquences pratiques qu'il convient d'en tirer. Pour Sayyid Qutb, le grand penseur exécuté en 1966, le *jihad* couvrait toute la gamme des pratiques qui permettent au vrai croyant de rompre avec l'ordre impie de la *jahiliyya*, de l'effort personnel de méditation du Coran au combat armé :

> « Instaurer le règne de Dieu sur terre, supprimer celui des hommes, enlever le pouvoir à ceux de Ses adorateurs qui l'ont usurpé pour le rendre à Dieu seul, donner autorité à la loi divine (*chari'at allah*) seule et supprimer les lois créées par l'homme [...] tout cela ne se fait pas avec des prêches et des discours car ceux qui ont usurpé le pouvoir de Dieu sur terre pour faire de Ses adorateurs leurs esclaves ne s'en dessaisissent pas par la grâce du seul Verbe, sans quoi la tâche de Ses Envoyés eût été bien aisée[123]. »

Restait, pour les héritiers de Qutb, à savoir comment traduire en actes ces «signes de piste». Chukri, le leader de la Société des musulmans, choisit par exemple la stratégie du retrait, l'hégire, face à l'impiété de l'État et, contrairement aux Frères musulmans, refusa de voir dans la reconquête des territoires occupés par Israël une priorité du *jihad* : «Si les Juifs ou d'autres arrivaient, il ne faudrait pas que le mouvement participât au combat dans les rangs de l'armée égyptienne, mais au contraire qu'il fuît en lieu sûr. En général notre ligne, c'est de fuir devant l'ennemi extérieur comme devant l'ennemi intérieur et de ne point lui résister», déclara-t-il à ses juges militaires[124]. En revanche, Faraj, l'idéologue du groupe qui perpétra l'assassinat de Sadate, discernait dans le *jihad* «l'impératif occulté» dont il se faisait une idée littérale, œuvre de Ibn Taïmiyya à l'appui : la guerre sainte, c'est le soulèvement armé contre la *jahiliyya* et le meurtre de Pharaon. Son essai récusait une par une les autres définitions que privilégiaient le reste des organisations islamistes et infléchissait notablement la voie ouverte par le livre fondateur de Qutb[125].

La polysémie du langage politique de l'islam commande son indétermination. Elle autorise des dérivations, des glissements, des correspondances, des transitions, des possibles que les postulats culturalistes ne soupçonnent point et que les grands agrégats avec lesquels nous avons pris l'habitude de réfléchir ignorent tout autant. Rien, par exemple, ne nous paraît plus clair que le combat manichéen entre l'islam et la laïcité en Turquie. Pourtant, les lignes de continuité de l'Empire ottoman à la République sont indéniables, et nombreuses les «affinités électives» entre l'éthique musulmane et l'éthique kémaliste. Grâce à ces passerelles, grâce aussi à l'institutionnalisation de la démocratie et à la structuration de la société civile, *et* l'islam *et* la République se sont recomposés : le premier a adopté une bonne part de l'idéologie positiviste de la seconde et agit par l'intermédiaire d'associations politiques légales; l'État, quant à lui, «s'islamise» progressivement sans cesser pour autant d'être «républicain». C'est cette renégociation des relations entre le pouvoir et la religion que réalise, non sans tensions, la montée en puissance du Parti de la prospérité et des confréries, dans le cadre du parlementarisme[126].

L'Égypte semble connaître une évolution à la fois comparable, dans la mesure où elle confirme la compatibilité des représentations de l'islam avec des idéologies laïques, et divergente, dans la mesure où cet effet de compatibilité a opéré dans un autre sens et où son orientation politique rend très aléatoire la démocratisation ultérieure du régime : parvenu à la magistrature suprême grâce au soutien des Frères musulmans, Nasser a diffusé une idéologie néo-hanbalite et ibn-taïmiyyenne pour légitimer son arabisme et son étatisme aux yeux de la population, tout en réprimant ses alliés de la veille ; ce faisant, il a semé les graines de la radicalisation islamique des années soixante-dix que l'asthénie politique du gouvernement de M. Moubarak est bien en peine d'endiguer[127]. On sait que le régime algérien est pareillement accusé d'avoir choyé en son sein l'œuf du serpent, avant que ce dernier ne se retourne contre lui[128].

Max Weber, indûment capté par un culturalisme de bas étage, nous aide plutôt à éviter tout contresens en parlant de l'«ambiguïté fréquente des normes religieuses, ou [de] leur mutisme à l'égard des problèmes nouveaux». La «conséquence logique» en est «la juxtaposition directe de stéréotypes absolument immuables et d'un arbitraire extraordinaire joint à l'imprévisibilité totale de ce qui est réellement en vigueur». Pour illustrer son propos, Weber donne précisément l'exemple de «la *shari'a* musulmane» : «[...] il est virtuellement impossible de dire ce qui est encore en pratique de nos jours dans les cas particuliers[129].» En lui-même l'islam n'a aucun sens politique. La radicalisation de certaines de ses tendances, outre le fait fondamental qu'elle ne constitue un phénomène homogène ni à l'échelle de la communauté musulmane, ni au sein de chacun des États qu'elle recouvre, est historiquement contingente. Elle révèle le surgissement d'une «éthique de la conviction» (*Gesinnungsethik*) qui «systématise» le devoir religieux et ainsi «fait éclater les normes stéréotypées particulières en orientant la relation totale et "significative" de la conduite de la vie vers le but du salut religieux» :

«Elle ne connaît pas de "lois sacrées", mais une "disposition intérieure sacrée" que diverses maximes de comportement peuvent sanctionner selon la situation. Cette disposition intérieure est donc élastique et susceptible de s'adapter. Selon la direction qu'elle imprime à la conduite de la vie, elle peut avoir un effet révolutionnaire qui a sa source dans l'individu, au lieu d'exercer un effet stéréotypisant. Mais cette faculté, elle l'acquiert au prix d'un ensemble de problèmes essentiellement intensifiés et "intériorisés". En fait la tension intérieure entre le postulat religieux et les réalités du monde ne diminue pas ;

au contraire elle augmente [...]. L'éthique religieuse qui refuse le monde [...] manque, justement en tant que telle, du caractère stéréotypisant de la loi sacrée [...] la tension qu'elle introduit dans les relations avec le monde constitue un facteur dynamique important d'évolution[130]. »

L'islamisme, pour peu qu'il relève d'une telle «éthique de la conviction», et non pas simplement d'un conformisme obtenu par le contrôle social ou la coercition politique, n'est pas adhésion à un «stéréotype» qui serait le propre d'une communauté culturelle. Il est rupture et véhicule d'individuation. Il fait pencher la balance de la société du côté de l'innovation, et non de celui de l'héritage. Il induit au changement au lieu d'assurer la simple transmission de valeurs passéistes et ce «retour au Moyen Âge» dont on nous rebat les oreilles. Telle est la leçon que dispense, par exemple, l'analyse scrupuleuse des transformations sociales en Iran depuis 1979, de la nébuleuse des mouvements musulmans en Turquie ou des organisations islamistes en Algérie[131]. Que cette réponse inventive aux défis du monde contemporain, sous forme de rétraction identitaire, n'ait rien de sympathique ou se solde par un «échec[132]» est une autre affaire, dont les musulmans n'ont hélas pas le monopole.

Quoi qu'il en soit, nous ne pouvons nous contenter de formuler le problème de la sorte, comme si les acteurs politiques négociaient avec un seul corpus culturel, «leur» culture. En étudiant u e société concrète, nous distinguons une pluralité de répertoires culturels. Ce que nous appelons une «culture politique» est la résultante, la synthèse plus ou moins confuse de ces éléments hétérogènes et de leurs «affinités électives» mutuelles. Par exemple, la thématique sacrificielle hante la vie politique nigériane et médiatise une bonne part des rapports entre les acteurs : le général Murtala Mohammed, éphémère chef de l'État assassiné en 1976 après deux cents jours d'un règne voué à la lutte contre la corruption, demeure la référence obligée des équipes qui se succèdent au pouvoir, et son martyre fait écho au meurtre des principaux dirigeants de la Fédération, en janvier 1966, ou à celui de leur tueur, le général Ironsi, quelques mois plus tard ; la guerre du Biafra a été vécue comme l'immolation du peuple igbo ; les villes du Nord sont périodiquement mises à feu et à sang par des *mahdi* qui garantissent à leurs acolytes un prompt accès au paradis des martyrs ; les meurtres rituels ou les lynchages de voleurs, de politi-

ciens véreux et de sorciers sont monnaie courante, si l'on en croit
la presse. Or ces pratiques et ces discours sacrificiels, omnipré-
sents, puisent dans des représentations culturelles variées, voire
antagoniques : les mythes d'origine de la plupart des groupes ethniques que popularisent de nombreux traditionalistes, une
myriade de sociétés culturelles et même des écrivains renommés ;
le christianisme et l'islam qui célèbrent l'*Aïd el Kabîr* et la Passion
du Messie ; les mouvement religieux hétérodoxes qui peu ou prou
se placent dans leur sillage[133]. Dans ce cas, l'innovation culturelle
que représente la problématique du sacrifice est clairement relationnelle : elle enregistre une interaction entre des corpus hétéroclites, non la mutation d'un seul d'entre eux.

De toute évidence, la globalisation a intensifié et systématisé de
tels effets de juxtaposition ou d'osmose. Mais le phénomène lui
préexiste et – répétons-le – semble inhérent à la réalité même de
la culture. L'islam, en particulier, n'est pas une monade civilisa-
tionnelle. S'il se confesse d'abord en arabe, il peut se vivre, dans la
grande culture lettrée et *a fortiori* dans la vie quotidienne, par le
truchement de multiples autres langues, au premier rang desquelles figurent le persan et le turc. Sur le plan strictement politique, les concepts et les symboles qu'il charrie trouvent leur
origine dans le Coran, les Traditions du Prophète et l'exemple des
premiers musulmans. Mais ces textes et ces usages ont été pétris à
partir de matériaux tirés des croyances païennes de l'Arabie
ancienne, du judaïsme, du christianisme, du zoroastrisme. Et ils ont
subi au fil du temps d'autres influences venues des confins du *Dâr
al-Islâm*. À partir du VIIIᵉ siècle, la traduction cn arabe des
manuels persans sur l'art de gouverner et sur l'étiquette de cour,
ainsi que des traités philosophiques grecs, ont enrichi et infléchi la
pensée et le vocabulaire politiques musulmans. Les Empires
romain, perse, byzantin ont également transmis à l'islam maintes
pratiques étatiques avant que les invasions turques et mongoles
des XIᵉ-XIVᵉ siècles ne bouleversent à nouveau de fond en comble
sa culture politique. *Last but not least,* les sociétés musulmanes
sont tombées dans la dépendance de l'Occident. De gré ou de
force, elles ont assimilé nombre de ses catégories mentales[134].

L'islamisme contemporain a fleuri sur cette sédimentation
d'apports multiples, bien qu'il se targue très classiquement
d'« authenticité ». L'un de ses précurseurs, al-Afghani, a tellement
emprunté à la pensée européenne que l'on a pu douter de sa foi
religieuse[135]. En tout cas, les mouvements radicaux contemporains

ont introduit dans le langage politique des musulmans de nombreux concepts qui lui étaient étrangers, à commencer par ceux de «République» et d'«économie»[136]. L'idéologie khomeynienne est ainsi empreinte de représentations tiers-mondistes, sinon marxistes, que l'imam a sans doute découvertes en fréquentant les milieux palestiniens pendant son exil à Najaf et que ses disciples ont apprises de Shariati[137]. De ce point de vue, l'islamisme est le continuateur du nationalisme[138]. À son instar, il combat l'Occident, mais non sans s'approprier ses idées et ses institutions. On le voit : les dynamiques de la globalisation ont transformé les conditions historiques de ce rapport de la civilisation musulmane à ce que Braudel nommait la Civilisation, sans pour autant le fonder.

Pour qui veut comprendre une «culture politique» il est donc impératif de restituer les enchaînements cognitifs d'une époque à l'autre, qui consistent souvent en des échanges d'une civilisation à l'autre. La tâche n'est pas toujours aisée car la logique de clôture culturelle, inhérente à l'invention de la tradition, a eu pour conséquence – et souvent pour intention – d'occulter ces concaténations. Ainsi, la fabrication de l'identité hindoue par les savants orientalistes européens et leurs émules autochtones a conduit à une véritable «dé-islamisation de l'Inde[139]». Jusqu'au début du siècle dernier, le sous-continent était pourtant perçu par les voyageurs occidentaux comme une terre musulmane, et ce non sans raison puisque les conquêtes mongoles avaient déplacé au XIIIe siècle le centre de la civilisation islamique de la Mésopotamie et du Plateau iranien vers Delhi. L'East India Company avait elle-même pris acte de cette hégémonie culturelle de la foi du Prophète en adoptant pour ses transactions le persan, la langue des lettrés et de la bureaucratie de l'Empire moghol. Avec l'abolition de celui-ci, en 1857, l'Inde se vit progressivement ramenée à son seul passé bouddhiste et hindou, relu à la lumière communaliste sous la pression des stratégies identitaires. Le sédiment islamique enfoui dans la mémoire du pays ne peut cependant être si simplement passé sous silence. Sous les héritages «védique» et britannique, le legs musulman se fait encore sentir dans le vocabulaire politique, dans la technique administrative, dans la conception de l'espace de souveraineté, dans son intégration à l'économie marchande asiatique. Il est à la fois ironique et éloquent que la dynastie des Nehru soit issue d'une lignée de fonctionnaires de l'Empire moghol, ou que le rouet, le symbole gandhien par excellence, désigné en hindi par le mot persan *carkha*, ait été introduit dans la région par les musulmans. Du XIIIᵉ au XIXᵉ siècle, l'Inde s'est en réalité construite à partir d'une zone de compromis et d'osmose entre les représentations sociales de l'hindouisme et celles de l'islam, que l'on nous dit aujourd'hui antagoniques. Dans l'univers « galactique » qui prévalait avant la colonisation britannique, l'opposition des vues religieuses n'avait pas l'importance que lui ont conférée la problématique de la nation et l'idéologisation des identités confessionnelles : « Ces deux traditions avaient des notions homologues de la vie terrestre conçue comme un rite, de la personnalité morale de l'homme et de la société conçue comme un tout organique et hiérarchisé [140]. » Nous retrouvons ici les effets de compatibilité et de glissement que nous repérions au sein de certaines sociétés musulmanes.

Les rapports complexes entre action politique et répertoires culturels se nouent précisément dans la pénombre de ces eaux mêlées que toutes les purifications ethniques du monde ne suffiront pas à rendre limpides. Les géologues ont pour leur part abandonné l'hypothèse du « noyau igné » au cœur du globe terrestre. Mais les culturalistes croient encore dur comme fer à l'existence de tels noyaux incandescents au plus profond des cultures. C'est en définitive ce concept même qui fait problème, et le mot serait sans conteste à jeter si le vocabulaire était biodégradable : il accrédite inexorablement, chez ceux-là mêmes qui veulent rompre avec le culturalisme, l'illusion de totalités et de cohérences culturelles quand il faudrait exprimer l'indétermination, l'inachèvement, la multiplicité, la polyvalence. Paul Veyne remarque que « notre vie quotidienne est composée d'un grand nombre de programmes différents » et que nous « passons sans cesse d'un programme à l'autre comme on change de longueur d'onde à la radio, mais nous le faisons à notre insu [141] ». Il est temps de proposer une démarche simple qui permette d'appréhender au moindre coût le zapping culturel dans l'arène politique.

L'ÉNONCIATION DU POLITIQUE

Grâce à la linguistique postsaussurienne, nous savons que la lecture d'un texte participe à sa production. Itou de l'écoute, et les spécialistes parlent désormais de « performance musicale » pour bien rappeler que l'auditeur agit. Peut-être devrions-nous à notre tour évoquer les « performances politiques » afin de souligner que la réception des phénomènes culturels, des idéologies, des institutions n'est jamais passive et contribue à leur «formation»? Car la science politique a sans doute un temps de retard par rapport à d'autres disciplines – notamment l'histoire et l'anthropologie – dans l'exploration de cette approche, même si la compréhension des situations autoritaires a pu s'en trouver quelque peu renouvelée dans les années quatre-vingt[142]. Acceptons donc l'idée qu'un champ politique est avant tout un champ d'énonciation et que la nécessité d'aborder «le politique par le bas», d'étudier les «modes populaires d'action politique», de distinguer entre la «construction» et la «formation» de l'État procède de cette évidence, plutôt que d'une conception populiste des sciences sociales[143].

La soumission est elle-même une sorte d'action. Dans les *hostels* d'Afrique du Sud, cet habitat concentrationnaire dans lequel le patronat blanc a entassé sa main-d'œuvre – au sens propre du terme : 2,8 personnes par lit dans tel *hostel* de la province de Western Cape! –, l'espace quasi carcéral est réaménagé par les résidents, qui cherchent à reconquérir un minimum d'intimité en bougeant les lits et les armoires pour libérer des emplacements destinés à la préparation de la cuisine[144]. Pareillement, dans les prisons, les détenus s'efforcent de remodeler le cadre de leur captivité[145]. Au fond, il en est de même de la culture si d'aventure on tient à la définir en termes d'héritage, comme «prison de longue durée» : les pratiques énonciatives refaçonnent sans cesse ce carcan qui enserre l'action. Épouser une représentation culturelle, c'est *ipso facto* la recréer. Dès lors, les notions de «survivance» ou de «dépendance» culturelles, par exemple, n'ont guère de validité. Exhumer un texte ou un symbole d'un lointain passé, importer une idéologie ou une institution revient en fait à leur donner une nouvelle vie. La trajectoire de l'Inde nous a déjà beaucoup appris sur ces deux points : les nationalistes hindous ont largement réinterprété l'âge d'or védique qu'ils valorisent, et le régime parlementaire n'a plus grand-chose de commun avec le modèle de Westminster reçu des Britanniques. C'est dans cette direction qu'il nous faut avancer pour clarifier les relations entre l'ordre de la culture et celui du politique en nous aidant, pour l'essentiel, de l'œuvre de Mikhaïl Bakhtine[146].

Tout d'abord, prenons définitivement acte de l'hétérogénéité culturelle des sociétés politiques. Celles-ci ne forment pas des totalités culturelles. Elles abritent en leur sein une pluralité de «genres discursifs» du politique dont la série n'est pas infinie, mais qui sont en théorie irréductibles l'un à l'autre. Un genre discursif du politique correspond à un type relativement stable d'énoncés plus ou moins homogènes, par exemple des énoncés de type islamique, chrétien, hindou, confucéen, nationaliste, libéral, marxiste-léniniste, etc. : «Tout énoncé particulier est assurément individuel, mais chaque sphère d'usage du langage élabore ses *types relativement stables* d'énoncés, et c'est ce que nous appelons les *genres discursifs*[147].» Précision fondamentale : dans notre esprit les genres discursifs – que nous appellerons indifféremment les répertoires – ne se limitent pas aux discours explicites, oraux ou écrits, mais s'étendent aux autres modes de communication, par exemple gestuels, musicaux, vestimentaires.

La diversité irréductible des genres discursifs du politique fonde l'hétérologie constitutive de toute société, c'est-à-dire son hétérogénéité radicale que le culturalisme – avec d'autres courants des sciences humaines – s'acharne à dissimuler. Mais, simultanément, l'existence d'un nombre fini de genres discursifs tend à limiter cette hétérologie en proposant aux acteurs sociaux une palette de répertoires. «Chaque genre, si seulement c'est un genre essentiel, est un système complexe de moyens et de manières de prendre possession de la réalité, pour la parachever tout en la comprenant. Le genre est l'ensemble des moyens d'une orientation collective dans la réalité, avec une vision d'achèvement», écrit Bakhtine. Définition que Todorov ramasse d'une façon particulièrement heureuse pour ce qui nous concerne : «Le genre forme donc un système modélisant qui propose *un simulacre du monde*[148]», à l'instar, par exemple, du marxisme, de l'islamisme et de toutes les idéologies microcosmiques.

En outre, des effets d'hybridation interviennent entre les genres, singulièrement entre genres autochtones et genres importés : «Nous appelons construction hybride cet énoncé qui appartient, par ses traits grammaticaux (syntaxiques) et compositionnels, à un locuteur, mais dans lequel en réalité se mêlent deux énoncés, deux manières de parler, deux styles, deux "langages", deux horizons sémantiques et évaluatifs[149].»

L'analyste doit ainsi tenter d'établir la liste des «genres essentiels» du politique qui coexistent dans une société donnée en repérant leur origine – autochtone ou importée – leurs conditions historiques de cristallisation, leur hybridation éventuelle. Une telle approche permet par exemple de montrer que les «cultures politiques africaines» sont des assemblages différents de genres politiques hétérogènes et ne peuvent être subsumées sous un type idéal de la «culture africaine» : les «genres essentiels» ne sont pas les mêmes partout (les répertoires nationaliste et bureaucratique au Cameroun; le marxisme et la sorcellerie au Congo; le prophétisme au Zaïre; le répertoire chrétien au Kenya, etc.), l'héritage allogène de la colonisation est lui-même disparate (le jacobinisme français, le *government* britannique, le corporatisme salazariste), et s'est enrichi de nouveaux «genres» (le modèle fédéral américain au Nigeria; le marxisme-léninisme en Éthiopie, en Angola, au Mozambique, au Congo, au Bénin), les répertoires autochtones ne sont pas plus homogènes et les possibilités d'hybridation sont multiples (au Congo, le répertoire de l'invisible fait aujourd'hui aussi bon ménage avec la démocratie libérale qu'hier avec le marxisme, et en Éthiopie celui-ci avait de fortes affinités avec le répertoire chrétien de l'Église copte). De surcroît, l'analyse des genres rappelle qu'une culture politique est évolutive, et elle en restitue la dynamique : certains répertoires s'effacent (le marxisme à la fin des années quatre-vingt), d'autres sont réhabilités (la démocratie multipartiste, l'ethnonationalisme) ou font leur apparition (le thème de la société civile et de la «*good governance*», assez proche mais distinct du répertoire démocratique libéral et, à notre avis, en relation d'hybridation avec le répertoire chrétien des missions protestantes).

Une fois repérés les genres essentiels du politique, l'analyste doit s'intéresser à la relation «dialogique», c'est-à-dire au rapport d'intertextualité entre ceux-ci, du double point de vue de la synchronie et de la diachronie. D'une part, dans la synchronie, «aucun énoncé en général ne peut être attribué au seul locuteur» : «Il est le *produit de l'interaction des interlocuteurs* et, plus largement, le produit de toute cette *situation sociale* complexe, dans laquelle il a surgi[150].» En bref, il est contextuel, comme nous l'avons vu à propos des énoncés identitaires : non seulement le choix de l'identité que l'on affiche dépend de la circonstance dans laquelle on se trouve, de l'interlocuteur auquel on s'adresse, mais aussi l'énoncé identitaire varie selon qu'il est accueilli avec sympathie ou avec hostilité. D'autre part, dans la diachronie, tout énoncé se rapporte à des énoncés antérieurs : on ne peut plus, à la fin du XXe siècle, parler de dictature du prolétariat ou de purification ethnique sans que ces termes ne se chargent immédiatement de la signification sinistre que leur ont respectivement conférée le stalinisme et le national-socialisme, de même que, d'un génocide à l'autre, les identités hutu et tutsi ne cessent de se modifier.

À l'instar de la rivière du philosophe, ce que nous appelons une «culture politique» est la résultante, toujours changeante et pourtant relativement permanente, de ces multiples effets d'inter-textualité. C'est la raison pour laquelle des énoncés similaires acquièrent une résonance différente et parfois antagonique d'un acteur à l'autre ou d'une société à l'autre : la figure de Hussein – nous l'avons vu – ne se décrypte pas de la même manière en Iran et en Turquie, ou dans l'Iran des Pahlavi et dans celui de Khomeyni, sans même parler des variations d'un individu ou d'un groupe à l'autre. Il convient d'insister sur ce point, car il fixe les bornes de l'interprétation culturelle du politique. C'est bel et bien le contexte qui donne à un énoncé son sens, «toute cette situation sociale complexe dans laquelle il a surgi» et qui ne se ramène pas à la seule dimension idéelle.

Prenons le cas du genre discursif chrétien, dont nous avons observé qu'il imprégnait le vocabulaire et la grammaire politiques d'un grand nombre de pays africains. Il est tout d'abord suscep-tible de s'entrelacer avec une variété de répertoires. Dans les années soixante, un manifeste rédigé par des rebelles, au Congo-Léopoldville, mariait ainsi, en une seule phrase, énoncés marxistes, sensibilité racialiste et religiosité chrétienne prophé-tique, voire millénariste : «[...] Notre théorie révolutionnaire est véritablement une adaptation correcte et juste du marxisme-léni-nisme de l'époque de la pensée de Mao Tsé-toung aux conditions concrètes de la société des hommes de race noire et de leurs âmes. Cependant elle est plus que cela car nous vivons l'édification de la Fraternité prolétarienne par la pratique concrète et effective du grand commandement du Christ : "Tu aimeras ton prochain comme toi-même"[151].» Se trouvaient d'ailleurs «enchâssés[152]» dans le reste du texte d'autres répertoires : par exemple celui de la sorcellerie («Nos ennemis qui sont des diables, des démons féroces, sont devenus cruels à l'extrême») ou celui de l'État bureaucratique (usage du papier à en-tête, choix d'une capitale, projet de Banque de la paix).

À d'autres moments de l'histoire zaïroise, ou en d'autres cir-constances, nous pouvons voir le genre prophétique – dont l'ori-gine historique renvoie à la fois à une tradition autochtone et à l'apport chrétien – se fondre en une autre combinaison de réper-toires. En dignes successeurs de Patrice Lumumba, de Pierre

Mulele et de Joseph Kasavubu, le maréchal Mobutu s'est toujours efforcé de capter à son profit cette veine et s'est longtemps fait présenter par la télévision ou les idéologues de son parti comme un messie. Dans les années soixante-dix, par exemple, il stigmatisa les « dix fléaux » qui ravageaient le pays, à charge pour lui d'en délivrer son peuple. Mais les étudiants de l'université de Kinshasa ne tardèrent pas à inverser cette qualification religieuse du régime pour le contester : ils parlaient de façon méprisante de l'Équateur, la région natale du Président, comme de « Nazareth », de « Bethléem », de la « Terre promise » pour stigmatiser la prédation éhontée à laquelle se livrait la garde rapprochée du Maréchal[153]. Plus tard, Étienne Tshisekedi, entré en dissidence, s'essaiera à une synthèse têtue du répertoire prophétique et de la revendication démocratique que ses piètres performances comme leader de l'opposition et comme Premier ministre, de 1991 à 1994, n'ont pas entièrement discréditée.

« Genre essentiel », donc, et ô combien polysémique, que celui du prophétisme au Zaïre. Mais la série de significations politiques qu'il y revêt selon ses locuteurs, selon l'époque et le lieu – palais présidentiel ou campus universitaire – où il est formulé, est différente de celles qu'il prendra dans une autre situation historique, parce que la « situation sociale complexe » y sera dissemblable, parce que le champ religieux avec lequel il nouera une relation « dialogique » aura sa particularité, parce que ses locuteurs auront leur personnalité singulière, forgée par une histoire également singulière.

En Côte-d'Ivoire, le président Houphouët-Boigny n'a pas répugné, lui non plus, à se poser discrètement en messie. Pour justifier son refus de rédiger ses mémoires, il rétorqua un jour aux cadres de son parti : « Avec humour je vous ai toujours répondu en souriant : il y a deux grands personnages au monde qui n'ont pas écrit même pas un mot, mais pas une seule lettre, mais qui sont cependant les plus lus dans le monde, Mahomet et Jésus-Christ [*applaudissements*]. Et vous m'allez dire : ils l'ont fait écrire par leurs disciples. Mais vous êtes aujourd'hui ici rassemblés, jeunes et vieux, disciples de mon action [*applaudissements*][154]. » À ses yeux, son vieil adversaire, Nkrumah, était d'ailleurs un « faux prophète », un « faux messie[155] ». La tradition prophétique est également vivante dans la société ivoirienne, l'État n'a pas manqué d'essayer de coopter dans sa machinerie les principaux pasteurs de ce courant religieux et l'opinion publique n'est elle-même pas insensible au transfert du genre rédempteur dans le champ politique. Ce fut par exemple en termes très chrétiens que les grévistes de l'hôtel Ivoire firent acte de contrition en 1985 :

« Par suite de nombreux conflits qui nous avaient opposés à notre employeur, nous avons maladroitement rompu le dialogue le 23 décembre 1982, compromettant ainsi toutes possibilités de négocier. Par ce fait le parti et le gouvernement, soucieux du maintien de l'ordre public et de la stabilité dont ils sont responsables, avaient pris la décision qui s'imposait. C'est ainsi que deux cent soixante-dix d'entre nous ont perdu leur emploi [...]. Mais quels que soient les effets de cette décision qui nous frappe, nous demeurons conscients du fait qu'elle a été prise dans l'intérêt supérieur de la nation, donc dans notre intérêt, conformément aux idéaux de notre grand parti le PDCI-RDA et de son vénéré chef [...]. Nous sollicitons par conséquent l'indulgence de tous nos frères et, partant, du Président et du gouvernement pour les fautes commises, afin que la possibilité nous soit offerte de retrouver le bonheur perdu... [156] »

Et pourtant, il suffisait d'un bref séjour en Côte-d'Ivoire pour saisir que le répertoire chrétien prophétique n'y disait pas exactement la même chose qu'au Zaïre. Peut-être parce que Félix Houphouët-Boigny, même s'il exagérait ses ascendances royales, était un fils de famille et avait toujours affecté une désinvolture naturelle à l'égard des choses du pouvoir – « Je ne suis pas devenu chef en accédant à la magistrature suprême de mon pays. Je suis né chef[157] » – là où le maréchal Mobutu a dû agir en bâtard sartrien. Peut-être aussi parce que sa qualification messianique, si elle paraît quelque peu emphatique, pouvait au moins se targuer de son rôle historique dans l'abrogation du travail forcé qui avait réellement libéré son peuple en 1946, quand le personnage et le bilan de M. Mobutu achèvent de vous brouiller avec la profession de prophète. En tout cas parce que la fonction de légitimation impartie à la figure du Messie opère au Zaïre dans un contexte de coercition politique et de délabrement économique qui tranche cruellement avec la situation de la Côte-d'Ivoire. Ainsi, « dire » ne suffit pas toujours à « faire »[158]. La pratique d'un même énoncé est éminemment variable car elle est historique, c'est-à-dire singulière. Paul Veyne professerait qu'elle est « un bibelot politique d'époque dont les tarabiscotages inattendus constituent la clé de l'énigme» : «[...] les faits humains sont rares [...]», au sens latin de *raritas*[159].

En 1974, le président Macías Nguema décréta : *«No hay más Dios que Macías.»* Il exigea du clergé catholique qu'il reconnût en chaire que «Dieu créa la Guinée équatoriale grâce à Macías» et il joua naturellement sur l'homophonie entre Macías et Messiah («messie» en espagnol)[160]. En soi, il ne disait pas autre chose que ce que le président Eyadéma faisait dire de lui-même au Togo quand il était systématiquement nommé Josué, «le conquérant de Canaan», Moïse, «le ressuscité de Sarakawa», le «Sauveur»; quand Mgr Dosseh, l'archevêque de Lomé, le comparait au Christ et quand il apparaissait chaque soir à la télévision sous la forme d'un être éthéré, debout, sur un nuage descendant du ciel et se posant sur la terre[161]. Cependant, si le contrôle idéologique et la coercition furent terribles au Togo, ils furent épouvantables en Guinée équatoriale, où la quasi-totalité des diplômés furent massacrés et où la population fut presque réduite à l'esclavage. Le bibelot politico-prophétique était différent dans les deux pays. Il va sans dire que cette spécification historique du genre chrétien messianique dans chacun des États africains sera matière à «dialogue» pour les générations à venir et que sa cohérence sémiotique s'en verra diminuée d'autant. Si ce «type relativement stable d'énoncés» ne correspond pas à une conception générale du gouvernement (ou de la contestation) en Afrique subsaharienne, on peut deviner qu'il est susceptible d'habiller ailleurs des trajectoires politiques encore autres : au Mexique, les élites libérales, qu'elles soient conservatrices ou anticléricales, n'ont cessé de tenir un discours eschatologique sur la révolution, maillé de références bibliques où le peuple mexicain se profile lui aussi sous les traits du peuple élu d'Israël, en quête de la Terre promise de la démocratie, de la liberté et de l'*ejido* *[162].

L'interprétation culturelle du politique est nécessaire car – nous y reviendrons – l'action politique est culturelle. Mais cette interprétation culturelle doit participer d'une histoire globale, ainsi que nous l'observions d'emblée à propos du mythe néoconfucéen en Asie orientale. Aussi, par exemple, la «politique du ventre» en Afrique n'est-elle *pas* une «culture politique», et encore moins une culture politique de la corruption[163]. Elle est un

---

* Les *ejidos* sont les propriétés communautaires issues de la réforme agraire.

système d'action historique qui a sa singularité de bibelot, avec ses fausses ressemblances[164]. En préparant ce livre, j'ai retrouvé dans mon fichier une citation que j'ai intuitivement attribuée à un idéologue africain du parti unique, au fur et à mesure que je la relisais : « Nous avons besoin d'un bélier, nous avons besoin d'un taureau, sinon les troupeaux de moutons, de bestiaux envahiront le pays partout où il y a de l'aide à brouter. » En réalité, ces mots ont été prononcés par Lech Walesa en octobre 1981 [165]. Ils associent la conception chrétienne et hébraïque du pouvoir pastoral, avec sa symbolique du « bélier » que l'on a rencontrée au Kenya et en Côte-d'Ivoire, au thème également très « africain » de la manducation de l'aide étrangère. Toutefois, cette proximité lexicologique, voire sémantique, des discours politiques recouvre des trajectoires historiques bien évidemment irréductibles, même si, en l'occurrence, l'objectif de la métaphore était étrangement comparable : justifier et rendre enchanteresse la candidature unique du chef.

L'idiome du ventre en politique n'est pas propre à l'Afrique. Ronsard qualifiait les seigneurs abusifs de « mange-sujets » et, au XVIIᵉ siècle, les Toscans disaient pareillement de leur provéditeur qu'il « mangeait » [sur] tout ce qui passait à portée de ses mains[166]. Dans *Le Chêne et le Veau. Lénine à Zurich*, Soljenitsyne écrit que les membres de la nomenklatura « grignotent » et, en 1991, Gorbatchev se lamentait : « On est en train de couper le pays en tranches comme un gâteau [...]. Ils sont venus pour partager et boire et manger – ou manger et boire[167]. » Au Brésil, Lula s'étonnait que le président Collor se soit lancé dans la corruption « avec une incroyable gloutonnerie [168] ». En Chine, tout un chacun sait, depuis Confucius, qu'un gouvernement oppressif est plus terrible qu'un tigre vorace. Entrer dans le bureau d'un magistrat revenait à se jeter dans la gueule du fauve, et tout le problème était de savoir si l'on allait manger ou être mangé[169]. La République n'arrangea pas les choses : au début des années vingt, les journaux traitaient de « porcs en quête de nourriture » les parlementaires qui faisaient la navette entre Pékin et Shanghai pour toucher leurs jetons de présence dans les deux camps se disputant la présidence de la République[170]. Et après la révolution, au moment du Grand Bond en avant, le responsable de la politique rurale du parti s'interrogeait gravement : « Que veut dire le communisme ? D'abord de la bonne nourriture, et pas seulement en quantité suffisante[171]. » De fait, les « grandes bouffes et grandes beuveries » (*dachi dahe*) demeurent un rituel politique crucial dans la Chine dengiste[172]. Dans les pays musulmans, l'image pastorale du gouvernement figure dans les écrits de l'islam classique et du début des Temps modernes, et l'un des devoirs du pasteur est de nourrir son troupeau. La métaphore de la nourriture – le fait de la cuire ou de la manger – exprimait parfois l'occupation d'un poste public : les serviteurs du souverain mangeaient ou rompaient son pain ; le bénéficiaire d'un salaire de l'État ottoman était un «mangeur de travail» (*vazifehor*) ; les officiers des janissaires étaient appelés faiseurs de soupe ou cuisiniers et, lorsqu'ils voulaient donner le signal de la mutinerie, ils refusaient symboliquement la nourriture du sultan en renversant leur marmite, devenue l'emblème de l'identité et de la fidélité de leur corps[173]. Jusqu'à Jacques Chirac qui se plaignit en 1989 de ce que les «rénovateurs» de son parti n'eussent point la «reconnaissance du ventre[174]»…

La récurrence de cette symbolique ne doit pas tromper, même lorsqu'elle est couplée avec la représentation pastorale du pouvoir : dans chacune de ces situations, nous avons affaire à des pratiques différentes et à des relations singulières d'intertextualité parce que nous sommes devant des histoires globales différentes. D'une part, le même énoncé entre en résonance avec des genres discursifs qui sont disparates d'une situation à l'autre : en Afrique noire, la «politique du ventre» se rattache non seulement à la problématique pastorale et rédemptrice du pouvoir – «Cherche d'abord le Royaume politique et le reste te sera donné par surcroît», disait Nkrumah, l'Osagyefo, c'est-à-dire le Rédempteur, en une sentence vraiment prophétique ! –, mais aussi et surtout au répertoire de la sorcellerie, une pratique dont les entrailles sont justement le siège.

D'autre part, le répertoire pastoralo-ventral «dialogue» avec des processus historiques particuliers : au sud du Sahara, la diffusion des représentations religieuses du pouvoir a été favorisée par l'enseignement confessionnel, qui a été l'une des principales matrices du nationalisme ; les missions chrétiennes se sont très tôt adonnées aux délices de l'accumulation économique et le gâteau ecclésial est partagé au même titre que le «gâteau national» dont parlent les Nigérians ; les formes modernes de la sorcellerie – comme celle de l'*ekong* sur la côte de l'Afrique centrale – véhiculent la mémoire historique de la traite esclavagiste, etc. La «politique du ventre», qui fait dire à la chèvre de l'humoriste du *Cameroon Tribune* : «Je broute, donc je suis», est ce système d'action historique qui se pratique sur des modes culturels spécifiques et qui néanmoins n'est pas réductible à une culture spécifique. Elle correspond à une positivité historique que Michel Foucault finira par qualifier de «gouvernementalité», mais qu'il définissait déjà dans *L'Archéologie du savoir* : «Les positivités que j'ai tenté d'établir ne doivent pas être comprises comme un ensemble de déterminations s'imposant de l'extérieur à la pensée des individus ou l'habitant de l'intérieur et comme par avance; elles constituent plutôt l'ensemble des conditions selon lesquelles s'exerce une pratique, selon lesquelles cette pratique donne lieu à des énoncés partiellement ou totalement nouveaux, selon lesquelles enfin elle peut être modifiée : il s'agit moins des bornes posées à l'initiative des sujets que du champ où elle s'articule (sans en constituer le centre), des règles qu'elle met en œuvre (sans qu'elle les ait inventées ni formulées), des relations qui lui servent de support (sans qu'elle en soit le résultat dernier ni le point de convergence)[175].»

Au lieu de chercher à établir des relations causales stables entre des phénomènes culturels globaux et l'action politique, il faut analyser des opérations concrètes d'énonciation d'une représentation culturelle, dans un contexte précis. Sans doute les possibilités d'interprétation d'un genre discursif du politique ne sont-elles pas infinies, parce que celui-ci est en relation «dialogique» avec un nombre fini d'énoncés antérieurs dont l'interprétation n'a pas été elle-même infinie. Tendanciellement, le national-socialisme est associé en Russie aux horreurs de la Seconde Guerre mondiale, et la définition qu'en propose Vladimir Jirinovski – «La philosophie du national-socialiste, c'est celle de l'homme ordinaire, du petit-bourgeois [...] qui veut vivre tranquillement dans son appartement» – demeure atypique. Tendanciellement, le socialisme reste attaché en Europe centrale à un sentiment de médiocrité matérielle, de restriction des libertés, d'aliénation de la souveraineté nationale, même si les électeurs se tournent aujourd'hui vers les «postcommunistes». Tendanciellement, l'islam, faute d'avoir légitimé dans le passé des expériences politiques pluralistes avec lesquelles les contemporains pourraient nouer une relation d'intertextualité, semble aujourd'hui avoir quelque peine à exprimer les passions démocratiques, bien que rien dans son dogme ne l'oblige à les inhiber. Tendanciellement, le christianisme procure à ses croyants un schème de libération – l'Exode – qui peut aussi bien fonctionner comme une panoplie de soumission politique, dans la mesure où il célèbre les vertus d'obéissance et de patience qu'exige de nous le Rédempteur.

Mais ces propensions des différents genres discursifs ne sont qu'historiques. Elles reflètent une certaine sédimentation, un rapport donné d'intertextualité dont la stabilité est relative et susceptible d'être remise en cause par un travail d'innovation culturelle ou politique, par les transformations socio-économiques, par la production de nouveaux énoncés ou par la réinterprétation d'énoncés anciens.

Naturellement, le bon sens nous ordonne d'admettre, avec Umberto Eco, que le vocabulaire, dans une langue, a un sens littéral, «celui que les dictionnaires enregistrent en premier, celui que l'homme de la rue citerait en premier si on lui demandait le sens d'un mot donné» : «Aucune théorie de la réception ne peut faire l'économie de cette restriction préliminaire. Tout acte de liberté du lecteur vient *après* et non *avant* l'application de cette restriction[176].» Il n'empêche que le champ de cet «après» est suffisamment vaste pour que le raisonnement culturaliste se trouve frappé de caducité. La proposition grammaticale «Tu ne tueras point» a parfois été déclinée de drôle de manière par les chrétiens, et avec la bénédiction de l'Église. Nous avons aussi constaté que, dans les sociétés islamiques, des notions fondamentales et relativement élémentaires comme celles de l'hégire ou de la guerre sainte font l'objet de lectures divergentes, quel que soit le poids de l'évidence littérale (la guerre sainte est un combat, éventuellement pacifique; l'hégire est un voyage, éventuellement intérieur). Il n'est même pas certain qu'un énoncé dont le sens littéral est somme toute assez clair – les versets confiant à l'homme «la direction» de la femme – constitue la «prison scripturaire[177]» sans appel que sa lecture suggère. Les musulmanes contemporaines déchiffrent le Coran au regard de leurs nouvelles pratiques sociales de citadines, du rationalisme universel, des références concurrentes que lui opposent la télévision ou les voyages. De façon significative, la République islamique d'Iran, «prison scripturaire» ou pas, a dû s'accommoder de leur volonté de participer à l'espace public et d'«être en société» sans que cette aspiration soit nécessairement en contradiction avec leur foi religieuse : le voile a été de ce point de vue un énoncé vestimentaire beaucoup plus équivoque que ce que l'on croit souvent en France[178].

De toute façon, la dimension culturelle de l'action politique est plus complexe encore. L'énonciation politique de la culture, nous l'avons dit, ne met pas en jeu la polysémie d'un unique répertoire. Elle traite un faisceau de genres essentiels qui se sont historiquement sédimentés et qui s'hybrident*. Les effets d'intertextualité

---

* Rappelons que l'on dit d'une plante qu'elle s'hybride quand elle est fécondée naturellement par un pollen d'une autre espèce ou d'une autre variété.

en sont multipliés. Nous voyons mieux maintenant où nous devons porter notre réflexion. La polysémie historiquement délimitée des représentations culturelles nous conduit à substituer à l'analyse des cultures politiques l'étude des raisons culturelles de l'action politique. Et l'ambivalence qui naît de l'intertextualité donne à penser que ces raisons culturelles de l'action politique participent au premier chef de l'imaginaire.

DEUXIÈME PARTIE

Les hiboux au regard gluant

« Les hiboux au regard gluant à bas !
Les tortues à double carapace à bas !
Les caméléons équilibristes à bas !
Les dindons gonflés à bas ! »

Ainsi s'exprimaient les comités de défense de la révolution au Burkina Faso lors de leur deuxième conférence nationale, en 1987[1]. Leur discours, dirons-nous, revêtait une teneur culturelle spécifique. D'une part, il nous apparaît cocasse, parce qu'il nous est aujourd'hui inintelligible. De l'autre, il était compris par tout un chacun à Ouagadougou parce que les Burkinabé entretiennent une relation symbolique permanente avec le monde animal par l'intermédiaire du totémisme.

Le recours à un vocabulaire zoologique dans la sphère politique n'avait d'ailleurs rien de nouveau dans le pays. Sous le régime précédent, les deux partis légalement reconnus s'étaient identifiés, l'un à l'éléphant, l'autre au lion, et la dérision de l'emblème animal de l'adversaire était le meilleur moyen de le discréditer. Simplement, le président Thomas Sankara développa une véritable typologie pour mieux animaliser et abattre les «ennemis du peuple». Les «buffles affolés» désignaient la bourgeoisie commerçante, les «chats noirs» et les «chiens errants», les valets locaux de l'impérialisme français, les «chiens galeux», les fonctionnaires corrompus, les «chiens de guerre», les mercenaires ou les racistes, les «dindons gonflés», les militaires et les douaniers indélicats, les «hiboux éberlués», les fonctionnaires non révolutionnaires, les «hiboux au regard gluant», les politiciens de la IIIe République voltaïque, les «hyènes apeurées», les commerçants ou les fonctionnaires malhonnêtes, les

*« loups affamés », les politiciens, les « oies sauvages », les mercenaires
à nouveau, les « pintades orgueilleuses », les faux militants, les
« renards terrorisés », les commerçants, les « tortues à double carapace », les syndicalistes ou les commerçants, les « caméléons équilibristes », les hommes politiques, les forces de l'ombre, les apatrides* [2].*

*L'hybridation de cette symbolique et du genre discursif révolu-
tionnaire international était souvent assez pesante :*

> « Camarades, ayez le courage de reconnaître que dans
> nombre de nos services et corps militaires circulent encore des
> hippopotames, des margouillats, des caméléons. Ces animaux
> aquatiques ou terrestres tentent par tous les moyens de blo-
> quer la mutation en cours dans l'armée. Mais leurs actes de
> sabotage de la RDP* sont si subtils et si fins qu'il faut à tous
> les camarades sincères beaucoup plus de vigilance et plus de
> détermination pour les démasquer et les combattre. Mais le
> peuple ne sera pas dupe. C'est pourquoi la tâche immédiate de
> tout militaire engagé dans le processus révolutionnaire consiste
> à déloger les derniers représentants de l'armée néocoloniale
> partout où ils se cachent[3]. »

*Néanmoins, nous ne devons pas sous-estimer l'audience d'un tel
vocabulaire politico-zoologique dans l'opinion publique burkinabé.
Celui-ci « dialoguait » avec le corpus des contes appris dans
l'enfance et dont les héros sont souvent des animaux, acteurs d'une
véritable économie morale de la ruse, que Denise Paulme rapproche
de façon convaincante de la* mètis *des Grecs* [4]. *En outre, ce bestiaire
de la contre-révolution était sans doute largement repris, c'est-à-dire,
en bonne théorie de l'énonciation, recréé par la rue, toujours
prompte à la dérision, à la « distanciation facétieuse », à l'« implication paradoxale »* [5]. *Enfin, et surtout, les révolutionnaires animaliers
savaient faire vibrer la corde fantasmatique. Plusieurs de leurs métaphores favorites – à commencer par les différents avatars du hibou –
renvoyaient au monde inquiétant de l'invisible, et plus spécialement
de la sorcellerie. Il était d'ailleurs révélateur que les « ennemis du
peuple » fussent accusés d'agir la nuit :*

> « En effet, force est de reconnaître que de nombreux camé-
> léons équilibristes, bien perchés sur de vieilles branches gri-

* Révolution démocratique et populaire.

sâtres, tentent dans un ultime effort de s'adapter aux couleurs des branches de l'arbre d'août*. Cela se traduit par le fait que certains individus qui se croient probablement plus rusés que les camarades militants adoptent des positions intermédiaires ; simulant des attitudes de fervents défenseurs de la RDP le jour, ils s'empressent de revêtir le manteau de la contre-révolution *la nuit venue*. Fort heureusement pour la révolution, ce manteau a une telle odeur nauséabonde que ses porteurs *nocturnes* sont vite repérés[6]. »

La lutte politique contre les « ennemis du peuple » est assimilée à la traque des sorciers, et ce transfert de sens, ce passage d'un registre à l'autre est doté d'une très forte charge émotionnelle, en même temps qu'il vise à enraciner les préoccupations de l'État dans celles de la vie quotidienne et dans l'ontologie populaire. De ce point de vue, le cas burkinabé n'a rien d'exceptionnel. Rares sont les dirigeants africains qui ont résisté à la tentation de confondre l'opposition et la subversion, puis la subversion et la sorcellerie. En octobre 1990, M. Sassou Nguesso, président de la République du Congo, accusait des « forces obscures » d'avoir provoqué la vague de grèves qui ébranla son pouvoir[7]. Onze ans auparavant, le maréchal Mobutu affirmait dans l'enceinte du Conseil législatif que les leaders de l'UDPS étaient « des serpents, pas des nioka *mais des* ndoki », *c'est-à-dire des sorciers[8]. « Je sais qu'il y a quelques dissidents qui agissent dans l'ombre et qui rencontrent des étrangers la nuit. Pourquoi ne sortent-ils pas en plein jour afin que nous puissions avoir un dialogue constructif ? », s'exclamait quant à lui, sans rire, le président Banda du Malawi, en 1992[9]. Et, au Kenya, le président arap Moi n'a cessé de stigmatiser les « réunions nocturnes », en principe interdites, qui, sous prétexte de veillées funèbres, permettent à des politiciens sans scrupule de contraindre leurs concitoyens à leur prêter serment de fidélité[10]. Encore aujourd'hui, il use sans ambages du répertoire de la sorcellerie pour tenter de discréditer le multipartisme, fauteur de désordres[11]. L'« éthique de l'unité[12] », prônée sans relâche par les partis uniques pendant trois décennies, conférait implicitement à ces derniers un rôle analogue à celui qu'avaient tenu certains mouvements prophétiques de lutte contre les sorciers. Ainsi s'explique peut-être en partie leur goût pour le genre rédempteur.*

* Thomas Sankara prit le pouvoir en août 1983.

*Quoi qu'il en soit, les partis uniques ont tiré d'indéniables res-
sources de légitimité de cette appréhension diffuse que suscite le
conflit en Afrique subsaharienne, parce qu'il y est immédiatement
associé à un désordre plus fondamental, de nature métaphysique.
Ce qui ne les empêchait point d'être eux-mêmes en proie aux
« démons de la division » et de connaître en leur sein des luttes fac-
tionnelles, elles aussi vécues en termes de sorcellerie*[13]. *Dans ce
contexte, il n'est pas de moyen plus commode pour disqualifier un
adversaire que de lui attribuer de telles menées dans l'invisible.
L'accusation peut être explicite. Au Cameroun, dans les années cinquante, la presse favorable à la politique française présentait Um
Nyobé, le leader nationaliste de l'Union des populations du Cameroun, comme un « maître-chanteur dont le père [...] était un
monstre, un sorcier panthère qui fut tué car il avait aussi tué beaucoup de ses frères dans la forêt*[14] ». *Mais les « upécistes » repro-
chaient eux-mêmes aux collaborateurs du colonisateur, et
singulièrement aux délateurs, d'être des sorciers, une posture morale
que reprendront les combattants nationalistes au Zimbabwe dans
les années soixante-dix*[15].

*L'exemple de la Côte-d'Ivoire est plus intéressant encore, car on
y voit ce répertoire de l'invisible s'entrelacer avec le thème stalinien
du « complot », hérité de la période d'alliance entre le Rassemblement démocratique africain et le Parti communiste français. Dès
1963 un premier « complot » fut éventé – ou plutôt inventé, de l'aveu
même de Félix Houphouët-Boigny quelque temps plus tard. Il fut
suivi d'une autre affaire, en 1964, qui devait amener au « suicide »
Ernest Boka, le président de la Cour suprême. « Je ne crains pas que
certains jeunes gens puissent m'avoir par des fétiches », avait averti
Houphouët-Boigny. De fait, Boka concédait, dans sa « confession »,
publiée* in extenso *dans la presse gouvernementale, « preuves » de
ses manipulations dans l'invisible à l'appui : « J'ai joué à l'apprenti
sorcier mais le grand sorcier est plus fort. Toutes les forces se sont
déchaînées contre moi. Je les ai provoquées*[16]. » *En 1973, ce furent
des officiers, supposés avoir à leur tour « comploté », qui se virent
pareillement imputer des sacrifices humains*[17]. *Quant à Jonas
Savimbi, l'ancien élève et l'ami du professeur Rieben, il est à peu
près établi qu'il a fait brûler des dissidents de son organisation ou
des rivaux comme « sorciers », au moins en 1983, et vraisemblablement aussi dans les années soixante-dix*[18].

*De leur côté, les critiques des régimes autoritaires postcoloniaux
n'ont pas manqué d'exploiter à leur tour le filon dès que les cir-*

constances leur furent plus favorables. Au Bénin, le président Kéré-
kou fut dépeint sous les traits d'un sorcier lors des grandes manifes-
tations de 1989[19] et, à Madagascar, les «forces vives» de l'oppo-
sition assurèrent publiquement, en 1991, que le président Ratsiraka
élevait en son palais deux «monstres» qui devaient être nourris de
fœtus humains pour délivrer leurs présages. Mais il apparaît vite
que ces accusations sont au fond ambivalentes et que l'indignation
ou la peur dont elles témoignent se mêlent à une certaine considéra-
tion, ou en tout cas à une certaine admiration, à l'endroit de pou-
voirs proprement extraordinaires. Il est par exemple révélateur que
le président Kérékou ait accepté avec quelque complaisance son
surnom de caméléon et qu'il ait été réélu avec 59 % des suffrages,
en 1996, après sa traversée du désert. De même, Jean-Bedel
Bokassa jouait alternativement sur deux registres de son panthéon,
celui de Tere, le chef de paix (il était Bokassa «Bon Papa»), et celui
de Ngakola, le chef de guerre (il était aussi Bokassa «trompe-la-
mort», fort des fétiches que lui avait confiés Amin Dada, protégé
par les sorciers et les sociétés secrètes des femmes)[20]. Une semblable
équivoque avait nimbé les personnages de Léon Mba au Gabon et
de Fulbert Youlou au Congo : leur commerce avec l'invisible fit
leur fortune, avant de les mettre en difficulté[21].

C'est sans excès de gêne que les chefs d'État africains s'entou-
rent de marabouts et adhèrent à des confréries mystiques qui ne tar-
dent pas à devenir des organisations centrales des régimes concer-
nés et des agences d'ascension sociale[22]. Ainsi, la chronique
zaïroise de ces dernières décennies a été périodiquement défrayée
par des révélations sensationnelles. En 1982, Nguza Karl i Bond,
un ancien ministre provisoirement passé dans l'opposition, dévoi-
lait l'action d'un «syndicat» de «femmes des barons du régime»
qui luttaient contre leurs rivales – les célèbres «deuxièmes
bureaux» – et contre la «réussite matérielle des filles célibataires»
en usant de leur influence auprès de l'épouse du président Mobutu,
mais aussi en recourant aux services d'un nombre impressionnant
de féticheurs.

«Mis à part certains faits qu'il vaut mieux taire, les fétiches
et les féticheurs élisaient domicile dans la partie la plus intime
de ma résidence : la chambre à coucher, en mon absence bien
sûr. Et comme, en tant que ministre des Affaires étrangères, les
voyages faisaient partie de mon lot presque quotidien, la tâche
des féticheurs était largement facilitée. Ces charlatans ne se

contentaient pas de laisser des statuettes ou autres sortilèges, mais remettaient aussi des «médicaments» sous forme de graines, de poudre ou de liquide à placer dans ma nourriture. Ayant pris peur, un des serviteurs m'informa un jour de ne pas toucher à la nourriture. Je prétextai une indigestion et m'abstins de manger. Un autre serviteur donna un morceau de viande trempée dans cette poudre à notre chien berger [...]. Le pauvre animal se raidit et mourut instantanément. À partir de là la situation devenait sérieuse [...]. Le puissant "syndicat" décida de me faire plier l'échine. Le président me convoqua à ce sujet, et je me fis le devoir de tout lui exposer. Sa compréhension fut à la mesure de la singulière similarité de son propre cas avec le mien. "Nos femmes exagèrent", s'écria-t-il, pour mon grand soulagement[23].»

Après l'instauration du multipartisme, les dignitaires de la IIᵉ République confessèrent toutes les turpitudes auxquelles ils avaient dû consentir pour rester bien en cour auprès du maréchal Mobutu, tel ce Bofossa wa Mbea Nkoso, ancien ministre, qui avoua avoir « couché à côté des cadavres » dans le cadre du pacte qu'il avait noué avec Satan[24]. Mais nul besoin d'entendre des accusations ou des confessions aussi explicites pour se convaincre de l'existence de pratiques invisibles dans le monde politique, puisque celles-ci sont l'évidence même. Point d'élections sans manipulations de cet ordre : quarante-sept marabouts interrogés à Abidjan en 1985 se faisaient fort de permettre à leurs clients de remporter un scrutin et, en 1992, des Brazzavillois tentèrent de glisser dans l'urne, avec leurs bulletins, des grains de maïs dotés de «pouvoirs multiplicateurs magiques[25]». Point de portefeuille ministériel sans intercession d'un homme de l'art : « Ce n'est pas la peine de consulter vos marabouts, je les connais tous», avertissait Houphouët-Boigny, et de fait l'avenue menant à sa résidence de Cocody était le lieu de nombreux sacrifices[26]. Point de rébellion, fût-elle nationaliste ou marxiste, sans devins et amulettes[27]. Point de coup d'État qui se priverait d'un tel atout, tant et si bien que certains putschistes croient pouvoir se dispenser d'autres armes et réussir à renverser le régime honni par des moyens strictement mystiques[28]. Point, peut-être, de carrière politique sans sacrifice(s) humain(s) : la chose est avérée en ce qui concerne Sékou Touré – l'une des fonctions du camp de concentration de Boiro était de servir de vivier de victimes – et les informations relatives à des meurtres rituels se multiplient dans les pays du Golfe de Guinée[29]. *Point de lutte contre l'apartheid, en République sud-africaine, sans que ce système d'inégalité soit assimilé à l'œuvre néfaste des «sorciers» :* «Bulala aba thakathi! *Tuez les sorciers!» s'exclamait Thabo Mbeki, l'un des principaux leaders de l'African National Congress, lors d'une conférence prononcée à Amsterdam, en reprenant le cri de guerre du roi Dingane, et les escadrons de la mort de l'Inkatha qui pourchassent les* comrades *de l'ANC dans les trains de banlieue hurlent à leur tour :* «Bulala aba thakathi[30]!»

Loin d'être des traces résiduelles de la tradition que ne tarderait pas à éradiquer le développement économique, les pratiques de l'invisible offrent un moyen d'interpréter les transformations du monde contemporain : elles permettent d'appréhender la monétarisation des échanges, de penser l'économie de marché, de mettre en forme les changements de l'ordre familial, de médiatiser la relation avec le Blanc. Aussi les représentations de l'invisible ne sont-elles pas statiques : elles sont elles-mêmes sujettes à mutation et, par exemple, de nouvelles formes de sorcellerie apparaissent, tel l'ekong au Cameroun[31]. *Tout en parlant des ancêtres, cette dimension de l'existence sociale ne se réduit pas à un héritage culturel. Elle est également un champ où s'invente l'avenir. Dans ces conditions, l'extraordinaire serait que les acteurs politiques ne l'investissent pas : point d'action politique en marge de l'invisible, car point de match de football, point d'examen scolaire, point de relation amoureuse ou matrimoniale, point de maladie ni de décès, point de conflit du travail, point de gestion d'entreprise, point de brigandage qui ne s'y inscrivent à leur tour.*

La croyance dans l'invisible est partagée par la quasi-totalité des acteurs sociaux, petits et grands : les habitants d'une ville entière peuvent cesser de se serrer les mains de crainte des «tueurs de sexe» qui annihilent la virilité par ce procédé, ou renoncer à commercer par peur des meurtres rituels, ou se tendre de palmes pour chasser la «dame blanche» qui décime les bébés; un assureur congolais engage une enquête car il est persuadé que nombre d'oncles souscrivent des assurances décès sur leurs neveux pour les «manger» ensuite; les employés d'une entreprise publique mauritanienne dont le directeur est de la caste des forgerons ne travaillent que l'après-midi sans encourir le moindre blâme parce qu'il est conseillé d'éviter les membres de cette catégorie sociale le matin pour écarter de soi le malheur[32]. *Même s'il n'y croit pas, l'Africain est contraint de tenir compte des certitudes de son entourage ou de ses électeurs :*

des candidats aux législatives ivoiriennes de 1985 se sont ainsi fait « *blinder* » *uniquement pour rassurer leur famille ou leurs partisans*[33].

Cette croyance partagée constitue-t-elle alors la culture de l'Afrique ? Décidément non, si l'on veut dire par là qu'elle forme un bloc homogène et atemporel de représentations qui aurait plus d'importance que les autres répertoires, qui serait en quelque sorte le genre discursif absolu du politique et qui constituerait une vision primordiale du monde par rapport à laquelle tout ne serait que vernis. Certes, l'historien repère une conception relativement unitaire de la sorcellerie chez les Bantous de la forêt équatoriale[34]. Mais l'anthropologue montre pour sa part que ses pratiques effectives, elles, ne sont ni homogènes ni exclusives d'autres répertoires de l'action sociale. Contrairement à une opinion longtemps admise, elles peuvent coexister avec les cultes de possession[35] et elles habitent le cœur des croyants catholiques qui ne sont pas moins chrétiens (mais pas plus charitables!) pour autant : « Le grand étonnement et le scandale, c'est que l'évêque de Sangmelima va en guerre contre ceux qui sont membres actifs de la communauté chrétienne et fait corps avec les pervers qui sont les sorciers, les magiciens et les féticheurs [...]. Le plus inquiétant, c'est que ce prélat, nous le savons, a un certain nombre de prêtres sur la conscience depuis Yaoundé jusqu'à Sangmelima. Aujourd'hui, il voudrait manifestement croquer tout vivant l'abbé Gaspard Many [...]. La rapidité dont il entoure toute cette affaire, de toute évidence, est une volonté de destruction pure et simple* », *commentait un journal camerounais après la suspension* a divinis *d'un prêtre engagé dans un mouvement de lutte contre les sorciers*[36].

En outre, dans une aire culturelle donnée, les pratiques de la sorcellerie varient d'une région à l'autre, d'une époque à l'autre[37]. Leur observation contemporaine révèle un paysage de l'invisible beaucoup plus diversifié et complexe que ne le laissait accroire l'œuvre des pères fondateurs de l'anthropologie. La célèbre distinction entre witchcraft et sorcery, introduite par Evans Pritchard à partir du cas zande, semble ainsi avoir été abusivement généralisée; elle est l'exception plutôt que la règle[38]. Par ailleurs, on ne peut se satisfaire de l'affirmation selon laquelle la sorcellerie serait un appareil idéologique de domination[39]. Dans les faits, elle sert les petits comme les grands et est un facteur d'indétermination sociale au moins relative[40]. Bakhtine aurait probablement parlé de son « hétérologie », et, en effet, elle occupe peut-être en Afrique la place *que le sémioticien russe attribuait au carnaval dans la société occidentale du XVIe siècle.*

Néanmoins, les pratiques de l'invisible, si elles ne constituent pas la culture africaine en bonne et due forme, sont sans conteste des pratiques culturelles. D'une part, nous aimons à penser qu'elles nous sont étrangères. Rien n'est moins sûr. Sur le plan de la psychologie, les théories africaines de la sorcellerie ne disent pas grand-chose d'autre que les écrits de Groddeck, Laing ou Esterson. Et les nouvelles formes d'envoûtement qui assimilent l'enrichissement à la manducation d'autrui sont au fond très marxiennes : l'accumulation primitive repose sur l'aliénation réelle, et c'est parce que le capitaliste s'empare du pouvoir même de la vie qu'il peut y avoir accumulation[41]. Mais peu importe dès lors que la construction d'une extranéité radicale d'« Eux » à « Nous » contribue à faire de l'invisible africain un fait culturel, sur le mode de l'exotisme.

D'autre part, ces pratiques de l'invisible, immédiatement compréhensibles pour les Africains, sont l'un des instruments de prédilection par lesquels ils réinventent leur différence dans le processus de globalisation et apportent leur pierre à la définition de l'universalité. Il faut, pour le comprendre, garder à l'esprit que cette dimension de la vie sociale a toujours été une « frontière » de choix sur laquelle s'effectuait l'innovation culturelle, en relation avec le monde étranger. Par exemple, les itinéraires initiatiques des guérisseurs ou thérapeutiques des malades transcendent généralement les découpages de l'ethnicité, et les marabouts des présidents sont souvent originaires d'autres régions ou d'autres pays que leurs augustes clients. De nos jours, les Africains déambulent dans un invisible transnational et mondialisé : Kenneth Kaunda et Joaquim Chissano consultent des gourous indiens, Paul Biya un rabbin israélien versé dans la Cabale, et à Douala la rumeur veut qu'une bande de sorciers aient des liens avec la mafia italienne[42]... Réciproquement, nos boîtes aux lettres sont submergées de cartes de marabouts proposant leurs services, et, de Rome, Mgr Milingo lutte contre les esprits qui assaillent les charismatiques du monde entier.

Le phénomène n'est pas neuf et doit peu aux derniers rebondissements de la globalisation, dans la mesure où les Blancs, fussent-ils missionnaires, ont été d'emblée perçus selon la grille de l'invisible et où le spectre de la sorcellerie n'a cessé de hanter les expériences sociales au travers desquelles le sous-continent s'est inséré dans le système international : l'esclavage, la situation coloniale, la christianisation, la pénétration de l'économie capitaliste, les joutes

politiques de la décolonisation[43]. En affirmant que le Fonds moné-
taire international était un « sorcier », et non pas un « guérisseur »,
pour mieux s'opposer au programme d'ajustement structurel que les
bailleurs de fonds cherchaient à imposer à la Tanzanie, le madré
Julius Nyerere pouvait être sûr que l'argument ferait mouche dans
son opinion publique[44] !

Mais, de toute évidence également, ces représentations et ces pra-
tiques de l'invisible sont de l'ordre de l'imaginaire. Non que tout
cela ne soit pas « vrai ». Les faits sont avérés du moment que les gens
y croient : ils tombent malades et meurent sous les attaques de sor-
cellerie ; ils débusquent et tuent les sorciers ; ils vont au combat pro-
tégés par leurs talismans et trépassent sous les balles ; ils sont
envoyés en prison parce qu'ils sont soupçonnés de « féticher » ; ils
guérissent au nom de cette même vision du monde en ayant pignon
sur rue et parfois en étant membres d'une association profession-
nelle reconnue par l'État. La sorcellerie, l'invisible existent parce
qu'il existe des gens qui en sont convaincus. Les énoncés qui pro-
cèdent de cette certitude sont performatifs et cela nous suffit. Ils sont
aussi équivoques, et cela est plus important encore. Entre le bon et le
mauvais usage de l'invisible la frontière est ténue. Ce monde est
celui de la réversibilité, et donc du soupçon permanent. L'accusa-
tion de sorcellerie est d'ailleurs volontiers allusive : on se comprend
à demi-mot, on surinterprète beaucoup. Ce qui veut dire que le mal-
entendu est de règle, mais il est généralement opératoire, pour le
meilleur et pour le pire. La dimension de l'invisible est imaginaire
parce qu'elle est fantasmatique. Nous nous souvenons de la défini-
tion de Gilles Deleuze : « L'imaginaire, ce n'est pas l'irréel, mais
l'indiscernabilité du réel et de l'irréel[45]. » Toutefois, l'imaginaire n'est
pas constitué une fois pour toutes, il est plutôt « constituant[46] ».
Comment penser cette « imagination constituante » de la modernité
politique sans verser dans l'idéalisme magique ?

CHAPITRE III

La cité imaginaire

L'anthropologie postmoderne aidant, la notion d'imaginaire a le vent en poupe, et l'idée d'étudier « l'imagination comme une pratique sociale » est maintenant largement admise[1]. Dès 1964, Cornelius Castoriadis avançait le concept d'« imaginaire social ». Dans les années suivantes, il approfondit sa réflexion sur « l'institution imaginaire de la société » pour souligner que « l'histoire est impossible et inconcevable en dehors de *l'imagination productive* ou *créatrice*, de ce que nous avons appelé l'*imaginaire radical* tel qu'il se manifeste à la fois et indissolublement dans le *faire* historique, et dans la constitution, avant toute rationalité explicite, d'un univers de *significations* ». À ses yeux, « ce qui tient une société ensemble, c'est le tenir ensemble de son monde de significations[2] ».

Dans des termes plus aériens, Paul Veyne constatait également « qu'au lieu de parler de croyances on devait bel et bien parler de vérités », mais « que les vérités étaient elles-mêmes des imaginations ». Des « imaginations constituantes » qui ont « ce pouvoir divin de constituer, c'est-à-dire de créer sans modèle préalable » :

> « Cette imagination, on le voit, n'est pas la faculté psychologiquement et historiquement connue sous ce nom ; elle n'élargit pas en rêve ni prophétiquement les dimensions du bocal où nous sommes enfermés : elle en dresse au contraire les parois et, hors de ce bocal, il n'existe rien. Pas même les futures vérités : on ne saurait donc donner à celles-ci la parole. Dans ces bocaux se moulent les religions ou les littératures, et aussi bien les politiques, les conduites et les sciences. Cette imagination

est une faculté, mais au sens kantien du mot; elle est transcendantale; elle constitue notre monde au lieu d'en être le levain ou le démon. Seulement, chose à faire s'évanouir de mépris tout kantien responsable, ce transcendantal est historique car les cultures se succèdent et ne se ressemblent pas. Les hommes ne trouvent pas la vérité : ils la font, comme ils font leur histoire, et elles le leur rendent bien[3].»

En trente ans, historiens, anthropologues, voire politologues ont beaucoup progressé dans la compréhension de ces «bocaux» imaginaires qui nous tiennent lieu de systèmes d'action historique. Mais cette problématique est peut-être plus classique qu'on ne serait tenté de le penser. Sans remonter à Spinoza ou à Montesquieu, et en contournant provisoirement Marx, constatons que chez Max Weber l'individu, les groupes ont des intérêts matériels et *idéaux* qui s'expriment dans des «styles de vie», c'est-à-dire des ethos particuliers[4]. Le concept d'utilité inclut précisément cette dimension de l'imaginaire, et l'action sociale est irréductible à une définition instrumentale de la rationalité : «La conception wébérienne de la sociologie compréhensive [...] associe à l'individualisme méthodologique une anthropologie anti-utilitariste et une critique de la conception rationaliste de la subjectivité : cette combinaison paradoxale explique en grande partie l'originalité de la sociologie wébérienne», remarque Philippe Raynaud en soulignant combien, par exemple, «[...] l'analyse wébérienne de la bureaucratie doit être l'objet d'une révision profonde, qui met au premier plan l'impossibilité d'une réduction complète de la subjectivité à la rationalité instrumentale[5]».

Nonobstant l'interprétation courante, Max Weber nous interdit de magnifier l'Occident en tant que grand dispensateur rationnel du capitalisme. Celui-ci est un imaginaire qui résulte non d'une nécessité immanente – comme chez Marx – mais d'un «enchaînement de circonstances». Quant à la signification et à la valeur «universelle» des phénomènes culturels qui en ont été la matrice, Weber introduit une réserve, que l'on omet souvent de citer : «du moins nous aimons à le penser» (qu'ils revêtent une signification et une valeur universelles)[6]. Il ne se prive pas de souligner «combien *irrationnelle* est cette conduite où l'homme existe en fonction de son entreprise et non l'inverse». Et de railler : «Lorsque l'imaginaire d'un peuple entier a été dirigé sur les grandeurs purement quantitatives, comme aux États-Unis, le romantisme des chiffres exerce sa magie irrésistible sur ceux des hommes d'affaires qui sont aussi des "poëtes"[7].» Plus fondamentalement, l'entrepreneur capitaliste « "ne tire rien" de sa richesse pour lui-même en dehors du sentiment irrationnel d'avoir fait sa besogne [*Berufserfüllung*][8]». Même au regard des préoccupations des postmodernes, le projet intellectuel du théoricien de Heidelberg n'a pas pris beaucoup de rides : «La rationalité est un concept historique qui renferme tout un monde d'oppositions. Nous aurons à rechercher de quel esprit est née cette forme concrète de pensée et de vie rationnelles : à partir de quoi s'est développée cette idée de besogne [*Berufs-Gedanke*] et de dévouement au travail professionnel [*Berufsarbeit*] – si irrationnelle, nous l'avons vu, du point de vue purement eudémoniste de l'intérêt personnel – qui fut pourtant et qui demeure l'un des éléments caractéristiques de notre culture capitaliste. Ce qui *nous* intéresse ici, c'est précisément l'origine de cet élément *irrationnel* qu'elle contient, comme toute notion de *Beruf*[9].»

Déjà, le questionnement de Tocqueville sur la centralisation et la démocratie s'apparentait à une réflexion sur l'imaginaire. *La Démocratie en Amérique* saisissait ce que Weber analysera dans des pages célèbres : aux États-Unis la raison utilitaire – «la doctrine de l'intérêt bien entendu» – est «universellement admise» et tient lieu de ce que nous nommerions aujourd'hui l'imaginaire social; de la vertu on dira ainsi qu'elle est «utile» plutôt qu'elle est «belle»[10]. Et l'égalité que prise le démocrate est d'abord un sentiment ou, pourrait-on mieux dire, un enchantement[11] : «En vain la richesse et la pauvreté, le commandement et l'obéissance mettent accidentellement de grandes distances entre deux hommes, l'opinion publique, qui se fonde sur l'ordre ordinaire des choses, les rapproche du commun niveau et crée entre eux une sorte d'*égalité imaginaire*, en dépit de l'inégalité réelle de leurs conditions. Cette opinion toute-puissante finit par pénétrer dans l'âme même de ceux que leur intérêt pourrait armer contre elle; elle modifie leur jugement en même temps qu'elle subjugue leur volonté[12].» Le sentiment, en l'occurrence, devient souvent «passion» :

> «Les peuples démocratiques aiment l'égalité dans tous les temps, mais il est de certaines époques où ils poussent jusqu'au délire la passion qu'ils ressentent pour elle […]. Les hommes se précipitent alors sur l'égalité comme sur une conquête et ils s'y

attachent comme à un bien précieux qu'on veut leur ravir. La passion d'égalité pénètre de toutes parts dans le cœur humain, elle s'y étend, elle le remplit tout entier. Ne dites point aux hommes qu'en se livrant aussi aveuglément à une passion exclusive, ils compromettent leurs intérêts les plus chers ; ils sont sourds. Ne leur montrez pas la liberté qui s'échappe de leurs mains tandis qu'ils regardent ailleurs ; ils sont aveugles, ou plutôt ils n'aperçoivent dans tout l'univers qu'un seul bien digne d'envie [13]. »

Chez Tocqueville, la formation d'un espace public, sous-jacente à la Révolution et à la construction de la démocratie, est elle-même un processus imaginaire : « Au-dessus de la société réelle, dont la constitution était encore traditionnelle, confuse, irrégulière, où les lois demeuraient diverses et contradictoires, les rangs tranchés, les conditions fixes et les charges inégales, il se bâtissait peu à peu ainsi une société imaginaire, dans laquelle tout paraissait simple et coordonné, uniforme, équitable et conforme à la raison. Graduellement l'imagination de la foule déserte la première, pour se retirer dans la seconde [14]... »

Passion et imagination : si ces deux notions sont au cœur de l'œuvre des pères fondateurs de la sociologie politique, c'est bien parce qu'elles désignent des réalités tangibles. Le pouvoir, l'économique, les rapports entre les acteurs de l'histoire participent d'une dimension irréductible à la simple matérialité et à sa gestion abstraitement « rationnelle ». Puisque nous avons jeté le mot, nous ne pouvons plus dire, avec Marshall Sahlins, que « la culture, c'est l'utilité [15] ». Mais nous devons nous interroger sur cette autonomie radicale des symboles, des représentations, des langages et des sentiments politiques par la médiation desquels nous produisons notre histoire : « [...] dans la trame des actes synthétiques de la conscience apparaissent par moments certaines structures que nous appellerons consciences imageantes. Elles naissent, se développent et disparaissent selon des lois qui leur sont propres [...] ; ce serait une grave erreur de confondre cette vie de la conscience imageante qui dure, s'organise, se désagrège avec celle de l'objet de cette conscience qui, pendant ce temps, peut fort bien rester immuable [16]. » De façon corollaire, l'objet de la conscience imageante peut se transformer sans que celle-ci se modifie sensiblement, comme l'atteste l'inertie de certaines symbolisations : par exemple, le clivage entre la gauche et la droite, dans la vie politique française, est né fortuitement sur les bancs de l'Assemblée constituante, en 1789, mais continue d'être performatif et s'est même transplanté dans une kyrielle de systèmes politiques étrangers.

En bref, il nous faut comprendre l'imaginaire comme étant la dimension dont procède le dialogue continu entre l'héritage et l'innovation que l'on a vu caractériser l'action politique dans ce qu'elle a de culturel. Ainsi appréhendé, l'imaginaire est d'abord interaction car «une image n'est rien d'autre qu'un rapport[17]» : interaction entre le passé, le présent et la projection du futur, mais aussi interaction entre les acteurs sociaux, ou entre les sociétés, dont les relations sont tamisées par leurs «consciences imageantes» respectives.

L'IRRÉDUCTIBILITÉ DES IMAGINAIRES POLITIQUES

Levons toute équivoque, au cas où cela serait encore nécessaire. Les sociétés industrielles «rationnelles», «centralisées», «bureaucratiques», «désenchantées», sont aussi imaginatives que les sociétés anciennes «traditionnelles», supposées être dominées par une idée magique ou religieuse du monde. Le nationalisme est une «communauté imaginée», nous rappelle Benedict Anderson. L'internationalisme prolétarien le fut aussi. Et aujourd'hui, les pays capitalistes ou les institutions multilatérales célèbrent une «démocratie de marché» qui est un mythe : à l'instar de l'autarcie chez les Romains[18], il peut enchanter ou rassurer, mais ne correspond pas vraiment au fonctionnement réel de l'économie contemporaine. L'idée même du marché repose sur une «fiction», selon laquelle le travail, la terre et la monnaie sont produits pour la vente et constituent des marchandises : «Les marchés du travail, de la terre et de la monnaie sont sans aucun doute essentiels pour l'économie de marché. Mais aucune société ne pourrait supporter, ne fût-ce que pendant le temps le plus bref, les effets d'un pareil système fondé sur des fictions grossières, si sa substance humaine et naturelle comme son organisation commerciale n'étaient pas protégées contre les ravages de cette fabrique du diable[19].» Enfin, qu'est-ce que le fétichisme de la marchandise, dont nous parle Marx, sinon un imaginaire ? La croyance, le merveilleux, la rumeur, le rite restent d'ailleurs des ingrédients non négligeables de la modernité industrielle[20].

C'est donc dans l'ensemble des sociétés que le buvard de l'imaginaire absorbe l'encre de l'action politique. À la limite, celle-ci devient délirante, au sens clinique du terme. La phobie antisémite des nationaux-socialistes en Allemagne et de certains de leurs alliés européens était trop extrême pour que l'on s'y appesantisse et que l'on en tire argument. Mais, de nos jours, l'invention d'une histoire fantasmatique par les idéologues des différents nationalismes de l'ancienne Yougoslavie – le règne de Dusan pour les Serbes, celui de Tomislav pour les Croates, le « rêve millénaire » des Slovènes, la référence des Albanais à leurs ancêtres illyriens – les a conduits à une « sorte d'incapacité foncière à distinguer ce qui relève du présent et du passé [21] ». Les ultras serbes, par exemple, ne cessent de ressasser l'occasion perdue de 1918, lisent les prises de position diplomatiques contemporaines dans les termes des alliances de la Grande Guerre, voient le président Tudjman dépecer leur patrie avec le couteau des oustachis, stigmatisent le « complot vaticano-kominterniste », ou « hitléro-vaticano-kominterniste », ou « islamo-vaticano-kominterniste ». Et d'affubler le portrait de Jean-Paul II de croix gammées, et de dénoncer en la directrice de l'hôpital de Vukovar un « Mengele femelle »…

L'action politique peut également être onirique. Au XXe siècle, le rêve reste une procédure de décision somme toute banale. Entre les deux guerres, au Kenya, le mouvement national et religieux kikuyu fut profondément marqué par les *aroti*, les rêveurs qui recevaient leur savoir de l'Esprit-Saint, durant leur sommeil, et qui adhéraient à un christianisme de la pauvreté, prophétique et potentiellement révolutionnaire[22]. À la fin des années cinquante, le leader nationaliste de l'Union des populations du Cameroun, Ruben Um Nyobé, tint scrupuleusement la chronique de ses songes, dont Achille Mbembe a dégagé toute l'importance politique et toute la richesse anthropologique[23]. À Zanzibar, John Okello, qui prit la tête de la révolution de 1964, avait l'insigne avantage de recevoir ses instructions d'un envoyé de Dieu, et même, au faîte de sa carrière, de Dieu lui-même[24]. Au Zimbabwe, les combattants de l'indépendance s'appuyèrent dans la vallée du Zambèze sur les faiseurs de pluie shona qui étaient les médiums communiquant avec les ancêtres[25]. Au Liberia, le président Tolbert entendit l'Unique lui demander de nommer vice-président de la République l'évêque méthodiste qui menait la contestation chrétienne de son régime[26].

Autant d'exemples qui peuvent faire sourire ou dérouter. Mais on aurait tort de ne déceler dans une telle activité politico-onirique que les résidus d'une tradition vouée à s'effacer. Le rêve a été historiquement, et demeure, un véhicule de changement social. À partir du XVIIᵉ siècle, les traités malais et javanais d'oniromancie concevaient ainsi la nature «comme une vaste mécanique, compliquée mais *cohérente* et *prévisible*»; ils participaient d'un courant d'individuation et de rationalisation de teneur islamique qui rompait avec l'ordre des royaumes concentriques de l'hinterland[27]. Aujourd'hui encore, c'est souvent à la suite d'un songe que des jeunes femmes musulmanes choisissent de porter le *hejâb* en prenant leurs distances de manière plus ou moins conflictuelle par rapport à la dévotion quiétiste de leurs parents et en épousant une interprétation militante de leur foi[28]. Le monde de la nuit sert alors l'innovation religieuse, l'engagement social, voire la transformation cognitive si l'on admet, avec la plupart des spécialistes, que l'islamisme introduit dans la civilisation musulmane de nouvelles catégories de pensée sous le masque d'un retour à la tradition et à l'authenticité. De même, en Occident, le rêve a été «une des voies principales par où l'individu s'est affirmé[29]».

Rien moins que moderne, l'activité onirique se vit maintenant de plain-pied dans l'expérience de la globalisation. Lorsque Eugène Wonyu, cadre de l'Union des populations du Cameroun, note à la fin des années cinquante : «Dans ma requête d'une voie de salut pour les Basaâ, mis à l'écart à cause de leur faux berger, je fus visité en rêve, une nuit, par un homme qui me dit d'aller voir Ahidjo pour lui faire comprendre que tous les Basaâ n'étaient pas Mayi et son équipe», il inscrit déjà son ambition de notable en mal de cooptation dans un contexte où les représentations oniriques de terroir se mêlent à la revendication nationaliste et aux enjeux de la guerre froide[30]. Néanmoins, son propos ne trouve guère d'audience au-delà des frontières du pays. En revanche, M. Mbouma, le président du Parlement gabonais, soulève une émotion considérable, que répercutent aussitôt les médias étrangers, quand il disparaît subrepticement au plus fort de la crise politique de mai 1990. Aurait-il été liquidé par les sbires du président Bongo, à qui l'on impute déjà la mort suspecte d'un opposant dans un hôtel? Non pas, explique sa bonne épouse : il a pris la fuite en voyant arriver des militaires chargés de le protéger, car il avait rêvé la nuit précédente que l'armée assiégerait son domicile et l'arrêterait[31]. Le songe politique circule désormais autour du globe «en temps réel», et le monde suspendit son souffle en octobre 1990 lorsque Saddam Hussein confia que le Prophète lui avait fort opportunément demandé de se retirer du Koweït, mais apparemment sans beaucoup de suite dans les idées[32].

Le versant onirique du politique est clairement transnational. Ainsi, le président Kaunda, en Zambie, a été longtemps conseillé par un mage indien, le Dr M. A. Ranganathan. Celui-ci avait connu une épreuve chamanique dans son jeune âge, qui l'avait transporté sur les bords d'une rivière inconnue où un homme noir bienveillant l'avait réconforté et lui avait dit : «Un jour je serai ton frère.» Répondant à une offre d'emploi, le jeune Indien se rendit en Zambie en 1974 et découvrit que le fleuve de son songe n'était autre que le Zambèze. Fasciné par la pensée humaniste du président Kaunda, le Dr Ranganathan obtint une audience et, à son grand saisissement, reconnut dans le chef de l'État l'homme de son voyage initiatique. Comme il se confiait, le Président lui dit simplement : «Tu es mon frère. Reste avec moi. Nous travaillerons ensemble.» Le Dr Ranganathan acquit une grande influence auprès d'un dirigeant en qui il voyait une réincarnation d'Abraham Lincoln, et de ce fait il était consulté non seulement par la classe politique zambienne, mais aussi par d'autres chefs d'État africains qu'il visitait en émissaire de son «frère[33]».

Il se pourrait, en définitive, que le rêve soit l'une des procédures fondamentales de la globalisation, par lesquelles s'effectue l'hybridation des représentations culturelles. Déjà, l'intégration dans le corpus chrétien des thématiques de l'Orient ou de l'imaginaire celtique et barbare, au cours du Haut Moyen Âge, s'était en partie faite dans le creuset des ordres monastiques qui avaient «thésaurisé» les rêves venus d'ailleurs pendant plusieurs siècles avant que la révolution urbaine, la réforme grégorienne, les transformations du clergé régulier, et notamment la naissance des ordres mendiants, ne permettent la mise en circulation de ce capital onirique[34].

Le monde des images peut se confondre avec les grands enjeux d'une société au point de les incarner. De ce point de vue, le déchaînement du marketing électoral et les affrontements entre militants colleurs d'affiches dans les démocraties occidentales reprennent sans le savoir de vieilles luttes iconographiques. La querelle byzantine des iconoclastes et des iconodules, au VIIIe siècle, est légendaire. Son acuité provenait de la sophistication de la codification théologique de l'icône dans l'orthodoxie

orientale. Mais, de façon comparable, réformés et catholiques
battaillèrent durement en France, au XVIᵉ siècle, sur la scène des
images. Cette véritable «révolution symbolique» ne se ramenait
ni à une folie collective ni à une rationalité sociale ou économique.
Elle consistait plutôt en une «dramaturgie politique savante», en
«une des formes spécifiques de l'agir prophétique[35]». L'autonomisation de l'iconographie comme enjeu propre des conflits est
sans doute d'autant plus forte que l'image supplée l'écrit là où pré-
vaut l'analphabétisme : «Ce que la Bible est à ceux qui savent lire,
l'icône l'est aux illettrés» (Jean Damascène, *De Imaginibus*, I, 17).

Chez les catholiques, les orthodoxes, les luthériens, l'image
pieuse est le premier instrument de propagation de la foi parmi les
masses populaires et, à partir du XVᵉ siècle, parmi les peuples
d'outre-mer. Serge Gruzinski a remarquablement analysé une telle
«guerre des images», étalée sur cinq siècles d'histoire mexicaine[36].
Ayant conquis le Nouveau Monde, les Espagnols distribuèrent
force illustrations représentant les Saints ou la Vierge et détruisi-
rent les idoles indiennes. Les opérations d'extraversion et de transfert de sens se sont traduites pour l'essentiel par une commutation
d'effigies religieuses, et l'échange ambigu qui a engendré la «communauté imaginée» du nationalisme a très précisément été une
«guerre», mais aussi une communion, ou tout au moins un partage
d'images. Ces dernières en vinrent à délimiter la frontière qui
sépare la vie de la mort. Se voyant enjoints sans ménagement de
livrer leurs idoles, les Indiens en fabriquèrent de fausses pour apai-
ser leurs tourmenteurs, à une époque où il suffisait, pour se défaire
d'un importun, de glisser chez lui une pièce de ce genre et d'alerter
l'Inquisition. Si la possession d'une image valait hérésie ou, au
contraire, conversion, c'est parce que celle-là incarnait une vraie
Weltanschauung. Néanmoins, la conquête n'a pas tardé à se solder
par des compromis ou des malentendus qui ont ouvert «la chaîne
infinie des syncrétismes[37]», c'est-à-dire, simultanément, des luttes
iconographiques, dont l'affaire de la Vierge de Guadalupe est
l'archétype. En 1555, le premier concile mexicain crut devoir cri-
tiquer les «abus des peintures et l'indécence des images» : «En ce
domaine plus que dans les autres il faut prendre des dispositions,
car sans bien savoir peindre ni comprendre ce qu'ils font, tous les
Indiens qui le veulent, sans distinction, se mettent à peindre des
images, ce qui finit par tourner au mépris de notre sainte foi[38].»
Ces débats précédaient de quelques années les fureurs iconoclastes
de l'Ancien Monde et le décret tridentin sur l'emploi légitime des

images, publié en 1563, de même que les nationalismes américains anticiperont le réveil des nationalités européennes.

Cette symétrie n'est peut-être pas le fruit du seul hasard, car l'imagerie chrétienne – singulièrement l'image baroque – a contribué de façon décisive à l'unification progressive de l'espace social, représentations politiques et représentations religieuses ne cessant de se chevaucher[39]. C'est en particulier à travers la consommation gourmande d'images pieuses, acceptées du colonisateur mais aussitôt réinterprétées et recréées, que les Indiens ont été intégrés à l'ordre hispanique et ont commencé à le façonner en se l'appropriant. Or, ces «formes quotidiennes de la formation de l'État[40]» ont donné lieu à une intense subjectivité de l'image. Au XVIIIe siècle, celle-ci est une présence permanente et humanisée, que l'on vénère, mais à laquelle on peut aussi bien s'en prendre sous le coup de la déception, de la colère, de l'ivresse : «On insulte l'image, on la fouette, on la griffe, on la gifle, on la brûle avec une bougie, on la brise, on l'arrache, on la piétine, on la poignarde, on la transperce et on la déchiquette à coups de ciseaux, on l'attache à la queue d'un cheval, on la macule de peinture rouge ou d'excréments humains, on se torche le derrière avec[41] ! » De la sacralisation de l'effigie à l'iconoclasme, le chemin est d'autant plus court qu'il peut passer par les expériences hallucinatoires de la drogue, de la folie individuelle ou de la déviance collective et profanatrice. Par ailleurs, l'image religieuse peut également être le véhicule de la résistance politique, voire de la rébellion, comme dans les cas de la «Vierge parlante» de Cancuc chez les Indiens du Chiapas, en 1712, ou de Notre Dame de Guadalupe chez les insurgés indépendantistes[42].

L'exemple du Mexique nous le rappelle : c'est non seulement la «formation» d'un État qui peut parfois se confondre avec une lutte iconographique, mais encore celle du système international. On sait avec quel zèle les dirigeants d'Arabie Saoudite et d'Iran cherchent à endiguer l'influence pernicieuse des télévisions satellites ; en Algérie les islamistes ont pareillement fait de la condamnation des antennes paraboliques l'un de leurs thèmes de mobilisation. Inversement, certains élus français s'inquiètent de la réception des images arabes dans leurs banlieues. Pour nouveaux qu'ils soient, ces conflits contemporains de la globalisation ne sont pas d'une nature différente de ceux qu'avait provoqués la diffusion de l'iconographie occidentale, en particulier – mais non exclusivement – chrétienne depuis plusieurs siècles. Les chassés-croisés de la tradition dont est né notre monde «global» ont fréquemment été des chassés-croisés d'images, dans lesquels les colonisés n'ont cessé d'être des créateurs. Les représentations venues de l'étranger, et souvent imposées par l'étranger, ont été réinterprétées au gré des «consciences imageantes» autochtones.

De ce point de vue, la prodigieuse vitalité syncrétique de l'Amérique latine, qui nous a permis de démonter les procédures culturelles de l'extraversion et du transfert de sens, n'a rien d'exceptionnel. On constate de même que l'introduction de l'iconographie catholique et luthérienne dans la société malgache, au cours de la seconde moitié du XIXᵉ siècle, suscita un immense intérêt, une fois passée la «franche stupeur[43]» des premiers temps. En effet, les illustrations du Sacré-Cœur représentaient, aux yeux des Malgaches, «les âmes de ceux que nous avions mangés», conviction indigène qui renvoyait au traumatisme de la traite. Selon la croyance populaire, les captifs déportés aux Mascareignes étaient dévorés par les Blancs, et les missionnaires qui expliquaient à leurs ouailles qu'ils ne voulaient pas «prendre le corps de vos enfants, nous voulons juste leurs cœurs», ne les rassuraient pas autant qu'ils l'auraient voulu. Pour les mêmes raisons, les catéchistes malgaches évitaient de chanter la strophe du cantique du Sacré-Cœur : «Que mon cœur meure d'amour pour vous.» Dans leur souci de dénoncer l'Infâme, les communautés protestantes ne manquaient pas de colporter la rumeur selon laquelle les prêtres tuaient les gens «pour leur arracher le cœur», tout en se résignant à mettre en échec les images papistes grâce à la projection par la lanterne magique de grands tableaux colorés de la Religious Tract Society, souvent inspirés du *Voyage du Pèlerin*, un ouvrage construit à partir de multiples visions oniriques dévotes. Néanmoins, les réformés n'échappèrent pas toujours aux mésaventures de leurs frères ennemis en chrétienté : à la fin du siècle, une société protestante fondée à Tamatave pour secourir les orphelins fut accusée de dissimuler une filière d'exportation d'enfants réduits en esclavage… Le télescopage des imaginaires prit une ampleur inattendue en 1891, quand l'évêque catholique condamna en chaire l'implantation d'une loge maçonnique dans des termes lourds de sous-entendus involontaires qui confirmèrent les Merina dans leur crainte de l'anthropophagie des Blancs.

Ainsi le rôle de l'imaginaire dans la formation des sociétés politiques est patent. Reste à préciser son statut. Il ne suffit pas toujours d'y voir un «inconscient politique», à l'instar, par exemple, du «roman familial» que Lynn Hunt repère «*sous* la surface du discours politique conscient», comme autant d'«images inconscientes et collectives de l'ordre familial qui *sous-tendent* la politique révolutionnaire»[44]. Car, souvent, l'imaginaire occupe le *devant* de la scène et relève de la conscience des acteurs, sans que l'on préjuge naturellement de la nature de l'inconscient auquel il renvoie. Par exemple, à Madurai, dans le sud de l'Inde, «le cinéma est partout» : des milliers, voire des dizaines de milliers de *fan clubs* quadrillent la ville ; les affiches des acteurs ornent le moindre espace ; les musiques de film sont diffusées par cassettes et accompagnent les mariages, les rites de puberté, les festivals religieux ; les enregistrements des dialogues sont écoutés dans les débits de boisson ou les restaurants, et les tenanciers n'hésitent pas à donner la réplique ; les jeunes imitent les coiffures ou les habitudes vestimentaires de leurs stars, et les enfants reconstituent les batailles qui ponctuent leurs films préférés[45]. On pourrait dire que le cinéma fournit le cadre d'expérience d'un «style de vie», d'un «ethos» qui est constamment «négocié» entre les spectateurs, les producteurs et les acteurs, entre les énoncés des films et leur réception. Il n'est d'ailleurs pas superflu de souligner que le septième art, introduit en Inde dès 1896, a d'abord été un lieu de «négociation» entre le colonisateur et la société colonisée, puisque les réalisateurs indigènes y ont immédiatement intégré des conventions esthétiques tirées de la culture populaire et du théâtre classique, donnant naissance au genre entièrement inédit du mélodrame épique et mythologique.

Mais si le cinéma, à Madurai, est «partout», il est aussi, plus précisément, dans la politique. Peut-être vaudrait-il mieux dire que la politique est dans le cinéma. Au moins dans certains États, la démocratie indienne est vite devenue une «cinédémocratie». Les différents partis se sont efforcés de rallier à leur cause des vedettes susceptibles de capter les suffrages de leurs fans. Cette instrumentalisation de la renommée est en elle-même banale : en France, le Rassemblement pour la République ou le Parti socialiste n'agissent pas autrement quand ils placent sur leurs listes des sportifs ou des artistes célèbres. Néanmoins, les choses vont plus loin en Inde. Les acteurs-candidats y incarnent leurs rôles cinématographiques et se font élire à ce titre. Dans l'Andhra Pradesh, «NTR» – N. T. Rama Rao (1923-1996) –, qui avait joué les dieux secourables dans une centaine de films telougou, fit ainsi campagne, en 1983, tout vêtu de safran, circulant dans un véhicule à l'apparence de char, et conquit en quelque sorte son siège en sa qualité de personnage du *Mahabharata*[46]. Dans l'État voisin du Tamil Nadu, Shivaji Ganesan, et surtout M. G. Ramachandran – « MGR » (1915-1987) –, convertirent en capital politique, grâce à leurs réseaux de *fan clubs*, leur crédit cinématographique d'hommes attentifs aux pauvres, virils et partis de rien. Ce faisant, ils actualisèrent, aussi bien dans l'imaginaire de leur public que dans la réalité de leur pratique charitable – quelle que fût l'ambivalence de celle-ci – de véritables « rituels de mutualité[47] ». Il s'agissait moins, en l'occurrence, d'entraide ou de redistribution que de direction, de réforme, de réhabilitation morale dans une société où la générosité et l'évergétisme sont constitutifs de la définition de l'individu[48]. L'acteur-évergète, le politicien-acteur guide son public, son électorat. Il propose un modèle de réussite éthique et matérielle auquel les déshérités peuvent s'identifier. MGR a certainement été le comédien qui a le mieux réalisé un tel transfert de sa personnalité à ses rôles, et de ses rôles à son personnage politique : ses jeunes admirateurs étaient convaincus qu'il était dans la vie ce qu'il était dans les films et qu'il n'aurait d'ailleurs pas accepté des rôles dont il n'aurait pas partagé les valeurs. Lorsque MGR devint *Chief Minister* du Tamil Nadu, il affecta la même simplicité et demeura perçu comme un parent proche, un grand frère protecteur, un père, voire, pour certaines, un amoureux dont on estimait qu'il s'intéressait à chacun pris dans son individualité. Que les prestations gouvernementales du *Chief Minister* ne fussent pas à la hauteur de ses bons sentiments ne changeait rien à l'affaire, et n'empêcha point sa partenaire d'écran et amie, l'actrice Jayalalitha, de lui succéder[49].

Ainsi, le nationalisme populiste dravidien a été en quelque sorte une utopie cinématographique[50]. Mais n'en est-il pas de même aujourd'hui du nationalisme radical hindou ? La campagne pour la reconstruction du temple d'Ayodhya – le lieu de naissance supposé du dieu Ram – a été largement orchestrée grâce à des techniques audiovisuelles, à un moment où la télévision obtenait des taux d'audience faramineux en diffusant le *Ramayana* et le *Mahabharata* sous forme de feuilletons et contribuait à la standardisation nationale de ces épopées. En 1990, le président du BJP entreprit une tournée de 10 000 kilomètres dans une voiture reproduisant le char d'Arjun ; il se conformait de la sorte au schème de la *Rath Yatra**, et il fut effectivement accueilli par des manifestations d'intense ferveur religieuse, des femmes accomplissant *ras-garba*** ou *puja*, des militants brandissant des tridents ou présentant à leur leader des jarres remplies de leur sang. Quant à la récupération politique de Ram par le nationalisme hindou, elle puise directement dans le répertoire des films hindi de série B, chers à la jeunesse urbaine, en lui proposant comme modèle, non pas le «dieu au cœur tendre» des temps anciens, mais son avatar musclé[51].

Ces situations où les acteurs politiques, comme l'on dit si bien, sont des acteurs tout court et obéissent à des scripts ou à des mises en scène plus ou moins stéréotypés par différents genres culturels sont finalement très fréquentes. Les Français en savent quelque chose, eux qui ont peut-être élu à la magistrature suprême un personnage des «Guignols de l'Info» autant qu'un leader politique, et les «dramaturgies télévisées» américaines – les auditions du juge Clarence Thomas et de son accusatrice Anita Hill par le Sénat en 1991, celle d'Oliver North, le protagoniste de l'*Irangate*, en 1987, le duel Kennedy-Nixon en 1960 ou, en 1995, le procès d'O. J. Simpson – sont impressionnantes[52]. De ce point de vue, le cinéma ou la télévision ne font qu'amplifier, grâce à la magie de leur art, ce qu'effectuaient déjà les épopées et le théâtre. Dans des travaux classiques, Christian Meier a démontré que «la tragédie grecque était nécessaire à la démocratie athénienne[53]». Au XIXᵉ siècle, les nationalistes des Balkans se sont nourris du répertoire épique et, de nos jours, les terroristes de l'Armée secrète arménienne pour la libération de l'Arménie (ASALA) s'inspirent de la geste de Vartan[54]. Pareillement, en Turquie, les militants de l'extrême gauche et de l'extrême droite qui s'affrontaient les armes à la main dans les années soixante-dix s'identifiaient à deux héros de la littérature orale populaire, respectivement Karaoglan et Tarkan. Bülent Ecevit, le leader du Parti républicain du peuple, était lui aussi assimilé par ses partisans à Karaoglan, que continuaient à chanter, à l'époque, de nombreux bardes (*açik*) plus ou moins engagés et dont tout écolier connaissait les exploits[55]. Au Sri Lanka, les activistes cinghalais ou tamouls stylisent leur combat en invoquant des figures mythiques, tandis qu'en Centrafrique

---

* Procession avec un char, sur lequel on place la statue d'une divinité sortie pour l'occasion de son temple.
** Danses propres à Krishna.

l'empereur Bokassa a puisé dans la légende napoléonienne, jusqu'à tenter son propre retour de l'île d'Elbe[56]. En grand amateur de *wajang kulit*, le théâtre classique javanais de marionnettes, Soekarno avait pris comme pseudonyme le nom de l'un de ses personnages, Bima, et il avait qualifié la première combattante de la lutte de «libération» de l'Irian Barat, en 1962, de vraie Srikandi, une héroïne de ce répertoire[57].

Enfin – dernier exemple, mais non le moindre –, il a souvent été noté que la révolution iranienne de 1979 a emprunté la forme et le pathos du *tazieh*, la célébration rituelle de la mort de Hussein et de ses compagnons en 680, à Kerbala. Non que le peuple des grandes villes qui s'était soulevé répondît seulement à des émotions religieuses. Son choix était politique et conscient. Par exemple, les 10 et 11 décembre 1978, lors de *tasu'a* et d'*ashura*, les deux jours les plus importants du deuil de Hussein, les fidèles avaient été confrontés à une vraie alternative : participer à la procession habituelle de leur quartier, commémorant Hussein comme intercesseur, ou rejoindre les énormes marches du centre-ville qui exaltaient le même Hussein comme exemple et dont les manifestants réclamaient le départ du shah au péril de leur vie. Mais ceux des Téhéranais qui retinrent cette deuxième option éprouvaient le sentiment de rejouer la scène tragique de Kerbala : ils s'identifiaient à Hussein, se dressant contre l'injustice, ou à sa sœur Zeinab, se portant témoin de son martyre ; ils voyaient dans le shah le général félon, Shimr, au service de Yazid, dans lequel se réincarnait le «Grand Satan» américain[58].

La notion de théâtralisation du politique a parfois été avancée pour rendre compte de ce type de phénomènes, en référence aux pages de Clifford Geertz sur l'«État-théâtre» à Bali :

«C'était un État-théâtre dont les rois et les princes étaient les imprésarios, les prêtres les directeurs, les paysans les figurants, le personnel et le public. Les crémations prodigieuses, les limages de dents, les consécrations de temples, les pèlerinages et les sacrifices sanglants, en mobilisant des centaines, voire des milliers de personnes et des richesses considérables, n'étaient pas des moyens pour des fins politiques, ils étaient les fins en eux-mêmes ; ils étaient la raison d'être de l'État. Le cérémonial de cour était la force qui commandait la politique de cour. Les rituels de masse n'étaient pas une invention pour consolider l'État : l'État était une invention pour l'accomplissement des

rituels de masse. Gouverner n'était pas tant choisir que représenter. Les cérémonies n'étaient pas forme mais substance. Le
pouvoir servait l'apparat, non l'apparat le pouvoir[59]. »

En fait, l'idée de théâtre – telle que nous l'entendons
aujourd'hui en Occident – présuppose un rapport de représentation que Brecht théorisa en parlant précisément de « distanciation » (*Verfremdungseffekt*), pour que « cet art arrache les choses
quotidiennes à la sphère des choses qui vont de soi[60] ». Mais, en
politique, nous sommes moins dans le registre de la distance et de
l'expression (*Ausdruck*) que dans celui de la célébration, prise en
tant qu'acte performatif. Les fans de MGR à Madurai, les proces-
sionnaires du royaume Merina au milieu du siècle dernier, les Flo-
rentins participant aux cérémonies civiques qui rythment la vie de
leur cité à l'époque de la Renaissance, les Téhéranais qui trans-
forment les manifestations de rue de l'automne 1978 en un
immense *tazieh* n'assistent pas à des spectacles, avec lesquels ils
entretiendraient une relation d'extériorité[61]. Ils tissent leur histoire par le truchement de rituels dont Hegel avait saisi l'importance dans son commentaire de la Révolution française. En ce
sens, toute cité, fût-elle moderne et urbaine, est cultuelle, un point
crucial sur lequel il nous faudra revenir en conclusion.

La notion de distanciation ne se retrouve pas dans les répertoires culturels constitutifs des pratiques politiques que nous
venons d'évoquer. L'empathie entre « acteurs » et « spectateurs » y
est très forte, ceux-ci participant à l'intrigue par leurs exclama-
tions ou leurs répliques, par leurs rires ou leurs pleurs, et adhérant
de tout leur cœur à la magie de « l'illusion » dont parlait Corneille.
Peut-être faut-il rappeler ici que les critiques anglais du théâtre
jugeaient à la fin du XVIe siècle que le port de vêtements féminins
par des acteurs mâles altérait leur propre virilité et risquait de
compromettre celle de leur public[62] ! De même, si les conditions
réelles des représentations à Athènes restent mystérieuses, « on
est en droit de penser que [...] les citoyens ont assisté aux tragé-
dies, non seulement en spectateurs, mais aussi en citoyens[63] ».
L'interaction est aussi intense entre le public et la scène du *ludruk*
javanais ou du *tazieh* iranien, les spécialistes refusant pour leur
part de parler de théâtre dans ce dernier cas : l'efficace du récit de
Kerbala est telle que l'on doit parfois protéger de la colère populaire le malheureux qui a accepté d'endosser les vêtements rouges
de Shimr le félon[64]. Un tel investissement dans la dimension de

l'imaginaire trouve aujourd'hui son prolongement dans le genre mélodramatique qui fait fureur en Asie, ou dans les *soap operas* des télévisions américaines et japonaises dont la diffusion a pu donner lieu à des phénomènes d'audience stupéfiants : les spectateurs, non contents de s'identifier à leurs personnages, les réinterprètent en fonction d'enjeux propres à la société à laquelle ils appartiennent et remodèlent leurs relations familiales par ce truchement[65].

Des formes culturelles aussi existentielles s'avèrent puissamment performatives du point de vue de l'action sociale, sans pour autant déterminer celle-ci. Michel Foucault l'avait bien saisi en parlant de «spiritualité politique» au sujet de la révolution iranienne, dans des pages trop vite réfutées : «[la religion] a été véritablement le vocabulaire, le cérémonial, le drame intemporel à l'intérieur duquel on pouvait loger le drame historique d'un peuple qui met son existence en balance avec celle de son souverain[66].» En même temps qu'ils faisaient le choix rationnel et conscient de rallier la cause révolutionnaire, les manifestants s'en remettaient à une structure narrative qui s'organisait autour de l'idée de martyre et de l'exigence de justice, concept dont la connotation en persan – *haqq* – est sans doute plus complexe qu'en français et renvoie au rapport dialectique entre l'ordre de l'intériorité (*bâten*) et celui de l'apparence (*zâher*)[67]. Les expressions «*az khod gozashteh*» ou «*az jan gozashteh*», très usitées lors des événements de 1978 pour dénoter «l'abnégation» des protestataires, traduisent bien le sentiment d'abandon éprouvé par ceux qui étaient disposés à mourir pour la justice, selon le paradigme de Kerbala[68]. Mais il n'en reste pas moins que cette efficace du mythe de Hussein était purement contingente : rappelons-le, les acteurs sociaux peuvent interpréter celui-ci sur un mode quiétiste, et en temps normal sa célébration par les marchands du bazar apparaît surtout comme une machine à fabriquer de la confiance commerciale et financière, comparable en ceci aux croyances des sectes protestantes nord-américaines étudiées par Max Weber ou aux tontines africaines[69].

L'immédiateté – ou, pour parler comme les philosophes, l'immédiation – des rituels politiques, saisis dans leur fugacité, a trait à l'«émotion», à la «passion», au «sentiment» qu'ils réalisent. Au fil de ces pages nous avons déjà trop souvent croisé la haine et la peur pour qu'il soit besoin d'insister à leur sujet. Mais le spectre pathétique de la politique est plus large. Celle-ci est souvent affaire de larmes, que n'expliquent pas forcément la terreur ou la désolation. À Madagascar, en 1861, lors du retour des Européens, Radama II pleure en écoutant la messe chantée de l'Ascension, et les premiers fidèles catholiques sanglotent en contemplant la représentation peinte du Sacré-Cœur[70]. À la Libération, en août 1944, les Parisiens ont le visage pareillement baigné, et l'élection au suffrage universel du président de la République par le peuple français est l'occasion de fortes émotions. En Turquie, les yeux des robustes paysans anatoliens se mouillent à l'évocation du Parti démocrate qui avait tant fait pour les campagnes et dont le leader Adnan Menderes a été si iniquement pendu par les militaires[71]. Au temple méthodiste épiscopalien, le président Clinton laisse percer son émotion lors de son investiture[72]. Quant aux chiites, cela est bien connu, ils sont de grands pleureurs devant l'Eternel.

Ne traitons point à la légère ces réactions affectives[73]. Spinoza voyait justement dans les passions « les causes et les fondements » de la société politique, de ses institutions et de leur dérèglement[74]. Le propos a moins vieilli qu'il n'y paraît, et il nous faut admettre que la question de la subjectivité politique devrait figurer au centre des préoccupations de la science politique, ne serait-ce que parce qu'elle constitue souvent en elle-même un problème politique. Ainsi, en Iran, on débattit gravement pour savoir si les pleurs que l'on verse traditionnellement pour commémorer la mort de Hussein étaient contre-révolutionnaires ou s'apparentaient au contraire à une forme de résistance passive qui avait entretenu au cours des âges la mémoire de son martyre[75]. L'histoire du nationalisme kenyan a été dominée par la fameuse crise de la clitoridectomie qui opposa les élites kikuyu aux missions chrétiennes en 1928-1930[76]. Et, aux États-Unis, les polémiques sur la morale, la « rectitude politique » ou le retour aux « valeurs américaines » font rage[77]. Paul Veyne rappelle opportunément que « la culture est aussi une question de fierté, de rapport de soi à soi, d'esthétique, si l'on veut, en un mot de constitution du sujet humain » et que la subjectivité « a été, à travers les siècles, un enjeu historique aussi disputé que les enjeux économiques ou le partage du pouvoir[78] ».

Considérer sous cet angle le politique, c'est ni plus ni moins revenir aux réflexions des pères fondateurs des sciences sociales, et il n'est pas sûr qu'il faille pour cela réintroniser en grande pompe le Sujet qu'auraient bafoué les errements de la philosophie moderne. De Tocqueville à Weber et à Foucault se dégage au contraire une grande continuité de la réflexion qui met en évidence l'historicité de toute subjectivité, qui s'efforce de penser «l'historicité même des formes de l'expérience[79]». La question, dès lors, n'est pas celle du Sujet, ni celle de l'individualisme, car ces notions sont incapables, dans leur généralité, de rendre compte d'une telle historicité de l'expérience. Elle est plutôt celle de la production de subjectivité, autrement dit celle de la subjectivation, que Gilles Deleuze, commentant l'œuvre de Foucault, a définie en termes si wébériens qu'ils devraient finir par devenir presque décents aux yeux des politologues : «La subjectivation, c'est la production des modes d'existence ou styles de vie[80].» Il convient d'insister sur ce point : la subjectivation ou même l'individuation ne sont pas synonymes d'individualisation. Chez les Tamouls, par exemple, l'«individualité d'éminence», «l'individualité civique» se réalise par le rapport de l'individu à sa famille, à sa caste, à son quartier. Elle se solde, aux yeux d'un Occidental, par ce paradoxe d'«un fort sens de l'individualité sans notion abstraite de l'individu[81]». En revanche, il est possible d'y repérer un ethos, un style de vie socialement valorisé, qui structure la subjectivité des acteurs. De même, le répertoire de l'être «raffiné», «civilisé», «poli» (*alus*) à Java ou ceux de l'«homme de bien», du «compagnon chevalier» et de «l'être-en-société» (*adam-e ejtemai*) en Iran stylisent un rapport à Soi qui est indissociable d'un rapport à l'Autre[82].

Or la sphère du politique (ou de l'État) interagit constamment avec ces processus de subjectivation, y compris lorsqu'ils s'affirment au cœur de la vie privée : «[...] C'était une chose passionnante de voir comment l'État et la vie privée interféraient, s'entrechoquaient et en même temps s'emboîtaient», relevait Foucault à propos de la recherche qu'il avait poursuivie avec Arlette Farge sur «le désordre des familles[83]». Tocqueville, d'ailleurs, avait déjà vu que l'omnipotence de l'État et l'autonomie de l'individu étaient corrélatifs, et que le processus d'individuation passait par la rationalisation de la famille[84]. Même s'«il faut se débarrasser du schéma simpliste selon lequel l'individualisme se développe à mesure que l'État se développe[85]», la conception pastorale du pouvoir, venue d'Égypte, d'Assyrie, de Judée, a été reprise par le christianisme qui l'a modifiée, en a fait une forme de relation individuelle entre le berger et son troupeau et l'a associée, au sortir du Moyen Âge, à une nouvelle organisation politique, celle de l'État moderne : «Je ne crois pas qu'il faille considérer l'"État moderne" comme une entité qui s'est développée au mépris des individus, en ignorant qui ils sont et jusqu'à leur existence, mais au contraire comme une structure très élaborée, dans laquelle les individus peuvent être intégrés à une condition : qu'on assigne à cette individualité une forme nouvelle et qu'on la soumette à un ensemble de mécanismes spécifiques. En un sens, on peut voir en l'État une matrice de l'individualisme ou une nouvelle forme du pouvoir pastoral», précisera Foucault[86]. Les recherches concrètes des historiens français, mais aussi du rationalisme critique allemand – avec les travaux de Cassirer, d'Elias, de Panofski – ont démontré que ce n'étaient pas là de simples abstractions philosophiques. L'action de l'État a en effet contribué à façonner le partage entre l'émotionnel et le rationnel, entre l'apparence et le for intérieur, entre des pratiques culturelles populaires et des styles de vie plus raffinés[87]. Réciproquement, ces différents répertoires de subjectivation peuvent alimenter le langage et la symbolique politiques.

Quoi que l'on ne sache pas toujours bien l'interpréter, la sexualisation des rapports de pouvoir, par exemple, est récurrente dans maintes sociétés et n'est pas la moindre des procédures de disqualification, ou au contraire de valorisation implicite, des détenteurs de l'autorité. Sans remonter à la littérature pornographique qui s'en était prise à Marie-Antoinette, il suffit de se mettre à l'écoute de certains militants ou élus français – «Nous sommes la droite couilles au cul. Les autres, Giscard et Barrot, c'est la droite couilles-molles», dira un partisan du Front national dans la Haute-Loire; «Il faut laisser hurler les institutions, les mal-baisés, qui sont les fausses élites», proclame le maire de Valenciennes, Jean-Louis Borloo[88] – pour saisir que le populisme dans la France des années quatre-vingt-dix a quelque chose à voir avec une certaine idée de la virilité. Dans un genre différent, les conservateurs anglais, qu'effarouchaient déjà l'autonomie économique des femmes travaillant dans les usines et l'activisme religieux ou caritatif des dévotes méthodistes, n'avaient pas manqué de vilipender les «créatures abandonnées» (i.e., dans le langage de l'époque, les prostituées) qui rejoignaient les rangs du radicalisme ouvrier[89].

Cette relation entre conception de la subjectivité et action politique est permanente et cruciale. Au jour le jour, la politique est aussi, d'une certaine manière, plaisir et esthétique. Ce que l'on nomme pompeusement une «culture politique», c'est avant tout, et peut-être seulement, un style politique que l'on ressent comme étant en adéquation avec un imaginaire éthique[90]. Sans en être forcément conscients, nous attendons de nos dirigeants qu'ils aient des qualités précises, et ces derniers prétendent eux-mêmes s'y conformer. Les Grecs voulaient qu'ils soient beaux, qu'ils parlent bien et qu'ils s'en tiennent à des rôles sexuels actifs[91]. Les Romains associèrent pareillement la passivité dans le plaisir à l'impuissance politique, au moins tant que leurs empereurs ne démentirent point trop ostensiblement ce préjugé[92]. Mais la plèbe souhaitait aussi que le nécessaire évergétisme du Prince s'exerce sans fierté et se donne un visage populaire, quitte à chagriner les *viri graves atque severi*, les hommes sages et sévères de la haute société, qui ne manquaient pas de déplorer une telle *levitas popularis*, si contraire à la *severitas* et à la *gravitas* qu'ils escomptaient, eux, de leur souverain. C'est la raison pour laquelle César, Auguste, Germanicus, Néron, et même, au début de son règne, Caligula furent aimés des petites gens, et Tibère si haï[93].

Aujourd'hui, nos contemporains cultivent de la même manière une conception éthique – une «économie morale», écrit John Lonsdale[94] – de leur cité qui s'impose aux acteurs mais qui, pour autant, ne fait pas l'unanimité et reste un objet de débat, voire de polémique. En Afrique, par exemple, la richesse est souvent perçue «comme signe extérieur d'une vertu intérieure[95]». À ce titre, elle peut être exhibée par les hommes politiques[96]. Néanmoins, elle devient de plus en plus suspecte sous l'effet de la dénonciation de la corruption. L'une des difficultés de la formation de la démocratie au sud du Sahara provient peut-être de ce que l'opinion publique exige de ses leaders tout et le contraire de tout dans ce domaine : les bienfaits redistributeurs de la «politique du ventre», et l'austérité qui sied à la «*good governance*».

Ce caractère élusif des qualités politiques embarrasse également l'analyste, car il a peine à ne pas les réifier en les couchant sur le papier. Il peut ainsi relever que Félix Houphouët-Boigny souffrait d'être plus petit que Modibo Keita et Sékou Touré, un désavantage de taille qu'il prit l'habitude de compenser en prononçant des discours marathons : «Sans consulter une note, sans boire un verre d'eau ni s'accorder une trêve, le "Vieux" a parlé pendant cinq heures trente devant un auditoire fasciné par la démonstration», encensait le griot du parti unique en 1985[97]. Au désespoir du corps diplomatique, ces performances étaient devenues le principal moyen de rappeler au monde que le chef de l'État vivait encore. Sommes-nous sûrs, cependant, que les congressistes du parti ne partageaient pas en catimini son accablement face à une démonstration aussi massive de l'art oratoire qui convient au « chef » ? Par ailleurs, un Paul Biya, au Cameroun, n'a vraisemblablement jamais surmonté le handicap terrible que représente sa voix aigrelette dans une société où l'éloquence, de pair avec l'activité sexuelle, est un attribut de l'exercice du pouvoir et dénote la détention du principe de l'*evu*[98] *. Il n'en est pas moins parvenu à garder le contrôle de l'État dans des conditions singulièrement délicates...

Si l'on entend se départir du raisonnement culturaliste, toute la complication de l'interprétation provient de ce que les qualités politiques sont à la fois centrales et fugitives. À Java, il convient d'afficher sa radiance (*téja*). Sur le point d'être déposé, Amangkurat III (1703-1708) paraissait justement « pâle comme un Chinois affligé de maux d'estomac », tandis que son prédécesseur, Amangkurat II (1677-1703), voyait son visage transformé quand il partait en guerre. Broderies des chroniqueurs des temps anciens ? Tout donne à croire que Soekarno ne négligea pas ce répertoire et tira quelque légitimité de ses frasques dans un pays où la puissance sexuelle du Prince est garante de la prospérité du royaume[99]. De là à ériger la radiance en qualité tangible et nécessaire, il y a un pas que notre démarche nous interdit bien évidemment de franchir.

Autres lieux, autres mœurs (ou en tout cas autres idées). Les Sénégalais, qui n'ont rien contre l'amour, mettent néanmoins en exergue les qualités politiques du *jom*, de la *kersa* et du *mun* :

> « De fait, notre humanisme sénégalais repose sur les trois valeurs majeures que sont le *jom*, la *kersa* et le *mun*. Le *jom* [...], c'est le sentiment vécu de son « honneur », de sa dignité d'homme intégral qui appelle le respect des autres, se traduisant par la *tenaanga* ou « politesse ». La *kersa*, elle, pourrait se traduire par « maîtrise de soi ». C'est cette force de l'âme qui nous permet de dominer nos instincts, nos passions, nos sentiments pour les canaliser et guider. C'est aussi cette sensibilité, cet esprit de finesse qui, dans chaque circonstance, et pour chaque problème, nous fait appliquer à l'objet la juste mesure. C'est enfin la « retenue », la « pudeur » qui fait éviter tout excès, toute désintégration de la personne, si minime soit-elle. Quant au *mun*, loin

---

* L'*evu* est l'organe de la sorcellerie chez les Beti.

de signifier la résignation, c'est cette «patience» paysanne [...]
qui signifie cohérence et persévérance dans l'action comme dans
les idées ou les sentiments, dans l'efficacité»,

déclarait Léopold Sédar Senghor devant le congrès de son parti
en 1976[100]. Il en tirait une critique de la ville, notamment des fonctionnaires et des hommes d'affaires qui péchaient par manque de
jom en aimant trop l'argent, et dont la légèreté attestait le défaut
de *mun*[101]. Mais n'ayons pas une lecture trop rapide de ces propos. Dans l'esprit des Sénégalais, la *kersa* est le propre de
l'homme bien né. Il n'y a rien d'étonnant que tel ou tel ministre,
d'origine castée, se montre grossier et emporté, à l'instar, nous dit
la rumeur, de M. Habib Thiam ou de M. Iba Der Thiam. Inversement, la «retenue» du président Abdou Diouf inspire les hagio-
graphes[102]. Pourtant, il convient de ne pas se dissimuler la part de
l'instrumentalisation de ce répertoire par les acteurs, et donc celle
de la négociation permanente qu'ils poursuivent avec l'«économie
morale» de leur cité : M. Abdou Diouf prend soin de choisir
comme Premier ministre un «casté», ne serait-ce que parce que
celui-ci ne peut lui porter ombrage ni prétendre à sa succession ;
et, en stigmatisant les errements de la ville, Senghor rappelait qu'il
était le héros d'une révolution sociale pacifique qui avait assuré la
suprématie de l'hinterland et des confréries sur l'élite créole des
«quatre communes», dans les années cinquante.

Les populismes identitaires dont nous avons critiqué l'idéologie
culturaliste – par exemple les mouvements islamistes ou le parti
nationaliste hindou – font un grand usage des qualités liées aux pratiques de l'évergétisme en développant de véritables «stratégies de
la bienfaisance[103]». Ils tirent probablement une bonne part de leur
force de ce registre de subjectivation, que l'on aurait néanmoins
tort de réduire à une simple rétribution matérielle de leurs électeurs : il s'agit aussi d'une gratification symbolique ou éthique qui
répond à des attentes d'ordre moral ou culturel, *i.e.* de l'ordre de
l'imaginaire, et qui est pour cette raison délicate à cerner.

Les sociétés démocratiques et bureaucratiques ont elles aussi
leur style politique, curieux mélange de représentations héritées
de l'histoire et d'effets de mode. D'un côté, la «force tranquille»
de la mémoire et des terroirs. De l'autre, la prestance, le dynamisme de la jeunesse et même, si possible, du sportif. Il faut prési-
der les banquets républicains, être assidu aux vins d'honneur, mais
aussi poser, les canines rayonnantes, dans des tenues décontrac-

tées, faire mine de se laisser surprendre en maillot de bain, ou – pourquoi pas? – se rendre à un meeting en auto-stop, comme Édouard Balladur en 1995. Les propos recueillis le soir de l'élection de Jacques Chirac à la présidence de la République parmi ses jeunes partisans confirment qu'un leader oint par le suffrage universel l'est aussi en fonction de certaines qualités qui lui sont prêtées :

> «J'ai voté Chirac parce que je l'aime. Il est beau, il a de la prestance. Sur ses photos de jeunesse il est canon. J'aurais vraiment pu me le faire à cet âge-là. Et même maintenant, d'ailleurs.»
> «Chirac, il est marrant avec une tête de bouffon et j'aime bien ça. C'est la liberté, la légalisation du haschich. Ah bon, vous ne croyez pas? Peut-être quand même. Il fait rêver en tout cas.»
> «La famille, c'est ça l'important. On voit bien que la femme de Chirac est complètement psychosée et un peu décatie. Un autre homme aurait pu demander le divorce. Chirac, non. Il ne la laisse pas tomber. Même à sa fille, il lui a trouvé un boulot[104].»

Dans leur diversité cocasse, ces propos illustrent, une fois de plus, le caractère contradictoire, voire conflictuel, de la subjectivation politique. Plutôt que l'expression d'une culture enfouie dans les profondeurs de la société, celle-ci est une production permanente et fluctuante, d'autant plus disputée que l'initiative en revient souvent aux groupes subordonnés, par exemple aux affranchis de l'Empire romain, aux artisans et aux ouvriers «radicaux» de l'Angleterre de la révolution industrielle, aux «creuseurs» de diamants dans le Zaïre de Mobutu, aux prolétaires du port javanais de Surabaja ou aux castes subalternes en Inde[105].

En outre, les répertoires de subjectivation, tout drapés qu'ils soient dans le manteau de la «tradition» et de la «culture», sont fondamentalement ambivalents, cette propriété n'étant que l'envers de leur fugacité. Les *javânmard* de Téhéran – à commencer par le maire de la ville, Gholam-Hossein Karbastchi – sont aussi bien respectés comme évergètes que redoutés comme «cous épais», et l'actualisation de ce style est des plus subtiles[106]. Dans le *ludruk* javanais, le rôle illicite par excellence, celui du travesti, incarne le code traditionnel de la civilité et du raffinement (*alus*) que les prolétaires de Surabaja, attachés aux valeurs picaresques et viriles (*kasar*), méprisent quelque peu, mais auquel ils souhaitent que les jeunes de leur quartier se conforment dans leurs relations avec leurs aînés[107]. De même, l'ethos de discipline, de sobriété et d'entraide que diffusaient le méthodisme et les «rites de mutualité» du radicalisme ouvrier ne faisait pas l'unanimité parmi les travailleurs anglais : les artisans avaient des aspirations plus «aristocratiques» et la débauche, l'intempérance, la criminalité proposaient d'autres repères moraux[108]. Comme l'ont établi les travaux classiques de J. Pitt-Rivers, l'ambivalence des qualités éthiques vient de ce qu'elles se disent volontiers d'essence religieuse tout en reposant sur l'interaction des partenaires sociaux : l'honneur du patron est d'abord le fait des clients qui l'honorent. Ainsi le *hasina* des Merina – la puissance, la vigueur, la fécondité, voire la sainteté qui font la «vertu» des rois-héros – est moins un état que le fruit des pratiques des sujets et d'un subterfuge culturel : «Ce qui découle de l'ambiguïté contenue dans le terme *hasina*, c'est la possibilité de le représenter comme une qualité naturelle possédée par les supérieurs et un avantage qui profite aux inférieurs ; en fait, cette illusion est créée par un acte inverse : le don […] fait par l'inférieur au supérieur[109].»

Ces processus de subjectivation trouvent d'autant plus de résonance dans le tissu social qu'ils en appellent à une redéfinition, ou même à une refondation de la cité et de ses sujets. Ils mettent volontiers en branle des représentations qui se donnent pour originelles (au sens de l'allemand *ur-*) en se réclamant du sang, du sperme, de la terre, de l'identité, de l'authenticité. C'est en ce qu'ils sont des procédures de subjectivation que les chassés-croisés de la tradition, sur lesquels reposent les stratégies identitaires du politique, deviennent si passionnels, voire fantasmatiques et phobiques, et aboutissent à de sinistres imaginaires de la pureté. L'Autre, alors, pollue l'intégrité de la communauté, de la race, de la nation, de la caste, de la foi. Cette menace est ressentie dans les arcanes de la sexualité aussi bien que de la mort. La quête vaine de la pureté identitaire s'effectue toujours dans des contextes sociaux précis et compliqués. Mais elle peut se ramener à une équation tragiquement simplificatrice qui révèle la supériorité et l'intégrité du Soi par la dégradation physique et la destruction symbolique de l'Autre. Telle est notamment la signification de la torture moderne qui ne vise plus à obtenir des informations ou des aveux, mais à créer l'Ennemi, à épurer le corps social de ses éléments souillés, à déconstruire l'humanité du subversif[110].

Parvenus à ces limites extrêmes de la politique identitaire, nous comprenons mieux comment ses acteurs s'inscrivent dans un imaginaire qui est « un facteur autonomisé de la vie sociale[111] ». Trop souvent l'accent est mis sur son instrumentalisation par des opérateurs rationnels. Mais l'idée, par exemple, d'une « gestion des passions politiques », développée par Pierre Ansart, est restrictive. Il ne suffit pas de s'interroger sur la « production des signes émouvants visant à la captation des sentiments conformes », ni de montrer comment le pouvoir s'entretient « par l'entretien des passions conformes[112] ». Non que cet aspect des choses soit quantité négligeable. Les monarchies absolutistes européennes, les totalitarismes du XXᵉ siècle ont flatté et souvent manipulé les affects politiques pour étayer leurs assises. Et Jean-Marie Le Pen a nommé un « responsable des grandes manifestations, chargé de la mise en scène et de l'esthétique », qui a modifié le style des réunions publiques du Front national en s'inspirant de la technique des télévangélistes américains, en arborant les drapeaux des trente-huit provinces de l'Ancien Régime comme « symbole de l'enracinement par opposition au découpage purement administratif des régions actuelles », en installant des anciens combattants au pied des estrades « en hommage à ceux qui se sont battus pour la France et pour réfuter le discours qui nous présente comme le parti de la collaboration », en sonorisant la salle à grand renfort de Haendel, de Beethoven et de Verdi : « Il y a une dimension sacrée dans le politique que les autres partis ont oubliée. Nous essayons de revenir à cette solennité. D'où le recours au blanc, image de pureté. Les gens en ont besoin. Il faut donner du rêve à la politique[113]. » On ne saurait mieux dire. D'ailleurs, les stratèges des autres formations n'agissent pas autrement et recrutent leurs propres conseillers en image, peut-être moins talentueux, ou plus scrupuleux, sur le genre de passions, de sentiments, de symboles politiques qu'ils veulent actionner.

Soit. Néanmoins, tout cela n'explique pas pourquoi les sujets, les électeurs, les militants adhèrent aux affects politiques qui leur sont ainsi soumis. En outre, les responsables politiques et leurs experts sont eux-mêmes tributaires de l'imaginaire qu'ils s'efforcent d'utiliser à des fins de légitimation. Les dirigeants iraniens qui attribuèrent aux bulletins « non » la couleur rouge – celle de Yazid – et aux bulletins « oui » la couleur noire – celle de Hussein – lors du référendum constitutionnel de 1979, étaient-ils eux-mêmes étrangers au paradigme de Kerbala ? Étaient-ils cyniques et stupides au point de penser qu'un peuple qui venait de réaliser l'une des révolutions les plus étonnantes de l'histoire se laisserait mener d'aussi grossière façon ? Il est plus probable que la couleur rouge de l'opposition avait pour eux la force de l'évidence. Nous retrouvons ici un débat que nous avons déjà rencontré au sujet des identités primordiales, notamment du communalisme en Inde. Admettons que les leaders nationalistes aient délibérément fabriqué de la conscience musulmane ou hindoue pour accroître leurs soutiens à la faveur de l'introduction du suffrage universel. Encore fallait-il que leurs électeurs les suivent... Marc Bloch dépasse fort bien ce faux dilemme en étudiant les origines du « toucher royal » en France et en Angleterre : « Pour qu'une institution, destinée à servir des fins précises marquées par une volonté individuelle, puisse s'imposer à tout un peuple, encore faut-il qu'elle soit portée par les courants de fond de la conscience collective ; et peut-être, réciproquement, pour qu'une croyance un peu vague puisse se concrétiser en un rite régulier n'est-il pas indifférent que quelques volontés claires l'aident à prendre forme[114]. »

Ainsi, il importe de « rendre compte (des) états de passion pour eux-mêmes[115] ». De comprendre pourquoi et comment, au Rwanda, de braves gens, bons chrétiens et bons voisins, se conforment aux injonctions feutrées de Radio Mille Collines ; se mettent au « travail », pour reprendre l'expression singulière, et apparemment intelligible à chacun, que les commanditaires du génocide ont utilisée ; découpent à la machette leurs connaissances et leurs collègues, dans une débauche inouïe de cruauté, ou leur offrent une mort « luxueuse », par balle, quand ceux-ci sont en mesure de l'acheter ; jettent les corps, parfois encore en vie, dans les latrines ou les laissent en pâture aux chiens. Car l'imaginaire politique dans la région des Grands Lacs, c'est *cela*, qui dépasse quelque peu les desseins des nouveaux maîtres de Kigali, des défaits, peut-être provisoires, du *Hutu Power*, ou des âmes compatissantes des organisations humanitaires : des chiens gavés de chair humaine, des voisins chez qui on repère (ou on croit repérer) les effets de ses parents massacrés, des survivants qui seront toujours soupçonnés ou qui soupçonneront toujours, des vainqueurs abrutis de douleur qui conduisent saouls leurs camions, des orphelins d'un genre particulier[116]. En bref, beaucoup de passions à gérer, bien sûr, mais un peu plus que cela.

Ce qui doit nous retenir, au fond, ce n'est pas tant que Saddam Hussein, par exemple, salue, le 26 février 1991, la « victoire spiri-

tuelle» de l'Irak et fasse dire à ses propagandistes que «les gardes
républicains ont brisé la colonne vertébrale de leurs agresseurs et
les ont rejetés au-delà des frontières[117]». Ce n'est pas non plus, à
proprement parler, que les Irakiens aient cru à ce discours, car,
après tout, ils furent justement un certain nombre à ne pas s'en
satisfaire et à se soulever. Ce seraient plutôt ces Irakiens qui ont
conservé leur soutien, sinon à Saddam Hussein, du moins à son
régime, et qui ont accepté ce pathos, tout en sachant que leur pays
avait bel et bien été défait de la plus cruelle manière à la suite
d'un pari insensé.

Feignant de se demander si les Grecs croyaient à leurs mythes,
Paul Veyne faisait déjà valoir que tel n'était pas le problème, car
«la culture, sans être fausse, n'est pas davantage vraie[118]».
L'enfant de douze ans qui tenait le rôle de George Bush à Dacca,
et qui tomba sous le coup d'une pierre lancée par son compagnon
de jeu s'identifiant à Saddam Hussein, savait certainement qu'il
n'était *pas* George Bush. Itou des adultes qui contemplaient la
scène et, sans doute, l'accompagnaient de leurs vociférations. Le
gamin n'en mourut pas moins[119]. L'imaginaire a trait à cette zone
grise entre le vrai et le faux que révèle en particulier la «double
action» (Marc Bloch) de l'instrumentalisation et de l'adhésion.
En d'autres termes, il est principe d'ambivalence, que cultivent le
cas échéant les opérateurs politiques : «On nous compare aux
nazis parce que sur nos estrades nous plaçons des vasques enflam-
mées. C'est stupide : fait-on le même procès aux Jeux Olym-
piques ?» se récrie, finaud, le dramaturge du Front national[120].

L'IMAGINAIRE, PRINCIPE D'AMBIVALENCE

Reprenons ces points puisqu'ils sont décisifs. Siège des passions, de l'esthétique, de l'éthique, de l'activité symbolique, l'imaginaire est par définition le domaine de l'ambivalence en même
temps que de l'immédiation. Dès lors que l'on admet sa place centrale dans les pratiques politiques, on comprend que celles-ci sont,
elles aussi par définition, ambivalentes.

Or cette propriété du politique est assez largement méconnue,
tant par les acteurs – ils prétendent le plus souvent être mus par
un idéal, fût-il rationaliste et utilitaire – que par la science politique, elle-même foncièrement positiviste et utilitariste[121]. Les
électeurs qui ricanent de l'opportunisme de leurs dirigeants et

s'indignent de leur corruption ne sont pas plus lucides puisqu'ils espèrent de ceux-ci la pureté de l'eau de source, nonobstant les évidences. En fait, les principales épopées du monde moderne sont d'une confusion telle que nos contemporains s'y sont volontiers égarés. En Europe, au Japon, aux États-Unis, les débats douloureux sur les responsabilités des crimes contre l'humanité pendant la Seconde Guerre mondiale en témoignent.

Mais les combats contre la colonisation en Asie et en Afrique n'ont pas été plus clairs. La résistance des autochtones n'a nullement exclu leur collaboration, certains personnages ou certaines sociétés passant rapidement d'un registre à l'autre. Nous l'avons vu, le régime colonial reposait au quotidien sur de tels « malentendus opératoires » qui donnaient lieu à une « version négociée de la réalité » entre les administrateurs (ou les missionnaires) et les indigènes[122]. Les uns et les autres réalisaient ainsi leur propre imaginaire, le plus souvent à travers la célébration tacite d'un compromis, parfois au prix d'un affrontement qui pouvait éventuellement conduire à un vrai et long déchirement. Nous avons également observé que de ces interactions quotidiennes sont nés des imaginaires au moins partiellement partagés – ceux du développement, de la tradition, du nationalisme –, y compris lorsque les malentendus coloniaux ont cessé d'être opératoires et ont dégénéré en guerres atroces. Ainsi la mémoire historique continue d'habiter les relations entre la France et l'Algérie ou le Vietnam plusieurs décennies après la proclamation de l'indépendance. C'est qu'au fond la revendication nationaliste fut aussi équivoque que la colonisation : à la fois quête de liberté et de dignité, volonté d'enrichissement et de promotion sociale, reconstitution d'un système d'inégalité et d'injustice, voire reprise à son compte d'un projet impérialiste, hérité de la métropole, au détriment de peuples voisins. En Afrique, le même mouvement historique collabora avec l'occupant ; éroda progressivement son influence à partir de l'entre-deux guerres ; le supplanta finalement ; détourna à son profit les ressources de l'économie, d'abord sous le couvert d'un nationalisme étatiste, puis par le biais de la libéralisation économique et des privatisations que réclamaient les bailleurs de fonds internationaux. Dans bien des situations, une remarquable stabilité des élites politiques atteste cette continuité entre les différentes phases de la formation de l'État[123]. Même la geste de la lutte contre l'apartheid ne s'est pas résumée à l'espèce de western racial que la littérature bien-pensante a mis en scène. Dans un essai pénétrant, Shula Marks a analysé « les ambiguïtés de la dépendance » en Afrique du Sud : ambiguïté de l'État, ambiguïté du nationalisme, ambiguïté des classes et des consciences de classe, dont la « politique de la corde raide » suivie par le chef Buthelezi fera une synthèse périlleuse[124]. Un peu partout au sud du Sahara, cet enchaînement trouble de la colonisation à la période postcoloniale est obscurément ressenti[125].

Quant à la révolution, elle est aussi bien le royaume du clair-obscur. L'illustre la difficulté des historiens ou des politologues à discerner entre les parts respectives de la continuité et de la rupture. Si l'on en croit Tocqueville, la Révolution française est un avatar de la centralisation monarchique, et la même chose peut être dite du régime soviétique en Russie, de la République populaire en Chine, de la République islamiste en Iran ou de la République kémaliste en Turquie[126]. En 1964, les rebelles congolais, tout millénaristes et subversifs qu'ils fussent, s'adonnèrent avec délice aux rituels bureaucratiques de l'ordre qu'ils voulaient abattre : Malembe, le chef du « Gouvernement révolutionnaire du Maniema-Kivu », avertissait les fonctionnaires qu'il ne les recevrait que « munis d'un papier délivré par leur chef direct, sur approbation du secrétaire provincial et celle du secrétaire général », lequel ajoutait que « si ces agents enfiévrés par leur caprice ne cessent désormais d'empiéter sur les droits de la hiérarchie, ils se verront frappés de mesures cuisantes », en une claire allusion à la chicotte honnie du colonisateur[127]. Plus généralement, l'analyse du nationalisme et de l'islamisme nous a montré que l'antagonisme, le rejet peuvent être des moyens de s'approprier les catégories mentales, les valeurs, les institutions de l'adversaire.

Il est donc grand temps d'admettre l'ambivalence comme trait intrinsèque du politique. Les conceptualisations en vogue dans les universités occidentales ne nous y aident peut-être pas. Mais certains répertoires culturels du politique exaltent cette propriété que nous tenons pour suspecte. Au cours d'une initiation cruelle, le jeune Spartiate devait apprendre à « ne pas être vu, voler furtivement, se glisser inaperçu dans les jardins et les banquets, se terrer le jour pour attaquer de nuit, ne jamais se faire prendre, préférer la mort à l'aveu du vol, même si le vol fait partie du rôle obligatoire ». Son accession au statut de citoyen passait paradoxalement par l'application sans mesure du fouet, une peine infamante que l'on épargnait aux hommes libres et que l'on réservait aux hilotes. Les éphèbes spartiates étaient en particulier flagellés quand ils étaient surpris en train de chaparder : pour les punir, non de leur larcin, mais de leur maladresse[128]. Sur le modèle des techniques de la chasse ou de la pêche, la *mètis*, dans la Grèce antique, « préside à toutes les activités où l'homme doit apprendre à manœuvrer des forces hostiles, trop puissantes pour être directement contrôlées mais qu'on peut utiliser en dépit d'elles, sans jamais les affronter de face, pour faire aboutir par un biais imprévu le projet qu'on a médité » :

> « Dans toute situation d'affrontement ou de compétition [...] le succès peut être obtenu par deux voies. Ou bien par une supériorité de « puissance » dans le domaine où la lutte se déroule, le plus fort remportant la victoire. Ou par l'utilisation de procédés d'un autre ordre, dont l'effet est précisément de fausser les résultats de l'épreuve et de faire triompher celui qu'on pouvait tenir à coup sûr pour battu. Le succès que procure la *mètis* revêt ainsi une signification ambiguë : suivant le contexte il pourra susciter des réactions contraires. Tantôt on y verra le produit d'une fraude, la règle du jeu n'ayant pas été respectée. Tantôt il provoquera d'autant plus l'admiration qu'il aura surpris davantage, le plus faible ayant contre toute attente trouvé en lui assez de ressources pour mettre le plus fort à sa merci. Par certains aspects la mètis s'oriente du côté de la ruse déloyale, du mensonge perfide, de la traîtrise, armes méprisées des femmes et des lâches. Mais par d'autres elle apparaît plus précieuse que la force ; elle est en quelque sorte l'arme absolue, la seule qui ait pouvoir d'assurer en toute circonstance, et quelles que soient les conditions de la lutte, la victoire et la domination sur autrui[129]. »

Denise Paulme établit une comparaison entre la *mètis* des Grecs et la démarche du Décepteur – le *trickster* des folkloristes anglais –, dont le rôle est central dans les contes africains, bien que ses incarnations soient variables et revêtent des sens différents selon qu'il est Lièvre, Araignée ou Enfant malin. Ce personnage se présente comme une figure paradoxale, un « démiurge maladroit » qui « n'accomplit la "tâche impossible" que pour échouer au dernier moment » : « Dans les contes au moins, la ruse ne triomphera que lorsqu'elle doit sauver l'innocent, dénoncer le coupable ou punir un abus. » Le Décepteur se définit par « son adresse à tirer parti des circonstances et notamment le procédé qui consiste à se faire remplacer, retournant à son profit la situation», par sa «souplesse», sa «duplicité», son «inversion», sa «ruse». Très apprécié du public, il soulève néanmoins des «sentiments complexes» d'admiration, d'irritation, de méfiance, en raison de l'ambivalence et du caractère souvent odieux de son comportement[130]. L'acteur politique ou économique dans l'Afrique contemporaine – qu'il soit Président, ministre, prophète, marchand, bandit, escroc, trafiquant de drogue ou migrant – emprunte fréquemment ces traits du *trickster* pour retourner ses alliances, tromper l'adversaire, abuser le naïf, organiser la fraude douanière, franchir les frontières[131].

De façon similaire, l'ethos du bazari iranien veut qu'il «ait le cœur», qu'il «sache s'y prendre», qu'il cultive l'élégance de l'ambivalence : car comment agit un *javânmard*, un chevalier, quand il voit passer un homme l'épée à la main qui lui fait promettre de ne rien dire à ses poursuivants, sinon en changeant de place afin de pouvoir déclarer à ceux-ci n'avoir vu personne «depuis qu'il est assis ici[132]»? Le chiisme reconnaît en outre au croyant la possibilité de dissimuler sa foi en cas de nécessité : la fameuse *taqiya*, le *ketmân* dont s'effarouchait l'agent secret que nous avons longuement cité au début de ce livre. Les diplomates ou les hommes d'affaires occidentaux qui négocient avec leurs homologues d'Asie ou d'Afrique doivent être bien empêtrés avec leurs répertoires de la droiture (*fairness*) et de la confiance (*trust*) qui les condamnent à l'hypocrisie, au mensonge et à la mauvaise conscience. Leurs partenaires, eux, ont tété le lait de la ruse et de la transformation dès leur plus jeune âge ; ils y voient des qualités ou un style indispensables à l'économie morale des affaires et de la cité. Ainsi, en Indonésie, le langage courant reprend aisément les métaphores de la marionnette et du masque chers au drame traditionnel javanais (*wayang*) pour évoquer le jeu politique et le caractère équitable de revirements que nous qualifierions pour notre part de trahisons ou de palinodies scandaleuses[133]. Et dans la pensée chinoise classique, la fadeur légitime ce que nous nommerions l'opportunisme. «Laisse évoluer ton cœur dans la fadeur-détachement, unis ton souffle vital à l'indifférenciation générale. Si tu éprouves le mouvement spontané des choses, sans te permettre de préférence individuelle, le monde entier sera en paix», conseille un apologue taoïste, étant bien dit que cette «leçon d'insipidité» vaut pour le politique : «Grâce à sa fadeur […], le Sage peut avoir part à toutes les vertus sans s'enliser en aucune et, au travers des alternances de la vie politique, être toujours prêt à faire face – dans la sérénité – à l'urgence des temps ; tel le Ciel, il a beau paraître changer souvent, il ne dévie jamais[134]. »

Pesanteur culturaliste aidant, notre homme d'affaires, notre diplomate occidental seront prompts à disserter sur l'âme insondable du Jaune et du Noir. Ils citeront l'inévitable *Livre des ruses* de ces fourbes Arabes, de ces Perses dissimulateurs. Ils pourraient cependant se tourner vers leur propre tradition intellectuelle : la philosophie néoplatonicienne saluait « l'honnête dissimulation » ; et la « duplicité » n'a pas toujours été mal vue en Europe[135]. Mais voilà, le raisonnement culturaliste que nous récusons suppose justement la négation de l'ambivalence comme propriété constitutive du politique, sauf, bien sûr, quand il s'agit d'en affubler certaines « cultures », plus ou moins méprisables (ou fascinantes). Les chapitres précédents nous ont montré comment les raisons culturelles du politique procédaient par métaphores. Or point de stratégies d'extraversion culturelle, de transferts de sens, de procédures d'authentification, de formation d'identités primordiales, point non plus de polysémie des genres discursifs du politique sans une bonne dose d'ambivalence. Celle-ci est en quelque sorte le combustible de l'énonciation du politique.

L'ambivalence alimente notamment le répertoire du politique le plus universel qui soit, au moins en apparence : l'énonciation en termes de parenté des rapports de pouvoir. En vérité, cette universalité est un simple trompe-l'œil parce que les configurations familiales sont elles-mêmes irréductibles les unes aux autres : « Le terme "parenté" est donc sans aucun doute fallacieux et un critère erroné pour la comparaison des faits sociaux. Il ne désigne aucune classe distincte de phénomènes et aucun type distinct de théorie[136]. » *A fortiori* les élaborations idéologiques et politiques des rapports sociaux qui se réclament de la « parenté » sont hétéroclites. Qu'y a-t-il de commun entre la mythologie de l'État ou de l'entreprise-famille au Japon, après la révolution de Meiji, et les représentations de l'État-Papa ou de Maman-Patrie en Turquie ? Entre la fiction de la parenté dans les échanges marchands en Afrique subsaharienne et la sublimation de l'unité familiale par les Direct Selling Organizations aux États-Unis ? Vraisemblablement pas grand-chose, dans la mesure où les rôles parentaux auxquels renvoient ces allégories sont variables d'une société à l'autre, mais aussi, au sein d'une même société, d'un groupe à l'autre et d'une époque à l'autre, puisque la famille est un site éminent du changement social.

En outre, il est rare que la conscience familiale du politique se retrouve à l'état pur et ne s'entremêle pas avec d'autres genres discursifs qui finissent de diversifier ce mode d'énonciation. Lorsque le président Biya déclare au Cameroun : «Je suis le père de la nation, je pense à tout le monde, à tous mes enfants», il reprend à son compte l'image du chef de maisonnée en la mâtinant d'une connotation chrétienne pour se poser implicitement en Dieu le Père, selon un énoncé courant dans les régimes autoritaires de la région[137]. «Valeurs asiatiques» aidant, la stylisation paternaliste des dirigeants fait fureur en Asie orientale, mais, hormis le fait qu'elle puise dans un stock différent de représentations, prétendument «néoconfucéennes», elle s'hybride par la force des choses avec d'autres répertoires.

Enfin, nous savons depuis Freud que les sentiments entre parents et enfants sont pour le moins mêlés. Il est ainsi possible que ce même genre discursif du politique mette en forme des orientations contradictoires dans une situation donnée et nourrisse une véritable ambivalence affective à l'égard des détenteurs du pouvoir. Rien n'est plus trouble et volatil que les histoires d'«amour» entre dominés et dominants, et l'actualité est prodigue en subits retournements qui voient le peuple passer des épanchements de l'allégeance au rejet le plus violent. Les affects politiques ne sont jamais simples, et décidément bien difficiles à «gérer[138]». «Un voyageur sans lumière doit marcher à côté de l'homme qui possède une lampe. Un enfant qui se soumet à son père est toujours bien vu, secouru et aidé dans la mesure du possible», déclarait dans les années cinquante un notable camerounais soucieux de justifier sa collaboration avec les autorités coloniales françaises, alors que le mouvement nationaliste était sévèrement réprimé[139]. De même, Jean-Bedel Bokassa présenta la liquidation, dans des conditions horribles, de son compagnon, le colonel Banza, comme une simple affaire de famille qu'il avait dû régler en sévissant, ainsi que tout vrai père sait le faire à l'occasion, et, entre deux bastonnades publiques de voleurs, il aimait à vanter ses qualités de Papa-Pélican : «Le militaire que je suis est aussi un bon Papa [...] les enfants doivent tout dire à leur père, ils n'ont rien à lui cacher [...] il est normal qu'un père fasse des cadeaux à ses enfants et qu'il les nourrisse[140].»

De tels propos recouvrent une double ambivalence. Celle, en premier lieu, du locuteur-collaborateur qui est sincèrement attaché à l'œuvre coloniale, mais qui remâche toutes les avanies que celle-ci lui fait subir, ou du locuteur-dictateur qui tue et vole sans répit mais qui redistribue peu ou prou, jouant simultanément sur les deux répertoires de Tere, le chef de paix, et de Ngakola, le chef de guerre. L'ambivalence, en second lieu, du récepteur de ces messages : l'administration coloniale qui se félicite du ralliement des notables tout en les méprisant confusément, ne serait-ce que pour des raisons raciales, en continuant à s'en méfier sur le plan politique et parfois en les abandonnant à la victoire de leur adversaire commun, comme en Indochine ou en Algérie ; le peuple centrafricain qui honnissait l'empereur prédateur à la fin de son règne et qui sortit dans la rue en rangs serrés pour le renverser, mais qui lui accorda une indulgence diffuse une fois qu'il fut déchu et que ses successeurs eurent apporté la preuve de leur gourmande médiocrité.

Du fait de leur ambivalence, de telles représentations du politique débordent automatiquement l'utilisation univoque que certains acteurs sont tentés d'en faire. Les plus talentueux d'entre eux jouent d'ailleurs avec brio sur cette marge de l'indétermination. Soucieux d'affirmer son autorité sur les maires nouvellement élus du Front national, mais bien forcé d'en admettre l'autonomie, Jean-Marie Le Pen se présente comme leur « inspirateur », leur « grand frère[141] ». « Papa revient ! » chante la foule turque sur une vieille rengaine populaire pour accueillir Süleyman Demirel dans les meetings du Parti de la juste voie, en 1991, et ce routier de la vie politique, qui n'a pas d'enfant et se définit comme le « père de tous les Turcs », à l'instar de Mustafa Kemal dont il combat pourtant les héritiers idéologiques les plus directs, assure que la conduite de l'État doit être « ferme et affectueuse ». Bien qu'il ait été le légataire politique d'Adnan Menderes, exécuté par un gouvernement militaire en 1961, et qu'il ait été lui-même privé de ses droits civiques à la suite du coup d'État de 1980, il adhère par ces propos à la conception de l'« État-Papa » (*Devlet Baba*) dont l'armée se veut la garante. Son Parti de la juste voie – qui reprend presque à l'identique le nom de son ancienne formation, le Parti de la Justice, interdit – est implicitement celui du Droit Chemin sur lequel peut vous guider le père de la nation, mais qui n'est pas exempt d'une discrète coloration islamique. Tout en demi-teintes, ces messages désignent moins une « gestion » rationnelle des passions qu'un champ émotionnel complexe que nul ne peut prétendre maîtriser et dont les détenteurs du pouvoir sont eux-mêmes les captifs.

Le président Konaré, au Mali, proclame avec subtilité, le jour de son investiture, en 1992 : «Je ne suis pas un père de la nation, mais seulement un fils parmi les fils, appelé à jouer un rôle d'aîné», avec le souci de se démarquer du style de la dictature de Moussa Traoré tout en revendiquant une séniorité circonstancielle, de type démocratique. Toutefois, ce répertoire de l'aînesse est trop riche en Afrique pour que le nouvel élu à la magistrature suprême puisse être certain d'en contenir toutes les résonances auprès de son auditoire. Après tout, l'aîné attend obéissance de son cadet mais lui doit aussi aide et protection. Il en exploite volontiers la force de travail en le payant de retour sous la forme de différentes prestations. Échange inégal, sans doute. Pourtant, un moyen d'obtenir quelque chose d'un puissant est précisément de lui donner de l'aînesse, et il est des allégeances ostensibles, au nom de parentés fictives, dont on se passerait bien. D'autant qu'un aîné qui manque à ses obligations se met aussitôt en position d'être soupçonné de sorcellerie.

Un épisode assez significatif de la vie politique kenyane illustre bien la capacité de l'idiome de la parenté à médiatiser les relations de pouvoir et à se constituer en enjeu symbolique de celles-ci, grâce à sa logique propre. En 1981, Odinga Oginga, le vieux leader de l'opposition, affirma que le président arap Moi l'avait invité à entrer au gouvernement en ces termes : «Allez, Baba, rejoins-moi et travaillons ensemble pour ce pays.» Il se disait prêt à franchir le pas, car, contrairement à Jomo Kenyatta, son prédécesseur, le chef de l'État œuvrait pour servir les *wananchi*, les enfants du pays, et non pour lui-même. M. arap Moi ne pouvait évidemment accepter qu'Odinga Oginga se place de la sorte dans une position de séniorité par rapport à lui. Il répliqua vertement qu'il n'avait jamais appelé Odinga «Baba» et qu'au demeurant celui-ci n'était pas autorisé à se réclamer de lui tout en critiquant Kenyatta. Le lendemain, un député entrait dans la mêlée et demandait au patriarche de l'opposition, qu'il considérait comme «son père en âge et en politique», de laisser Kenyatta en paix. La polémique se conclura une semaine plus tard lorsque le président arap Moi affirmera au cours d'un meeting, en présence d'Odinga Oginga : «Je suis le seul "Père", le seul chef du gouvernement de ce pays[142].» Dans ce mode allusif, caractéristique de la vie politique kenyane, près de trente ans de rivalités personnelles, de divergences idéologiques, de compétition ethnique ou régionale, de conflits d'accumulation se voient stylisés en une passe d'armes feutrée autour de l'image du Père. Cependant, cette dernière et les autres figures auxquelles elle est associée mettent en branle des émotions ou des sentiments qui ont leur force distinctive et qui transcendent l'intentionnalité des acteurs : de façon diffuse, l'allégorie de «Baba» trouve sa signification dans toute cette «économie morale» dont la définition contradictoire a été l'un des principaux sites d'affrontement de l'histoire politique kenyane depuis l'entre-deux-guerres[143].

En fait, l'autonomisation de l'idiome de la parenté comme idiome ambivalent du politique révèle une question beaucoup plus importante que la «gestion des passions», toujours problématique : celle des correspondances latentes entre les transformations au sein de la famille et les mutations de l'imaginaire politique, cet «entrelacement des sentiments privés et de la politique publique» que Lynn Hunt, par exemple, a analysé pour ce qui concerne la Révolution française[144]. Déjà Burke s'était plaint que l'humiliation du roi et de la reine, lors des journées d'octobre 1789, aient porté atteinte à «toutes les plaisantes fictions qui allégeaient l'autorité et assouplissaient l'obéissance, qui assuraient l'harmonie des différents aspects de la vie, et qui faisaient régner dans la vie politique, par une assimilation insensible, les mêmes sentiments qui embellissent et adoucissent la vie privée[145]».

Se pencher sur l'imaginaire familial inhérent à une configuration politique ne devrait pas consister à étudier l'usage politique des modèles familiaux à des fins de légitimation ou de contestation politique, ni bien sûr à évaluer l'influence des représentations de la parenté sur l'action politique, dans la plus pure veine du culturalisme ou du psychologisme, mais plutôt à démêler la circulation des schèmes émotionnels, symboliques ou cognitifs entre les deux sphères. D'une part, l'imaginaire politique peut alimenter l'imaginaire familial, par exemple en contribuant à une «démocratisation» de l'exercice de l'autorité parentale. De l'autre, l'imaginaire familial peut nourrir l'imaginaire politique, notamment en lui fournissant «les principes de confiance et de fidélité domestiques qui forment les devoirs et les liens de la vie sociale» (pour parler comme Burke) : l'on voit peut-être aujourd'hui, en France, comment Jacques Chirac, le Président-citoyen qui affecte de dédaigner les gyrophares et les motards, reprend un peu de la simplicité du père moderne qui accompagne sa fille au concert de Madonna.

Cependant, le bon sens nous convainc d'emblée que l'interaction entre les deux sphères ne se ramène pas à une relation d'isomorphie. Par exemple, la plupart des mouvements de réforme économique d'inspiration libérale semblent – sous réserve d'inventaire – se traduire par une renégociation des rapports entre l'espace public et l'espace privé. Mais celle-ci est ouverte, enregistre un certain état des forces en présence, inaugure un champ d'innovation sociale qui ne se réduit ni à la dimension familiale, ni à la dimension politique de la société, ni même exclusivement à l'interaction entre celles-ci. En Chine, le phénomène des *gaogan zidi*, ces «enfants de cadre» qui profitent de la libéralisation économique, ne peut s'interpréter comme la simple résurgence d'une structure familiale originelle qui aurait résisté au communisme et qui prédisposerait à l'appropriation privée de la *res publica* en même temps qu'à l'obéissance politique. Il consiste plus plausiblement en une manifestation du remodelage de l'institution familiale, au point de rencontre entre l'argent et le pouvoir, que Jean-Luc Domenach et Hua Chang-ming avaient très tôt signalé[146] et qui s'inscrit désormais dans un contexte régional de forte croissance économique, si ce n'est dans celui de la globalisation. De même, en Iran, la famille, dont la République islamique se veut la garante et dont les conservateurs proches du bazar sont les défenseurs zélés, est en pleine transformation : la sauvegarde de l'ordre moral, à laquelle se dévoue le régime et qui constitue sans doute, avec le nationalisme, sa principale ressource de légitimation, n'est pas le maintien du *statu quo*[147]. Dans cette rétroaction entre la sphère de la parenté et celle du politique ou de l'économique, aucun des termes n'est particulièrement stable et n'a de sens univoque ; aucun d'entre eux, en outre, n'est susceptible d'être isolé d'autres facteurs avec lesquels il est en relation.

Le chemin de l'analyse est donc étroit. D'un côté, il faut tenir compte de ce que Michel Foucault nommait l'«hétérogénéité du pouvoir», qui «naît toujours d'autre chose que de lui-même[148]». Interrogé sur l'Iran, celui-ci citait d'ailleurs le *Penser la Révolution française* de François Furet pour reprendre sa «distinction entre l'ensemble des processus de transformation économique et sociale, qui ont commencé bien avant la révolution de 1789 pour se terminer bien après, et la spécificité de l'événement révolutionnaire[149]». L'imaginaire politique emprunte abondamment aux autres dimensions de l'imaginaire social : à l'imaginaire de la famille, mais aussi à ceux de la croyance religieuse, du monde de l'entreprise, de la compétition sportive, de l'environnement international, etc.

Mais, d'un autre côté, il convient de garder à l'esprit que chacun de ces secteurs de la société connaît son propre rythme de changement et est peuplé d'images souvent contradictoires qui, en tout cas, sont sujettes à interprétations variées. Ainsi la circulation des schèmes cognitifs, émotionnels ou symboliques d'un domaine à l'autre obéit inévitablement à la loi d'ambivalence et ressortit à la pure contingence. Foucault parle alors d'une nécessaire «événementialisation» du phénomène que l'on étudie, seule à même de provoquer la salutaire «rupture d'évidence» : «Là où on serait assez tenté de se référer à une constante historique ou à un trait anthropologique immédiat, ou encore à une évidence s'imposant de la même façon à tous, il s'agit de faire surgir une "singularité"». Plus précisément, «l'événementialisation consiste à retrouver les connexions, les rencontres, les appuis, les blocages, les jeux de force, les stratégies, etc. qui ont, à un moment donné, formé ce qui ensuite va fonctionner comme évidence, universalité, nécessité». La «démultiplication causale» qui s'impose pour parvenir à «événementialiser» le phénomène retenu, à en comprendre la contingence, la singularité de «bibelot rare» – pour citer le commentaire de Paul Veyne – «consiste à analyser l'événement selon les processus multiples qui le constituent [...], à bâtir autour de l'événement singulier analysé comme processus un "polygone" ou plutôt "polyèdre d'intelligibilité" dont le nombre de faces n'est pas défini à l'avance et ne peut jamais être considéré comme fini de plein droit», en bref à accepter «un polymorphisme croissant à mesure que l'analyse avance[150]».

Nous sommes ici à nouveau très proches du projet intellectuel de Max Weber quand il refusait de voir dans la relation de l'imaginaire capitaliste à l'imaginaire réformé un rapport de causalité et quand il insistait sur «l'énorme enchevêtrement d'influences réciproques entre bases matérielles, formes d'organisation sociales et politiques, teneur spirituelle des époques de Réforme[151]». Si les essais psychanalytiques sur l'imaginaire politique s'avèrent souvent décevants, n'est-ce pas précisément parce qu'ils restreignent de tels «enchevêtrements» à quelques équations stéréotypées de l'inconscient ? N'est-ce pas parce qu'ils omettent – paradoxalement, si l'on se réfère à l'œuvre de Freud – de restituer l'ambivalence radicale de ces «interconnexions qui ne sont pas des isomorphismes[152]» ?

La circulation des schèmes cognitifs, émotionnels, symboliques d'un domaine à l'autre de la société suppose que ceux-ci soient réinterprétés par de nouveaux acteurs, et à la lumière des nouveaux contextes dans lesquels ils se déploient, grâce à l'une de ces procédures de production culturelle que nous avons étudiées dans le chapitre précédent. C'est précisément l'ambivalence et la polysémie de ces schèmes qui rend possible leur réinterprétation, qui autorise la diversité de leur lecture. Mais, réciproquement, la réinterprétation produit à son tour de l'ambivalence. Certes, elle a ses « limites » (Umberto Eco). Il n'en reste pas moins qu'elle est le fondement de la politique. En définitive, celle-ci est comme « un théâtre où comptent non seulement les actions des hommes (encore bien moins les intentions et les principes), mais le retentissement de leurs actions, la façon dont elles sont comprises, perçues et interprétées[153] ».

D'autant qu'il s'agit souvent, en l'occurrence, de surinterprétation. Cela est un trait récurrent, par exemple, des grands massacres. Tuons avant que l'autre ne nous tue ! À Romans, en 1580, la faction de Guérin s'inquiète que le carnaval des Pauvres demande aux riches de rendre à la ville les biens mal acquis : « Les pauvres veulent nous prendre nos biens [...] mais aussi nos femmes ; ils veulent nous tuer, voire nous manger. » Que Paumier, le leader populaire, s'accoutre en ours de la Chandeleur et cherche à occuper un rang et un siège qui ne lui étaient pas dus, on y voit aussitôt, non pas une innocente plaisanterie de carnaval, mais l'indice d'une ambition personnelle menaçante, si ce n'est d'une conspiration protestante. Que les danseurs de la Saint-Blaise arborent balais, fléaux et « robes des mortuaires », on y discerne une preuve de leur intention d'expulser les honnêtes gens, de les battre et de les enterrer. Qu'ils crient de surcroît : « À six deniers la chair du chrétien ! » se passe de commentaire. Dès lors, les hommes de Guérin préfèrent prendre les devants et font passer de vie à trépas ceux dont ils sont convaincus qu'ils mettaient en danger, outre l'ordre établi, leur propre existence[154]. Huit années auparavant, si l'on en croit Denis Crouzet, le projet néoplatonicien d'instaurer l'harmonie au sein du royaume, qu'avaient fomenté Catherine de Médicis et Charles IX au prix du meurtre « humaniste », sélectif et préventif de l'amiral de Coligny et de son entourage, avait soudain été « déprogrammé » par le déchaînement des alarmes eschatologiques des catholiques, dans une conjoncture où « prédomine une obsession primordiale, celle du soupçon qui suggère toujours, sans fin, un autre soupçon » : « Vont et viennent, se choquent et s'entrechoquent, se font et se défont, sans nulle discontinuité, des imagi-

naires de meurtres et de morts, d'actions souterraines et dissimu-
lées visant à affaiblir ou à détruire l'adversaire présumé, en temps
de paix comme en temps de guerre[155]. »

Dans leurs ressorts fantasmatiques, les stratégies identitaires
contemporaines ne fonctionnent pas autrement. Aussi une équipe
du Center for Conflict Analysis pouvait-elle recommander comme
mesure prioritaire, au terme d'une scrupuleuse enquête sur la violence dans les *hostels* en République sud-africaine, l'instauration
d'un « système collectif de contrôle des rumeurs[156] ». Si elle était
envisageable, la prescription vaudrait également pour la région des
Grands Lacs : au Rwanda et au Burundi, la qualification ethnique
des clivages politiques et sociaux opère désormais comme une
« prophétie autoréalisante », chacun des camps en présence sup-
putant que son adversaire a planifié son extermination et agissant
en conséquence[157].

Situations extrêmes que celles-ci. Elles rappellent pourtant que
le fantasme du complot est une figure forte et universelle des imaginaires politiques. Les allusions du ministre de l'Intérieur Raymond Marcellin aux origines juives de Daniel Cohn-Bendit lors
des événements de mai 1968, le mythe persistant dans la presse
française d'une « internationale islamiste » dont tous les spécialistes démentent l'existence prouvent que les démocraties les plus
rassises ne sont nullement à l'abri de tels errements. En juillet
1995, Jacques Chirac prêtera encore au même Cohn-Bendit
l'organisation de la bronca dont il fut victime dans l'enceinte du
Parlement européen, en réponse à sa décision de reprendre les
essais nucléaires français !

Néanmoins, force est de reconnaître que certains imaginaires
sociaux sont plus marqués que d'autres par la hantise du complot,
soit en raison de leur nature politique – les régimes totalitaires, les
épisodes révolutionnaires développent volontiers des tendances
paranoïdes –, soit du fait des répertoires culturels que l'histoire a
cristallisés en leur sein. En Afrique, nous l'avons vu, l'obsession
des assemblées nocturnes de sorciers donne une coloration particulière à la dénonciation des menées subversives par les détenteurs du pouvoir autoritaire. Quant à l'Iran, il fournit un cas
d'école. La succession des invasions étrangères, les tentatives de
dépècement du pays entre Russes et Britanniques, la pesante
tutelle américaine ont conforté dans l'opinion publique l'idée
d'une machination internationale dont l'embargo commercial
décrété par le président Clinton en mai 1995 et aggravé par le vote

de la loi D'Amato en août 1996 n'est que la dernière péripétie en date. Cette idée est d'autant plus ancrée dans la croyance populaire que l'extérieur, l'étranger sont la source de la corruption dans le cadre de la dichotomie entre le principe d'intériorité (*bâten*) et le principe d'apparence (*zâher*) : Shaitan le tentateur siège dans l'ordre du *zâher* d'où il pénètre le *bâten*, et, selon les représentations pré-islamiques, le Mal séjournait hors du pays ou à la périphérie de la civilisation. Dans ces conditions, la lutte contre « l'agression culturelle » lancée par le Guide de la révolution trouve un écho dans l'imaginaire social, même si la majorité des Iraniens haussent les épaules lorsque des mesures concrètes sont prises pour l'endiguer et si l'Occident, vecteur de la « corruption », n'en reste pas moins le détour obligé pour accéder au savoir et à la qualité d'« être moderne [158] ». On saisit également que l'identification des États-Unis au « Grand Satan », en 1978-1979, a revêtu une signification plus riche que l'expression puérile du radicalisme islamique : elle s'est imposée au croisement de la conscience historique des Iraniens et de leur imaginaire éthique [159].

Dans ce registre du conflit comme dans d'autres, l'intertextualité entre les pratiques sociales – entre les acteurs, entre les époques, entre les domaines de la société – est comme une machine à fabriquer de l'équivoque, et toutes les émotions afférentes : l'espoir, la joie, l'inquiétude, la peur, la haine. Si l'on accorde à ces affects la place qui leur revient et si l'on accepte l'idée que tout énoncé politique est au moins amphibologique, la supériorité du concept d'imaginaire par rapport à celui de culture apparaît assez claire : il rend d'emblée compte de cette propriété de l'ambivalence qui caractérise la production symbolique et passionnelle.

Pour finir de s'en convaincre, il n'est pas inutile de se reporter à l'analyse de l'élaboration des rêves et, plus largement, de la « force créatrice de symboles » par Freud. Celui-ci souligne que « le rêve n'admet pas l'alternative et que, quand deux hypothèses se présentent, il les fait entrer toutes les deux dans la même association d'idées » : « Les représentations contradictoires s'expriment presque toujours dans le rêve par un seul et même élément. Il semble que le "non" y soit inconnu. L'opposition entre deux idées, leur antagonisme s'exprime dans le rêve d'une façon tout à fait caractéristique : un autre élément s'y transforme comme après coup en son contraire [160]. » De ce point de vue, l'activité onirique s'apparenterait à la logique de certaines langues anciennes, où un même radical peut exprimer une opposition. Cela résulte des effets du travail d'élaboration du rêve : effet de condensation par lequel «le contenu du rêve manifeste est plus petit que celui du rêve latent, [...] et présente par conséquent une sorte de traduction abrégée de celui-ci»; effet de déplacement par lequel un élément latent est remplacé, non par l'un de ses propres éléments constitutifs, mais par «quelque chose de plus éloigné, donc par une allusion», ou par lequel «l'accent psychique est transféré d'un élément important sur un autre, peu important, de sorte que le rêve reçoit un autre centre et apparaît étrange»; enfin, effet de transformation des idées en images visuelles[161].

Sur bien des points ces effets par lesquels s'élabore le rêve de l'individu se retrouvent dans l'élaboration des imaginaires sociaux. D'où le caractère «absurde» – au sens freudien du mot – de ceux-ci. Le plus important a peut-être trait à la fonction de condensation par laquelle certains éléments latents sont éliminés ou fondus ensemble : les imaginaires politiques manifestes que nous avons rencontrés au fil de ces pages se présentent comme des sortes de «traductions abrégées», arbitraires et souvent cocasses, d'imaginaires sociaux à n'en pas douter plus étendus, plus riches, plus complexes.

Vue sous cet angle, l'analyse politique est nécessairement une herméneutique dont la pertinence «dépend de l'habileté, de l'expérience, de l'intelligence» de l'interprète[162]. Mais, avant de prétendre accéder à ces arrière-plans, celui-ci doit prendre acte de la logique propre des effets d'élaboration des imaginaires manifestes qui exacerberont tel ou tel phénomène «rationnellement» anodin, qui traiteront les contraires de la même manière que les analogies ou qui les représenteront par la même image. C'est ainsi que nous pouvons provisoirement affirmer que «l'imaginaire est le moteur de l'histoire[163]», dont la mécanique est si souvent implacable. Néanmoins, la reconnaissance du rôle de l'«imagination constituante» dans la vie politique et la formation des États ne doit pas nous faire verser dans l'idéalisme magique.

CHAPITRE IV

La matérialisation de l'imaginaire politique

L'ambivalence inhérente au monde imaginaire réside également dans son rapport à la matérialité, que les auteurs postmodernes ont grossièrement négligé [1]. «Aucun événement d'histoire n'est fabriqué que d'imaginaire; les hommes et les femmes vivent toujours dans des imbrications complexes où les gestes, les pulsions, les pratiques, les actes, les représentations se mêlent et s'informent les uns les autres. Même si le XVIe siècle fut angoissé, investi de l'idée de châtiment de Dieu, il fut aussi un siècle temporel où les nécessités économiques, politiques, où les problèmes de pouvoir, où les réalités et les rivalités quotidiennes guidaient les uns et les autres vers des actions précises», note Arlette Farge en critiquant sur ce point l'analyse de la Saint-Barthélemy par Denis Crouzet [2].

Une première limite à la puissance interprétative de l'imaginaire a trait à la matérialité des faits eux-mêmes. Celle-ci n'est pas toujours aisée à établir. «Si exagérées qu'elles soient (les accusations posthumes forgées contre la mémoire de Paumier) contiennent sans doute un grain de vérité. Mais lequel?» se demande l'historien à propos du carnaval de Romans [3]. Et acteurs ou observateurs de la tragédie rwandaise n'en finissent pas de polémiquer pour savoir qui a abattu l'avion du président Habyarimana, le 6 avril 1994, ou si le génocide qui s'en est suivi avait été prémédité. D'une certaine façon, ces inquiétudes sont dépassées : Paumier est mort et ses partisans ont été décimés; les Tutsi ont été massacrés, et avec eux les Hutu soupçonnés de «complicité», puis le Front patriotique rwandais a pris le pouvoir. Vrai ou faux, le récit des vainqueurs structurera la réalité, même si celui des vaincus reste opératoire dans les creux de la société [4]. Il n'empêche que le processus d'interprétation ou de surinterprétation, dans la logique de la « prophétie autoréalisante », a travaillé une matière, celle des faits : l'élaboration narrative n'eût pas été identique si ceux-ci avaient été autres.

En outre, l'interprétation elle-même et, plus généralement, les actes d'imagination sont indissociables d'une certaine matérialité. La conception que nous nous faisons du temps et de l'espace, par exemple, procède en grande partie d'innovations technologiques [5]. Avec le développement du réseau routier et ferroviaire, avec l'arrivée du TGV, la représentation de l'Hexagone s'est modifiée. Et la « compression du temps et de l'espace », qui caractérise l'imaginaire de la globalisation à l'échelle mondiale, est d'abord le produit d'une révolution industrielle qui a bouleversé les transports et les communications.

De même, l'« imaginaire de la Terreur », pendant la Révolution française, fit corps, si l'on ose dire, avec les mille et un problèmes techniques que soulevait la guillotine [6]. En stipulant, le 3 juin 1791, que « tout condamné à mort aura la tête tranchée », l'Assemblée effectua un choix symbolique à travers la sélection du *modus operandi* : elle écartait la pendaison, traditionnellement infamante pour la famille du supplicié, et, très égalitairement, elle faisait accéder l'ensemble des citoyens à « l'orgueil du billot ». Restait à savoir selon quel procédé. Deux ans auparavant, le docteur Guillotin s'était couvert de ridicule en proposant que le criminel soit décapité « par l'effet d'une simple mécanique » : il avait trop brutalement bousculé les représentations sociales de la mort. Mais le recours à l'épée – outre qu'il eût été coûteux, car l'instrument devait être excellent – supposait un courage et une dignité chez le condamné dont on ne pouvait *a priori* créditer les roturiers. Si l'on ajoutait que le bourreau avait à être habile, ce qui n'était pas toujours le cas, on voyait vite que cette technique de décollation ne garantissait nullement que la peine de mort, que l'on voulait désormais égale pour tous, serait dans les faits appliquée de façon identique d'une exécution à l'autre. Il fallut revenir à la « simple mécanique » qui, une fois dissipée l'ironie de 1789, avait en outre le mérite de correspondre à la vogue de la Machine.

La guillotine ne tarda pas à incarner simultanément une autre rêverie, celle de la Révolution, dont la justice devait être « rapide comme l'éclair », et le « corps politique » soumis à « épuration » :

« La représentation nationale s'épure chaque année [...] Sans doute le quatrième scrutin épuratoire donnera dans l'Assemblée une majorité permanente et invariable aux amis de la liberté et de l'égalité [...] Le vice était dans le sang. L'épuration du venin au-dehors, par l'émigration de Dumouriez et de ses lieutenants, a déjà sauvé plus qu'à demi le corps politique; et les amputations du Tribunal révolutionnaire [...], le vomissement des brissotins hors du sein de la Convention achèveront de lui donner une saine constitution », s'exclamait Camille Desmoulins. Pourquoi, dès lors, ne pas mettre au point des guillotines « accélératrices » afin d'intensifier le rythme de l'« épuration », comme le demandait d'ailleurs « le peuple »? Selon un ingénieur de Lons-le-Saunier, « pour expédier la besogne plus vite, il fallait établir une guillotine à eau, qu'il en connaissait l'emplacement qui était auprès du pont neuf au bout de la rue neuve avec un puits de six pieds de profondeur pour recevoir le sang [7] ». Techniquement, il était aussi envisageable de faire fonctionner une machine à plusieurs fenêtres : le nombre de trente était avancé par certains esprits zélés ! Mais cette innovation n'apparut pas légitime au regard de l'imaginaire républicain. La guillotine à quatre fenêtres construite à Bordeaux ne fut pas homologuée par le Comité de surveillance de la ville. Celui-ci estima qu'elle était « contraire à toutes les lois révolutionnaires » et qu'elle « [bravait] celle de la justice et de l'humanité » en niant l'individualité du supplicié : « En décapitant *un à un* les condamnés, en les faisant monter *un à un* sur l'échafaud et en répétant pour chacun chacune des phases de l'exécution, la guillotine indique aussi que l'ennemi à abattre n'est autre que l'individu qui a choisi sa propre volonté particulière au détriment de la volonté générale », remarque Daniel Arasse [8]. Les bourreaux n'avaient plus qu'à faire preuve de dextérité, ce dont ils ne manquaient pas : première préfiguration de la « compression du temps et de l'espace » et de la célébration de la vitesse comme qualité politique, les vingt et un girondins furent « expédiés en vingt-six minutes »...

Le culte de la sinistre Machine pendant la Terreur l'atteste : l'imaginaire politique s'actualise lui aussi par l'intermédiaire de supports matériels. Pour Benedict Anderson, par exemple, l'imprimerie, le « pèlerinage administratif » ont été les vecteurs de la « communauté imaginée » de la nation; et, aujourd'hui, faute de Little Iran ou d'Iran Town, la colonie déterritorialisée des Iraniens établis aux États-Unis s'institue dans sa diversité par l'intermédiaire de sa production audiovisuelle [9]. Plus précisément, un imaginaire se doit d'être opératoire pour survivre, rassurer, enchanter. Or cette propriété dépend au moins partiellement de son rapport à une matérialité donnée. La faillite de l'«avenir radieux» en Union soviétique ou du songe de l'«industrie industrialisante» en Algérie, ce fut aussi, et peut-être surtout, un problème de logements surpeuplés ou de robinetteries taries. Il est même des imaginaires si calamiteux qu'ils en deviennent franchement suicidaires : dans la province du Cap, en 1856-1857, les Xhosa exterminèrent leurs troupeaux à l'appel d'une prophétesse et de la sorte facilitèrent grandement la pénétration des colons britanniques; quant à Enver Hodja, il affecta les maigres ressources de l'économie albanaise à la construction de 500 000 casemates destinées à briser l'invasion conjointe des «impérialistes» et des «révisionnistes» [10].

Mais, si les rêves (ou les cauchemars) politiques ont des conséquences bien matérielles, à l'inverse, des phénomènes dont la matérialité est manifeste se réalisent pour une part décisive dans l'imaginaire, quel que soit le rôle des flux tangibles sur lesquels ils reposent : par exemple la détermination de la valeur de l'argent, la globalisation du monde, la formation d'un espace public dans les démocraties pluralistes ou, dans différents pays d'Afrique, l'intégration nationale et l'implantation de l'économie de marché par standardisation des représentations de l'invisible d'une région à l'autre [11]. Le rapport que chacun entretient avec son propre corps et ses fonctions physiologiques s'élabore lui-même en recourant aux processus sociaux de subjectivation qui font la part du licite et de l'illicite, ou du distingué et du vulgaire. De ce fait, l'ethos politique, avec ses qualités, s'énonce souvent à travers des symboliques corporelles et des condensations matérielles dont l'importance interdit à elle seule de cantonner les répertoires de l'action à des genres strictement discursifs ou idéels. L'analyse d'un certain nombre de pratiques pileuses, culinaires et vestimentaires devrait nous aider à préciser ce point.

LES SYMBOLIQUES PILEUSES DU POLITIQUE

Faisant traditionnellement l'objet d'un intense investissement de la part des individus dans la plupart des sociétés, les symboliques pileuses entretiennent une étroite relation avec les pratiques de l'imaginaire politique : «La barbe, la moustache, le poil, les cheveux sont des acteurs imprévus de la scène sociale», écrit Daniel Roche, qui rappelle le rapport unissant par opposition cheveux longs et visage imberbe jusqu'au début du XVIᵉ siècle. Ainsi, la barbe du président Olivier fit scandale au Parlement de Paris, sous le règne de François Iᵉʳ, et l'Église demandait à ses évêques de se raser [12]. Plus près de nous, dans les années soixante et soixante-dix, les cheveux longs divisèrent les familles françaises, qui auraient pu se consoler en apprenant que les jeunes Amish contestataires, eux, se coupent les cheveux pour défier l'autorité de leur Église [13].

L'histoire politique est prodigue en semblables conflits pileux et autres problématiques légitimes du poil. À Florence, l'intégration des *giovani* dans la milice, c'est-à-dire dans le corps de la citoyenneté, était marquée par la coupe de leurs cheveux, trop féminins, qui les exposaient même au risque d'être violés en cas de défaite [14]. En Russie, Pierre le Grand faisait raser la barbe des hommes pieux, qui voyaient en celle-ci une simulation de l'image de Dieu, et dans leur esprit il les réduisait de la sorte à un état animal ; mais tel devait être le prix du rapprochement culturel avec l'Europe [15]. En 1912, les Chinois désireux de manifester leur soutien à la république de Sun Yat-Sen renoncèrent à la natte, dont le port avait été imposé au XVIIᵉ siècle par les conquérants mandchous. Et, en Turquie, la révolution kémaliste fut aussi une révolution pileuse qui sacrifia la barbe du croyant, non sans consacrer le triomphe de la moustache. La forme de celle-ci est d'ailleurs demeurée depuis cette époque un emblème identitaire très mobilisateur. À la fin des années soixante-dix, elle permettait aux différents protagonistes du terrorisme – «loups gris» ultranationalistes, alevi, gauchistes – de se reconnaître immédiatement pour mieux s'entretuer [16]. En 1993, l'accession au pouvoir de Mme Ciller incita plusieurs parlementaires de son parti à se raser et le rédacteur en chef du *Hürriyet*, se félicitant de cette nouvelle mode, signa désormais sa chronique quotidienne d'un visage glabre. Depuis plusieurs années déjà, les intellectuels istanbuliotes, qu'irritait l'«invasion» de leur ville par des rangs serrés d'Anatoliens, exprimaient leur désapprobation en sacrifiant cet attribut viril pour mieux se démarquer du monde argenté et ostentatoire des nouveaux riches : «Le *magonda* (le puant) des années soixante-dix avait une moustache large, une chemise en soie déboutonnée sur un torse velu orné d'un collier d'or, des bottines à frange et des chaussettes de soie sous un pantalon flottant avec à la main un *tesbih* (chapelet) de prix», raille le caricaturiste Gukhan Gurses [17]. Il va sans dire que les succès électoraux du Parti de la Prospérité, lors des élections municipales de 1994 et législatives de 1995, ont encore modifié les données du problème, bien que le nouveau maire d'Istanbul, M. Erdogan, cultive une image de gestionnaire dynamique et non barbu.

En effet, aucun mouvement politique contemporain ne paraît avoir de démarche pileuse aussi bien articulée que l'islamisme, au point que ses militants sont communément qualifiés de «barbus» et caricaturés comme tels dans les médias. Encore conviendrait-il, là aussi, d'être plus précis sur ce répertoire politique. Nabil Beyhum, par exemple, a observé les différences de coiffure entre les miliciens chrétiens et les combattants islamistes à Beyrouth, dans les années 1976-1982. Les premiers, sans être rasés, avaient les cheveux taillés très court, et généralement égalisés au «*mouss*», au rasoir à lame; ils arboraient en outre une petite moustache. Les seconds portaient également des cheveux courts mais plus négligés, sans qu'ils soient passés au «*mouss*», et avaient des favoris plus fournis[18]. Une telle combinatoire politique du poil, valable pour le Liban, se retrouve-t-elle ailleurs à l'identique? Rien n'est moins sûr, et la problématique pileuse de l'islamisme mériterait d'être mieux analysée dans sa vraisemblable diversité.

N'étant ni anthropologue ni coiffeur, il nous suffira de relever que ce genre politique, quelle qu'en soit la pratique concrète, est susceptible de s'ériger en ligne de partage fondamentale dans une situation donnée. Le corporel tend alors à incarner à lui seul l'ordre du politique, et notamment la subjectivité politique; en tant que tel il devient en lui-même un enjeu primordial. Proscrire en Iran les coupes de cheveux «décadentes» – probablement le style rap, court sur le côté avec une crête au milieu, adopté par certains jeunes citadins –, c'est lutter contre l'«agression culturelle[19]». Se laisser pousser la barbe, dans l'Algérie de 1990-1991, c'était naturellement proclamer sa sympathie pour le Front islamique du salut, qui véhiculait un ethos d'individuation et d'émancipation par rapport à l'autorité patriarcale[20]. Y renoncer en 1992, c'était faire preuve de prudence devant la répression des forces de l'ordre et leur chasse au faciès, mais c'était aussi encourir les foudres de certains prédicateurs contre «ceux qui ont rasé leur barbe et qui ont donc plus peur de la police que de Dieu», ou encore les railleries du voisinage : «Alors, mon frère, tu es passé chez Yaxa*[21]?»

* Nom d'un produit dépilatoire pour femmes.

Persévérer aujourd'hui, c'est afficher un grand courage qui atteste la force d'attraction de ce style de vie, désormais peut-être moins islamique que combattant dans les rangs des GIA, si l'on suit les analyses de Luis Martinez[22], mais correspondant en tout cas à une véritable subjectivité civique : ainsi d'«Ahmed», qui continue de porter une petite barbe lui attirant beaucoup d'ennuis aux barrages de police et représentant néanmoins pour lui un «défi», symbole de l'intériorité de son engagement, éthique autant que politique, sous la bannière de l'islam[23].

Cette capacité à condenser le politique dont fait preuve le poil, une petite polémique palestinienne l'a bien illustrée. Le Hamas s'est un jour indigné que la police de l'Autorité eût rasé la barbe de ses cadres emprisonnés, ce qui constituait à ses yeux une affaire «très sérieuse, pire que les coups ou la torture» (sic). Le général Moussa Arafat semblait en convenir puisqu'il s'empressa de démentir : «Je suis stupéfait d'entendre de telles rumeurs, personne au sein de l'Autorité ne commet de telles horreurs[24]!»

DANS LES FOURNEAUX DE LA POLITIQUE : LA CITÉ CULINAIRE

De même, les pratiques alimentaires deviennent facilement des symboliques politiques autonomes à travers lesquelles se joue le devenir de la cité. Mais leurs dispositions semblent plus intégratrices et classificatoires que conflictuelles.

Certes, l'alimentation est un «emblème» identitaire fort. «Dis-moi ce que tu manges, je te dirai ce que tu es», écrivait Brillat-Savarin dans sa *Physiologie du goût*. Par exemple, la propension d'un musulman résidant en France à accepter une invitation à dîner dans une famille non musulmane, et donc à courir le risque de se voir servir une viande «non coupée», rituellement illicite, sera considérée comme un indice de distanciation par rapport à l'islam ; son refus catégorique comme un signe d'appartenance ou de réislamisation : «Oublier ma culture, manger du porc, je ne peux pas[25].» Aussi les pratiques alimentaires servent-elles souvent à exprimer la disqualification de l'Autre. Les Anglais traitent les Français de *frog-eaters*, les Français voient dans les Anglais des *rosbifs* ou dans les Italiens des *macaronis*, et en Iran les gens du Plateau qualifient avec condescendance les Rasti du Nord de «mangeurs de têtes de poisson», un aliment «froid» (*sard*) qui les condamne à une extrême indolence sexuelle[26]. La quantité ou la qualité des mets consommés sont des éléments récurrents de distinction sociale. En outre, le degré de différenciation d'une cuisine révèle l'organisation globale d'une société – l'existence d'une grande tradition culinaire allant de pair avec la polarisation de l'inégalité et la centralisation politique[27] – et les goûts délimitent les aires culturelles : «[...] comment dire que Java fut terre d'hindouisme puisque l'usage du lait et des laitages n'y fut jamais adopté ?» s'insurge Denys Lombard[28].

Néanmoins, si la nourriture marque l'Autre (et console le Soi), elle ne semble pas constituer un répertoire identitaire aussi sensible que le système pileux, par exemple, surtout si l'on tient compte par ailleurs de son potentiel explosif dans le domaine de la revendication sociale. Les émeutes de la faim sont un classique de l'histoire : leur spectre constitue aujourd'hui l'un des principaux obstacles aux réformes de libéralisation économique réclamées par le Fonds monétaire international, et la thématique des «subsistances» a pareillement dominé la vie politique de l'Europe au moins jusqu'au milieu du XIXe siècle[29]. Les pénuries de bière peuvent elles-mêmes provoquer de sérieuses émotions populaires dans un pays comme le Zaïre[30]. Mais il est plus rare d'enregistrer des pogroms alimentaires, même si, par exemple, les agitateurs jettent des carcasses de porc devant les mosquées ou maltraitent des vaches pour déclencher des émeutes communalistes en Inde, si le rôle des Juifs dans le négoce de la vodka a souvent été un prétexte des violences antisémites en Russie ou si la réglementation relative à la consommation d'alcool a représenté un point de cristallisation de la lutte contre la ségrégation raciale en Afrique australe[31].

En revanche, le manger a un pouvoir d'intégration reconnu. Fustel de Coulanges souligne le rôle des «repas publics» dans le culte de la cité grecque : l'accomplissement de ce rite en l'honneur des divinités protectrices commandait son salut, et l'ensemble des citoyens devaient s'y livrer[32]. Pareillement, dans Le Caire des Fatimides, la nourriture était l'un des moyens les plus efficaces de transmettre la *baraka* du calife : lors du banquet du Nouvel An, ce dernier l'offrait de ses propres mains à ses hôtes et, durant le Ramadan, des aliments servis au palais étaient distribués à la population de la ville[33].

En tant que rituel d'intégration, le repas, loin d'être un simple mécanisme de consensus automatique, est une instance de négociation et donc d'indétermination relative. Il peut fonctionner

comme une procédure de mobilisation, d'allégeance, de réconciliation. À ce dernier titre, il offre bien sûr une superbe opportunité de traîtrise, et ce n'est pas sans appréhension que l'on se rend
à certaines invitations. Mais cette part d'ambivalence, celle-là
même que produit le jeu différent des convives, est inhérente à la
table, car le repas est polysémique et accueille des attentes hétéroclites : « Faim, piété, goût de l'apparat et de la solennité, plaisir
d'être ensemble sous un prétexte, concentration sur une brève
période du peu de superflu dont on dispose afin d'en tirer un plaisir maximum en le volatilisant d'un coup » expliquent, pour Paul
Veyne, que le festin évergétique ait été à Rome « une véritable
institution, prête à entrer dans toutes les combinaisons » et dont la
religion était « tantôt le mobile principal, tantôt le prétexte »[34].

Ainsi, le manger ensemble est une médiation récurrente de la
participation politique dans tout ce qu'elle a de dynamique, de
complexe, voire de conflictuel. En France, aussi bien la société de
cour de l'Ancien Régime que la République se sont largement
structurées par ce biais, et les péripéties de la dernière campagne
présidentielle – des repas de parlementaires organisés concurremment par MM. Chirac et Balladur au déjeuner de réconciliation
entre M. Juppé et M. Sarkozy, en passant par la consécration de la
tête de veau comme symbole de la réduction de la « fracture
sociale » – ont montré la vigueur persistante du répertoire culinaire[35]. En Chine également, les liens de clientèle (*guanxi*) se font
et se défont à renfort de « grandes bouffes et grandes beuveries »
(*dachi dahe*), moments élémentaires de la vie politique dont il ne
faudrait pas sous-estimer le coût économique[36]. Et en Turquie ou
en Iran, la sociabilité de la rupture du jeûne pendant le Ramadan
est un temps fort de la lutte factionnelle ou électorale. Elle permet
à ses protagonistes de se positionner à la faveur « d'un climat de
religiosité qui interdit de soupçonner les intentions de ceux qui
déplient une nappe, la couvrent de mets variés et accueillent qui
de droit dans leur entourage[37] ».

L'important est de bien saisir l'efficacité performative de ce
type de micro-procédures. Lorsque le vizir al-Afdal fut tué au
Caire, en 1121, après avoir usurpé beaucoup des prérogatives du
calife, la scène politique des banquets permit de régler le délicat
problème de transition qui se présentait. D'un côté, le souverain
al-Amir, restauré dans la plénitude de son pouvoir, entendait
affirmer son autorité. De l'autre, il devait ménager les fils du
défunt et les troupes qu'ils contrôlaient. Les fêtes de la rupture du

jeûne du Ramadan procurèrent une possibilité de satisfaire ces deux exigences contradictoires, encore qu'il fallût respecter les convenances du deuil, survenu le jour même. Le calife convia la famille du défunt à un premier repas privé et partagea une datte avec chacun de ses membres présents. Puis il prit le deuil et présida un second repas où le frère de l'ancien vizir se fit son porte-parole. Il distribua ensuite la nourriture à l'assistance. Le symbolisme du repas partagé était limpide : « La famille du vizir défunt, al-Afdal, renonçait à tout grief concernant la mort de celui-ci ; le calife, par ailleurs, assurait la famille de sa sécurité en ouvrant sa table au frère et au fils du vizir assassiné. Les autres convives ayant pris part au partage de la nourriture étaient tout à la fois témoins et bénéficiaires de cette "transaction" [...] Lors du banquet privé l'État fut reconstitué ; lors du banquet public, le fait fut annoncé[38] ». Cette efficacité politique du rituel fut en l'occurrence facilitée par le caractère austère du repas de rupture du jeûne à la cour des Fatimides, soucieux de renouer avec la tradition du Prophète qui se contentait d'une datte ou de raisin.

Si les pratiques alimentaires s'avèrent de la sorte des médiations performatives dans les rapports politiques, il convient de s'interroger sur leur rôle latent à l'aune de la longue durée du changement historique. Ne contribuent-elles pas, discrètement mais de façon décisive, au « tenir ensemble » des sociétés politiques, de leur « monde de significations » ? Après tout, la procédure du repas s'effectue d'une à trois fois par jour : il en est peu d'aussi répétitives. Relevant pour l'essentiel de la sphère privée, elle est un site primordial où se négocient les rapports entre les sexes et où se transforme la famille. Mais elle s'inscrit aussi de plus en plus dans l'espace public du fait de la marchandisation croissante des sociétés. Déjà, sous l'Ancien Régime, en France, le système du « regrat », qui assurait une « perfusion entre la bonne nourriture des riches et la médiocre alimentation des pauvres » par le rachat des restes de repas aux maisons nobles et bourgeoises, aux couvents et aux communautés religieuses, et par leur revente dans des gargotes[39], avait développé un réseau fourni d'établissements de restauration. Celui-ci sera l'une des institutions maîtresses de la sociabilité politique pendant la Révolution et tout au long du XIXe siècle. De pair avec les livres de cuisine, il véhiculera une certaine unification des manières de table et des préceptes du goût.

Pour silencieuses qu'elles soient, les révolutions culinaires œuvrent à une certaine homogénéisation culturelle qui n'est pas sans effets politiques. Aux États-Unis, les nécessités de l'effort de guerre à la suite de la pénurie alimentaire mondiale de 1916-1917, l'expérience de la mobilisation sur le Vieux Continent et la pression des diététiciens réduisirent progressivement les particularismes culinaires des communautés immigrées et des États du Sud au profit d'un régime moins carné, plus équilibré, mais au détriment du poivre et du piment, explicitement associés à des comportements sociaux peu recommandables – le banditisme, l'agitation révolutionnaire – par les tenants de la réforme alimentaire. La standardisation de la nourriture, que rendait au demeurant possible l'industrialisation croissante de la production, a été un rouage crucial du *melting pot*. Cette logique d'unification n'a cependant pas été univoque : elle a pu procéder par cooptation et diffusion de certains plats favoris des communautés immigrées, tels les spaghettis à la tomate, chéris des diététiciens et aussi des patriotes puisque l'Italie était entrée en guerre aux côtés des Alliés[40]. Aujourd'hui, la multiplication des restaurants «ethniques» accompagne en filigrane la revendication du multiculturalisme.

En définitive, l'espace gastronomique participe de l'espace civique et contribue à la réalisation de celui-ci. En Iran, le riz, jadis privilège des Rasti indolents, tant il était coûteux, est en passe de devenir le plat national emblématique grâce à des importations massives, et là aussi l'homogénéisation du paysage culinaire s'effectue par incorporation de plats régionaux (*mahalle*), telle la saucisse arménienne[41]. Cas limite, la consommation de la bière Primus est sans doute l'un des derniers rituels dans lequel communient les Zaïrois, mais à voir la ferveur avec laquelle ils s'y adonnent, ne désespérons ni de l'unité du pays ni du nationalisme de ses habitants !

Pour peu que ces notions de la citoyenneté culinaire et de la cuisine civique soient pertinentes, il importe d'observer attentivement la globalisation de certaines habitudes alimentaires qui constitue peut-être un processus plus complexe que ne le croient les pourfendeurs du Coca-Cola et autres MacDonald. Des modèles de consommation importés sont susceptibles de servir l'intégration d'une société nationale, pour reprendre une remarque faite par Fariba Adelkhah au sujet de l'Iran : le thé au Maroc, la bière en Afrique noire, la pomme de terre dans tel ou tel pays d'Europe sont devenus de vrais symboles d'appartenance à la «communauté imaginée», et il suffit d'avoir entendu une fois, dans la gare frontière de Domodossola, le cri déchirant d'un Italien appelant au petit matin le marchand ambulant d'espressos pour savoir qu'un mets ou une boisson d'acclimatation récente peut vite devenir une véritable drogue nationale. En outre, la circulation des usages culinaires facilite, ou en tout cas signale, des recompositions identitaires qui peuvent à terme devenir des recompositions civiques. Ainsi, en Europe, les «pèlerinages» touristiques – nous utilisons le terme dans le sens que lui a donné Victor Turner et qu'a repris Benedict Anderson en parlant des «pèlerinages administratifs» dans le Nouveau Monde[42] –, la disparition des barrières douanières et la réglementation communautaire ont engendré la vulgarisation, à l'échelle du continent, d'habitudes ou de produits régionalement ou nationalement connotés, comme la baguette de pain, la pizza, le café espresso, la bière, la feta. La fabrication du camembert au Danemark est somme toute un hommage du vice à la vertu dont doit se réjouir un Français maastrichtien conséquent.

Sans doute ne faut-il pas pousser trop loin le raisonnement : l'amour de la slivowitz n'a pas dissuadé Serbes, Croates et Bosniaques de se faire la guerre et de déchirer la «communauté imaginée» yougoslave. Mais l'ordre de la nourriture demande considération politique, d'autant qu'il est étroitement lié au processus de subjectivation (Michel Foucault) et à la définition des «styles de vie» (Max Weber). En Europe, par exemple, l'invention gastronomique a été une dimension fondamentale de la «civilisation des mœurs», de l'affinement progressif du comportement social de fractions croissantes de la population, de la maîtrise du corps par celle de la diète[43]. L'idée de régime est volontiers au cœur des préoccupations des penseurs qui s'intéressent à la «réforme» de leurs semblables, même s'il faut admettre que le spectre est large entre les préoccupations diététiques des Anciens et celles d'un Ceaucescu. De nos jours, elle caractérise pareillement le projet réflexif du Soi que promeut la globalisation[44].

En fin de compte, l'interconnexion entre la sphère politique et la sphère de la nourriture est vigoureuse, et c'est non sans raison que le romancier Lu Wenfu retrace quarante ans de communisme chinois à travers les tribulations d'un gastronome[45]. La force de suggestion de ce rapport de l'alimentation au politique réside à notre sens dans la combinaison de quatre propriétés distinctes. Se nourrir est un acte physiologique nécessaire, qui est simultanément un acte de plaisir intense dont la sexualisation est évidente, même dans les sociétés préfreudiennes. À ce titre, il est matière à passions, et à frustrations ; il cristallise aussi des qualités morales dont la transgression peut être un sujet de scandale ou de désapprobation. De surcroît, cet acte nécessaire, plaisant et moral, est partagé : il donne naissance à des formes privilégiées de sociabilité et représente d'ailleurs une étape centrale de la socialisation des enfants. Enfin, le manger, objet d'investissement extrême, est simultanément un acte banal, plus que ne l'est par exemple l'acte sexuel. Ces quatre traits de la nécessité, du plaisir, du partage et de la banalité confèrent à la translation du répertoire culinaire à l'action politique son pouvoir singulier, qui va jusqu'à s'ériger en principe constitutif de la «gouvernementalité du ventre», comme en Afrique, ou tout au moins en métaphore et en transaction de prédilection, comme en Chine.

LES SYMBOLIQUES VESTIMENTAIRES DU POLITIQUE

Il est maintenant clair que les symboliques corporelles ne peuvent être abstraites du rapport qu'elles entretiennent avec la culture matérielle de la société dans laquelle elles s'inscrivent. Il n'est point, par exemple, de relation au corps qui ne soit en même temps relation au vêtement. Pour Marshall Sahlins, un système vestimentaire «équivaut à un système très complexe de catégories culturelles», qu'il a sans doute tort de voir fonctionner «sur une sorte de syntaxe générale [...], un ensemble de règles permettant de décliner et de combiner des classes de vêtements de façon à formuler les catégories culturelles» :

> «Le système vestimentaire en particulier reproduit pour la société occidentale les fonctions du "prétendu totémisme". En tant que matérialisation somptuaire des principales coordonnées de personne et de situation, il constitue un vaste schème de communication – au point de servir de langage de la vie quotidienne entre ceux qui peuvent ne pas se connaître. "La simple apparence" doit être une des formes les plus importantes de l'énoncé symbolique dans la civilisation occidentale. Car c'est par les apparences que la civilisation transforme la contradiction fondamentale de sa construction en un miracle d'existence : une société de parfaits étrangers ayant une certaine cohésion. Mais dans ce cas sa cohésion dépend de la possibilité d'appréhender les autres, leur condition sociale, et de là, leur relation à soi "au premier coup d'œil"[46].»

D'autres auteurs ont montré qu'en réalité les codes vestimentaires sont éminemment contextuels et relatifs : ils sont pour-
voyeurs d'ambivalence tant dans le domaine social que dans celui
de l'identification sexuelle [47]. Au fond, le terme de «système vestimentaire» prête à confusion en totalisant des pratiques élusives et
équivoques. Tout d'abord, le vêtement, comme tout phénomène
culturel, est à la fois héritage et innovation : son analyse implique
que l'on saisisse «d'un même mouvement stabilité et changement
des apparences». En outre, il consiste en une «imbrication constitutive du réel et de l'imaginaire» en étant «une manière de penser le sensible», où «le spirituel et le matériel se mêlent avec
particulièrement de force» : «Là le mental se fait corps, là le corps
individualisé expose les transcriptions fugaces de la personne, là le
vêtement met en valeur les correspondances souterraines de la
matière et de l'esprit [48].» Grâce à cette plasticité, le vêtement est
un instrument privilégié de construction et de négociation des
identités : des identités individuelles – songeons aux états d'âme
d'Agrippine, l'adolescente de Bretécher ! –, mais aussi des identités
collectives. L'habit fait bien le moine, et les acteurs politiques ne
s'y trompent pas. En Inde, il transmet la sainteté, la pureté ou la
pollution, en même temps qu'il délimite les statuts [49]. Au Moyen
Âge, il «désigne chaque catégorie sociale» et est un «véritable uniforme» : «Porter celui d'une autre condition que la sienne, c'est
commettre le péché majeur d'ambition ou de déchéance [50].» En
1471, Laurent le Magnifique se voit encore conseiller de changer
sa mise pour prendre quelque distance par rapport à la classe d'âge
des *giovani* et convaincre le Saint-Siège de sa «gravité [51]». Quant
aux dictateurs militaires de notre siècle, ils pensent souvent qu'il
suffit d'apparaître à la télévision en costume trois pièces pour civi-
liser leurs régimes et donner des gages à l'opinion. «Se vêtir, c'est
faire», pourrait-on dire en parodiant John Langshaw Austin.

Le caractère performatif du costume est souvent pris au pied
de la lettre par les réformateurs religieux, les révolutionnaires ou
encore les traditionalistes. Les rituels d'initiation comportent ainsi
généralement une symbolique vestimentaire, y compris dans les
sociétés industrielles : au Japon, les étudiants enfilent un «*recruit-
ment suit*» – invariablement gris, assorti d'une cravate rayée rouge
et bleu – sitôt qu'ils sont embauchés, et il y a peu c'était le port
envié du pantalon qui, en France, marquait la sortie de l'enfance.
À la limite, la quête initiatique se confond avec la quête vestimen-

taire : par exemple, les Sapeurs du Congo partent « en aventure » à Paris pour y acquérir des habits de luxe, reviennent parader à Brazzaville en qualité de « Parisiens » et, après plusieurs « descentes » réussies, acquièrent le statut de « Grand » (*Yaya*) [52].

Dans l'arène politique, la fabrication de l'homme nouveau réclame pareillement qu'il se vête de manière adéquate. Pendant la Révolution française, le Comité de salut public demanda à David de dessiner un uniforme civil national, idée qui fut délaissée après la chute de Robespierre, mais qui ne dispensa point la Convention de réfléchir à l'habit républicain dont il convenait de pourvoir les autorités et d'adopter un décret à cet effet, sur la base d'un rapport de l'abbé Grégoire : « Le langage des signes a une éloquence qui lui est propre : les costumes distinctifs font partie de cet idiôme ; ils réveillent des idées et des sentiments analogues à leur objet, sur-tout lorsqu'ils s'emparent de l'imagination par leur éclat [53]. » Faute d'être en mesure d'imposer un uniforme national, les sociétés révolutionnaires rendirent quasiment obligatoire le port du bonnet phrygien et de la cocarde tricolore : en Ardèche, à Largentière, les femmes devaient arborer celle-ci « à l'endroit le plus sensible qui est celui du cœur », et la ville voisine de Joyeuse menaçait de prison celles qui délaissaient « cet emblème de la liberté » (*sic*) [54]. Un habit conforme était un certificat de vertu républicaine, encore que le répertoire eût tendance à se diversifier après la fin de la Terreur et acquît une redoutable complexité sémiotique sous le Directoire. Il n'empêche : aux yeux des Républicains, « le vêtement n'était pas tant la mesure de l'homme que son producteur [55] ». De même, Mustafa Kemal consacra l'abolition du califat par la criminalisation du port du fez : « Messieurs, il fallait abolir le fez, qui trônait sur les têtes de la nation comme l'emblème de l'ignorance, de la négligence, du fanatisme et de la haine du progrès et de la civilisation, pour accepter à sa place le chapeau, coiffure utilisée par le monde civilisé tout entier, et de la sorte démontrer que la nation turque, dans sa mentalité comme dans d'autres aspects, ne s'écarte aucunement de la vie sociale civilisée [56]. » En Chine, l'imposition du bleu de chauffe maoïste refléta cette même croyance dans la puissance magique du textile.

Comme élément constitutif des processus d'identification, le vêtement est prompt à déchaîner les passions. Il est un enjeu des relations d'amour, mais aussi de conflit entre parents et enfants, entre adultes et jeunes. Chez les Wolof, au Sénégal, « avoir un père, *c'est être habillé par lui*» : «L'enfant se sent en puissance de père, aimé du père quand il est bien habillé, quand il imagine les autres le regardant bien habillé», relèvent les Ortigues, dont nombre de jeunes patients souffraient précisément d'être «mal vêtus» par leur géniteur. La puissance symbolique du tissu est telle qu'un proverbe dit : «Il y a des paroles, si elles étaient des pagnes neufs, on s'en habillerait[57].» En France également, les pratiques vestimentaires dans les familles sont de nature à cristalliser les discordes intergénérationnelles à travers lesquelles se forge la personnalité de l'enfant ou de l'adolescent : le port de la minijupe ou, chez les garçons, le passage initiatique des culottes courtes au pantalon ont donné lieu à désirs, à interdits, à frustrations, à rancœurs, à négociations, à tensions. Aujourd'hui, en Occident, «les *pumps** sont synonymes d'indépendance, de liberté; la preuve que l'on s'émancipe de la tutelle familiale; un symbole aussi de mobilité, la confirmation que l'on peut échapper à son milieu social[58]». L'engouement que leur portent les jeunes Londoniens peut les pousser à commettre des agressions à main armée pour se les procurer, tout comme à Philadelphie Chris Demby a été poignardé à l'âge de quinze ans par un gang d'adolescents désireux de s'emparer de sa paire de Reeboks[59].

Par ailleurs, le vêtement matérialise le désir sexuel des individus en fonction de divers répertoires culturels ou sociaux et de leur propre itinéraire biographique. À l'occasion, il inspire des fétichismes[60]. Mais il ne se départ pas pour autant de sa polysémie, et c'est justement cette ambivalence qui concourt à sa charge émotive. Symbole du statut dépendant de l'enfant, le short pourra devenir vecteur de plaisir chez tel jeune adulte homosexuel en mal de «libération» : «Beau et tendre prince charmant de 28 ans, rêve d'un mignon petit frère 18-20 ans au visage de fille, imberbe, sensuel, infantile, faisant très petit garçon, genre signe de piste. Jeune scout bienvenu. Joindre photo (si possible en short)[61].» Néanmoins, en Occident, il a perdu une bonne part de sa connotation érotique ou de sa qualité d'emblème de la condition enfantine, du fait de la généralisation de son port par les adultes sous l'effet de l'extension de la pratique sportive, et ce même si la publicité continue de vanter le fromage des «gastronomes en culottes courtes», si un Philippe Séguin raille la «bande de gosses en culottes courtes» que serait le gouvernement d'Alain Juppé ou

---

* Chaussures de jogging.

si un Alain Touraine adjure le Parti socialiste d'enfiler des «pantalons longs» : «Le PS est placé devant une décision difficile et qui ne peut être prise en quelques mois. Il faut, comme disaient les Chiliens, qu'il se mette des "pantalons longs" au lieu de ses culottes courtes, qu'il ait le courage de parler et d'agir de manière indépendante [...][62].» En revanche, il demeure un sujet de scandale dans la plupart des sociétés musulmanes où il ressortit à la «corruption» (*fesad*). Ainsi, les islamistes algériens s'en prirent vigoureusement à la médaille d'or du 1 500 mètres féminin, Hassiba Boulmerka, qui «court en short devant des milliers d'hommes[63]». Ils faisaient écho à la polémique que les athlètes turques républicaines avaient déclenchée entre les deux guerres pour les mêmes raisons[64]. Et, en 1936, de nombreux parents de la ville sainte de Qom, déjà consternés par l'interdiction du voile l'année précédente, retirèrent de l'école leurs garçons parce que le nouvel uniforme scolaire comportait d'«indécentes» culottes courtes[65].

Ne sourions pas trop vite de ces émotions pudibondes et de ce qu'elles révèlent de la pensée magique de ceux qu'elles agitent. À la fin du XVIe siècle, on s'en souvient, des Anglais ne pouvaient supporter que des acteurs exhibent sur scène des vêtements féminins : le travestissement altérait leur virilité et l'idée même de masculinité[66]. Pareillement, la très cartésienne République laïque est sûre de son fait : le *hejâb* vaut soumission de la femme à l'homme et refus de la loi. «Dans le port du foulard, il y a quelque chose de plus que dans le port d'une croix ou de la *kippa*. Il y a dans le foulard plus qu'un signe religieux. Il y a l'affirmation que l'on ne doit pas se mélanger, que pour un musulman la loi civile ne compte pas; seule compte la loi de l'islam. Or les droits de l'homme, cela commence souvent par les droits de la femme. Ce sont deux dangers majeurs, en contradiction à la fois avec le pacte national français et avec notre pacte républicain», estime François Bayrou, le ministre de l'Éducation nationale[67]. Conception que récuse fort sagement le Conseil d'État : «Par lui-même le foulard n'exprime rien, à la différence des signes qui sont par eux-mêmes ou par leur utilisation historique une incitation à la haine ou à la violence. [...] Le foulard n'est ressenti comme une agression contre la dignité féminine que moyennant toute une reconstruction à partir de ce que l'on sait de la religion ou de la civilisation islamique. Or il paraît évident [...] que ni l'administration ni le juge ne peuvent s'immiscer dans de telles considérations[68].» Depuis plusieurs années, le débat politique, les conflits scolaires ou professionnels, les procédures judiciaires font rage, confirmant que l'imaginaire vestimentaire est matière à passions, y compris dans une société industrielle supposée être «désenchantée».

Néanmoins, l'habillement ne met pas seulement en branle des enjeux de pouvoir ou de statut. Il participe également du principe de plaisir qu'apporte la réalisation du Soi, quand celle-ci est satisfaisante, et il renvoie indissolublement à des normes positives. La valeur marchande du vêtement procède en partie de ces répertoires imaginaires de subjectivation et de mobilisation collective qui font la mode et la rendent parfois très volatile : à Mogadiscio, par exemple, elle suit un cycle hebdomadaire et les tissus commercialisés au marché du jeudi se déprécient de jour en jour jusqu'au jeudi suivant ; de même, en Côte-d'Ivoire, les pagnes commémoratifs provoquent une spéculation effrénée[69]. Les pratiques de l'habillement sont des rites du quotidien, à la fois matériels et symboliques, par lesquels l'individu s'inscrit dans la société, par lesquels, au fond, celle-ci s'institue. À ce titre, elles constituent aussi un enjeu économique formidable et ressortissent à la «formation» de l'État autant qu'à sa «construction».

Bien sûr, le vêtement, à l'instar de tout répertoire culturel, est instrumentalisé par les acteurs politiques. Ces derniers l'utilisent pour émettre des messages d'autorité, de proximité ou de contestation, ou encore pour peaufiner leur style. Si le souci de Laurent le Magnifique était de se vieillir et de gagner en «gravité», celui de Valéry Giscard d'Estaing était de faire jeune et moderne : il apparut donc à la télévision en pull-over dans les années soixante. Au Japon, Morihiro Hosokawa cultiva lui aussi un style «non conventionnel», par exemple dans sa manière de nouer sa cravate : «Quand j'ai vu Hosokawa à la télévision avec les autres chefs d'État, j'ai été frappé par sa façon qu'il avait de porter son cache-nez, à la manière d'un jeune homme. Je n'avais jamais vu un Premier ministre dans une telle tenue, il m'a beaucoup impressionné», écrivit un lecteur à l'hebdomadaire *Aera*. Zargana, le Coluche de la Birmanie, se promena un jour vêtu d'une chemise impeccable et d'un *longyi* lamentable : chacun comprit qu'il brocardait le fossé entre le régime militaire et le peuple[70]. En Chine, les étudiants de la place Tien Anmen dressèrent un portrait de douze mètres de haut de leur héros, Hu Yaobang, représenté en costume-cravate, qui faisait face à l'effigie officielle de Mao, en vareuse : le duel vestimentaire entre les deux défunts résumait à lui seul le programme des «démocrates». Et, en décembre 1995, lorsque le chef de l'État, Jiang Zemin, voulut adresser à Taïwan un avertissement martial, il présida une réunion des instances dirigeantes dans la chemise vert olive qu'il affectionne quand il inspecte les troupes, plutôt qu'en costume ou en vareuse de cadre communiste[71]. Quant aux étudiantes de l'université de Téhéran hostiles aux Pahlavi, avant même que la revendication d'une « République islamique » ne se propage, elles se voilèrent pour afficher leur rejet d'un régime qui avait tenté d'interdire le *hejâb* en 1935 et qui ne s'était finalement résigné à le tolérer qu'au prix de sa disqualification sociale[72].

À la limite, nous l'avons vu, la « construction » de l'espace étatique tend à se confondre avec l'inculcation (ou la prohibition) d'un énoncé vestimentaire. Dès la première moitié du XVIIIe siècle, bien avant les révolutionnaires français, turcs, chinois ou iraniens, un Frédéric-Guillaume Ier avait compris le parti qu'il pouvait tirer de ce genre de symbolique pour centraliser et moderniser son royaume de Prusse autour d'un ethos bureaucratique et parcimonieux. Il ne portait à la Cour que l'uniforme d'un simple commandant de régiment afin d'exprimer son attachement à l'armée. Il unifia et simplifia l'habillement de celle-ci, parvenant à réduire de près de moitié la quantité de tissu nécessaire à sa confection en donnant au vêtement militaire le style angulaire conforme à l'idée qu'il se faisait de la discipline. Pour le reste, le Roi-Sergent ne se montrait que dans les plus modestes costumes fabriqués en Prusse, en guise de défense et illustration de son programme protectionniste qui fit « décoller » de manière spectaculaire l'économie de son pays[73].

Pourtant, ces démarches volontaristes, qui s'efforcent d'unifier une société politique par le truchement d'un genre vestimentaire national, butent vite sur les dures réalités de la « formation » de l'État. Au Zaïre, par exemple, la prescription de l'abacost comme costume « authentique » fit long feu, ne serait-ce que parce que l'homme de la rue n'eut jamais les moyens de se le procurer : taillé en Europe par Arzoni, Fabrice ou Charly, l'abacost est vite devenu l'apanage identitaire de la nomenklatura du régime[74]. Cela ne signifie pas que les tentatives d'unification vestimentaire, si inachevées soient-elles, soient négligeables ; cependant, il est rare qu'elles s'effectuent *ex nihilo*, en étant complètement déconnectées des processus souterrains de « formation » de l'imaginaire vestimentaire, et qu'elles restent sans effet sur celui-ci. Ainsi, l'abacost trouve ses origines, non pas seulement dans la vareuse maoïste qui éblouit le maréchal Mobutu lors de sa visite à Pékin en 1973, mais aussi dans la tenue que portaient dans les années soixante les ressortissants ouest-africains résidant dans les quartiers de Barumbu et de Lingwala, à Kinshasa, dans le costume dit «africain» qu'arborait Kwame Nkrumah, dans le «sango» de son rival Félix Houphouët-Boigny ou dans la «tenue-ministre» de l'élite politique congolaise qui accéda au pouvoir à Brazzaville dans le sillage de la révolution de 1963[75]. À dire vrai, un coup d'œil suffit à établir sa parenté avec la saharienne des administrateurs des colonies et avec les tenues comparables de leurs auxiliaires administratifs et autres catéchistes. S'il fallait une preuve supplémentaire de la continuité politique de la situation coloniale à l'État postcolonial, nous la tiendrions. Et il est amusant de voir les chantres de l'authenticité, si prompts à pourfendre l'aliénation culturelle des «Nègres blancs», se pavaner dans les atours vaguement «tropicalisés» de leurs anciens maîtres quand – nous y reviendrons – le port du costume-cravate représentait, lui, une vraie révolution symbolique par rapport à l'époque honnie de l'occupation européenne.

«Construction» et «formation» vestimentaires de l'État vont ainsi de pair. Le processus global de «rationalisation» des sociétés est en partie médiatisé par les pratiques de l'habillement. La naissance de l'uniforme dans l'Europe du XVIIIe siècle a matérialisé plusieurs changements fondamentaux au sein de l'Ancien Régime : l'institutionnalisation d'armées permanentes qui équipent la piétaille d'armes à feu et se dotent d'une artillerie moderne ; la consolidation des monarchies absolues qui s'émancipent définitivement des noblesses féodales pour lever et payer directement leurs troupes ; la recherche d'une articulation neuve entre la société civile et l'activité militaire ; le développement de l'hygiène collective ; la création d'un lieu où les hommes assument de façon durable des fonctions symboliquement dévolues aux femmes[76].

Il faut placer le culte de l'uniforme chez le roi Frédéric-Guillaume Ier sous la lumière de ces multiples transformations : il n'était pas un simple épiphénomène de l'entreprise de modernisation conduite par les Hohenzollern, qui culminera avec le rituel sanglant de la Grande Guerre[77]. Non, bien sûr, que le nouveau costume militaire ait été une cause de tant de mutations ! Mais, inversement, on ne peut guère imaginer l'État moderne sans l'uniforme. Celui-ci, écrit Daniel Roche, «a pu être l'instrument d'une domestication de la violence, un outil de progrès[78]». Soit, et Max

Weber a lui-même montré que la démocratie était une fille de l'infanterie et de sa discipline, c'est-à-dire, pouvons-nous ajouter, de l'uniforme[79]. Soyons néanmoins plus complet, et moins optimiste. Ce dernier a fourni le cadre symbolique d'une bureaucratisation globale de la société qui se fait sentir dans le domaine économique – certaines entreprises procurent d'ailleurs à leurs salariés des tenues spécifiques, leurs cadres obéissent généralement à un code vestimentaire implicite, et la classe ouvrière elle-même a eu pendant un temps la casquette pour signe d'appartenance sociale[80] –, dans le domaine de l'administration et des services publics, mais aussi dans celui de la destruction de masse : les deux guerres mondiales se sont faites en uniforme, et ce furent des SS en uniforme qui exterminèrent les Juifs, eux aussi revêtus d'uniformes.

En définitive, le rituel vestimentaire incarne une véritable *Weltanschauung*. Les traditionalistes ne s'y sont pas trompés, qui se sont vigoureusement opposés à l'introduction de tenues occidentales dans les armées de la Perse ou de l'Empire ottoman au début du XIXᵉ siècle : porter des bottes de *farengi* et des vêtements si scandaleusement courts, n'était-ce pas braver les recommandations du Prophète et laisser pressentir sa conversion au christianisme[81] ? Les révolutions politiques et économiques qui ont marqué le XIXᵉ et le XXᵉ siècles ont été indissolublement des révolutions vestimentaires, et ont souvent été vécues comme telles par leurs acteurs. L'autonomisation symbolique du registre de l'habillement a fourni une scène privilégiée où se sont noués les conflits, les compromis, les alliances entre les parties prenantes au changement social. Elle a constitué l'une de ces « relations génétiques concrètes qui revêtent inévitablement un caractère individuel propre[82] » et qui s'érigent en matrices de la formation de l'État. Sous cet angle, elle a souvent consisté en une invention pure et simple de la tradition.

L'ethnogenèse vestimentaire de l'identité écossaise des Highlands en offre un premier exemple. Comme chacun sait, les authentiques Écossais vont en kilt et jouent de la cornemuse... Pourtant, l'habit traditionnel des Highlanders ne s'est développé qu'« après, et parfois longtemps après, l'Union avec l'Angleterre, contre laquelle il est, d'une certaine manière, une protestation[83] ». Humainement et culturellement, la côte occidentale de l'Écosse était une colonie de l'Ulster à laquelle elle est restée liée jusqu'au milieu du XVIIIᵉ siècle. Elle n'avait pas de tradition en propre et participait de l'aire culturelle celte. Elle ne s'émancipa de celle-ci qu'à partir de la fin du XVIIIᵉ siècle, grâce à tout un travail de réécriture de l'histoire. L'Écosse des Basses Terres, peuplée de Pietes, de Saxons et de Normands, reprit dans un deuxième temps cette nouvelle idéologie identitaire. L'innovation vestimentaire du kilt survint fortuitement dans les années 1730 sur cette toile de fond : « Le kilt est un vêtement purement moderne, dessiné puis tissé par un industriel quaker anglais qui en a doté les Highlanders, non pas pour préserver leur mode de vie traditionnel, mais pour assurer leur passage de la lande à l'usine [84]. » Comme tous les autres signes distinctifs de l'identité régionale, il fut interdit par Londres après la grande révolte de 1745, pendant une période de trente-cinq années. Lorsque cette législation fut rapportée, l'usage du kilt se répandit à nouveau, non dans les classes populaires aux- quelles il avait été initialement destiné, mais dans les milieux de la *gentry* et de la bourgeoisie, à la faveur du mouvement romantique qui balayait l'Europe en réhabilitant l'innocence perdue du Sau- vage et du Paysan. Surtout, les régiments des Highlands, créés par Pitt au lendemain de la Grande Révolte et qui avaient été exemp- tés du bannissement des signes vestimentaires distinctifs, avaient progressivement adopté le kilt. Les Écossais leur doivent proba- blement aussi la différenciation de ses motifs et de ses couleurs qui épouseront progressivement les identifications claniques, au fur et à mesure que la sensibilité romantique les remettra au goût du jour dans le courant du XIXᵉ siècle.

Après la levée de la législation vestimentaire d'exception, en 1782, le kilt s'imposa comme symbole d'un particularisme en passe de devenir national, non sans que divers érudits, conscients de la supercherie, ne protestent. L'institution militaire continua de jouer un rôle crucial dans sa diffusion, singulièrement après la victoire de Waterloo dans laquelle s'étaient illustrés les Highland Regi- ments. L'œuvre de Walter Scott, la mise en scène de la visite de George IV à Édimbourg en 1822 firent le reste, et la définition de la « communauté imaginée » écossaise passa désormais par le filtre de sa minorité celte, longtemps tenue pour « barbare », dont l'iden- tité s'incarnait maintenant en un étrange vêtement, dessiné moins d'un siècle auparavant par un Quaker anglais... Le gendre de Scott alla jusqu'à parler d'« hallucination » collective.

Mais, nous l'avons amplement vu, c'est toujours au prix de telles illusions que se cristallisent cultures et identités. L'intéres- sant, dans le cas écossais, est que l'« hallucination » ait été d'ordre vestimentaire et qu'elle ait permis à une province indocile de se forger une conscience politique tout en renégociant sa relation avec le centre du royaume. De ce point de vue, le costume régional a été simultanément un condensateur de conflits et un instrument de compromis. L'abolition de la législation d'exception, en 1782, a été fêtée en Écosse comme une victoire du plaid celte sur le pantalon saxon. Mais ce succès n'a été rendu possible que par l'intermédiaire de l'armée britannique et a été systématisé par l'industrie textile moderne, qui a marchandisé le kilt avec la caution culturelle de la Highland Society de Londres et la légitimation politique de la reine Victoria[85].

Histoire exemplaire, dans son ambivalence, que celle du kilt. Elle est aussi bien celle du fez nord-africain, que la Sublime Porte imposa à son armée en 1828, malgré les réticences des traditionalistes, et qui devint en quelques décennies le symbole, honni ou adulé, de cette même tradition auquel Mustafa Kemal réservera ses foudres[86]. Pareillement, à Java, le balancement des princes et des nouvelles élites entre le style autochtone (*cara Jawi*) et la mode néerlandaise (*cara Walandi*) a été l'une des matrices de l'idée nationale indonésienne dès le XIXᵉ siècle, par réification d'une tradition insulaire et appropriation d'éléments de la modernité européenne; autrement dit, l'une des procédures par lesquelles fut imaginé le nationalisme colonial dont parle Benedict Anderson[87].

L'autonomisation politique du vêtement comme point de cristallisation des luttes politiques, mais aussi comme instance de compromis entre leurs protagonistes et comme site majeur de l'innovation sociale, ne peut être comprise que si nous gardons à l'esprit le rapport étroit qu'il entretient avec le processus de subjectivation. L'habillement matérialise la revendication plus ou moins consciente d'un «style de vie» avec son esthétique, ses valeurs, son idée normative de l'économie morale de la cité, et donc, *in fine*, son rapport au politique. L'imagination textile s'émancipe alors à son tour pour s'ériger en enjeu propre de l'affrontement ou de la conciliation : le «drame social» devient un drame vestimentaire. Une semblable réduction survient d'autant plus aisément si elle s'appuie sur une histoire ou une économie singulière qui exorbite la place de l'habillement dans la société.

Tel fut le cas en Inde, où l'industrie textile était l'une des plus florissantes du monde, où les symboliques vestimentaires étaient au cœur du système des castes et où «la diversité contrôlée des styles », plutôt que la promotion des uniformes, manifestait la grandeur de l'Empire moghol[88]. La colonisation et la révolution industrielle aidant, les entreprises britanniques s'imposèrent sur le marché indien et la cause des producteurs autochtones ruinés par les importations devint le thème clef des nationalistes à partir du tournant du siècle. Le processus fut cependant beaucoup plus complexe que ne le donne à penser l'historiographie officielle. L'engouement des consommateurs indiens pour les textiles étrangers sanctionnait d'abord sa commodité et sa qualité, y compris au regard de certaines valeurs autochtones – il était réputé plus facile à entretenir, plus « pur » – et il enregistrait une forme d'adhésion équivoque au nouveau Raj, que l'on retrouvait dans d'autres domaines, par exemple au gré de la transformation de l'évergétisme religieux en activité caritative de facture victorienne[89]. En fait, les souverains du sous-continent s'étaient ralliés aux atours occidentaux dès le début du XVIIIe siècle, sans pour autant négliger les modèles que leur proposaient d'autres cours asiatiques ou la Sublime Porte : l'extraversion vestimentaire leur procurait de précieuses ressources de prestige. Par la suite, l'habillement européen ou néoeuropéen continua d'offrir aux élites du Raj toute une gamme d'accessoires susceptibles de conférer à leurs stratégies ou à leurs pratiques sociales une apparence spécifique : les buveurs ou autres mangeurs de viande portaient le pantalon, les avocats ou les journalistes adoptaient les rituels vestimentaires anglais, les sunnites modernistes tempéraient le costume européen d'un couvre-chef turc, et leurs homologues chiites, d'un chapeau évoquant les réformateurs persans.

Lorsque les nationalistes du Bengale firent de la défense de l'industrie locale leur cheval de bataille lors du mouvement Swadeshi (littéralement : du pays par lui-même), en 1905-1908, ils eurent à se placer sur ce terrain de la subjectivation et à inverser le registre imaginaire qui avait progressivement légitimé les textiles importés. Le tissage domestique fut exalté comme symbole de la renaissance morale et spirituelle de l'Inde : « Nous devons être *swadeshi* en tout, *swadeshi* dans nos pensées, et dans nos méthodes d'éducation, notre développement[90]. » Des campagnes de boycott, voire de destruction des tissus importés furent lancées, notamment au Bengale, lors du mouvement de protestation contre la partition de la province : les manifestants se baignaient dans le Gange, revêtaient un vêtement indien, nouaient au bras d'un autre protestataire des bracelets symbolisant traditionnellement les liens entre

frères et sœurs et censés exprimer désormais une fraternité nationale. Les habits de fabrication autochtone étant plus coûteux, leur
port était assimilé par un Sri Aurobindo à un sacrifice régénéra-
teur, à la fois de l'individu et de la nation. Chanteurs, acteurs et
prédicateurs s'employèrent à combattre les préjugés selon lesquels
les textiles importés étaient plus purs que les productions locales
et des compositeurs villageois s'évertuèrent à associer ces dernières aux images de la maternité. Gandhi, on le sait, poussa très
loin cette réinscription du vêtement indien dans le répertoire de la
pureté, puisqu'il vit dans le filage domestique une véritable prière
(*mantra*), sans s'embarrasser des contradictions économiques que
revêtait ce parti pris.

Dans un contexte historique et culturel très différent, les pratiques vestimentaires en Afrique subsaharienne illustrent cette
même capacité à condenser le jeu subtil du conflit et du compromis entre les acteurs sociaux, à incarner le processus de leur subjectivation et à être un pourvoyeur majeur de modernité. Comme
en Inde, les symboliques de l'habillement (mais aussi celles de la
nudité) tenaient un rôle crucial dans la délimitation du pouvoir et
de la dépendance. L'ostentation de biens rares, et notamment de
parures, indiquait le statut des grands, tel un «baromètre du succès et de l'influence[91]». À ce titre, le vêtement pouvait également
être perçu comme une représentation et une extension de la personne dont il exprimait l'accomplissement[92]. Contrairement à une
idée reçue, il était ainsi l'objet d'usages et de créations nettement
individualisés dont rendent compte les photographies de la fin du
XIXe et du début du XXe siècle[93]. En outre, il pouvait servir de
monnaie d'échange, en raison de sa valeur[94].

Mais – contraste essentiel par rapport à l'Inde, qui était à la fin
du XVIIe siècle le premier exportateur mondial de textiles –, la production artisanale africaine était limitée et vulnérable, quelle que
fût sa qualité esthétique. Dans le bassin du Congo, par exemple,
les notables semblent avoir délaissé le raphia au profit des tissus
européens ou indiens dès le milieu du XVIIIe siècle, et les importations ont rapidement progressé[95].

Davantage peut-être qu'en Asie, l'extraversion vestimentaire
se constitua donc en ressource majeure des luttes politiques
autochtones, selon la logique de la réinvention de la différence
inhérente à la globalisation : «*patterns from without, meaning from
within*», résume Christraud Geary à propos de l'adoption, puis de
l'abandon, du style militaire allemand par le souverain bamoum,

dans l'ouest du Kamerun, au début du siècle[96]. L'expression la plus spectaculaire du répertoire de la rivalité dans la montre, auquel s'adonnaient les puissants, fut la multiplication de rituels d'apparat qui suscitèrent la stupeur et la condescendance des observateurs européens. À la fin du XIXe siècle, le marquis de Compiègne décrivit avec précision le raffinement des toilettes des « grand monde » mpongwe sur la côte gabonaise et rappela le témoignage de Griffon du Bellay : « [le roi Denis] a pu pendant près de six semaines apparaître à ses sujets émerveillés, chaque jour dans un costume nouveau et chaque jour plus brillant que la veille : aujourd'hui en général français, demain en marquis de Molière, plus tard en amiral anglais et toujours la tête ornée d'une perruque[97]. » De même, à Madagascar, la cour et la haute société Merina développèrent un « théâtre du pouvoir » extraordinairement raffiné et maîtrisé[98] au gré duquel cortèges et bals costumés mirent en scène les enjeux de la modernisation et de la christianisation du royaume, avec force déguisements occidentaux, créoles ou arabes :

> « Les significations investies dans de telles manifestations sont multiples : ce sont des parades face aux étrangers, destinées à montrer que le pouvoir malgache est capable d'assimiler le décorum dont ils se targuent et de l'intégrer au sien. C'est aussi une parade compétitive des deux grandes familles *hova* rivales, exhibant leur richesse, faisant montre des derniers cadeaux royaux. C'est enfin une issue ouverte à la fantaisie dans une haute société contrainte par de multiples interdictions, soumises à tout moment aux caprices royaux, sources de vie et de mort. Tenue en laisse, mais aussi incitée au jeu, la bourgeoisie urbaine investit et épuise dans les divertissements du déguisement son malaise devant la situation politique et ses vœux implicites de voir changer la société entière[99]. »

De l'utilité des costumes de pages et de mignons du Moyen Âge européen pour penser la modernité dans l'océan Indien[100] ! Placée sous ce jour, notre fameuse remise du casque de Lohengrin au chef des Chagga revêt une signification décidément plus riche que ce que nous pouvions en penser de prime abord. Elle symbolise à elle seule l'immense travail de recomposition qui s'est effectué pendant la colonisation sous le couvert des pratiques vestimentaires. Cela ne pouvait aller sans de nombreux conflits dans l'ordre de l'habillement, qui opposèrent non seulement les coloni-

sés aux colonisateurs, mais encore les colonisés entre eux en fonction de leurs aspirations, de leurs intérêts, de leurs valeurs.
L'attitude des Blancs fut elle-même très confuse, outre le fait que
leurs vues pouvaient varier de l'administration aux missions chrétiennes, et d'une tradition coloniale ou évangélisatrice à l'autre.
D'une part, l'objectif ultime était d'amener les sociétés africaines
à la « civilisation », qui passait peu ou prou par la respectabilité du
costume occidental. De l'autre, il convenait de préserver leur
« culture », ne serait-ce que pour maintenir à leur juste place les
indigènes. Le registre vestimentaire se prêtait admirablement à de
telles variations dans l'ambivalence, étant entendu que les Africains ne furent pas en reste de ce point de vue en ne cessant
d'adhérer aux codes culturels de ceux contre qui ils luttaient avec
une alacrité croissante.

Ainsi, le port du pantalon ou du pagne en vint à styliser le jeu
triangulaire entre les nécessités de la « mise en valeur coloniale »,
les stratégies d'émancipation sociale des nouvelles élites autochtones et le conservatisme de l'establishment indigène. Comme
d'habitude, Bruce Berman et John Lonsdale ont bien restitué les
termes du débat tel qu'il s'est posé au Kenya : « Le rôle de l'administration était de guider l'Africain sur le chemin d'une civilisation plus élevée tout en préservant l'unité organique de la société.
[...] Les hommes politiques africains, les hommes en pantalon,
s'interposèrent entre l'administration et "son peuple", les gens en
pagne[101]. » Mais les « hommes en pantalon », responsables des
associations ou simples travailleurs migrants, savaient fort bien
qu'ils devaient dans leur village revenir au pagne qui seyait aux
gens du commun, s'ils voulaient éviter un affrontement ouvert
avec leurs notables[102]. Ces tensions ont été particulièrement vives
dans les Églises chrétiennes. Très tôt, les convertis ont été dési-
gnés comme les « gens du vêtement », car ils adoptaient la façon
européenne de s'habiller. Mais les missionnaires eux-mêmes
étaient généralement hostiles à leur engouement pour la mode
occidentale, se lamentant que « notre religion consistât pour beaucoup à porter une paire de pantalons[103] ». À Freretown, au Kenya,
la Church Missionary Society en décourageait l'usage[104]. Et au
Tanganyika, le combat de la Universities Mission to Central
Africa contre le mouvement de la danse beni, qui s'étendit à partir des années 1890 de la côte swahili à l'hinterland, se focalisa sur
cette question. Au dire des missionnaires, soucieux de promouvoir
une pastorale indigéniste, c'était un même « complexe d'inferio-

rité» qui poussait les Africains à épouser les mœurs de la côte swahili et de la métropole, fût-ce sous forme de pas de danse ou de culottes longues. Celles-ci, selon l'évêque de Masasi, Vincent Lucas, n'annonçaient rien moins que la pénétration du bolchevisme. Selon les témoignages recueillis par Terence Ranger dans le diocèse, la société de danse n'avait naturellement rien à voir avec une organisation communiste, et son interdiction par Lucas se serait expliquée seulement par le fait que «les prêtres ne voulaient pas que les hommes portent des pantalons[105]». Même le short était mal vu des missionnaires, bien qu'il fût d'un usage courant dans les plantations ou sur les chantiers et qu'il s'imposât finalement dans les écoles, non sans hésitations : aussi tardivement que dans les années trente, les élèves de Chidya, au Tanganyika, durent encore menacer de se révolter pour arracher à Vincent Lucas l'autorisation d'en mettre, plutôt que la *shuka* swahili, présumée mieux exprimer leur africanité[106].

Dans ces escarmouches d'arrière-garde, les hommes d'Église trouvaient l'oreille attentive des notables autochtones qui faisaient le lien entre l'indiscipline, voire la dépravation, des jeunes ou des femmes et leurs nouvelles habitudes vestimentaires[107]. Il n'est pas étonnant, dès lors, que ces symboliques soient devenues par la suite l'une des lignes de partage entre la cause nationaliste et la collaboration avec le colonisateur. Si l'activisme du petit groupe d'élèves portugais et métis du collège de Nova Lisboa fut qualifié, en 1940, de «rébellion des culottes courtes» afin d'en minimiser la portée, le seul fait d'être *calcinhas**, c'est-à-dire habillés à l'européenne, conduira à la mort de nombreux Angolais de Malanga, vingt et un ans plus tard, lors de la répression du soulèvement d'avril 1961[108]. En Afrique centrale française, on retrouvait une semblable suspicion à l'encontre des «évolués», dont certains auraient été de véritables «hallucinés du pantalon tergal[109]». Et en 1939, au Cameroun, un Paul Soppo Priso fit scandale en voulant s'engager dans l'armée pour lutter contre Hitler, «mais avec les godillots et le casque colonial, et non pas l'uniforme des tirailleurs[110]».

Le port de chaussures fournissait en effet une autre pomme de discorde entre les nouvelles élites africaines et le colonisateur. Au Kenya, par exemple, il fut longtemps proscrit à l'intérieur des bâtiments des missions, et, au Congo-Brazzaville, domestiques,

---

* De *calção*, pantalon.

veilleurs de nuit mais aussi tirailleurs et policiers indigènes devaient aller nu-pieds : en 1936, une sévère controverse dressa même les équipes africaines de football contre l'administration française qui prétendait continuer à leur interdire de jouer avec des chaussures[111] ! Se greffant sur des imaginaires vestimentaires déjà très chargés, ce genre de discriminations a sans doute contribué à rendre plus désirable encore l'accès à l'habillement européen que la colonisation ne fermait pas complètement, et même facilitait à bien des égards, de pair avec la mise en œuvre de son culturalisme malthusien.

En tout cas, le fait est là : à la faveur de l'augmentation constante des importations, fût-ce de friperie, les possibilités d'extraversion dans ce domaine ont été décuplées et les Africains ont massivement investi la scène vestimentaire. En témoigne la part souvent importante des budgets familiaux qu'ils ont consacrée à ce type de dépenses[112]. Le signale également la récurrence de mobilisations sociales qui ont privilégié des comportements vestimentaires, en particulier dans le cadre associatif. Bien étudiée par Justin-Daniel Gandoulou, la célèbre Société des ambianceurs et de (sic) personnes élégantes (SAPE) du quartier de Bacongo, à Brazzaville, ne doit pas être l'arbre qui cache la forêt. Elle avait d'ailleurs été précédée au Congo même par des clubs – les Existos, Cabaret, Simple et bien, le Club des Six – qui, dès les années cinquante, s'étaient livrés au culte de l'élégance, derechef au grand dam de l'Église catholique[113]. Un peu partout sur le continent, de nombreuses associations eurent ainsi pour raison sociale le souci de la mise ou le port d'une certaine catégorie d'habits – à Léopoldville, l'association May Gul réunissait les samedis des adhérents buvant de la bière, la chemise sur le pantalon, sans cravate et pieds nus – ou encore développèrent des activités directement liées à de tels comportements vestimentaires, à l'instar des groupes de danse beni en Afrique orientale, de la danse kalela en Rhodésie du Nord, du théâtre tchiloli à Sao Tomé ou des cultes de possession hawka du Niger qui reprirent le répertoire des uniformes de l'armée et de l'administration coloniale[114]. Surtout, de façon plus diffuse, le souci d'élégance caractérisait la plupart des formes de sociabilité de type occidental qui se répandirent progressivement, y compris sous des prétextes religieux – la célébration des offices n'étant pas la moindre occasion d'arborer sa mise[115] – et pouvait consister en de simples déambulations, sur le modèle de celles que décrit un Gaston Bouteillier à Brazzaville, au début du siècle, et que systématiseront ultérieurement les Sapeurs[116].

« L'habit ne fait pas le moine », se plaignaient les intellectuels engagés et chagrins, qui se désolaient de telles dépenses somptuaires et improductives, de concert avec la presse catholique et l'administration coloniale, mais pour d'autres raisons que celles-ci : ils y voyaient aussi une sorte d'escapisme, nuisible à l'exercice de la solidarité sociale, à l'émancipation des Africains et bientôt à la lutte nationaliste[117]. Ce faisant, ils se trompaient doublement. D'une part, l'habit fait bien l'homme, et il est remarquable que certains rituels d'initiation aient intégré le répertoire vestimentaire occidental. Chez les Luo du Kenya, lors de la « fête des nouveaux vêtements » qui marquait la transformation symbolique du garçon en adulte, les impétrants reçurent dès les années trente, non plus une peau de bête, mais une chemise et un short ou un pantalon ; et, chez les Soninké du Mali, c'est pareillement une « cérémonie de prise du pantalon » qui met désormais l'adolescent sur un pied d'égalité théorique avec son père[118].

N'en déplaise aux esprits sérieux, la mise européenne est souvent conçue comme un véhicule de complétude. Empruntant sans ambages les genres occidentaux, elle apporte la considération sociale, conditionne l'entrée dans la sphère publique, procure une satisfaction intense. « Je suis si bien dans ma peau, une fois "gammé" *, que rien d'autre n'existe autour de moi. Je suis sublimé. Alors là je peux aller dans des lieux que je n'ai pas l'habitude de fréquenter. Je peux aller jusqu'à très loin en marchant, question de me faire voir. C'est comme si je planais au-dessus de tout l'univers. En général, c'est dans les lieux publics que je vais, car il s'agit de plaire, de se faire voir : les dancing-bars, les cafés, les grandes avenues, les grands carrefours, etc. », confesse un Sapeur, sans dissimuler que son accoutrement lui garantit un « succès-foule » auprès des filles[119].

À Abidjan le garçon est très tôt « entraîné dans sa famille à l'élégance » et, plus tard, l'adolescent intériorise celle-ci « comme une pratique impérative » qui lui « apparaît sous la forme d'exigences[120] ». Un jeune déclassé du secondaire témoigne : « [celui qui ne renouvelle pas sa tenue], petit à petit [les autres] le mettront en dehors du groupe. Ils forment des groupes par rapport au goût. Par exemple il y a un groupe qui aime bien aller danser, qui danse

* « Sapé ».

bien, bien fringué. Pour arriver à intégrer ce groupe, même si vous habitez le quartier, il faut danser bien et il faut bien fringuer. Il y a des groupes qui, eux, aiment bien parler et en plus il y a la fringue qui vient s'y ajouter. Il y a une conception des fringues dans chaque groupe.» Le prêt-à-porter a plus de valeur que le vêtement à façon et il doit si possible être acheté à l'étranger. Même imité par les tailleurs locaux, le style est immanquablement occidental : «américain», «italien», «disco», «reggae». Le «bien fringuer» est notamment indispensable à la grande affaire de la vie sociale, la conquête des femmes : «C'est très rare en Côte-d'Ivoire qu'une jeune fille tombe amoureuse d'un garçon tant que ce garçon ne remplit pas soit la condition d'argent ou la condition de l'élégance», confirme un autre jeune. Bien sûr, il y a place pour des relations plus sentimentales – le vocabulaire courant distingue deux rôles amoureux masculins : celui du «grotau», qui séduit par sa position sociale, et celui du «génitau», l'ami de cœur – mais pas plus que les «grands types», les «petits prétendants» ne sont dispensés du devoir d'élégance. Celui-ci tient lieu très classiquement de marqueur social qui permet de savoir immédiatement qui est qui : «Nous-mêmes, on crée des classes à travers les fringues», relève un interviewé abidjanais. Mais sous cet angle également, une classe étant une «communauté[121]», l'habillement est indissolublement un principe de subjectivation, un producteur de «style de vie», c'est-à-dire d'ethos.

Or, d'autre part, il n'est pas sûr que de telles pratiques vestimentaires nous éloignent du politique autant que le redoutaient les intellectuels engagés ou bien-pensants des années cinquante. Après tout, au Congo-Brazzaville, la Jeunesse du mouvement national de la révolution (JMNR), qui dressa, entre 1963 et 1965, «la presque totalité» des 14-30 ans contre l'ordre lignager et l'État postcolonial, lutta aussi sur ce front[122]. D'une certaine manière, elle s'insère dans cette chaîne des mobilisations vestimentaires qui vont de la parade du Nouvel An, relatée par Gaston Bouteillier, aux Existos et aux Sapeurs. Nous devons aussi nous interroger sur le goût prononcé des jeunes combattants somaliens, libériens, tchadiens pour divers colifichets de la modernité occidentale : leur guerre est en quelque sorte une forme musclée d'exode rural que stylisent, non seulement les Kalachnikov et les *technicals*, mais aussi les perruques de femme et les lunettes de soleil[123].

Il n'est pas question de gloser à l'infini sur le sens politique caché de ces comportements, comme d'aucuns s'y sont essayés au sujet des Sapeurs. Grâce au ciel, la part ludique de l'esthétique et du plaisir, qui fait leur spécificité, semble irréductible. Mais, puisque pendant longtemps elle fut chichement mesurée aux jeunes et aux femmes par les autorités morales tant des sociétés anciennes que des régimes coloniaux ou des Églises chrétiennes, elle a été en elle-même, et demeure, un enjeu politique plein. Dans une situation historique et culturelle où l'art de la parure n'avait d'égal que son contrôle par les détenteurs du pouvoir et représentait une ressource symbolique de première importance, la colonisation s'est apparentée à une immense révolution vestimentaire qui a permis aux assujettis – les cadets, les femmes – de déborder nombre d'interdits et de capter à leur profit la culture de l'extraversion. Telle fut l'une des sources de légitimation de l'occupation européenne. Il va sans dire que les vieilles élites ne sont pas demeurées passives face à cette menace de la dérégulation symbolique à laquelle elles étaient, depuis au moins un siècle, confrontées : leur prospérité a pu leur permettre ici ou là de sauvegarder, au moins pour quelque temps, leur monopole du chic. Ce fut le cas pour les Créoles de Sierra Leone ou les Américano-Libériens. Il faut également mentionner ces régions du sous-continent où l'islam a imprimé une problématique vestimentaire du politique différente en proposant un autre genre textile d'ascension sociale ou en fournissant au colonisateur un autre prêt-à-porter destiné à l'indigène docile et collaborateur : ainsi du style zanzibari cher aux missions et à l'administration britanniques en Afrique orientale[124]. Mais, pour l'essentiel, admettons que les *homines novi* qui ont directement bénéficié de la «seconde occupation coloniale» dans les années trente, pris la tête des mouvements nationalistes dans les années cinquante et finalement conquis le pouvoir à la faveur de l'indépendance, ont parcouru ce brillant itinéraire politique en pantalon, puis en ensemble néosaharien, enfin en costume-cravate, pour être parfois supplantés par des militaires en uniformes chamarrés.

La greffe de l'«État importé[125]» en Afrique noire s'est largement effectuée par le truchement du vêtir. Cependant, cette manifestation particulière de la globalisation, comme il se doit, a continué de s'accompagner d'un effet de réinvention de la différence : c'est également par la médiation de ce même vêtement que les Africains ont négocié au jour le jour leur relation avec l'Occident. En réalité, les choses ne se sont pas toujours présentées sous la forme tranchée de l'alternative que suggère le conflit kenyan entre le pantalon et le pagne. La plupart des gens refusaient de choisir aussi catégoriquement entre les deux *looks* et les combinaient selon leur fantaisie[126]. La lignée féconde des tenues néosahariennes de l'administration coloniale, jusqu'à son rejeton « tropicalisé », l'abacost, procède justement d'une telle synthèse créative. Ainsi du « complet » qu'affectionnent les « Grands » ivoiriens :

> « [Il] est composé d'une chemise et d'un pantalon tous deux coupés sur mesure dans un même tissu léger de coloris clair et neutre (tabac, bleu, parfois gris). La chemise, droite, non cintrée, à manches courtes, tombe au-dessus du pantalon ; le boutonnage ne ressemble pas exactement à celui d'une chemise ordinaire : moins de boutons et d'un diamètre plus large ; la forme des revers, éventuellement l'adjonction de poches extérieures carrées et le choix d'un tissu gabardine renforcent l'impression de veste-chemise. Tenue étrangère aux mouvements rapides de la mode et commune parmi tous les salariés (mais principalement ceux des bureaux), le "complet" se porte sans cravate ni veste. L'esprit d'uniforme pourrait-il confondre les personnages éminents de l'État et les commis subalternes ? À vrai dire, l'austère simplicité du modèle autorise un jeu des distinctions : par la qualité de la coupe, de la façon et des matériaux ; comme toujours, en Côte-d'Ivoire, les disproportions sociales ne sont ni dissimulées, ni euphémisées. Quoi qu'il en soit des indices propres à singulariser le "complet" d'un "Grand", ce vêtement de citadin est africain et il est quasiment le seul vêtement africain que les dominants portent publiquement ; en effet, très rares sont les occasions (funérailles, rituels divers) dont la presse et la télévision rendent compte, où la classe politique adopte une tenue traditionnelle[127]. »

Pour analyser les équilibres subtils et concrets sur lesquels repose le système politique ivoirien, Emmanuel Terray a utilisé l'allégorie de la véranda et du climatiseur[128]. Dans la mesure où chacun de ces pôles correspond idéalement à la tenue traditionnelle et au costume-cravate, le « complet » assure l'intermédiation symbolique entre eux. Au demeurant, il coexiste dans les classes moyennes avec d'autres styles qui dosent autrement le quotient d'africanité : les boubous qui copient ou modernisent des formes traditionnelles en les « détribalisant » ou en les « déconfessionnalisant », et les « ensembles », composés d'un pantalon et d'une tunique ample, de couleur vive, exécutés à façon dans une pièce de pagne, de batik, d'indigo, de broderie anglaise[129].

Que les pratiques vestimentaires soient au cœur de l'appropriation de l'État par les Africains, de la révolution sociale, au moins symbolique, qu'ils ont traversée depuis un siècle et des manières dont ils négocient le grand virage de la globalisation suffit sans doute à expliquer l'acuité persistante des conflits politiques dans la dimension de l'habillement. Conflits ponctuels et anecdotiques, la plupart du temps, qui ont toutefois le mérite de rappeler la charge émotive de ce registre. Un sous-préfet, frais émoulu de l'école d'administration, reprendra à son compte la tâche sisyphienne de discipliner les paysans et de leur faire respecter les règles élémentaires de la pudeur :

« NOTE DE SERVICE
*à tous les chefs de quartier et aux responsables
des Comités de vigilance de Loum*

« Il m'a été donné l'occasion de constater que de nombreuses personnes, hommes et femmes, ont pris une triste habitude de se baigner à ciel ouvert dans certains endroits des marigots fréquentés par le public sans avoir le soucis de se couvrir d'un maillot de bain ou d'un simple caleçon.

« Parmi ceux-là on a souvent rencontré, à poil, des femmes mariées se baigner en même temps que des jeunes gens inconnus venus de divers quartiers, exposant ainsi sans horreur, leur nudité à tout passant.

« Cette pratique qui parait être très vieille dans l'arrondissement a non seulement des facheuses répercussions sur l'honorabilité de certaines notabilités mariées de LOUM, mais encore dégénère dangereusement notre jeunesse qu'elle précipite de bonne heure dans la débauche.

« À cet effet, il est formellement interdit dans toute l'étendue territoriale de LOUM de prendre des bains en public, sans maillot ni caleçon. Les contrevenants à la présente note de service devront être signalés immédiatement pour se voir sanctionner conformément aux dispositions de l'article 263 du code Pénal Fédéral réprimant l'atteinte à la pudeur publique.

« Il est demandé en conséquence à tous les chefs de quartiers, aux responsables des comités de vigilance d'assurer une large diffusion de la présente note et de ne pas hésiter à dénoncer les contrevenants éventuels le moment venu.

« Les commandants de brigade de gendarmerie de LOUM et de NYOMBE sont chargés, chacun en ce qui le concerne, de la stricte application de la présente note de service[130]. »

Au Natal, les milices de l'Inkatha abattront les femmes en pantalon et les garçons en chaussures de sport, car « ce sont des symboles de modernité et ce qui est moderne est associé à l'ANC[131] ». Des combattants tchadiens agresseront un commerçant et lui demanderont « si j'ignorais que, partout dans le monde, seules les autorités portent des pantalons et des coiffures, alors que les hommes du commun n'y ont pas droit[132] ». Soucieux d'endiguer l'avancée sociale des femmes, le maréchal Mobutu recourra à une métaphore de cette nature : « Cette intégration de la femme, nous la voulons à tous les niveaux [...]. Nous voulons reconnaître à la maman zaïroise les droits que lui confère sa qualité de partenaire égale à l'homme. Mais il reste bien entendu que tout bien considéré il y aura toujours dans chaque ménage un patron. Et jusqu'à preuve du contraire le patron, chez nous, est celui qui porte le pantalon. Nos citoyennes devront aussi le comprendre, l'accepter avec sourire et une soumission révolutionnaire[133]. »

Mais l'affrontement vestimentaire peut aussi monter en puissance et se poser en « phénomène social total » (Marcel Mauss). Nous n'en prendrons qu'un exemple, mais célèbre : celui du Zaïre précisément. Lorsque le maréchal Mobutu dut se résigner à instaurer le multipartisme, le 24 avril 1990, il comprit que seule la levée de la prohibition qui frappait de facto le costume-cravate était à même de conférer quelque crédibilité à son ouverture : « Dans le même contexte politique précédemment décrit, nous nous sommes imposé une tenue nationale comme il en existe dans beaucoup d'autres pays. Chez nous elle s'appelle l'abacost. Cependant, tout en le maintenant comme tenue nationale, j'estime que dans ce domaine également chaque Zaïrois aura à faire usage de sa liberté. Usant de la mienne, je me dois de préciser que vous ne me verrez pas en cravate, mon choix ayant été fait en février 1972. Je me sens très bien dans ma peau de nationaliste zaïrois. » Depuis une dizaine d'années, les militants du parti d'opposition, l'Union pour la démocratie et le progrès social, défiaient le régime en arborant par intermittence des cravates ou des costumes européens[134]. Mais le discours du 24 avril fut suivi d'une mobilisation vestimentaire sans égale qui donna à la foule, dans les principales villes du pays, une allure surannée passablement surréaliste : tout un chacun exhuma ses effets défraîchis des années soixante pour célébrer le retour à la démocratie ou du moins la fin de la dictature. Celle-ci ne tarda d'ailleurs pas à se ressaisir. Ses sbires, entre deux mises à sac de journaux oppositionnels, s'en prirent dans la rue aux porteurs de costume, immédiatement assimilés à l'UDPS honnie, et les présentateurs de Télé-Zaïre se virent refuser le droit de porter la cravate à l'écran, bien qu'un chargé de mission de la présidence de la République, ancien chef des services secrets, se voulût rassurant : « Il m'arrive de porter une cravate parce que je tiens à montrer que la décision du Président est sincère et doit être concrétisée d'abord par ses collaborateurs. La cravate n'est pas le symbole de l'opposition, que diable [135] ! » Les Kasaïens du Shaba, eux, ne s'y trompèrent pas : pour ridiculiser Nguza Karl i Bond qui avait derechef trahi l'opposition, ils promenèrent en laisse des chiens qu'ils affublèrent de cravates et auxquels ils donnèrent son nom [136]. Enfin, en octobre 1994, le pays retint son souffle : pour la première fois depuis vingt ans, le maréchal Mobutu troqua son abacost pour une chemise à col ouvert, ornée d'un foulard, lors d'une apparition à la télévision [137] ! L'équivoque du processus de « transition démocratique » au Zaïre a d'abord été vestimentaire. La Révolution française s'était achevée dans une confusion similaire, entretenue par la volonté de revanche des incroyables et des muscadins, criant dans les rues de Paris : « Remettez vos culottes ! » après la chute de Robespierre, et par la querelle des « pantalonistes » et des « culottistes » au tournant du siècle.

Peut-être n'est-il pas inutile, pour achever de se convaincre de la puissance symbolique de l'habillement comme « traduction abrégée » (Freud) du politique, d'évoquer une dernière situation où le drame social tend à se confondre avec un drame vestimentaire : celle des pays musulmans. Le fil principal de l'intrigue y est naturellement le port du voile par les femmes, encore que celui du short, comme nous l'avons déjà vu, ou celui de la *kamis*, de la cravate et du nœud papillon par les hommes ne soient pas insignifiants. Une intrigue compliquée et pleine de rebondissements, car tous les personnages de la pièce ne s'entendent pas sur son déroulement. Mais la « culture islamique » ne sera pas leur dramaturge. Jugeons-en. Pour Ali Shariati, « le voile est une chaîne qui tient prisonnières et humilie nos femmes ». Or, pour un autre inspirateur de la révolution iranienne, Navab-Safavi, la libido est « le premier moteur de la vie psychique » ; la recherche insensée de la satisfaction affaiblit le système nerveux de l'homme ; les parties excitantes du corps de la femme le distraient, empêchent son intellect de fonctionner correctement, le gênent dans l'exercice de ses responsabilités sociales : le voile s'impose donc et ne doit laisser exposé au regard d'autrui que le visage ; une femme non voilée est comme nue, elle est synonyme de « perversion morale » et de « dégénérescence sociale[138] ».

Deux éminents penseurs se réclamant de l'islam, deux avis antagonistes. Mais un principe, celui du voile – qu'il soit prôné ou récusé – et de multiples manières de l'interpréter : « L'unanimité qui s'est faite sur le principe "du visage et des deux mains" * n'empêche [...] pas une réelle multiplicité des formes du *hejâb*. Celles-ci relèvent de la responsabilité des femmes qui [...] se doivent de surveiller elles-mêmes l'application du principe, à partir de leur propre interprétation des versets coraniques et de leurs revendications idéologiques », écrit Fariba Adelkhah au sujet de l'Iran, en soulignant que « cette variété des formes du *hejâb* » est fondée « sur des opinions relativement diverses[139] ».

La femme, et singulièrement la militante islamique, a ainsi à choisir entre le tchador traditionnel – un tissu généralement noir qui la couvre de la tête aux chevilles, ouvert devant, et qu'elle doit maintenir avec les mains – le *maqna'eh*, une sorte de cagoule qui descend sur les épaules jusqu'aux coudes et qui est aujourd'hui reconnue comme la tenue correcte dans les administrations – ou le manteau islamique, long, que l'on porte sur un pantalon, accompagné d'un foulard et dont la couleur peut varier. Elle se décidera en fonction de ses goûts et de ses convictions, mais aussi des circonstances : par exemple, elle revêtira un tchador noir pour se rendre dans un sanctuaire, un tchador de couleur pour évoluer dans l'immeuble, un *maqna'eh* pour conduire en ville, porter un enfant ou faire des courses. La forme du *hejâb* a d'ailleurs évolué en dix-sept ans de République islamique : il consistait souvent, au début de la révolution, en un foulard noué sous le menton, qui ne

* Certains membres du clergé affirmaient la nécessité, pour les femmes, de couvrir leur visage et leurs mains, en plus de leur corps et de leurs cheveux. Ce débat a été largement tranché en Iran, au XIXe siècle, par l'ayatollah Ansari, maître attitré de l'ayatollah Khomeyni, qui a édicté le « principe de *vajh-o kaffeyn* » (littéralement : le visage et les deux mains ; sous-entendu : peuvent rester non couverts).

cachait pas les épaules, en une chemise tombant sur la jupe ou le pantalon sans dissimuler la taille, et en des collants épais – une tenue qui serait désormais inacceptable. Autrement dit, le principe du voile, dans son expression matérielle, est l'objet d'une adaptation permanente à l'échelle des individus comme à celle de la société : les femmes islamiques se distancient par rapport au tchador, jugé trop traditionnel pour témoigner de leur engagement, ou trop malcommode pour être compatible avec une vie active, ou encore trop salissant ; et dans les grandes villes, la manière plus ou moins stricte dont le *hejâb* est ajusté est un bon indicateur de la pression politique que fait régner le régime iranien à un moment précis, par forces de l'ordre interposées.

L'interprétation plurielle du voile donne en elle-même matière à conflits, et focalise depuis quelques années les contradictions politiques des sociétés musulmanes : son port ou son interdiction dans les écoles et les universités ont provoqué de furieuses batailles administratives et judiciaires en Turquie et en Égypte, une professeur de théologie a été abattue à Ankara par l'Action islamique en punition de « ses opinions sur le voile », et les islamistes du Koweït ont protesté contre l'interdiction de conduire en *niqqab*, un tissu qui cache l'ensemble du visage et qui, selon le ministère de l'Intérieur, réduirait le champ de vision[140].

Plus tragiquement encore, la question du *hejâb* s'est affirmée comme une forte ligne de partage dans la crise algérienne. Non que l'enjeu de l'islam y ait l'importance qu'on lui prête : la guerre civile est moins religieuse que sociale, et le poids de l'histoire et des terroirs dans la violence plus évident que celui du Coran[141]. Mais bien que les femmes n'aient peut-être pas plus souffert, objectivement, que d'autres catégories de la population, le voile a été l'un des principaux emblèmes qui ont symboliquement matérialisé ces déchirements et qui leur ont donné une intelligibilité, fût-elle fausse. Des femmes ont été tuées parce qu'elles en étaient dépourvues, et une Organisation des Jeunes Algériens a répliqué : « Si par malheur une femme est agressée à cause du non-port du tchador, l'OJAL promet sa vengeance par la liquidation pure et simple de 20 femmes portant le hidjab et de 20 barbus intégristes[142]. » Les citadines ont ainsi dû s'habituer à une « géométrie variable », ou plutôt à une « géographie variable », de leur mise, selon la formule de l'hebdomadaire *La Nation*, changeant d'apparence en fonction du quartier traversé et des barrages à franchir : « Je marche très vite et j'ai un foulard autour du cou dont je me couvre la tête de temps en temps lorsque j'aperçois un type qui me paraît louche », relate une habitante de Blida[143]. Déjà, les militantes du Front de libération nationale avaient dû affronter ces dilemmes dangereux pour déjouer la vigilance des soldats français : « Les militaires demandaient les papiers des femmes voilées, et parfois ils les fouillaient quand il y avait des barrages, cela m'est arrivé plusieurs fois d'être arrêtée lorsque j'étais voilée. Tandis que sans voile, je passais, j'étais jeune, je faisais un sourire et je passais. La première fois j'avais l'impression d'être nue, et puis après ça ne m'a plus gênée[144]. » De fil en aiguille, la nouvelle guerre d'Algérie est devenue une guerre pour ou contre le *hejâb*, pour ou contre l'émancipation de la femme, entre islamistes et laïcistes.

L'illusion est naturellement énorme et le conflit est reconstruit sur un mode fantasmatique qu'il est aisé, du moins en théorie, de dissiper. Sans même disséquer les prétendues vertus progressistes de la très laïque Sécurité militaire algérienne, il nous faudrait « sortir au plus vite du débat stérile sur le *hejâb* », comme nous y invitait Fariba Adelkhah il y a déjà cinq ans[145], en rappelant que rien n'est simple en la matière. D'abord parce que l'islam ne se confond pas avec la prescription du voile et qu'un croyant musulman peut bien évidemment concevoir sa foi en dehors ou contre cette pratique vestimentaire : âgé de vingt-trois ans, Ali Isik, l'imam du village de Kapakli, en Turquie, demanda le divorce car son épouse s'obstinait à se couvrir la tête, refusant de s'habiller « comme une femme civilisée[146] ». Ensuite parce que l'usage du *hejâb* ne vaut que par le contexte dans lequel il s'inscrit et, historiquement, s'accompagne souvent d'une vision rationaliste de la religion, d'une participation accrue à l'espace public, d'une individuation prononcée qui passe notamment par des effets d'élégance pour le plus grand bonheur de certains magasins spécialisés[147]. Ainsi, en Iran,

« Le *hejâb* est, certes, le symbole du refus d'une modernité importée et imposée ; mais sa signification est autrement plus riche et essentielle pour les femmes islamistes. Il est la matérialisation d'une continuité entre la nature humaine et la révélation coranique ; et il structure les rapports entre sphère privée et sphère publique, entre espace familial et espace social. Cette double fonction du *hejâb* conduit les femmes islamistes à revendiquer, avec certaines variations, des éléments d'une modernité mise en place dans les dernières décennies : droit, sans aucune

restriction, à une éducation moderne et au travail; reconnaissance en dehors de la sphère familiale; implication et participation dans tous les débats qui parcourent la société iranienne[148].»

Le cas iranien est particulièrement intéressant parce que, dix-
sept ans après la seule révolution islamique que l'on connaisse,
l'on y décèle une profonde recomposition – y compris dans la
sphère politique – entre les postures islamistes et laïcistes dont le
clivage est dramatisé, sous la forme d'un antagonisme irréductible, par la crise algérienne[149]. La polysémie sociale du voile est
maintenant bien comprise par la recherche anthropologique ou
sociologique, à défaut de l'être par les médias, les opinions
publiques et les classes politiques du monde occidental[150]. Comment alors expliquer la persistance de cette distorsion entre le
savoir scientifique, ou le simple bon sens, et les représentations
sociales?

Vraisemblablement par la place que le voile occupe dans le
processus de subjectivation de celles qui le portent ou le refusent :
les passions qu'il déchaîne proviennent de l'économie morale qu'il
matérialise, elles signalent l'un de ces conflits qui se nouent à partir de la définition de la subjectivité et sur l'importance desquels
insistait Paul Veyne. Si l'on suit les analyses de ce dernier, ce n'est
d'ailleurs peut-être pas un hasard que cette discorde ait pour
acteur principal la catégorie assujettie par excellence, celle des
femmes[151]. Certaines rejettent le voile au nom d'une interprétation particulière de la liberté et de la sexualité, qu'elles paient au
prix fort : «Lui mettre le foulard, c'est comme accepter qu'elle
perde son âme. Mais la laisser tête nue, c'est l'exposer à n'importe
quel illuminé», s'interroge une mère de famille algérienne au
sujet de sa fille, à la veille de la rentrée scolaire[152]. D'autres le
revendiquent, parfois également à leurs propres risques et périls,
et c'est une arrogance très française que d'y voir la manifestation
d'une simple aliénation, de l'obscurantisme, voire de manipulations pernicieuses. Le *hejâb* renvoie en fait lui aussi à des normes
positives dont le registre n'est pas forcément très éloigné de celles
que valorisent les laïcistes. Chez les islamistes iraniennes, par
exemple, il fait écho, en tant que vêtement et apparence (*zâher*),
au *hejâb* interne (*darun*, *bâten*) qui se traduit également sur le
plan des sens, par le regard, la voix, les comportements, et
demande une attitude de vérité, de justice (*haqq*) à l'égard du
monde et de son créateur. Nous ne sommes pas loin du raisonne-

ment rousseauiste des Jacobins pour qui l'habit devait révéler l'intériorité du citoyen, non la dissimuler. Le voile, alors, n'est rien d'autre que la matérialisation textile de qualités, telles que la simplicité, la pudeur, la fermeté, la gravité, la chasteté, la dignité, le sérieux, la grandeur d'âme, dont chacune désigne son contraire ; il parle d'un certain « souci de soi[153] ».

Peut-être le lecteur l'acceptera-t-il mieux s'il consent un détour par la société touarègue. Les hommes s'y voilent, et beaucoup plus strictement que les femmes : il est plus convenable que celles-ci n'aillent pas les cheveux au vent, mais impensable que ceux-là montrent leur visage. Ils le recouvrent donc d'une pièce d'étoffe de plus de dix coudées de long qu'ils ne cessent de réajuster dans la journée, au besoin en s'aidant de leur miroir de poche et en veillant à lui donner une touche personnelle, qui permet de les reconnaître de loin quand ils s'approchent d'un campement. Ainsi porté, le voile est une preuve de la « retenue » qui s'impose à l'homme de bien ; il est lié au statut d'époux, éventuellement virtuel, et à la virilité qui va de pair ; il protège de l'action des êtres malfaisants du désert, les *kel esuf*, prompts à profiter des épanchements, fussent-ils involontaires, de paroles, de salive ou de sperme[154]. Ici aussi, l'imaginaire éthique se fait matière, textile en l'occurrence, et appelle des comportements vestimentaires, à la fois codés et individués. Si nécessaire, il est défendu les armes à la main, comme les troupes françaises, puis maliennes et nigériennes en ont fait l'expérience à intervalles réguliers. Et on ne s'étonnera pas outre mesure que, dans l'enthousiasme de la répression, en mars 1990, ces dernières aient publiquement déshabillé des Touaregs suspectés de complicité avec la rébellion, afin de les briser…

L'IMAGINAIRE, PRINCIPE D'INACHÈVEMENT

La condensation des imaginaires sociaux latents en imaginaires politiques manifestes va donc de pair avec la condensation des pratiques imaginaires en pratiques de la matérialité. La définition de Gilles Deleuze, que nous avons citée à plusieurs reprises, trouve là tout son sens : « L'imaginaire, ce n'est pas l'irréel, mais l'indiscernabilité du réel et de l'irréel. » À ce titre, il peut faire l'objet d'une vraie économie politique à laquelle contribuent d'ores et déjà les recherches sur la « culture matérielle », la « vie sociale» et la «biographie culturelle des choses», ou l'historicité de la valeur.

Ainsi de la «drogue» : il s'agit de substances végétales ou chimiques dont la consommation individuelle «déclenche» et «amplifie» un imaginaire culturel latent chez l'usager[155], en même temps qu'elle active des représentations mentales tout aussi intenses chez certaines autorités politiques, judiciaires ou policières. Ici ou là, ces pratiques narcotiques sont étroitement associées à des pratiques politiques. Par exemple, en Afrique, les combattants des mouvements armés se droguent couramment, non sans mettre à l'épreuve, au péril de leur vie, le caractère opératoire de leur imaginaire guerrier. La narco-sociabilité peut également contribuer à modifier les rapports entre les sphères du privé et du public, à l'instar de la mastication du khât au Yémen[156]. Simultanément, la «marchandisation» des stupéfiants a engendré des flux financiers considérables qui avaient déjà fait la prospérité de la Compagnie des Indes orientales, dont vécurent les administrations coloniales française et néerlandaise en Indochine et en Indonésie, par l'intermédiaire des Régies de l'opium, et qui constituent aujourd'hui l'une des faces cachées de l'économie internationale. Nombre de guerres s'autofinancent désormais grâce à ces échanges[157]. Et ceux-ci sont devenus une préoccupation notable des politiques publiques, en particulier pour les responsables de la diplomatie américaine. Principe d'illusion par excellence, la drogue n'en renvoie pas moins constamment à un monde plus trivial.

Nous pouvons en dire autant des stratégies identitaires du politique et de leurs idéologies culturalistes : leurs discours fantasmatiques sont eux aussi sujets à condensation, trop souvent sous la forme de violences, ô combien physiques, qui font désormais partie intégrante de leur imaginaire. Que serait par exemple l'imaginaire «grand serbe» sans les viols, les meurtres et les destructions de la purification ethnique ? Ou l'imaginaire du *Hutu Power* sans les corps mutilés de la rivière Kagera ?

In fine, l'ambivalence inhérente à la notion même d'imaginaire et son rapport complexe à l'ordre de la matérialité nous amènent à renoncer à un certain usage du concept qui pourtant fait florès. Il ne faut pas prendre au pied de la lettre des expressions comme l'«imaginaire social» ou l'«imaginaire historique». Elles sont commodes, mais suggèrent qu'un tel imaginaire social (ou historique) est une totalité, dotée d'une palette de significations relativement cohérentes et restreintes. Le risque serait grand, alors, de reconnaître à cet imaginaire des vertus que l'on vient de refuser à la culture et de lui conférer la capacité de surdéterminer les comportements politiques. Pour tout dire, le concept d'imaginaire, ainsi entendu, n'est qu'une reprise pédante de la notion de culture.

En réalité, nous ne rencontrons, dans une société donnée, que des procédures *dans* l'imaginaire qui donnent naissance à des *figures imaginaires* plus ou moins fortes, plus ou moins partagées, plus ou moins stables. Ces dernières sont nécessairement fragmentaires et polysémiques : aucune d'entre elles n'absorbe – ne confisque – la fonction d'imagination, quelle que soit sa puissance dans une situation historique précise ; aucune d'entre elles, en outre, n'est pourvue d'un sens politique définitif. Nous pourrions reprendre ici la démonstration que nous avons effectuée au sujet des genres discursifs puisque ceux-ci sont simultanément des genres imaginaires : les figures du *jihad* et de l'hégire n'ont pas le même sens politique pour tous les musulmans, si tant est que l'ensemble d'entre eux leur accordent une importance plus soutenue qu'à d'autres motifs, par exemple de type libéral ou marxiste-léniniste. De même, nous pouvons supposer que l'« imaginaire social » des Vietnamiens est dominé par toute une série de figures héritées de leur histoire ancienne, par le nationalisme, par le souvenir d'une guerre de trente ans, par les meurtrissures du totalitarisme communiste, par des sentiments mitigés à l'égard des Français. Mais cela ne les dissuade pas de déposer en offrande sur la tombe de Yersin, le vainqueur de la peste, des portions de Vache-qui-rit, ni d'être persuadés que le saint homme avait poignardé une sorcière coupable de manger le foie des petits enfants[158].

Concevoir l'imaginaire social comme une totalité signifiante reviendrait non seulement à passer par pertes et profits l'immense littérature sur le symbolique et l'inconscient – à commencer par l'œuvre de Freud –, mais encore à occulter le caractère d'un kitsch accentué que la globalisation imprime à la fonction imaginaire dans les sociétés contemporaines. Il est d'autant plus crucial d'insister sur ce point qu'une part notable des grands auteurs sur lesquels nous pouvons nous appuyer pour réintroduire la problématique de l'imaginaire dans la réflexion politique ont de celui-ci une vision moniste : Montesquieu associait de la sorte une passion politique à chacun des systèmes de gouvernement dont il avait dressé la typologie, et ces différentes passions étaient censées correspondre à leur structure, à leur fonctionnement respectifs.

Grâce aux acquis des sciences sociales, nous sommes maintenant en mesure de saisir que les imaginaires sociaux sont en fait des nébuleuses de figures souvent disparates, définitivement ambivalentes du point de vue politique, d'une durabilité variable : en bref, qu'ils sont des phénomènes historiques. Il se peut que les changements dans l'ordre de l'imaginaire relèvent de la longue durée braudélienne et qu'ils soient imperceptibles aux contemporains. Néanmoins, cette illusion d'optique ne doit pas nous conduire à penser cet ordre de l'imaginaire dans une société comme un invariant. La symbolique de la royauté sacrée en France ou en Angleterre s'est finalement érodée et a perdu sa résonance, même si les obsèques de François Mitterrand en 1996 ont remis en scène le vieux mythe des deux corps du roi[159]. Semblablement, les figures imaginaires du carnaval ont été omniprésentes pendant les guerres de religion : le répertoire de la scatologie, les rites d'inversion, les symboliques animales étaient mobilisés pour ridiculiser et détruire l'adversaire. Mais ce genre s'est comme désamorcé politiquement sous le règne de Louis XIV et il faudra attendre la Révolution pour qu'il resurgisse au cœur des processus de formation de l'État dans les provinces, en étant porteur de significations et d'enjeux neufs, créés par l'idée républicaine[160]. Précision fondamentale, car trop souvent l'étude des fêtes s'est traduite par la « tâche obsessionnelle de retrouver un même signifié à travers une multitude de signifiants[161] », au mépris là aussi des évidences et nonobstant le fait que la force du langage symbolique est d'être clair tout en étant polysémique. Emmanuel Le Roy Ladurie écrit ainsi à propos des métaphores animales en usage à Romans au XVIe siècle : « Dites-le avec des viandes ! C'est tellement plus clair, même si les significations sont multiples et si elles varient avec chaque contexte de fête ou d'action commune. Coq, aigle ou perdrix, le symbole est à la fois représentatif et fonctionnel ; il met en place une stratégie à têtes multiples ; il permet à telle ou telle fraction du groupe d'essayer de se rendre maître d'une situation donnée ; ou d'en tirer certains avantages[162]. »

Mais aussi, faudrait-il ajouter, à telle autre fraction de retourner à son profit les mêmes métaphores animales si la conjoncture lui devient plus favorable :

« [...] Les éléments analogues des matériaux latents sont remplacés dans le rêve manifeste par des condensations. Or, les contraires sont traités de la même manière que les analogies et sont exprimés de préférence par le même élément manifeste. C'est ainsi qu'un élément du rêve manifeste qui a son contraire peut aussi bien signifier lui-même que ce contraire, ou l'un et l'autre à la fois. Ce n'est que d'après le sens général que nous pouvons décider notre choix quant à l'interprétation. C'est ce qui explique qu'on ne trouve pas dans le rêve de représentation, univoque tout au moins, du "non" »

répéterons-nous avec Freud[163]. Le carnaval, riche de ses métaphores animales ou autres, représentait un principe d'hétérogénéité radicale dans la société ouest-européenne. Il est vain de réduire sa fête à « un contenu déterminé et limité [...] car en réalité elle en transgresse automatiquement les limites[164] ». Ce répertoire a pu s'épuiser ou se marginaliser. Il n'empêche que la fonction imaginaire qu'il actualisait au Moyen Âge et au XVIᵉ siècle demeure transcendante, quelles que soient les formes – par exemple sportives[165] – qu'elle épouse aujourd'hui. Non seulement parce que l'on ne peut raisonnablement en pénétrer la totalité des significations possibles, mais parce que ces significations forment un puits sans fond. Chez Freud, « tout rêve a au moins une place où il est insondable, comme un ombilic par où il est lié à l'inconnu » : « Les pensées du rêve, auxquelles on parvient au cours de l'interprétation, doivent même obligatoirement et de façon tout à fait universelle rester sans aboutissement et fuient de tous les côtés dans le réseau enchevêtré de notre monde de pensées[166]. » L'imagination constituante de notre histoire, de nos raisons politiques demeure pareillement « sans aboutissement », parce que ses figures sont mutables et polysémiques. Le certifient quotidiennement la circulation et la réinterprétation des idéologies, des institutions, des produits de la culture matérielle autour du globe. Aussi serait-ce un grossier contresens que de postuler une structure foncière ou originelle, quelque chose comme une *Urstruktur*, dans laquelle se résoudraient les figures imaginaires.

Cependant, rétorquera-t-on, comment admettre cette affirmation si « ce qui tient une société ensemble, c'est le tenir ensemble de son monde de significations », ainsi que nous en avons d'emblée fait l'hypothèse avec Cornelius Castoriadis ? Comment les « significations imaginaires sociales » peuvent-elles tenir ensemble, et donc tenir la société ensemble, si elles doivent « rester sans aboutissement » ? Justement grâce à leur ambivalence radicale. Tous les architectes confrontés au risque sismique vous le diront : mieux vaut la souplesse du roseau que la solennité du chêne... Historiens et anthropologues ont ainsi démontré que maintes formations politiques – et non des moindres : Rome par exemple – obéissaient à une telle loi de l'inachèvement. Itou, *a fortiori*, du système international, dans sa dimension culturelle comme dans sa dimension économique[167]. Les flux transnationaux sont devenus si intenses que l'on nous annonce «la fin des territoires[168]», ce qui ne signifie pas celle des États.

En outre, nombre de sociétés demeurent traversées par de profondes «ruptures épistémiques[169]». Leurs ressortissants vivent dans des espaces-temps disparates et la centralisation politique ou culturelle n'y est pas telle que les «temps minoritaires[170]» en ont été éliminés. En France même, l'unification du temps a été très tardive malgré la force et la nature de l'État[171]. L'Iran islamique vit à la fois selon le calendrier solaire et le calendrier lunaire. Et dans une province comme la Ruthénie, trois heures distinctes coexistent : l'officielle, celle de Kiev; celle de Moscou, pour les nostalgiques; et «l'heure à notre manière» des Ruthènes, qui s'alignent sur le fuseau horaire des principales capitales d'Europe de l'Ouest pour manifester leur distance par rapport à l'Ukraine[172]. Néanmoins, la configuration hétéroclite du temps dans une société déborde le problème de sa centralisation. Les dissidences de cette nature peuvent également être religieuses : en Pennsylvanie, par exemple, les Amish décalent leurs montres pour exprimer leur retrait, ce qui ne leur interdit pas d'être heureux en affaires dans les créneaux économiques qu'ils occupent[173], et il est rare que les autorités théologiques musulmanes s'accordent sur la date de l'apparition de la lune qui marque la fin du Ramadan. En fait, dans toute société, même industrielle, «nous vivons effectivement dans plusieurs temps, qualitatifs et quantitatifs, qui ne se laissent pas réduire à un seul» et qui peuvent même entrer en conflit[174].

Tirons-en les conséquences. La société ne se réalise comme totalité que dans la dimension de l'ambivalence de l'imaginaire, y compris naturellement dans ce que celle-là comporte de matériel : à travers les figures imaginaires du marché, de l'État, de la «communauté internationale», qui dispensent simultanément des images ou des sentiments, et des émissions plus tangibles sous forme de biens, de services, de sanctions, de bombardements ou d'aides. Pétrie d'«interconnexions qui ne sont pas des isomorphismes», la société repose sur des silences, des ignorances, des

malentendus, des indifférences, des illusions, sur une foultitude de
« petits détails », plus ou moins incohérents. Mais, nous avertit un
personnage de Gombrowicz, « vous n'avez pas idée combien, avec
ces petits détails, on devient immense »...

L'invention paradoxale de la modernité

Nous pouvons maintenant tenir pour acquis quatre points essentiels :

1) La fonction de l'imagination constituante joue un rôle central dans la formation de l'État, et plus généralement dans la production du politique.

2) Quelles que soient les tentatives d'instrumentalisation de cette fonction par les acteurs politiques, fussent-ils hégémoniques, celle-ci demeure irréductible : elle peut être considérée comme infinie et indomptable.

3) La fonction de l'imaginaire est indissociable de l'ordre de la matérialité : c'est en vertu de cette propriété qu'elle est structurante et que les processus politiques ou économiques se réalisent dans sa dimension. Corollairement, on ne peut envisager une matérialité que dans son rapport à l'imaginaire.

4) Enfin, dans une société donnée, l'imaginaire ne représente pas une totalité cohérente, puisqu'il englobe une galaxie de figures hétérogènes, en fuite perpétuelle. Les productions imaginaires ne sont donc pas nécessairement isomorphes. En outre, elles sont par définition, en tant que productions symboliques, polysémiques et ambivalentes. C'est à ce titre qu'elles contribuent au « tenir ensemble » d'une société, sans que « le tenir ensemble de son monde de significations » puisse jamais être démontré, ni même être postulé démontrable.

Ces quelques règles de méthode qui se sont imposées au fil de notre réflexion peuvent laisser au lecteur un sentiment de malaise, d'apesanteur. Cependant, nous l'avons vu en consultant quelques textes classiques des sciences sociales ou de la philosophie, le constat d'une hétérogénéité radicale de la société est déjà ancien et a été amplement argumenté. Chacune à sa manière, mais de façon souvent cumulative plutôt que contradictoire, les œuvres de Tocqueville, de Marx, de Weber, de Durkheim, de Bakhtine, d'Elias sont parvenues à cette conclusion dérangeante. Des anthropologues ou des sociologues – par exemple Clifford Geertz, Roberto Da Matta, Georges Balandier, Anthony Giddens – l'ont confirmée à partir de leur propre expérience. Michel Foucault synthétise donc une tradition intellectuelle bien établie lorsqu'il affirme, en se référant d'ailleurs au Livre II du *Capital*, que « la société est un archipel de pouvoirs différents » : « Une société n'est pas un corps unitaire dans lequel s'exercerait un pouvoir et seulement un, mais c'est en réalité une juxtaposition, une liaison, une coordination, une hiérarchie aussi, de différents pouvoirs, qui néanmoins demeurent dans leur spécificité[1]. »

Curieusement, les sociétés occidentales ont beaucoup de peine à admettre et à intégrer cet enseignement fondamental. Elles retombent constamment dans les ornières des raisonnements utilitaristes – faisant la part trop belle à l'instrumentalisation et à la manipulation des figures imaginaires, des émotions – ou des démonstrations holistes – donnant le primat à des facteurs culturels primordiaux –, alors que les uns ne valent pas mieux que les autres. La conception du changement social, notamment, reste normative, linéaire et téléologique, ainsi que l'attestent les ratiocinations sur les « transitions démocratiques » et le passage à l'« économie de marché[2] ». Pourtant, depuis longtemps, les « historiens se sont habitués à ne plus considérer nécessairement la modernisation comme une transformation globale[3] ». La standardisation de l'argent aux États-Unis, par exemple, n'a pas été un processus affine. Elle a représenté l'un des problèmes sociaux les plus explosifs de la fin du XIXe siècle et a été largement contrariée par diverses pratiques de subversion de l'uniformisation monétaire[4]. Et comment situer dans le paradigme néolibéral de la réforme ce fait divers survenu à Dniepropetrovsk en 1994 : « Alors qu'Anatoly Kozoy, 37 ans, se promenait dans le parc (de la ville), un grand chien s'est jeté sur lui, apparemment attiré par la forte odeur d'alcool qu'il dégageait. Au cours du combat qui a suivi, l'homme a tué l'animal en lui tranchant la gorge avec ses dents[5] » ? Après tout, en Ukraine, l'économie de marché « se forme » – ou ne « se forme » pas – au gré de ces comportements !

Parce que l'on occulte la dimension de l'imaginaire et surtout de son «élaboration», au sens freudien du terme, l'on se dissimule celle de l'ambivalence. Cet oubli rend impensable ou scandaleuse l'invention paradoxale de la modernité. Oui, la cité est «absurde», toujours dans l'acception freudienne. Mais son absurdité est inhérente à sa réalisation dans l'imaginaire, à son «élaboration», à sa «traduction abrégée» dans toute une série de pratiques disparates, baroques, segmentaires. En stigmatisant certains de ces paradoxes, le raisonnement culturaliste n'est décidément pas le moindre des contresens qui nous interdisent de comprendre notre temps.

Ainsi de l'invention religieuse de la modernité. On sait que celle-ci a été une grande modalité dans l'histoire de l'Occident. Que la procédure de la représentation parlementaire est d'origine ecclésiale. Que la Contre-Réforme, autant que la Réforme, a œuvré à l'avènement de configurations politiques et artistiques neuves. Que la mobilisation catholique a été cruciale pour la transformation sociale, voire le développement spectaculaire de l'Irlande, de la Bretagne, de la Vendée, de la Bavière, de la Flandre, de la Vénétie. Que ces mêmes catholiques, dont l'Église a longtemps rejeté l'idée démocratique, ont finalement consolidé son institutionnalisation par l'intermédiaire des partis démocrates-chrétiens. Que le piétisme a été le creuset de la puissance de la Prusse au XVIIIe siècle, et le méthodisme celui de la conscience ouvrière radicale dans l'Angleterre du XIXe siècle, tout comme l'indépendance et la démocratie américaines sont filles du puritanisme. Que les courants religieux les plus conservateurs n'ont pas forcément été les moins modernisateurs et qu'il a même existé un «vrai radicalisme de la tradition[6]».

Tout cela n'est pas de nature à étonner d'un point de vue théorique ou méthodologique. En premier lieu, de nombreuses recherches ont repris l'intuition de Hegel sur le rôle des processions civiles dans la Révolution française. Elles ont retrouvé dans la cité médiévale ou moderne la fonction créative du rituel que Fustel de Coulanges réservait à tort à la cité antique. La ville se crée et se transforme – se régénère – à travers des célébrations de ce type qui mêlent le religieux au profane et sont bien plus que la simple représentation théâtrale de son identité. Florence, par exemple, se vivait par le truchement de multiples cérémonies qui tout à la fois lui conféraient son unité et régulaient la compétition entre ses hommes d'éminence. Au XVe siècle, ce fut aussi une «révolution rituelle» qui encadra la transition de la République à l'État protoabsolutiste et l'intégration progressive des enfants, des adolescents, de la plèbe à la vie processionnelle de la cité qui leur était jusqu'alors fermée[7]. De même, selon l'analyse classique de Victor Turner, les «centres de pèlerinage [...] engendrent un "champ"» et ont peut-être aidé à «créer le réseau de communication qui fera ultérieurement du capitalisme un système national et international viable[8]». Nous avons vu que, sur un mode sécularisé, le «pèlerinage administratif» semble avoir été décisif pour la cristallisation de la «communauté imaginée» de la nation dans le Nouveau Monde, et que le «pèlerinage touristique» dessine peut-être aujourd'hui un espace civique européen.

Néanmoins, les rituels religieux, au sens propre, sont loin d'avoir été négligeables dans la formation des nations européennes. Sans même nous attarder au toucher royal en Angleterre et en France, nous rappellerons que la confrontation entre le jeune État italien et le Saint-Siège, dans la deuxième moitié du XIXe siècle, s'est aussi déroulée sur cette scène. En 1878, le cortège funèbre de Pie IX fut violemment pris à partie par la foule sur le pont Sant'Angelo au cri de : «À l'eau le cochon de Pape! Vive l'Italie! Vive Garibaldi!» Il dut être dégagé par les carabiniers dont le Vatican avait initialement refusé la protection pour ne pas reconnaître la prééminence de l'État dans le déroulement de la cérémonie. En septembre 1882, lorsque des milliers de prêtres se rassemblèrent à San Lorenzo pour honorer la mémoire du souverain pontife, les libéraux convoquèrent une contre-manifestation au Panthéon, sur la tombe du roi Victor-Emmanuel II[9]. Pour rester fidèle à notre vocabulaire, la compétition symbolique autour des deux mausolées constituait une «traduction abrégée» du conflit de légitimité qui minait l'Italie. Les relations entre certaines périphéries et les centres politiques ou religieux dont elles dépendent ont également été souvent médiatisées par l'action imaginaire rituelle : entre 1830 et 1950, pas moins de quatre-vingts apparitions de la Vierge Marie confortèrent l'affirmation de l'identité et des intérêts du Brabant catholique au sein des Pays-Bas à dominante protestante, et, en 1981, Notre Dame se manifesta tout aussi opportunément en Bosnie-Herzégovine, à Medjugorje, pour secourir les Franciscains soucieux de préserver leur autonomie face aux autorités politiques, à l'évêque de Mostar et au Vatican[10].

La cité moderne n'est donc pas aussi désenchantée que le supposait Max Weber. Les cérémonies, les processions – le cas échéant sur le mode de la manifestation – continuent d'y être performatives et demeurent des moments clefs de l'énonciation de son «économie morale». La mise en scène de la mort, par exemple, est toujours empreinte d'une solennité qui est propice à l'ordonnancement des hiérarchies de pouvoir ou de richesse, par l'observance d'un protocole rigoureux, mais qui peut aussi donner lieu à une politisation explicite en matérialisant l'affrontement entre les autorités et l'opposition, la captation du prestige du défunt par ses partisans plus ou moins bien intentionnés (comme en France lors de la disparition de Georges Pompidou), voire par ses adversaires (comme en 1996, avec l'hommage de Jacques Chirac à son prédécesseur). Nous avons vu, dans le chapitre III, que la capacité performative du rituel politique procède de la passion qu'il condense. Or, le deuil est émotion et il est singulièrement propice à la transformation des sentiments en action politique effective. Par exemple, en août 1914, Léon Jouhaux, le secrétaire général de la CGT – la seule organisation importante de l'extrême gauche qui ne s'était pas encore ralliée à la politique de défense nationale du gouvernement –, improvisa son éloge funèbre de Jean Jaurès et, dans la ferveur républicaine de la cérémonie, pressé par les applaudissements de la foule lorsqu'il évoqua la nécessité de résister à l'agression allemande, il en vint à cautionner, au nom de la tradition révolutionnaire, ce que Poincaré allait nommer, quelques heures plus tard, dans son message au Parlement, l'«Union sacrée», scellant ainsi le retour de la classe ouvrière syndicalisée dans le giron de la nation[11].

De ce fait, les cérémonies funèbres débordent inévitablement les tentatives de «gestion» dont elles font l'objet. Elles peuvent déclencher une colère violente contre l'État, jugé responsable ou complice de la mort du héros – comme à Palerme, en 1992, lors des funérailles du juge Borsellino et de son escorte – ou encore, plus simplement, une tristesse si profonde qu'elle transfigure rétrospectivement l'itinéraire politique de celui sur qui elle se porte, par exemple le roi Baudouin, Pierre Bérégovoy ou François Mitterrand. Vues sous cet angle, elles sont un révélateur précieux des attentes civiques de la foule et de son «économie morale» de l'État : à travers la fureur des Palermitains se lisait le refus de la part d'ombre sur laquelle repose le pouvoir en Italie ; au détour de la tristesse des Parisiens se recueillant sur la dépouille de Pierre Bérégovoy, une méditation sur le devenir de la gauche, sur les relations entre l'argent et la politique, sur les rapports entre la presse et la vie publique ; dans le chagrin des Belges, un

référendum en faveur de l'unité du royaume. En Europe occidentale aussi, les rituels funéraires énoncent la «communauté imaginée» et lui donnent un contenu éthique, autant que politique.

De ce point de vue, les obsèques de François Mitterrand furent
évidemment un modèle du genre. Réplique à peine déguisée du
mythe des deux corps du roi, les télévisions durent partager leur
écran pour retransmettre en direct deux cérémonies synchrones
et symétriques, l'une réservée à la famille et à la ville natale,
l'autre aux grands de ce monde. L'enterrement consacra la reconnaissance de la fille naturelle du président défunt et la cohabita-
tion entre deux femmes qu'il avait aimées. Scène si bizarre aux
yeux des correspondants étrangers qu'ils préférèrent souvent taire
ou travestir cette «exception culturelle». Mais on ne peut se
cacher son indéniable modernité, en ce sens qu'elle correspondait
à l'expérience vécue d'un nombre non négligeable de contemporains. En l'occurrence, «le politique», que l'on dit discrédité et
déconnecté par rapport à la société, proposait un récit de vie qui
donnait à réfléchir et qui pouvait émouvoir : la scène était
«belle», comme au cinéma ou dans les romans-photos. De même,
la longue méditation de François Mitterrand sur la mort, la révélation qu'il luttait contre son cancer depuis 1981 et qu'il avait
choisi le temps de sa disparition ont sans doute contribué à modifier la représentation sociale d'une maladie perçue comme plus
terrible que d'autres, au moment même où un énorme scandale
éclaboussait l'ARC. Enfin, la participation active du labrador présidentiel à la cérémonie privée – on aura remarqué qu'il voyagea
dans l'avion des enfants – sanctionnait la place que la gent canine
occupe aujourd'hui dans la société française, et pas seulement,
hélas! dans la sphère privée[12].

En contrepoint de ces observations ou de ces recherches qui
attestent, dans une perspective néofustélienne ou néodurkhei-
mienne, que la cité moderne est elle aussi une cité cultuelle, nous
disposons, en second lieu, d'une littérature théorique considérable
qui nous invite à croiser les facteurs explicatifs du changement, à
procéder à une «démultiplication causale» et à «établir des interconnexions qui ne sont pas des isomorphismes» entre les différents champs de la société : outre l'approche foucaldienne que
nous venons derechef de citer et qui est sous-jacente au concept
de gouvernementalité, l'insistance, par exemple, de Max Weber
sur «l'énorme enchevêtrement d'influences réciproques», l'accent
mis par l'*Alltagsgeschichte* sur les «expériences multidimension-

nelles» (*Mehrschichtigkeiten*) des acteurs, les courants micro-interactionnistes de la sociologie américaine, la théorie de la structuration de Giddens ou encore le modèle configurationnel d'Elias. Or ces différentes démarches s'accordent à reconnaître le caractère ambivalent et paradoxal des modalités du changement social. L'expression «à leur insu» était déjà récurrente dans l'œuvre de Tocqueville. Tout en construisant des types-idéaux, Max Weber admet à son tour que «nous devons nous attendre à ce que les effets de la Réforme sur la culture, pour une grande part – sinon, de notre point de vue particulier, la part prépondérante – aient des conséquences imprévues, *non voulues*, de l'œuvre des réformateurs, conséquences souvent fort éloignées de tout ce qu'ils s'étaient proposé d'atteindre, parfois même en contradiction avec cette fin[13]». Il suit une analyse similaire au sujet des «modes de l'orientation économique de l'action[14]».

Ernst Troeltsch, le contradicteur amical de Max Weber, est allé beaucoup plus loin que lui dans l'étude de l'invention paradoxale de la modernité, en soulignant que «le rôle joué par le protestantisme dans l'apparition du monde moderne n'est certainement *rien qui soit simple*» : «[Il] est, à plus d'un titre, un rôle indirect, voire involontaire, et ce qu'il y a malgré tout de commun entre le protestantisme et la culture moderne gît très enfoui dans les profondeurs cachées de sa pensée, qui ne sont pas immédiatement accessibles à la conscience. Il ne saurait bien entendu être question d'une création directe de la culture moderne par le protestantisme ; il ne peut s'agir que de la part qu'il y a prise. Mais même cette participation n'est rien qui soit homogène et simple. Dans chacun des différents domaines culturels, elle est différente et, dans tous, elle est plus ou moins inapparente et complexe[15].» Il convient donc de rechercher «quelle importance a pu avoir le protestantisme non pas, tout d'abord, dans une résurrection ou création générale affectant l'ensemble de la vie, mais, pour l'essentiel, dans des conséquences indirectes ou inconscientes, et même directement dans des effets d'ordre épiphénoménal et contingent, voire des influences exercées malgré soi[16]». Il conclut dans ce style inimitable que les sciences sociales affectaient en Allemagne au début du siècle :

«On ne parvient à l'intelligence du vrai rapport de causalité qu'à condition de renoncer à un échafaudage unitaire, s'appuyant sur une *idée rectrice*, laquelle serait censée tout puiser et tout élaborer à partir d'elle seule, et à condition de tenir compte du foisonnement d'influences différentes, parallèles et indépendantes, s'entrecroisant même parfois. Le hasard, c'est-à-dire le lien soudain établi entre plusieurs séries causales indépendantes, ne doit jamais être sous-estimé lorsqu'il s'agit de pareils phénomènes[17]. »

Enfin, se situant dans cette lignée, Norbert Elias a souligné que la « civilisation » et la « rationalisation » ne sont pas les produits de la ratio humaine, mais de ce qu'il nommait « l'ordre de l'interdépendance entre les hommes ». Recourant précisément à son modèle configurationnel, l'historien contemporain montrera par exemple comment les processus qui déterminent les formes de stratification de la société française aux XIXe et XXe siècles se concrétisent par des « dynamiques aveugles » :

« L'espace social apparaît en effet structuré par plusieurs types de cohésions, différents à la fois par leur nature et par leur durée, et qui apparaissent en compétition pour les ressources et les formes de développement possible [...]. Le processus d'évaluation, tel qu'un modèle configurationnel le donne à voir, est donc loin d'être linéaire et déterminé de façon unidirectionnelle par des phénomènes uniques et macrostructuraux. Dans la plupart des cas, des changements importants sont engendrés à partir de mouvements périphériques et relativement faibles [...]. L'image qui s'impose à partir de telles dynamiques est effectivement celle d'une configuration de points mobiles qui s'organisent selon des formes locales spécifiques. Une configuration qui est sensible en même temps aux mouvements de chacune de ses composantes, à leurs structurations particulières et aux dynamiques que ces structurations engendrent. C'est à ce niveau qu'on peut parler d'évolutions aveugles, car il est clair que chaque forme synchronique, chacune des configurations globales atteinte au cours du processus d'évolution est le produit momentané de plusieurs mouvements qui s'opèrent à partir d'intérêts, de perspectives et de projets différents[18]. »

Illustration parmi d'autres, le protestantisme des camisards, obstacle évident à la centralisation monarchique, l'a servie à plus long terme en ayant adopté le français, et non l'occitan, comme langue sacrée[19]. De même, la transition politique en Espagne, après la mort de Franco, a été le fruit de « choix interstitiels » de la part des acteurs : ceux-ci se sont moins référés à une grande alternative rationnelle, « pour » ou « contre » la démocratie, qu'aux traditions ou aux règles du jeu prévalant déjà dans différents secteurs de la société civile. La démocratie espagnole doit notamment beaucoup aux « métamorphoses » de l'Église dans les années cinquante, à ses « avatars », du fait de la montée en son sein des jeunes catholiques, de son intégration au champ religieux ouest-européen et des répercussions de Vatican II[20]. Nous l'avons vu, les glissements, les interactions d'une sphère à l'autre de la société sont permanents, et d'autant plus déroutants qu'ils répondent à la pure contingence[21]. Quand elles surviennent, ces « interconnexions sans isomorphisme » sont le fruit des opérations culturelles – notamment de transfert de sens – que nous avons analysées dans le deuxième chapitre et qui s'inscrivent dans la dimension autonome de l'imaginaire ; elles sont l'une de ces « relations génétiques concrètes qui revêtent inévitablement un caractère individuel propre » dont nous parle Weber[22].

Munies de tout ce bagage, les sociétés politiques occidentales sont cependant comme paralysées et dans l'incapacité d'y recourir dès lors qu'il s'agit de déchiffrer leur rapport à l'Autre : par exemple leur relation avec l'islam ou leur insertion dans le processus de globalisation. L'on est prêt à suivre Tocqueville lorsqu'il voit dans les fondateurs de la Nouvelle Angleterre « tout à la fois d'ardents sectaires et des novateurs exaltés » : « Retenus dans les liens les plus étroits de certaines croyances religieuses, ils étaient libres de tous préjugés politiques[23]. » Mais l'on s'interdit immédiatement d'en dire autant d'un mouvement islamique. Entre celui-ci et une mobilisation sociale d'inspiration chrétienne il y aurait une différence de nature qui empêcherait la comparaison. Peu importe que l'historien rappelle qu'à Java « les signes avant-coureurs de la modernité ne se sont pas manifestés avec l'arrivée des Portugais ou celle des Hollandais, mais avec la venue des marchands musulmans et l'essor des premiers sultanats[24] ». Il n'est pas entendu, ni son collègue qui établit une corrélation forte entre les mouvements de revitalisation de l'islam et le changement social[25]. Peu importe également que cette mobilisation véhicule elle-même, au dire des anthropologues, des mutations profondes, tant des pratiques religieuses que de l'être-en-société[26]. Pour peu qu'ils osent le suggérer à propos du port du voile, le chœur laïciste se déchaîne ! Foi de culturaliste, l'islam est un et indivisible, voué à

s'autoreproduire éternellement dans l'obscurantisme et le fanatisme, au mieux dans le régime surveillé de la « modération ». Et
ce, quand bien même il a apporté la preuve par la Turquie que sa
pensée est sujette à évolution et à rationalisation sous le poids des
contraintes de l'histoire[27]. En la matière, le débat public en est
resté au stade de ce que l'on nommait au Moyen Âge des psycho-
machies, c'est-à-dire à la confrontation d'entités abstraites et
rivales : Athènes contre Sparte, Rome contre Carthage, l'Occident chrétien et laïque (laïque parce que chrétien : *pace* le
Royaume-Uni, les États-Unis et quelques autres démocraties de
second ordre !) contre l'islam. À ceux qui ne se satisfont pas de
cette vision manichéenne du monde, il est gravement concédé que
la religion du Prophète peut en effet être porteuse de changements sociaux. Mais, objecte-t-on aussitôt, s'agit-il pour autant de
modernité, au sens où nous l'entendons en Occident, selon l'héritage des Lumières : comme étant « la sortie de l'homme de sa
Minorité, dont il est lui-même responsable » (Kant) ?

Cette question mérite d'être brièvement examinée. Soit l'on a
de la modernité une définition historique ou sociologique, et l'on
y voit, par exemple, « une époque tournée vers le futur, conçu
comme vraisemblablement différent et si possible meilleur que le
présent et le passé[28] », ou une expérience sociale propre à cette
époque particulière, notamment l'expérience de la globalisation[29].
Soit, avec Foucault, commentant justement le *Was ist die Aufklärung?* de Kant, l'on ne comprend pas « très bien » ce que signifie
cette notion de modernité[30] et on l'envisage « plutôt comme une
attitude que comme une période de l'histoire », en cherchant comment, « depuis qu'elle s'est formée, [elle] s'est trouvée en lutte
avec des attitudes de "contre-modernité" ». La « modernité »
devient alors un *êthos* : « Un type d'interrogation philosophique
qui problématise à la fois le rapport au présent, le mode d'être
historique et la constitution de soi-même comme sujet
autonome. » Pour Foucault, « le fil qui peut nous rattacher de cette
manière à l'*Aufklärung* n'est pas la fidélité à des éléments de doctrine, mais plutôt la réactivation permanente d'une attitude ; c'est-
à-dire d'un *êthos* philosophique qu'on pourrait caractériser
comme critique permanente de notre être historique ». La suite de
son raisonnement est intéressante pour notre propos car elle
refuse tout « "chantage" à l'*Aufklärung* » sous la forme d'« une
alternative simpliste et autoritaire » : « Ou vous acceptez l'*Aufklärung*, et vous restez dans la tradition de son rationalisme [...] ou

vous critiquez l'*Aufklärung*, et vous tentez alors d'échapper à ces principes de rationalité.» En outre, Foucault récuse toute confusion entre l'*Aufklärung* et l'humanisme. Plus positivement, l'*êthos* de la modernité consiste en «une *attitude limite*» – «Il faut être aux frontières» – qui s'attache à se demander «dans ce qui nous est donné comme universel, nécessaire, obligatoire, quelle est la part de ce qui est singulier, contingent et dû à des contraintes arbitraires[31]».

Il est assez évident que la revendication islamiste correspond à la première définition de la modernité, même si elle emprunte parfois une démarche fondamentaliste en prétendant restaurer l'âge d'or du califat : elle se veut révolutionnaire ou progressiste ; elle entend que les choses aillent mieux sous l'angle de la moralité, mais aussi du point de vue de l'indépendance nationale, de la démocratie, de l'égalité sociale ; elle ne cache pas sa fascination pour la technologie. Si l'on privilégie la deuxième définition de la modernité, il est à peine moins clair qu'une partie au moins des militants islamistes s'efforcent précisément, par le biais de leur engagement, de sortir de leur «minorité» grâce à l'exercice de la raison, et ce au grand dam des traditionalistes. Fantasmé comme le siège de l'internationale obscurantiste, l'Iran est en réalité un laboratoire où s'expérimente ce que certains qualifient de Réforme au sein de l'islam, avec tout ce que cela comporte de débats, de conflits et d'incertitudes : la révolution de 1979 a été préparée par un travail intellectuel et théologique intense, en particulier dans la ville sainte de Najaf[32] ; aujourd'hui, des recompositions majeures entre la pensée religieuse et la pensée laïciste s'effectuent sous le couvert de la République islamique, de façon conflictuelle, cela va sans dire[33]. En définitive, pour Saïd Arjomand, «les constitutionnalistes cléricaux contemporains d'Iran sont les premières autorités musulmanes établies à ressentir le besoin urgent de réconcilier les concepts fondamentaux de la science grecque du politique avec la loi islamique sacrée, la sharia[34]».

En revanche, nous voyons bien en quoi le «chantage» permanent à l'*Aufklärung*, le salmigondis de principes humanistes et de Realpolitik qui fait applaudir le coup d'État de 1992 en Algérie sous prétexte de défense de la laïcité et de la femme coïncident mal avec l'*êthos* de modernité…

*

*   *

La critique du culturalisme doit nous permettre de nous dégager du faux dilemme dans lequel les sociétés occidentales tendent
à s'enfermer. L'alternative n'est pas entre l'universalisme par uniformisation, au mépris de la diversité des «cultures», et le relativisme par exacerbation des singularités «culturelles», au prix de
quelques valeurs fondamentales. L'universalité équivaut à la réinvention de la différence, et il n'est nul besoin de faire de celle-ci le
préalable de celle-là. Cette insistance n'est pas seulement pléo-
nastique, elle est suspecte, car elle ouvre la voie à toutes sortes de
restrictions mentales et politiques.

Le discours et, hélas, de plus en plus la diplomatie culturalistes
emprisonnent les sociétés historiques concrètes dans une définition substantialiste de leur identité, en leur déniant le droit à
l'emprunt, à la dérivation créative, c'est-à-dire au changement,
éventuellement par invention paradoxale de la modernité. Il n'y a
là rien d'autre qu'une Sainte-Alliance conservatrice entre les des-
potes indigènes et leurs protecteurs ou leurs complices occidentaux, une alliance dont nous avons vu les inconséquences en Irak,
au Rwanda, en Algérie, en Serbie, en Chine, en Russie, et qui n'a
même pas le mérite d'assurer la paix par la répression. N'est pas
Metternich qui veut! En réalité, les démocrates occidentaux
devraient être en mesure de clamer haut et fort l'universalité de
leurs principes politiques en prévoyant que ceux-ci seront retra-
vaillés dans les sociétés qui les accueillent. Et l'éclat de leurs
valeurs viendra de ce qu'ils admettront leur «globalisation», c'est-
à-dire leur réinvention, non point seulement par des dirigeants
soucieux d'«authenticité», mais par le travail concret de leur
énonciation dans les profondeurs des sociétés concernées.

Les jeunes Foulbé arborent lunettes de soleil, chaussettes mul-
ticolores, sacs à main, sandalettes de femme en caoutchouc et à
talons hauts pour se distinguer des autres groupes ethniques
comme de leurs aînés. De même que les objets de la culture matérielle capitaliste, loin d'altérer l'identité de leurs consommateurs,
peuvent la fortifier, les valeurs ou les institutions de la démocratie
génèrent des spécifications identitaires lorsqu'elles sont transplan-
tées sous d'autres cieux. Le problème n'est pas de déterminer, par

exemple, si la démocratie est adaptée à la «culture africaine», mais comment les sociétés africaines l'adapteront en l'adoptant et la refonderont comme cité, tout comme l'Inde a réécrit le *West-minster Model*[35]. Il est d'ailleurs éloquent que les systèmes repré-sentatifs, une fois repiqués hors d'Europe, ont prospéré moins sur le registre de la copie conforme que sur celui de l'hybridation, en recourant à des stocks autochtones de légitimité. Ainsi, «l'homme politique dans l'Inde démocratique a été forgé avec des matériaux traditionnels; il n'est pas un homme nouveau[36]». Pareillement, «c'est à cause [du] passé islamique, et non parce qu'elles auraient lu J.S. Mill, que les masses turques soutiennent la démocratie moderne» : «Elles la soutiennent dans la mesure où elles per-çoivent en elle la possibilité d'assumer la part la plus importante de leur droit inné, à savoir le droit de "promouvoir le bien et de combattre le mal" et de protéger leur propre sphère privée[37].» La continuité de l'orientation électorale en Turquie depuis 1950, sous des avatars partisans divers, enregistre cette attitude, et il n'est pas sûr que l'accession au pouvoir du Parti de la Prospérité représente un séisme à cet égard. Braudel disait du capitalisme qu'il était un «visiteur du soir» : «Il arrive quand tout est déjà en place[38].» Il en est de même de la démocratie, et la question est celle de son authentification, grâce à l'intervention des genres autochtones du politique, plutôt que celle de son «authenticité».

L'aveuglement des conservateurs, en la matière, est d'autant plus injustifiable que leur auteur fétiche, Tocqueville, avait fort bien pénétré cette possibilité de l'universalisation différenciée de la démocratie, non, il est vrai, sans donner parfois l'impression de la cantonner aux «chrétiens». Prévoyant son «avènement pro-chain irrésistible, universel [...] dans le monde[39]», il affirmait : «Ce que j'ai vu chez les Anglo-Américains me porte à croire que les institutions démocratiques de cette nature, introduites pru-demment dans la société, qui s'y mêleraient peu à peu aux habi-tudes, et s'y fondraient graduellement avec les opinions mêmes du peuple, pourraient subsister ailleurs qu'en Amérique.» Et de demander : «Si d'autres peuples, empruntant à l'Amérique cette idée générale et féconde, sans vouloir du reste imiter ses habitants dans l'application particulière qu'ils en ont faite, tentaient de se rendre propres à l'état social que la Providence impose aux hommes de nos jours, et cherchaient ainsi à échapper au despo-tisme ou à l'anarchie qui les menacent, quelles raisons avons-nous de croire qu'ils dussent échouer dans leurs efforts[40]?»

Faisons-nous néanmoins l'avocat du diable. Les relativistes ne se bornent-ils pas à prendre acte de cette inévitable réinvention de la différence lorsqu'ils parlent de la conception africaine, asiatique, islamique de la démocratie et des droits de l'homme, lorsqu'ils envisagent que «[les] valeurs universelles de justice, de tolérance et de liberté [...] peuvent s'exprimer sous des formes différentes, à travers nos cultures et nos traditions respectives[41]» ? Non, insisterons-nous. Une différence de nature sépare les deux approches. D'un côté, le raisonnement culturaliste disqualifie la diffusion des valeurs et des modèles en les postulant incompatibles avec le noyau dur de cultures intangibles et en y décelant une source d'instabilité pour ces dernières. De l'autre, le raisonnement anticulturaliste banalise la greffe de ces valeurs et de ces modèles en ne doutant ni de leur mutabilité ni de la capacité d'appropriation inventive des sociétés qui les importent. En outre, derrière cette différence d'approche, se profile une vraie divergence philosophique de méthode entre deux définitions du concept : dans la première posture intellectuelle, celui-ci dit «l'essence», dans la seconde «l'événement»[42].

«L'événement», en l'occurrence, pour ce qui nous occupe, c'est le déroulement de ces «relations génétiques concrètes qui revêtent inévitablement un caractère individuel propre»; ce sont les processus de «formation» de la cité, éventuellement démocratique. De telles séquences «événementielles» peuvent être de très grande amplitude : Max Weber met la genèse du capitalisme en relation avec la révolution éthique de la Réforme, mais aussi avec toute une série de transformations institutionnelles qui étaient survenues dans le Haut Moyen Âge au sein des villes, du régime féodal et de l'Église catholique[43]. Si l'on s'en tient provisoirement aux «interconnexions sans isomorphisme» entre le changement religieux et le changement politique, il convient de voir comment le premier interfère avec la transformation de la scène civique. Gardons-nous d'avoir de ces interactions une appréhension téléologique. Rien ne garantit qu'elles sont par nature des facteurs de démocratisation. Mais il faut être attentif à ces relations qui s'instaurent entre les mouvements religieux, en particulier prophétiques ou millénaristes, et la «formation» de l'espace public. D'autant que ces mobilisations, volontiers syncrétiques, sont souvent, simultanément, des véhicules de bureaucratisation ecclésiale, de rationalisme positiviste et d'individuation, à l'instar du Cao Dai au Vietnam, du bahaisme en Iran, des Nurcu en Turquie, des prophétismes en

Côte-d'Ivoire, du nationalisme extrémiste hindou en Inde[44]. Elles sont également susceptibles d'élaborer des discours neufs et radicaux sur la liberté, que l'on aurait tort de prendre pour quantités négligeables et qui rappellent que l'Occident démocratique n'a nullement le monopole de cette idée[45]. Le rayonnement des principes libéraux sera d'autant plus grand qu'ils s'entrelaceront avec ces représentations autochtones ou syncrétiques de l'émancipation.

Néanmoins, les mouvements religieux ne sont pas les seuls vecteurs de la globalisation politique. C'est l'ensemble des pratiques de symbolisation que nous devons rapprocher des processus de «formation» de la cité, et notamment de cette «idée générale et féconde» qu'est la démocratie. Nous avons donné un aperçu de ce type d'«interconnexions» dans le chapitre précédent en évoquant divers répertoires pileux, culinaires et vestimentaires de l'action politique et en montrant qu'ils pouvaient inspirer de vrais mouvements culturels, comparables aux mouvements sociaux ou religieux. De tels mouvements culturels s'instituent alors en «rites de modernisation», à l'instar, par exemple, du *ludruk* à Java. Avant l'instauration de l'Ordre nouveau, ce genre théâtral a permis aux jeunes de prendre leurs distances par rapport à l'univers clos de leur quartier ou de leur bidonville pour se situer dans le monde économiquement et socialement différencié de la ville de Surabaja, et même dans l'espace national. Il leur a fourni les moyens pratiques ou cognitifs de traiter avec les institutions de l'État et de la société contemporaine. Il a été un instrument de rationalisation et de «désenchantement» relatif en servant la monétarisation, la bureaucratisation, et jusqu'à la «conjugalisation» des représentations sociales du prolétariat javanais, de façon souvent contradictoire, d'ailleurs, par rapport aux idéaux que défendait le Parti communiste indonésien dont étaient proches certaines troupes[46].

Les sociétés politiques s'imaginent à travers une grande diversité de cultes sociaux de ce type, dont on subsume l'hétérogénéité et souvent la trivialité sous le nom emphatique de culture. Telle est aujourd'hui l'une des significations du sport, et plus spécialement du football, site éminent de la globalisation, y compris dans ce qu'elle comporte de réinvention de la différence d'un pays ou d'un club à l'autre. «Langage masculin de référence, transgressant régions et générations, faisant dialoguer le singulier et l'universel, confrontant le mérite et la chance, la justice et la tricherie, "nous" et "les autres", le match de football apparaît [...] comme une des matrices symboliques profondes de notre temps. Balançant entre la fête et la guerre, le comique et le tragique, le dérisoire et le sérieux, la fiction et la réalité, le rituel et le show, il condense, en un genre hybride et singulier, les valeurs fondamentales qui façonnent nos sociétés», écrit Christian Bromberger au terme d'une remarquable enquête à Marseille, Turin et Naples[47]. Quelle que soit sa «plasticité herméneutique» qui interdit de le réduire à une fonction univoque, il est notamment «le lieu par excellence où se concrétise l'imaginaire démocratique, exaltant l'égalité des chances, la compétition universelle, le mérite personnel [...][48]», en même temps qu'il laisse au hasard et à la ruse leur place. La mondialisation de sa pratique et les passions qu'il déchaîne suggèrent qu'il est devenu l'un des grands rituels à travers lesquels se négocient les relations entre les acteurs d'une même société ou de sociétés différentes : la cité moderne est footballistique et plus généralement sportive, autant que religieuse, l'un n'empêchant d'ailleurs pas l'autre, comme l'a prouvé, en Algérie, le ralliement du public juvénile des stades au Front islamique du salut[49]. Ainsi, en Afrique, les affrontements entre supporters de villes ou de pays différents sont une «traduction abrégée» courante du «tribalisme» ou de la xénophobie, tout comme les exploits de l'équipe nationale des «Bafana, Bafana» ont constitué une extraordinaire célébration civique de la réconciliation interraciale dans la nouvelle Afrique du Sud, en 1996[50].

À l'image des autres sortes d'interconnexions, les échanges entre la sphère des passions sportives et celle des passions politiques sont contingents et dépourvus d'orientation précise. Déjà, les spectateurs d'Olympie, originaires de multiples cités, avaient «pris le parti de sentir qu'ils vivaient une solennité grecque en général, symbole de leur civilisation», sans pour autant se réunir dans le but délibéré d'exalter leur unité et leur identité face aux Barbares[51]. De nos jours, l'apport du football à la «communauté imaginée» est du même ordre. Le sport est l'une des médiations à travers lesquelles se conçoit l'espace public. Des États-Unis à la République islamique d'Iran, les retransmissions télévisées des compétitions assurent même la globalisation des différentes élaborations possibles de celui-ci. Mais les condensations que le sport opère à cet égard sont aussi paradoxales que l'invention religieuse de la modernité. Obliques, fragmentaires, facétieuses ou violentes, elles sont tout sauf linéaires, et leur baroque n'est pas sans nous rappeler certains épisodes relatés dans ce livre. Par exemple, les majorettes françaises ont largement puisé dans le répertoire militaire : le lancer de la canne qu'elles pratiquent est emprunté à l'armée américaine, qui l'aurait elle-même importé de Thaïlande, des Samoa, voire d'Arabie, dans les années trente, mais il a été fondu dans la tradition française du défilé ; par ailleurs, leurs troupes observent une discipline, adoptent une organisation hiérarchisée, arborent des tenues et évoluent selon une musique dont le style reprend, sur un mode distancié, voire parodique, celui de la Défense nationale, non sans gêner ou irriter quelque peu les officiers de la garnison locale. *Mutatis mutandis,* cette activité ludique et, de plus en plus, sportive doit être rapprochée de la danse beni qui avait popularisé la technique du *drill* en Afrique orientale. Mêlant en toute ambivalence un conformisme moral très strict et un exhibitionnisme de sous-préfecture, le mouvement des majorettes en France a permis, au moins pour quelque temps, à « des jeunes filles toutes simples », issues de milieux modestes, d'échapper à leur famille, d'accroître leur visibilité sociale et peut-être d'entamer un itinéraire d'ascension[52].

Plutôt que de jeter l'opprobre sur des mobilisations culturelles – qu'elles soient religieuses, sportives, vestimentaires, pileuses ou autres – en les qualifiant d'emblée de futiles, aliénantes ou rétrogrades en fonction de critères prétendument universels, il convient d'essayer de repérer les significations qu'elles revêtent et les effets d'universalisation différenciée dont elles sont porteuses *dans des contextes historiques précis.* Tous les effets d'universalisation, d'ailleurs, ne sont pas nécessairement approuvables et ils ne nous dispensent pas de jugements éthiques, qui appartiennent à la conscience de chacun. Simplement, jugeons en connaissance de cause, non à partir de dossiers bâclés ; ne prenons pas les vessies culturelles pour des lanternes politiques ; veillons à « événementialiser » ces matrices de l'action symbolique par lesquelles se constituent et se condensent les figures imaginaires du politique.

Ne nous cachons pas non plus que, si la critique des stratégies identitaires du politique passe par l'exercice de la raison – le *räsonieren* des Lumières, indispensable à la « sortie de la Minorité » – elle implique aussi une reconquête de l'imaginaire, pour les motifs que nous avons largement exposés dans les deux derniers chapitres.

« Nous avons tous des sens qui sont, pour ainsi dire, les portes de l'âme ; tous nous sommes susceptibles de recevoir par leur intermédiaire, des impressions profondes ; et ceux qui prétendent gouverner un peuple par des théories philosophiques ne sont guère philosophes. L'homme le plus dégagé de tout ce qui est matériel, est accessible au prestige des décorations et à la magie de tous les arts d'imitation ; et celui qui se vante le plus de n'avoir que la raison pour guide, a peut-être cédé moins souvent à sa voix qu'aux illusions de l'imagination et des sens : ces effets dérivent de la nature même de l'homme ; et s'il est philosophique de le décomposer en quelque sorte par des abstractions qui en facilitent la connaissance, il ne l'est pas moins de le considérer dans son ensemble, de partir de ce point pour agir sur son cœur et le diriger à l'accomplissement des devoirs qui assurent la stabilité de l'ordre social »

plaidait l'abbé Grégoire devant la Convention[53].

Rien, aujourd'hui, ne menace plus la « stabilité de l'ordre social » que le déchaînement de l'illusion identitaire. Il est devenu urgent de lui opposer un *êthos* philosophique moderne qui démêle les parts respectives du contingent et de l'universel, dès lors que des partis politiques, en Europe et ailleurs, ont pris l'initiative de ce qu'ils nomment le « combat identitaire ».

NOTES

AVANT-PROPOS

1. J.-F. Bayart, « L'énonciation du politique », *Revue française de science politique*, 35 (3), juin 1985, pp. 343-372 et *L'État en Afrique. La politique du ventre*, Paris, Fayard, 1989, ainsi que *Le Politique par le bas. Contributions à une problématique de la démocratie*, Paris, Karthala, 1992 (en collaboration avec A. Mbembe et C. Toulabor).

2. E. Hobsbawm, *Nations et nationalisme depuis 1780. Programme, mythe, réalité*, Paris, Gallimard, 1992, p. 172.

3. M. Foucault, *Histoire de la sexualité. Tome II : L'Usage des plaisirs*, Paris, Gallimard, 1984, p. 14.

4. « On n'imagine pas Diderot en costume régional. Il semble y avoir une contradiction. Peut-on être un philosophe d'importance mondiale et en même temps porter un costume régional […] ? L'uniformité qu'on pense voir partout donne des réactions inattendues dans tous les domaines », persifle l'écrivain Cees Nooteboom, en bon Batave « commercialiste » qu'il est. « Entretien », *Libération*, 4-5 août 1990.

5. T. Todorov, *Nous et les autres. La réflexion française sur la diversité humaine*, Paris, Le Seuil, 1989, p. 79.

6. Cf. notamment G. Delannoi, « Nations et Lumières, des philosophies de la nation avant le nationalisme : Voltaire et Herder », et A. Renaut, « Logiques de la nation » in G. Delannoi, P.-A. Taguieff, dir., *Théories du nationalisme*, Paris, Kimé, 1991, pp. 15-46.

7. B. Berman, J. Lonsdale, *Unhappy Valley*, Portsmouth, James Currey, 1992 (recensé dans la *Revue française de science politique*, 44 (1), février 1994, pp. 136-139).

PREMIÈRE PARTIE

INTRODUCTION

1. C. Tardits, dir., *Contribution de la recherche ethnologique à l'histoire des civilisations du Cameroun*, Paris, CNRS, 1981 ; C. H. Pradelles de Latour, *Ethnopsychanalyse en pays bamiléké*, Paris, EPEL, 1991 ; J.-P. Warnier, *L'Esprit d'entreprise au Cameroun*, Paris, Karthala, 1993.

2. M. Lachiver, *Vins, vignes et vignerons. Histoire du vignoble français*, Paris, Fayard, 1988, pp. 502-503 et 506.

3. J. Clifford, *The Predicament of Culture. Twentieth Century Ethnography, Literature and Art*, Cambridge (Mass.), Harvard University Press, 1988, p. 15.

CHAPITRE I

1. P. Hassner, *La Violence et la paix. De la bombe atomique au nettoyage ethnique*, Paris, Esprit, 1995, pp. 309, 341, 380-381.

2. F. Braudel, *Grammaire des civilisations*, Paris, Arthaud-Flammarion, 1987, pp. 38-39 (souligné par l'auteur).

3. A. Appadurai, ed., *The Social Life of Things. Commodities in Cultural Perspective*, Cambridge, Cambridge University Press, 1986 (en particulier les chapitres I et II, par A. Appadurai et I. Kopytoff); F. Adelkhah, *Être moderne en Iran*, à paraître; S. Darbon, *Des jeunes filles toutes simples. Ethnographie d'une troupe de majorettes en France*, s. l., Jean-Michel Place, s. d. [1995]. Sur les différences culturelles dans le management, cf. P. d'Iribarne, *La Logique de l'honneur. Gestion des entreprises et traditions nationales*, Paris, Le Seuil, 1989, et, pour des exemples extra-occidentaux, P.-N. Denieul, *Les Entrepreneurs du développement. L'ethno-industrialisation en Tunisie. La dynamique de Sfax*, Paris, L'Harmattan, 1992; J.-P. Warnier, *L'esprit d'entreprise au Cameroun*, Paris, Karthala, 1993.

4. W. M. O'Barr, «The airbrushing of culture. An insider looks at global advertising», *Public Culture*, 2 (1), 1989, p. 15.

5. J.-M. Lotman, B.-A. Ouspenski, *Sémiotique de la culture russe. Études sur l'histoire*, Lausanne, L'Âge d'Homme, 1990, pp. 47-49.

6. J. N. Rosenau, *Turbulence in World Politics. A Theory of Change and Continuity*, Princeton, Princeton University Press, 1990, p. 143; A. Giddens, *Modernity and Self-Identity. Self and Society in the Late Modern Age*, Stanford, Stanford University Press, 1991; P. Hassner, *op. cit.*

7. B. Lewis, *Islam et laïcité. La naissance de la Turquie moderne*, Paris, Fayard, 1988 (en particulier pp. 233 et suiv., et 425-426); D. Kushner, *The Rise of Turkish Nationalism. 1876-1908*, Londres, Frank Cass, 1977.

8. M. Sahlins, *Au cœur des sociétés. Raison utilitaire et raison culturelle*, Paris, Gallimard, 1980, p. 8.

9. Contrairement à ce que pense M. Sahlins, lorsqu'il parle de «schème culturel [...] diversement infléchi par un lieu dominant de production symbolique, qui alimente l'idiome majeur d'autres relations et activités», de «lieu institutionnel privilégié du processus symbolique, d'où émane une grille classificatoire imposée à la culture dans son entier» (*ibid.*, p. 263).

10. A. de Tocqueville, *De la démocratie en Amérique, Tome I*, in *Tocqueville*, Paris, Robert Laffont, 1986, pp. 273-274 (collection Bouquins).

11. Cf. notamment les travaux d'Alain Henry à la Caisse française de développement, en particulier *Tontines et banques au Cameroun. Les principes de la Société des amis*, Paris, Karthala, 1991 (en collaboration avec G.-H. Tchente et P. Guillerme-Dieumegard).

12. K. van Wolferen, *The Enigma of Japanese Power. People and Politics in a Stateless Nation*, New York, Vintage Books, 1990 (en particulier p. 29 et pp. 184 et suiv.); H. Ooms, «Les capitalistes confucéens», *Actes de la recherche en sciences sociales*, 80, novembre 1989, pp. 81-86.

13. Y. Shinichi, «Le concept de public-privé» in H. Yoichi, C. Sautter, dir.,

L'État et l'individu au Japon, Paris, Éditions de l'École des hautes études en sciences sociales, 1990, p. 36. Pour les mutations actuelles de la culture japonaise, cf. E. Seizelet, « La société japonaise et la mutation du système de valeurs », *Les Études du CERI*, juillet 1995.

14. P. Veyne, *L'Élégie érotique romaine*, Paris, Le Seuil, 1983, p. 25.

15. Y. Shinichi, « Le concept de public-privé » in H. Yoichi, C. Sautter, dir., *op. cit.*, p. 34-35, et K. Postel-Vinay, *La Révolution silencieuse du Japon*, Paris, Calmann-Lévy, Fondation Saint-Simon, 1994, pp. 85-183.

16. A. Walthall, *Peasant Uprisings in Japan. A Critical Anthology of Peasant Histories*, Chicago, The University of Chicago Press, 1991. Cf. également le compte rendu des travaux des médiévistes japonais, en particulier de Yoshihiko Amino, par P. Pons in *Le Monde*, 3 mars 1989, p. 19.

17. *Le Monde*, 11-12 novembre et 22 novembre 1990.

18. Je remercie Jacques Andrieu (Centre Chine, CNRS) de m'avoir « ouvert les yeux » – comme diraient les Camerounais – sur cette symbolique lors de la visite d'une exposition de badges maoïstes à Xian, en octobre 1993.

19. M.-C. Bergère, *L'Âge d'or de la bourgeoisie chinoise, 1911-1937*, Paris, Flammarion, 1986.

20. Y. Chevrier, « L'Empire distendu » in J.-F. Bayart, dir., *La Greffe de l'État*, Paris, Karthala, 1996 (chapitre 9).

21. R. H. Solomon, *Mao's Revolution and the Chinese Political Culture*, Berkeley, University of California Press, 1971, p. 521.

22. N. R. Keddie, ed., *Religion and Politics in Iran. Shi'ism from Quietism to Revolution*, New Haven, Yale University Press, 1983 ; Y. Richard, *Le Shi'isme en Iran. Imam et Révolution*, Paris, Librairie d'Amérique et d'Orient, Jean Maisonneuve, 1980.

23. J. L. Esposito, ed., *The Iranian Revolution. Its Global Impact*, Miami, Florida International University Press, 1990.

24. Cité par G. Kepel, *Les Banlieues de l'islam. Naissance d'une religion en France*, Paris, Le Seuil, 1987, p. 253.

25. Entretien de Jacques Chirac avec le *Washington Times* en novembre 1986, reproduit in *Le Monde*, 11 novembre 1986, p. 2.

26. S. Haeri, *The Law of Desire. Temporary Marriage in Iran*, Londres, I. B. Tauris, 1989.

27. « L'intervention télévisée du président de la République », *Le Monde*, 28 octobre 1995, p. 8.

28. F. Adelkhah, J.-F. Bayart, O. Roy, *Thermidor en Iran*, Bruxelles, Complexe, 1993.

29. P. Clawson, ed., *Iran's Strategic Intentions and Capabilities*, Washington (D. C.), Institute for National Strategic Studies, 1994.

30. *Libération*, 15 février 1994.

31. Propos rapportés par R. Girard, *Le Figaro*, 19 mai 1994.

32. *Le Monde*, 18 février 1993.

33. Cf. par exemple au moment de l'opération Manta, en 1983, J.-F. Bayart, *La Politique africaine de François Mitterrand*, Paris, Karthala, 1984.

34. J. de Barrin, « Un quart de siècle d'indépendance au Burundi et au Rwanda : pas de fête de famille pour les jumeaux des Grands Lacs », *Le Monde*, 1er juillet 1987.

35. Propos rapportés par R. Girard, *Le Figaro*, 19 mai 1994. L'officier cité est très vraisemblablement le général Huchon, alors chef de la Mission militaire de coopération, au ministère de la Coopération.

36. Entretien, *Le Monde*, 13 juillet 1994. Cf. également l'interview de François Mitterrand in *Le Figaro*, 9 septembre 1994 : «[Juvénal Habyarimana] représentait à Kigali une ethnie majoritaire à 80 %. »

37. J.-F. Bayart, *L'État en Afrique. La politique du ventre*, Paris, Fayard, 1989, chapitre I.

38. C. Newbury, *The Cohesion of Oppression. Clientship and Ethnicity in Rwanda. 1860-1960*, New York, Columbia University Press, 1988; C. Vidal, *Sociologie des passions. Rwanda, Côte-d'Ivoire*, Paris, Karthala, 1991; R. Lemarchand, *Burundi, Ethnocide as Discourse and Practice*, Cambridge, Cambridge University Press, 1994.

39. Cité par M. G. Schatzberg, *Mobutu or Chaos? The United States and Zaire, 1960-1990*, Lanham, Philadelphia, University Press of America, Foreign Policy Research Institute, 1991, pp. 47-48.

40. Selon certaines sources récentes, cette tuerie n'est pas avérée, ou tout au moins aurait été grossie. Il est cependant établi que les services de sécurité ont maintenu leur pression sur les opposants, malgré l'instauration du multipartisme, en attaquant les journaux indépendants et les leaders de l'UDPS.

41. «Un procès exemplaire à Bamako», *Le Monde*, 14-15 février 1993, p. 1.

42. *Libération*, 25 septembre 1990, p. 25. Bel exemple de la globalisation de la bêtise identitaire : cet agent de maîtrise est d'origine tunisienne.

43. Sur la reconstruction de la «tradition» zoulou par l'Inkatha, cf. S. Marks, «Patriotism, patriarchy and purity : natal and the politics of Zulu ethnic consciousness» in L. Vail, ed., *The Creation of Tribalism in Southern Africa*, Londres, James Currey, 1989, pp. 215-240.

44. D. Bigo, *Pouvoir et obéissance en Centrafrique*, Paris, Karthala, 1988; C.-M. Toulabor, *Le Togo sous Eyadéma*, Paris, Karthala, 1986.

45. T. Ranger, «The invention of tradition in colonial Africa», in E. Hobsbawm, T. Ranger, eds., *The Invention of Tradition*, Cambridge, Cambridge University Press, 1983, pp. 245-246.

46. E. Terray, «Le débat politique dans les royaumes de l'Afrique de l'Ouest. Enjeux et formes», *Revue française de science politique,* 38 (5), octobre 1988, pp. 720-730; I. Wilks, *Asante in the Nineteenth Century. The Structure and Evolution of a Political Order*, Cambridge, Cambridge University Press, 1975; R. H. Bates, *Essays on the Political Economy of Rural Africa*, Cambridge, Cambridge University Press, 1983, pp. 41-42.

47. L. de Heusch, *Le Roi ivre ou l'origine de l'État*, Paris, Gallimard, 1972, pp. 94 et suiv.

48. P. Geschiere, *Village Communities and the State. Changing Relations among the Maka of Southern Cameroon since the Colonial Conquest*, Londres, KPI, 1982.

49. Cf. – outre le court-métrage de Jean Rouch, *Les Maîtres fous* – T. O. Ranger, «The invention of tradition in colonial Africa» in E. Hobsbawm, T. Ranger, eds., *op. cit.*, et *Dance and Society in Eastern Africa, 1890-1970. The Beni Ngoma*, Londres, Heinemann, 1975; J. Iliffe, *A Modern History of Tanganyika*, Cambridge, Cambridge University Press, 1979, p. 100.

50. J. Vansina, *Paths in the Rainforests. Toward a History of Political Tradition in Equatorial Africa*, Madison, The University of Wisconsin Press, 1990.

51. C. Young, T. Turner, *The Rise and Decline of the Zairian State*, Madison, The University of Wisconsin Press, 1985, pp. 30 et suiv., et B. Jewsiewicki, dir., *Naître et mourir au Zaïre. Un demi-siècle d'histoire au quotidien*, Paris, Karthala, 1993.

52. J. Vansina, *op. cit.*

53. T. Ranger, «The invention of tradition in colonial Africa», in E. Hobsbawm, T. Ranger, eds., *op. cit.*, p. 231.

54. J. Vansina, *op. cit.*, p. 258.

55. Pour une critique de la tradition ainsi réifiée, cf. F. Eboussi Boulaga, *La Crise du Muntu. Authenticité africaine et philosophie*, Paris, Présence africaine, 1977. Contrairement à J. Vansina, S. Feierman relativise l'ampleur de cette réification (*Peasant Intellectuals, Anthropology and History in Tanzania*, Madison, University of Wisconsin Press, 1990).

56. E. Colson, «African society at the time of the scramble» in L. H. Gann, P. Duignan, eds., *Colonialism in Africa. 1870-1960. Volume I : The History and Politics of Colonialism. 1870-1914*, Cambridge, Cambridge University Press, 1969, p. 31.

57. J. Iliffe, *op. cit.*, p. 324. Le rôle des intermédiaires africains (et notamment des lettrés) dans ce processus d'«imagination» coloniale de l'ethnicité est maintenant mieux compris qu'il y a quelques années, lorsque l'accent était mis sur l'intervention des administrateurs et des missionnaires européens : cf. par exemple L. Vail, *op. cit.,* et B. Berman, J. Lonsdale, *op. cit.*

58. J.-P. Warnier, *op. cit.*

59. J.-F. Bayart, *L'État en Afrique, op. cit.*, chapitre V. Je remercie E. de Rosny d'avoir attiré mon attention sur cet effet pervers de la continuité territoriale de l'État au Rwanda.

60. Selon une expression célèbre, et beaucoup débattue, de Georges Balandier.

61. Voltaire, *Essais sur les mœurs*, Paris, Garnier, 1963, tome II, p. 305, et tome I, p. 23.

62. M. Weber, *L'Éthique protestante et l'esprit du capitalisme*, suivi de *Les Sectes protestantes et l'esprit du capitalisme*, Paris, Plon, 1964 (réédition dans la collection de poche Agora, 1985). Les citations suivantes sont tirées des pages 103, 226-227, 35 et 308, 103-104, 109, 44, 7, 71, 7.

63. R. Collins, *Weberian Sociological Theory*, Cambridge, Cambridge University Press, 1986.

64. G. Roth, «Weber the would-be Englishman : anglophilia and family history», in H. Lehmann, G. Roth, eds., *Weber's Protestant Ethic. Origins, Evidence, Contexts*, Cambridge, Cambridge University Press, 1993, pp. 83-121. Cf. également H. Goldman, *Max Weber and Thomas Mann. Calling and the Shaping of the Self*, Berkeley, University of California Press, 1988. Néanmoins, M. Herzfeld (*The Social Production of Indifference. Exploring the Symbolic Roots of Western Bureaucracy*, New York, Berg, 1992, p. 21) rappelle que Weber attribuait encore en 1904 la spécificité supposée de la rationalité occidentale à «l'hérédité».

65. M. Weber, *Economy and Society. An Outline of Interpretive Sociology*, edited by Guenther Roth and Claus Wittich, Berkeley, University of California Press, 1978, pp. 385 et suiv. (en particulier pp. 393-394).

66. T. Todorov, *Nous et les autres. La réflexion française sur la diversité humaine*, Paris, Le Seuil, 1989, p. 429.

67. Cf. en particulier E. Hobsbawm, T. Ranger, eds., *The Invention of Tradition, op. cit.*

68. D. Cannadine, «The context, performance and meaning of ritual : the British monarchy and the "invention of tradition", c. 1820-1977», *ibid.*, pp. 101-164.

69. E. Hobsbawm, « Mass-Producing Traditions : Europe, 1870-1914 », *ibid.*, pp. 263-307.

70. C. E. Schorske, *Vienne fin de siècle. Politique et culture*, Paris, Seuil, 1983, pp. 50 et suiv.

71. C. Hurtig, *Les Maharajahs et la politique dans l'Inde contemporaine*, Paris, Presses de la Fondation nationale des sciences politiques, 1988.

72. B. S. Cohn, « Representing Authority in Victorian India », in E. Hobsbawm, T. Ranger, eds., *The Invention of Tradition, op. cit.*, pp. 165-209. M. van Woerkens observe néanmoins que le mouvement de « renaissance indienne » enclenché par les travaux orientalistes sera moins vigoureux en Grande-Bretagne qu'en France ou en Allemagne (*Le Voyageur étranglé. L'Inde des Thugs, le colonialisme et l'imaginaire*, Paris, Albin Michel, 1995, p. 274).

73. C. Jaffrelot, *Les Nationalistes hindous. Idéologie, implantation et mobilisation des années 1920 aux années 1990*, Paris, Presses de la Fondation nationale des sciences politiques, 1993, pp. 23 et 41.

74. *Ibid.*, p. 45. Les observateurs coloniaux s'émurent de ce mélange des styles et furent naturellement enclins à les criminaliser en ayant en mémoire l'éradication de la secte criminelle des Thugs au XIXᵉ siècle : « Le *bomb-parast* est un individu qui a placé la bombe ou la grenade dans le sanctuaire de Shiva afin de l'adorer en compagnie de Kali l'Affamée, et de se délecter à l'avance du sang qui coulera. Au Bengale, l'instruction des procès de tous ces assassins démontre comment l'étudiant hindou, victime au physique et au moral d'une activité sexuelle prématurée, répond à la propagande du crime et adore sous la puissance de la nitro-glycérine l'apothéose de la Déesse [...]. Le culte de la grenade est similaire à celui de Bhowani et de Kali, saints tutélaires du thuggisme dont la soif de sang n'épargnait personne », fulminera l'un d'eux en 1934 à la suite de la tentative d'assassinat du vice-roi (cité par M. Van Woerkens, *op. cit.*, p. 352).

75. C. Jaffrelot, *op. cit.*, pp. 44 et suiv.

76. *Ibid.*, pp. 83-84. Voir également, du même auteur, « Les (re)conversions à l'hindouisme (1885-1990) : politisation et diffusion d'une "invention de la tradition" », *Archives des sciences sociales des religions*, 87, juillet-septembre 1994, pp. 73-98.

77. « [...] le totalitarisme résulte de la tentative, dans une société où l'individualisme est profondément enraciné, et prédominant, de le subordonner à la primauté de la société comme totalité », écrit Louis Dumont (*Homo Aequalis. Genèse et épanouissement de l'idéologie économique*, Paris, Gallimard, 1976, pp. 21-22). En l'occurrence, la « totalité » est la « culture » ou la « tradition ».

78. Benedict Anderson rappelle que le nationalisme a d'abord surgi dans le Nouveau Monde, et non dans l'Ancien (*Imagined Communities. Reflections on the Origin and Spread of Nationalism*, Londres, Verso, 1983).

79. E. Renan, *Qu'est-ce qu'une nation ?* in *Œuvres complètes*, Paris, Calmann-Lévy, 1947, p. 891.

80. J.-F. Bayart, « L'hypothèse totalitaire dans le Tiers monde : le cas de l'Afrique noire » in G. Hermet, P. Hassner, J. Rupnik, dir., *Totalitarismes*, Paris, Economica, 1984, pp. 201-214.

81. Cités par T. Todorov, *op. cit.*, pp. 130 et 76-78. Pour une relativisation de l'opposition entre les conceptions civique/politique et ethnique/culturelle de la nation, cf. A. Dieckhoff, « La déconstruction d'une illusion. L'introuvable opposition entre nationalisme politique et nationalisme culturel », *L'Année sociologique*, 46 (1) 1996, pp. 43-55.

82. Z. Sternhell, *Ni droite, ni gauche. L'idéologie fasciste en France*, Paris, Le

Seuil, 1983, et – en collaboration – *Naissance de l'idéologie fasciste*, Paris, Fayard, 1989, ainsi que son commentaire des confidences de François Mitterrand à Pierre Péan sur son passé vichyssois (in *Le Monde*, 21 septembre 1994, p. 8)... et la polémique qu'il a déclenchée !

83. Voir à ce sujet B. Berman, J. Lonsdale, *op. cit.*, chapitres 11 et 12.

84. Cf. l'essai du philosophe iranien Djalâl Al-el Ahmad, *L'Occidentalite*, Paris, L'Harmattan, 1988.

85. B. Anderson, *Imagined Communities*, *op. cit.*, édition révisée de 1991, pp. 163 et suiv. Cf. également la critique du caractère instrumentaliste de la thèse de E. Hobsbawm et T. Ranger par A. Smith («The nation : invented, imagined, reconstructed ?» *Millennium*, 20 (3), hiver 1991, pp. 353-368), et l'évolution de la pensée de T. Ranger sur ce point («The invention of tradition revisited : the case of colonial Africa» in T. Ranger, O. Vaughan, eds., *Legitimacy and the State in Twentieth Century Africa. Essays in honour of A.H.M. Kirk-Green*, Londres, Macmillan, 1993, pp. 62-111).

86. *Ibid.*, p. 183. Cf. également, sur le cas javanais, J. Pemberton, *On the Subject of «Java»*, Ithaca, Cornell University Press, 1994.

87. Cf. l'étude admirable de la société kikuyu au Kenya par B. Berman et J. Lonsdale, *Unhappy Valley*, *op. cit.*, et l'interprétation non moins remarquable du «procès de l'indépendance» dans la société bassa par A. Mbembe (*La Naissance du maquis dans le Sud-Cameroun (1920-1960). Histoire des usages de la raison en colonie*, Paris, Karthala, 1996).

88. Cheikh Hamidou Kane, *L'Aventure ambiguë*, Paris, UGE, 1979 (nouv. éd.), p. 164. Cf. également l'essai célèbre de G. Balandier, *Afrique ambiguë*, Paris, Plon, 1957, et S. Marks, *The Ambiguities of Dependence in South Africa. Class, Nationalism and the State in Twentieth Century Natal*, Johannesburg, Ravan Press, 1986.

89. Sur ce point, cf. E. F. Irschick, *Dialogue and History. Constructing South India, 1795-1895*, Berkeley, University of California Press, 1994, et G. Prakash, ed., *After Colonialism. Imperial Histories and Postcolonial Displacements*, Princeton, Princeton University Press, 1995. Nous développerons cette idée dans le chapitre III.

90. J. et J. Comaroff, *Ethnography and the Historical Imagination*, Boulder, Westview Press, 1992, p. 285.

91. Cf. par exemple le portrait de Châtelain, fondateur en 1897 de la station missionnaire de Lincoln, en Angola, par D. Peclard, *Ethos missionnaire et esprit du capitalisme. La Mission philafricaine en Angola. 1897-1907*, Lausanne, Le Fait missionnaire, 1995.

92. J. et J. Comaroff, *Ethnography and the Historical Imagination*, *op. cit.*, chapitre VII et *Of Revelation and Revolution. Volume I : Christianity, Colonialism and Consciousness in South Africa*, Chicago, The University of Chicago Press, 1991, chapitre II. Les relations entre conquistadores et Jésuites ou ordres mendiants dans le Nouveau monde fournissent un autre exemple classique de telles dissonances au sein du monde colonial.

93. Cf. par exemple la critique féroce des notions de culture populaire et de folklore par M. de Certeau, *La Culture au pluriel*, Paris, Christian Bourgois, 1980, chapitre II (en collaboration avec D. Julia et J. Revel) : «La culture populaire existe-t-elle ailleurs que dans l'acte qui la supprime ?» (p. 74).

94. J. G. Liebenow, *Liberia. The Quest for Democracy*, Bloomington, Indiana University Press, 1987, p. 21.

95. T. Ranger, «The invention of tradition in colonial Africa», in E. Hobsbawm, T. Ranger, eds., *op. cit.*, pp. 213-214.

96. Cf. par exemple D. Peclard, *op. cit.*, et N. Monnier, *Stratégie missionnaire et tactiques d'appropriation indigènes. La mission romande au Mozambique, 1888-1896*, Lausanne, Le Fait missionnaire, 1995.

97. T. Ranger, «Religion, development and African christian identity» in K.H. Petersen, ed., *Religion, Development and African Identity*, Uppsala, Scandinavian Institute of Africa Studies, 1987, pp. 49 et suiv., et J.-F. Bayart, «Les Églises chrétiennes et la politique du ventre : le partage du gâteau ecclésial», *Politique africaine*, 35, octobre 1989, pp. 18-19.

98. B. Berman, J. Lonsdale, *Unhappy Valley*, *op. cit.*, pp. 234 et 254.

99. M. von Freyhold (*Ujamaa Villages in Tanzania. Analysis of a Social Experiment*, Londres, Heinemann, 1979) souligne par exemple la parenté de l'*ujamaa* et de la villagisation en Tanzanie avec la pensée coloniale, et T. Ranger insiste sur les affinités entre le christianisme africain et la transformation socialiste des paysanneries («Religious development and African christian identity», in K. H. Petersen, ed., *op. cit.*, p. 30).

100. C. Geertz, *Agricultural Involution : the Process of Ecological Change in Indonesia*, Berkeley, University of California Press, 1966; B. Anderson, *Language and Power. Exploring Political Cultures in Indonesia*, Ithaca, Cornell University Press, 1990, et *Imagined Communities*, *op. cit.*; J. Pemberton, *On the Subject of «Java»*, *op. cit.*

101. D. Lombard, *Le Carrefour javanais. Essai d'histoire globale. Tome III : L'héritage des royaumes concentriques*, Paris, Éditions de l'École des hautes études en sciences sociales, 1990, pp. 15 et suiv., et 74 et suiv.

102. C. Jaffrelot, *op. cit.*, pp. 141-142. Cf. également E. F. Irschick, *Dialogue and History*, *op. cit.*, sur la naissance «dialogique» du village en Inde du Sud au XIXᵉ siècle, et G. Prakash, «Introduction», in G. Prakash, ed., *After Colonialism*, *op. cit.*, pp. 6-7, sur le «texte postcolonial» du village chez Gandhi qui réinterprète les archives coloniales à la lumière de Henry Maine, de Tolstoï, de Thoreau et de Ruskin, ainsi que R. O'Hanlon, «Recovering the Subject. *Subaltern Studies* and Histories of Resistance in Colonial South Asia», *Modern Asian Studies*, 22 (1), 1988, pp. 189-224, pour une revue critique de l'école historique des *subaltern studies* et de son analyse de la paysannerie.

103. J. C. Scott, *The Moral Economy of the Peasant. Rebellion and Subsistance in South-East Asia*, New Haven, Yale University Press, 1976.

104. S. L. Popkin, *The Rational Peasant. The Political Economy of Rural Society in Vietnam*, Berkeley, University of California Press, 1979, pp. 2-3, 10 et suiv., 22 et suiv., 43 et suiv.

105. *Ibid.*, p. 149.

106. L. Dumont, *La Civilisation indienne et nous*, Paris, Armand Colin, 1964, pp. 11 et suiv., et 121.

107. Écoutons les villageois eux-mêmes, tel cet élève d'une école agricole du Nord-Cameroun répondant par écrit à un questionnaire et nous parlant, non du «village», mais des paysans :

«Question : Dans quel domaine le village a-t-il fait des progrès?

«Ces villages ont les plus progressés dans le domaine travail des champs de «Baba». Cela veut dire : le travail dans les champs du chef de Rey Bouba seulement. Même pour travailler dans leurs champs personnels, ils n'ont pas le droit de le faire quand la saison pluvieuse arrive, les *dourgourous* [les gardes] du chef viennent les chercher par village pour aller d'abord les champs du chef afin de revenir pour commencer pour eux tardivement, raison pour laquelle j'ai dit qu'ils ont progressé dans le domaine des champs du chef de Rey Bouba.»

Q : Ce progrès a-t-il été fait par tous les paysans, ou par quelques-uns ? Pourquoi ?

«Je vous dire que ce progrès est fait par tous [les] paysans parce que la région ou *lamidat* de Rey Bouba comprend les tribus qui sont : [suivent les noms de différents groupes ethniques]. Ils sont tous les esclaves du chef de Rey Bouba. Personne d'entre les tribus dont je venais de vous les citer n'a pas son droit personnel.»

(Devoir manuscrit recueilli à Baikwa (Nord-Cameroun) dans un établissement scolaire agricole, décembre 1984).

108. T. Ranger, «Religious development and African christian identity» in K. H. Petersen, ed., *op. cit.*, p. 31 ; A. Hastings, *A History of African Christianity, 1950-1975*, Cambridge, Cambridge University Press, 1979, p. 179.

109. V. S. Naipaul, *A Turn in the South*, Harmondsworth, Penguin, 1989, p. 40. Cf. également H. Cox, *Religion in the Secular City : Toward a Postmodern Theology*, New York, Simon and Schuster, 1984, et G. Kepel, *La Revanche de Dieu. Chrétiens, juifs et musulmans à la reconquête du monde*, Paris, Le Seuil, 1991, chapitre III.

110. P. Gifford, *Christianity and Politics in Doe's Liberia*, Cambridge, Cambridge University Press, 1993, pp. 264 et suiv.

111. P. Gifford, *op. cit.*, pp. 210 et suiv., et pp. 293 et suiv. pour une analyse très solidement documentée. Cf. également, pour un cas soudanais, W. James, *The Listening Ebony. Moral Knowledge, Religion and Power among the Uduk of Sudan*, Oxford, Clarendon Press, 1988, chapitre IV.

112. Commentaire «dispensationaliste» cité par P. Gifford, *op. cit.*, p. 252.

113. Pour l'exemple libérien, cf. P. Gifford, *op. cit.*

114. J.-F. Bayart, dir., *Religion et modernité politique en Afrique noire. Dieu pour tous et chacun pour soi*, Paris, Karthala, 1993. Cette approche a été particulièrement travaillée au sujet du Zaïre, notamment par P. Ngandu Nkashama, *Églises nouvelles et mouvements religieux. L'exemple zaïrois*, Paris, L'Harmattan, 1990, et R. Devisch, «Independent churches heal modernity's violence in Zaire», in B. Kapferer, ed., *Peripheral Societies and the State*, Oxford, Berg, 1996 (sous presse), ou, à propos du Nigeria, par R. Marshall, «"Power in the name of Jesus" : social transformation and pentecostalism in Western Nigeria "revisited"», in T. Ranger, O. Vaughan, eds., *Legitimacy and the State in Twentieth Century Africa*, *op. cit.*, pp. 213-246, ou encore, à propos de la Côte-d'Ivoire, par J.-P. Dozon, *La Cause des prophètes. Politique et religion en Afrique contemporaine*, Paris, Seuil, 1995.

115. J.-F. Bayart, *L'État en Afrique*, *op. cit.*, pp. 236 et suiv.

116. P. Richards, *Fighting for the Rain Forest*, à paraître.

117. Tracts et témoignages cités par R. Marshall, «Power in the Name of Jesus», in T. Ranger, O. Vaughan, eds., *op. cit.*, p. 236.

118. *Ibid.*, pp. 234 et suiv.

119. Les travaux de Filip De Boeck et René Devisch sur le Zaïre (Leuven, Africa Research Centre) sont particulièrement éclairants sur ce point.

120. Source : G. Ter Haar, *Spirit of Africa : the Healing Ministry of Archbishop Milingo of Zambia*, Londres, Hurst, 1992 (traduction française, Paris, Karthala, 1996).

121. Cité par G. Ter Haar, *ibid.*, p. 259.

122. Cité par G. Ter Haar, *ibid.*, p. 178.

123. *Ibid.*, p. 113.

124. D. Cruise O'Brien, « La filière musulmane. Confréries soufies et politique en Afrique noire », *Politique africaine*, 4, novembre 1981, pp. 16 et suiv. (citant notamment W. Simmons, « Islamic conversion and social change in a Senegalese village », *Ethnology*, 18 (4), 1979).

125. Article publié dans les *Izvestia*, 28 août 1993, reproduit in *Le Monde*, 23 décembre 1993, p. 3.

126. S. Mardin, *The Genesis of Young Ottoman Thought. A Study in the Modernization of Turkish Political Ideas*, Princeton, Princeton University Press, 1962.

127. H. E. Chehabi, *Iranian Politics and Religious Modernism. The Liberation Movement of Iran under the Shah and Khomeini*, Ithaca, Cornell University Press, 1990, pp. 47 et suiv.

128. C. Vidal, « Les politiques de la haine », *Les Temps modernes*, 583, juillet-août 1995, p. 25.

129. Observation personnelle, consignée in « L'Angola entre guerre et paix », *La Croix*, 29 juin 1991.

130. C. Hughes, *Switzerland*, New York, Praeger, 1975, p. 107.

131. B. Anderson, *Imagined Communities, op. cit.*, p. 139.

CHAPITRE II

1. S. J. Tambiah, *World Conqueror and World Renouncer : A Study of Buddhism and Polity in Thaïland against a Historical Background*, Cambridge, Cambridge University Press, 1976, chapitres VII et VIII, et *Culture, Thought and Social Action : an Anthropological Perspective*, Cambridge (Mass.), Harvard University Press, 1985, chapitre VII.

2. D. Lombard, *Le Carrefour javanais. Essai d'histoire globale. Tome II : Les réseaux asiatiques*, Paris, Éditions de l'École des hautes études en sciences sociales, 1990, pp. 30-31. Cf. également, sur les Caraïbes, F. Constant, « Construction communautaire, insularité et identité politique dans la Caraïbe anglophone », *Revue française de science politique*, 42 (4), août 1992, pp. 618-635 ; D. C. Martin, « Je est un autre, nous est un même. Culture populaire, identité et politique à propos du carnaval de Trinidad », *ibid.*, 42 (5), octobre 1992, pp. 747-764.

3. I. Kopytoff, *The African Frontier : The Reproduction of Traditional African Societies*, Bloomington (Ind.), Indiana University Press, 1987.

4. W. James, *The Listening Ebony. Moral Knowledge, Religion and Power among the Uduk of Sudan*, Oxford, Clarendon Press, 1988, p. 3. Cf. également, J. J. Ewald, *Soldiers, Traders and Slaves. State Formation and Economic Transformation in the Greater Nile Valley, 1700-1885*, Madison, The University of Wisconsin Press, 1990, et G. Clarence-Smith, ed., *The Economics of the Indian Ocean. Slave Trade in the Nineteenth Century*, Londres, Frank Cass, 1989.

5. J.-L. Amselle, E. Mbokolo, dir., *Au cœur de l'ethnie. Ethnies, tribalisme et État en Afrique*, Paris, La Découverte, 1985; J.-P. Warnier, *Échanges, développement et hiérarchies dans le Bamenda précolonial (Cameroun)*, Stuttgart, Franz Steiner Verlag, Wiesbaden, GMBH, 1985.

6. Cf. par exemple C. Tardits, *Le Royaume bamoum*, Paris, Armand Colin, 1980, pp. 296-297; P. Laburthe-Tolra, *Les Seigneurs de la forêt. Essai sur le passé historique, l'organisation sociale et les normes éthiques des anciens Beti du Cameroun*, Paris, Publications de la Sorbonne, 1981; P. Bonnafé, *Nzo Lipfu, le lignage de la mort. La sorcellerie, idéologie de lutte sociale sur le plateau kukuya*, Nanterre, Labethno, 1978, et *Histoire sociale d'un peuple congolais, Livre I : La Terre et le Ciel*, Paris ORSTOM, 1987; S.F. Nadel, *Byzance noire. Le royaume des Nupe du Nigeria*, Paris, Maspero, 1971.

7. J. Poirier, «Tradition et novation : de la "situation coloniale" à la situation hétéro-culturelle», *Revue de l'Institut de sociologie* [Bruxelles], 3-4, 1988, p. 75.

8. W. Mac Gaffey, *Modern Kongo Prophets. Religion in a Plural Society*, Bloomington, Indiana University Press, 1983, pp. 97 et suiv.

9. C.-M. Toulabor, *Le Togo sous Eyadéma*, Paris, Karthala, 1986, p. 37; P. Geschiere, *Village Communities and the State. Changing Relations among the Maka of Southern Cameroon since the Colonial Conquest*, Londres, KPI, 1982, p. 206.

10. M. Foucault, *Histoire de la sexualité. Tome III : Le Souci de soi*, Paris, Gallimard, 1984, pp. 102-103 (reprenant à son compte les travaux de S. H. Sandbach, M. Rostovtzeff, J. Gagé).

11. P. Veyne, *L'Élégie érotique romaine*, Paris, Le Seuil, 1983, p. 25 (qui établit lui-même la comparaison avec le Japon du *Roman de Genji*).

12. C. Cahen, *Pre-Ottoman Turkey*, Londres, Sidgwick and Jackson, 1968, pp. 369-370.

13. R.N. Frye, *The Golden Age of Persia. The Arabs in the East*, Londres, Weidenfeld and Nicolson, 1975; P. D. Curtin, *Cross-cultural Trade in World History*, Cambridge, Cambridge University Press, 1984; Palácio Nacional de Queluz, musée national des Arts asiatiques, *Du Tage à la mer de Chine. Une épopée portugaise*, Paris, Éditions de la Réunion des musées nationaux, 1992.

14. Selon la formule plaisante de Ernest Gellner in J. Rupnik, dir., *Le Déchirement des nations*, Paris, Le Seuil, 1995, p. 262.

15. F. de La Serre, C. Lequesne, J. Rupnik, *L'Union européenne : ouverture à l'Est?*, Paris, PUF, 1994, pp. 133-134. Voir également le beau texte de V. Perez Diaz, *Le Défi de l'espace public européen*, Madrid, ASP, 1994, multigr.

16. Sur l'importance de ces flux transnationaux, cf. B. Badie, M.-C. Smouts, *Le Retournement du monde. Sociologie de la scène internationale*, Paris, Presses de la Fondation nationale des sciences politiques, Dalloz, 1992, et A. Colonomos, *Sociologie des réseaux transnationaux. Communautés, entreprises et individus : lien social et système international*, Paris, L'Harmattan, 1995.

17. M. Henry, *Marx. Tome I : Une philosophie de la réalité*, Paris, Gallimard, 1976, p. 109.

18. M. de Certeau, *La Culture au pluriel*, Paris, Christian Bourgois, 1980, pp. 238-239.

19. M. de Certeau, *L'Écriture de l'histoire*, Paris, Gallimard, 1975, p. 37, note 15.

20. F. Braudel, *L'Identité de la France. Espace et histoire*, Paris, Arthaud-Flammarion, 1986, p. 237.

21. J. Le Goff, « La vie de Saint Louis et le XIIIᵉ siècle », *Esprit*, août-septembre 1992, pp. 39-40.

22. F. Braudel, « L'histoire des civilisations : le passé explique le présent », in *Écrits sur l'histoire*, Paris, Flammarion, 1969, p. 305.

23. M. de Certeau, *L'Invention du quotidien. Tome I : Arts de faire*, Paris, UGE, 1980, p. 10.

24. M. Vovelle, *Idéologies et mentalités*, Paris, F. Maspero, 1982, pp. 125 et suiv., et 203 et suiv., et *Les Métamorphoses de la fête en Provence (1750-1820)*, Paris, Flammarion, 1976 ; P. Joutard, *La Légende des Camisards. Une sensibilité au passé*, Paris, Gallimard, 1977 ; R. Mandrou, *De la culture populaire aux XVIIᵉ et XVIIIᵉ siècles*, Paris, Stock, 1975 (nouvelle édition) ; M. Bloch, *Les rois thaumaturges. Étude sur le caractère surnaturel attribué à la puissance royale, particulièrement en France et en Angleterre*, Paris, Gallimard, 1983 (nouvelle édition) ; CNRS, *La Religion populaire*, Paris, Éditions du CNRS, 1979.

25. M. Vovelle, *Idéologies et mentalités, op. cit.*, p. 261.

26. C. Geertz, *Bali. Interprétation d'une culture*, Paris, Gallimard, 1983, p. 251.

27. *Ibid.*

28. E. Leach, *Political Systems of Highland Burma*, Londres, Bell, 1954 ; S.J. Tambiah, *op. cit.* ; G. Balandier, *Anthropologie politique*, Paris, PUF, 1967, et *Sens et puissance. Les dynamiques sociales*, Paris, PUF, 1971 ; I. Kopytoff, ed., *op. cit.* ; J.-P. Warnier, *op. cit.*

29. R. Bendix, « Tradition and modernity reconsidered », *Comparative Studies in Society and History*, IX, 3, avril 1967, pp. 292-346.

30. Cf. – outre les œuvres de Max Weber (et son commentaire par R. Collins, *Weberian Sociological Theory*, Cambridge, Cambridge University Press, 1986, chapitre VI) et d'Otto Hintze – A. R. Zolberg, « L'influence des facteurs "externes" sur l'ordre politique "interne" » in M. Grawitz, J. Leca, dir., *Traité de science politique, Tome I*, Paris, PUF, 1985, pp. 567-598.

31. D.-C. Martin propose de substituer cette expression d'« emblème de l'identité » à la notion de « marqueur identitaire », empruntée au vocabulaire de la biologie et fréquemment utilisée. (« Le choix d'identité », *Revue française de science politique*, 42 (4), août 1992, p. 589).

32. P. Rabinow, *Reflections on Fieldwork in Morocco*, Berkeley, University of California Press, 1977, pp. 35-37.

33. I. Lotman, B. Ouspenski, *Sémiotique de la culture russe. Études sur l'histoire*, Lausanne, L'Âge d'Homme, 1990, pp. 27, 39, 44, 51.

34. CNRS, *La Religion populaire, op. cit.* ; Centre méridional d'histoire sociale, des mentalités et des cultures, *Les Intermédiaires culturels*, Aix-en-Provence, Publications de l'université de Provence, 1981.

35. D. Roche, *La France des Lumières*, Paris, Fayard, 1993, p. 99 (souligné par nous).

36. R. Chartier, *Les Origines culturelles de la Révolution française*, Paris, Le Seuil, 1990, pp. 105 et suiv.

37. M. N. Srinivas, *Religion and Society among the Coorgs of South India*, Londres, Oxford University Press, 1965, pp. 214 et suiv.

38. W. G. Andrews, *Poetry's Voice, Society's Song. Ottoman Lyric Poetry*, Seattle, University of Washington Press, 1985, chapitre VIII.

39. M. Raeff, *Comprendre l'Ancien Régime russe*, Paris, Le Seuil, 1982, p. 87.

40. M. de Certeau, *L'Invention du quotidien, op. cit.*, pp. 12 et 20-21.

41. J.-F. Bayart, *L'État au Cameroun*, Paris, Presses de la Fondation natio-

nale des sciences politiques, 1979; *L'État en Afrique. La politique du ventre*, Paris, Fayard, 1989; et – en collaboration avec C.-M. Toulabor et A. Mbembe – *Le Politique par le bas en Afrique noire. Contributions à une problématique de la démocratie*, Paris, Karthala, 1992, ainsi que A. Mbembe, *Afriques indociles. Christianisme, pouvoir et État en société postcoloniale*, Paris, Karthala, 1988.

42. C. Duverger, *La Conversion des Indiens de Nouvelle-Espagne*, Paris, Le Seuil, 1987, pp. 216 et suiv., 247, 252-253, 260-261. Pour un autre exemple de stratégie indienne d'extraversion, cf. J. Fried, «Two orders of authority and power in Tarahumara society» in R. D. Fogelson, R. N. Adams, eds., *The Anthropology of Power. Ethnographic Studies from Asia, Oceania and the New World*, New York, Academic Press, 1977, pp. 263-269.

43. C. Duverger, *op. cit.*, p. 15.

44. *Ibid.*, p. 261. Comme nous le verrons , le culte de la Vierge de Guadalupe – condamné par les Franciscains, mais très populaire tant chez les Espagnols que chez les Indiens – est lui aussi souvent associé à l'affirmation d'un protonationalisme mexicain (S. Gruzinski, *La Guerre des images. De Christophe Colomb à « Blade Runner » (1492-2019)*, Paris, Fayard, 1990, pp. 188 et suiv).

45. Je remercie Philippe Burin des Roziers et Rodolfo Ramon de Roux de m'avoir fait partager leurs observations en m'accueillant à Bogota en 1981.

46. S. Gruzinski, *La Guerre des images, op. cit.*, pp. 152 et suiv.

47. I. Lotman, B. Ouspenski, *Sémiotique de la culture russe, op. cit.*, p. 28.

48. M. Vovelle, *Idéologies et mentalités, op. cit.*, pp. 312 et suiv.; M. Ozouf, *La Fête révolutionnaire. 1789-1799*, Paris, Gallimard, 1976.

49. J. Delumeau, *Rassurer et protéger. Le sentiment de sécurité dans l'Occident d'autrefois*, Paris, Fayard, 1989, pp. 152-156. Cf. également O. Ihl, *La Fête républicaine*, Paris, Gallimard, 1996, pp. 231 et suiv.

50. J.-C. Schmitt, *La Raison des gestes dans l'Occident médiéval*, Paris, Gallimard, 1990, pp. 57 et suiv.

51. Dossier 140/221, «Élites politiques. Charles Njonjo», Nairobi, CREDU.

52. B. Berman, J. Lonsdale, *Unhappy Valley*, Portsmouth, James Currey, 1992, pp. 281, 369 et suiv., 383 et suiv., 443 et suiv., 458; J. Spencer, *KAU. The Kenya African Union*, Londres, KPI, 1985, p. 43 ; R. Buijtenhuijs, *Le Mouvement « mau-mau » : une révolte paysanne et anti-coloniale en Afrique noire*, La Haye, Mouton, 1971, pp. 373-374.

53. B. Berman, J. Lonsdale, *Unhappy Valley, op. cit.*, pp. 383 et 458.

54. Nyunda ya Rubango, *Les Études de lexicologie politique au Zaïre. Bilan critique et perspectives*, s. l. [Lubumbashi], s. d., multigr. (Bruxelles, CEDAF, dossier 083).

55. Source : lettre anonyme du 19 juin 1982, donnant le compte rendu de la première session du procès des treize commissaires politiques, Bruxelles, CEDAF, dossier «Opposition» 016. 4.

56. Article publié dans les *Izvestia*, 28 août 1993, reproduit *in Le Monde*, 23 décembre 1993, p. 3.

57. R. A. Peterson, «La fabrication de l'authenticité. La *country music*», *Actes de la recherche en sciences sociales*, 93, juin 1992, p. 4.

58. J.-P. Warnier, dir., *Le Paradoxe de la marchandise authentique. Imaginaire et consommation de masse*, Paris, L'Harmattan, 1994.

59. P. Beaussant, *Vous avez dit « baroque » ? Musique du passé, pratiques d'aujourd'hui*, Arles, Actes Sud, 1988, p. 63.

60. B. Spooner, «Weavers and dealers : the authenticity of an oriental car-

pet» in A. Appadurai, ed., *The Social Life of Things. Commodities in Cultural Perspective*, Cambridge, Cambridge University Press, 1986, pp. 195-235.

61. R. A. Peterson, «La fabrication de l'authenticité. La *country music*», art. cité, pp. 3-19.

62. L. Stringfield, «America and her music», *University of North Carolina Extension Bulletin*, 10, 1931, pp. 19, 14, 13 (cité par R. A. Peterson, *ibid.*, pp. 9-10).

63. D. Harvey, *The Condition of Postmodernity. An Enquiry into the Origins of Cultural Change*, Cambridge, Blackwell, 1990.

64. R. A. Peterson, art. cité, pp. 4 et 11.

65. J.-C. Martin, C. Suaud, «Le Puy du Fou. L'interminable réinvention du paysan vendéen», *Actes de la recherche en sciences sociales*, 93, juin 1992, pp. 21-37, et M. Vovelle, «Un historien au Puy du Fou», *Le Monde diplomatique*, août 1994, pp. 16-17.

66. B. Bucher, *Descendants de Chouans. Histoire et culture populaire dans la Vendée contemporaine*, Paris, Éditions de la Maison des sciences de l'homme, 1995.

67. J.-C. Martin, C. Suaud, art. cité, p. 31.

68. *Le Puy folais*, 13, 1982, p. 4 (cité in *ibid.*, p. 36).

69. H. Le Bras, E. Todd, *L'Invention de la France. Atlas anthropologique et politique*, Paris, Hachette, 1981 (Le Livre de poche).

70. R. Thapar, «Imagined religious communities? Ancient history and the modern search for a Hindu identity», *Modern Asian Studies*, 23 (2), 1989, p. 216.

71. C. Jaffrelot, *Les Nationalistes hindous. Idéologie, implantation et mobilisation des années 1920 aux années 1990*, Paris, Presses de la Fondation nationale des sciences politiques, 1993, p. 19.

72. C. Jaffrelot, «Le syncrétisme stratégique et la construction de l'identité nationale hindoue. L'identité comme produit de synthèse», *Revue française de science politique*, 42 (4), août 1992, p. 616.

73. C. A. Bayly, «The pre-history of "communalism"? Religious conflict in India, 1700-1860», *Modern Asian Studies*, 19 (2), 1985, pp. 177-203. L'analyse, par Benedict Anderson, de deux épopées javanaises, le *Serat Centhini* (vraisemblablement achevé en 1814) et le *Suluk Gatholoco* (composé entre 1854 et 1873), montre le passage similaire d'une identité syncrétique, combinant «un mélange flexible de mysticisme soufi et de tradition hindo-javanaise pré-islamique», au XVIIIᵉ siècle, à une opposition entre une orthodoxie islamique orientée vers La Mecque et un nationalisme culturel javanais (B. Anderson, *Language and Power. Exploring Political Cultures in Indonesia*, Ithaca, Cornell University Press, 1990, chapitre VIII, et notamment p. 293).

74. R. H. Bates, «Modernization, ethnic competition and the rationality of politics in contemporary Africa», in D. Rothschild, V. A. Olorunsola, eds., *State versus Ethnic Claims : African Policy Dilemmas*, Boulder, Westview Press, 1983, pp. 152 et 164-165.

75. E. Hobsbawm, *Nations et nationalisme depuis 1780. Programme, Mythe et Réalité*, Paris, Gallimard, 1990, pp. 151-152.

76. S. J. Tambiah, *Sri-Lanka. Ethnic Fratricide and the Dismantling of Democracy*, Chicago, The University of Chicago Press, 1986, p. 74-75; C. Vidal, *Sociologie des passions (Côte-d'Ivoire, Rwanda)*, Paris, Karthala, 1991, pp. 19 et suiv; S. Marks, «Patriotism, patriarchy and purity : Natal and the politics of Zulu ethnic consciousness» in L. Vail, ed., *The Creation of Tribalism in Southern Africa*, Londres, James Currey, Berkeley, University of California Press, 1989, pp. 215-240.

77. *Ibid.*

78. B. Spooner, « Who are the Baluch ? A preliminary investigation into the dynamics of an ethnic identity from Qajar Iran » in Ed. Bosworth, C. Hillenbrand, eds., *Qajar Iran. Political, Social and Cultural Change. 1800-1925*, Edinburgh, Edinburgh University Press, 1983, pp. 93-110. Cf. également J.-P. Digard, dir., *Le Fait ethnique en Iran et en Afghanistan*, Paris, Éditions du CNRS, 1988 (en particulier le chapitre de R. L. Tapper, de tonalité très « africaniste »).

79. M. M. van Bruinessen, *Agha, Shaikh and State. On the Social and Political Organization of Kurdistan*, Utrecht, Rijksuniversiteit, 1978, multigr., p. 7.

80. *Ibid.*, chapitre II.

81. *Ibid.*, chapitre III.

82. Message d'Abdullah Öcalan au Mouvement islamique du Kurdistan, à Berlin, en juillet 1994, cité par J.-F. Bayart, « Faut-il avoir peur de l'islam en Turquie ? », *Cahiers d'études sur la Méditerranée orientale et le monde turco-iranien*, 18, 1994, p. 353 ; sur le rôle de la Nakchibendiyya dans la grande révolte de 1925, cf. M. M. Van Bruinessen, *op. cit.*, et sur la guérilla du PKK, du même auteur, « Between guerilla war and political murder : the Workers' Party of Kurdistan », *Middle East Report*, juillet-août 1988, pp. 40-46.

83. S. Mardin, *Religion and Social Change in Modern Turkey. The Case of Bediüzzaman Said Nursi*, Albany, State University of New York Press, 1989.

84. M. Weber, *Economy and Society. An Outline of Interpretive Sociology*, ed. by G. Roth and C. Wittich, Berkeley, University of California Press, 1978, pp. 393-395. Il s'ensuit que la conception évolutionniste de l'organisation politique, étroitement associée au raisonnement culturaliste, doit être abandonnée. L'humanité ne chemine pas de l'innocence perdue de la communauté primitive (et villageoise) à la déréliction du gouvernement mondial. Nous avons vu que le Kurdistan est passé du stade du proto-État à celui de la chefferie – l'âge des émirats – puis à celui de la configuration tribale, avant de s'adonner aux charmes de la revendication nationaliste. De même, des empires ou des royaumes africains tantôt se sont édifiés à partir de la structure lignagère, tantôt se sont distendus ou dissous au profit de celle-ci.

85. *Ibid.*, pp. 389 et 357.

86. P. Geschiere, *Village Communities and the State, op. cit.*, p. 56 (et tout le chapitre II). Cf. également, par exemple, P. H. Gulliver, *Neighbours and Networks. The Idiom of Kinship in Social Action among the Ndendeuli of Tanzania*, Berkeley, University of California Press, 1971 ; E. Schildkrout, *People of the Zongo, the Transformation of Ethnic Identities in Ghana*, Cambridge, Cambridge University Press, 1978.

87. P. Geschiere, *op. cit.*, et *Sorcellerie et politique en Afrique. La viande des autres*, Paris, Karthala, 1995.

88. F. de Polignac, *La Naissance de la cité grecque*, Paris, La Découverte, 1984, p. 16.

89. A. Cheddadi, « Le système du pouvoir en islam d'après Ibn Khaldûn », *Annales ESC*, 3-4, mai-août 1980, pp. 534-550. O. Carré propose une équivalence – « plus ou moins » – entre *asabiyya* et *Gemeinsinn* chez Max Weber (*L'Utopie islamique dans l'Orient arabe*, Paris, Presses de la Fondation nationale des sciences politiques, 1991, p. 41).

90. M. Seurat, *L'État de barbarie*, Paris, Le Seuil, 1989, chapitre VIII. Voir également les travaux récents d'Olivier Roy sur l'*asabiyya*, en particulier *Groupes de solidarité au Moyen-Orient et en Asie centrale*, Paris, CERI, 1996, et

son analyse du *qawm* en Afghanistan (*L'Afghanistan. Islam et modernité politique*, Paris, Le Seuil, 1985).

91. N. Beyhum, *Espaces éclatés, espaces dominés : étude de la recomposition des espaces publics centraux de Beyrouth de 1975 à 1990*, Lyon, université Lyon II, 1991, multigr., pp. 510 et 165.

92. M. Abeles, *Jours tranquilles en 89. Ethnologie politique d'un département français*, Paris, Odile Jacob, 1989, pp. 350-351. Cf. également S. C. Rogers, *Shaping Modern Times in Rural France. The Transformation and Reproduction of an Aveyronnais Community*, Princeton, Princeton University Press, 1991, et B. Bucher, *Descendants de Chouans, op. cit.* (notamment pp. 104-105).

93. Voir sur ce point l'analyse du *nisba* à Sefrou, au Maroc, par C. Geertz, *Savoir local, savoir global. Les lieux du savoir*, Paris, PUF, 1986, pp. 83 et suiv.

94. Mambida-Babinza (Colonel), *Odyssée des événements de Kisangani-Bukavu. 1960-1967*, s. l. [Kinshasa], Connaissance des forces armées, s. d. [1973], p. 88 (souligné par moi).

95. D. Lombard, *Le Carrefour javanais. Tome II : Les Réseaux asiatiques, op. cit.*, pp. 49, 64, 75, 211 et suiv., 301 et suiv.

96. *Ibid.*, p. 308, et F. Aubin, «Une Chine multinationale», *in* M.-C. Bergère, L. Bianco, J. Domes, dir., *La Chine au XXᵉ siècle. Tome II : De 1949 à aujourd'hui*, Paris, Fayard, 1990, pp. 287-304.

97. M. Iordanidou, *Loxandra*, Le Méjan, Actes Sud, 1994, p. 142. Cf. également l'assassinat de Tridib *in* A. Ghosh, *Lignes d'ombre*, Paris, Le Seuil, 1992, pp. 274 et suiv., et la remarquable analyse du «crime intime» dans un contexte de «bon voisinage» par X. Bougarel (*Bosnie. Anatomie d'un conflit*, Paris, La Découverte, 1996, pp. 81-100).

98. R. Rosaldo, *Culture and Truth. The Remaking of Social Analysis*, Boston, Beacon Press, 1993, p. 182.

99. M. Weber, *Economy and Society, op. cit.*, p. 389.

100. J. Clifford, *The Predicament of Culture. Twentieth Century Ethnography, Literature and Art*, Cambridge (Mass.), Harvard University Press, 1988, pp. 10-11.

101. F. Barth, ed., *Ethnic Groups and Boundaries. The Social Organization of Culture Difference*, Bergen, Universitetsforlaget, Londres, Allen & Unwin, 1969, et J. A. Armstrong, *Nations before Nationalism*, Chapel Hill, The University of North Carolina Press, 1982.

102. P. Joutard, *La Légende des Camisards, op. cit.*, p. 40.

103. Voir par exemple R. Rosaldo, *Culture and Truth, op. cit.*

104. M. Lagrée, *Religion et cultures en Bretagne (1850-1950)*, Paris, Fayard, 1992.

105. J. Chelini, «Les catholiques sous Vichy», *La Croix-L'Événement*, 7 mai 1993, p. 7.

106. Documentation personnelle. On remarquera que ces textes offrent un superbe exemple de transfert de sens.

107. R. Chartier, *Les Origines culturelles de la Révolution française, op. cit.*, pp. 105 et suiv.

108. In *L'Ancien Régime et la Révolution*, cité par R. Chartier, *ibid.*, p. 107.

109. R. Strong, *Les Fêtes de la Renaissance (1450-1650). Art et pouvoir*, Arles, Solin, 1991, pp. 24-37.

110. *Ibid.*, p. 63.

111. Y. Richard, *Le Shi'isme en Iran. Iman et Révolution*, Paris, A. et J. Maisonneuve, 1980 ; N. R. Keddie, *Religion and Politics in Iran. Shi'ism from Quie-*

tism to Revolution, New Haven, Yale University Press, 1983; J. R. I. Cole, N. R. Keddie, eds., *Shi'ism and Social Protest*, New Haven, Yale University Press, 1986.

112. H. E. Chehabi, *Iranian Politics and Religious Modernism. The Liberation Movement of Iran under the Shah and Khomeini*, Ithaca, Cornell University Press, 1990, pp. 202 et suiv.

113. S. A. Arjomand, *The Turban for the Crown. The Islamic Revolution in Iran*, New York, Oxford University Press, 1988; P. Vieille, «L'institution shi'ite, la religiosité populaire, le martyre et la révolution», *Peuples méditerranéens*, 16, juillet-septembre 1981, pp. 77-92; Y. Richard, *op. cit.*, et *L'Islam chi'ite. Croyances et Idéologies*, Paris, Fayard, 1991, pp. 108 et suiv, 160-161, 175, 236. Sur le caractère novateur du *velayat-e faqih*, cf. H. Enayat, «Iran : Khumayni's concept of the "guardianship of the jurisconsult"» in J. P. Piscatori, ed., *Islam in the Political Process*, Cambridge, Cambridge University Press, 1983, pp. 160-180, et G. Rose, «Velayat-e faquih and the recovery of islamic identity in the thought of Ayatollah Khomeini» in N. R. Keddie, ed., *Religion and Politics in Iran, op. cit.*, pp. 166-188.

114. Sur la pensée de l'imam Khomeyni, cf. G. Rose, *ibid.*, et H. Algar, *The Roots of the Islamic Revolution*, Londres, The Open Press, 1983, p. 43, ainsi que la thèse de Christian Bonnaud (que je n'ai pu consulter dans son intégralité).

115. F. Adelkhah, «L'imaginaire économique en République islamique d'Iran» in J.-F. Bayart, dir., *La Réinvention du capitalisme*, Paris, Karthala, 1994, pp. 117-144, et *Traité des compagnons-chevaliers*, édité par Henry Corbin, Téhéran et Paris, département d'iranologie de l'Institut franco-iranien de recherche, Librairie d'Amérique et d'Orient, Adrien-Maisonneuve, 1973. Je remercie Christian Bonnaud d'avoir attiré mon attention sur les affinités du *javânmardi* et du style politique de l'imam Khomeyni.

116. A. Ehsteshami, *After Khomeini. The Iranian Second Republic*, Londres, Routledge, 1995, pp. 24 et suiv.

117. F. Adelkhah, J.-F. Bayart, O. Roy, *Thermidor en Iran*, Bruxelles, Complexe, 1993.

118. M. Hegland, «Two Images of Husain : accommodation and Revolution in an Iranian Village» in N. R. Keddie, ed., *Religion and Politics in Iran, op. cit.*, pp. 218-235. Cf. également R. Mottaheded, *The Mantle of the Prophet. Religion and Politics in Iran*, New York, Pantheon Books, 1985, p. 353, et S. A. Arjomand, «Ideological revolution in shi'ism» in S. A. Arjomand, ed., *Authority and Political Culture in Shi'ism*, Albany, State University of New York Press, 1988, p. 201.

119. J.-F. Bayart, «La question Alevî dans la Turquie moderne» in O. Carré, dir., *L'Islam et l'État dans le monde d'aujourd'hui*, Paris, PUF, 1982, pp. 109-120; M. Gilsenan, *Recognizing Islam. An Anthropologist's Introduction*, Londres, Croom Helm, 1982, chapitre III.

120. H. E. Chehabi, *Iranian Politics and Religious Modernism, op. cit.*, pp. 72-73.

121. Y. Richard, *L'Islam chi'ite*, Paris, Fayard, 1991, p. 44.

122. B. Lewis, *Le Langage politique de l'islam*, Paris, Gallimard, 1988.

123. *Signes de piste*, cité par G. Kepel, *Le Prophète et Pharaon. Les mouvements islamistes dans l'Égypte contemporaine*, Paris, La Découverte, 1984, p. 56. Cf. également O. Carré, *Mystique et Politique. Lecture révolutionnaire du Coran par Sayyid Qutb, Frère musulman radical*, Paris, Presses de la Fondation nationale des sciences politiques, Les Éditions du Cerf, 1984.

124. Cité par G. Kepel, *op. cit.*, p. 83.

125. *Ibid.*, pp. 183 et suiv.

126. R. et N. Tapper, « Religion, education and continuity in a provincial town », in R. Tapper, ed., *Islam in Modern Turkey. Religion, Politics and Literature in a Secular State*, Londres, Tauris, 1991, pp. 56-83 ; S. Mardin, « The Nakçibendi Order in Turkish History », *ibid.*, pp. 121-142, et *Religion and Social Change in Modern Turkey, op. cit.* ; J.-F. Bayart, « Les trajectoires de la République en Iran et en Turquie : un essai de lecture tocquevillienne », in G. Salamé, dir., *Démocraties sans démocrates. Politiques d'ouverture dans le monde arabe et islamique*, Paris, Fayard, 1994, pp. 373-395.

127. O. Carré, *L'Utopie islamique, op. cit.*, et – en collaboration avec G. Michaud – *Les Frères musulmans. Égypte et Syrie (1928-1982)*, Paris, Gallimard, Julliard, 1983. Pour une lecture différente, cf. M. Gilsenan, « L'Islam dans l'Égypte contemporaine : religion d'État, religion populaire », *Annales E. S. C.*, 35 (3-4), mai-août 1980, pp. 603 et suiv.

128. O. Carlier, *Entre nation et jihad. Histoire sociale des radicalismes algériens*, Paris, Presses de la Fondation nationale des sciences politiques, 1995 ; A. Rouadjia, *Les Frères et la mosquée. Enquête sur le mouvement islamiste en Algérie*, Paris, Karthala, 1990.

129. M. Weber, *Economy and Society, op. cit.*, p. 578 (nous donnons la traduction de J. Freund et al., Paris, Pocket, 1995, tome II, p. 348).

130. *Ibid.*, pp. 578-579 (p. 349 pour la traduction française).

131. F. Adelkhah, *Être moderne en Iran*, à paraître, et E. Abrahamian, *Khomeinism. Essays on the Islamic Republic*, Berkeley, University of California Press, 1993 ; R. Tapper, ed., *Islam in Modern Turkey, op. cit.*, et S. Mardin, *Religion and Social Change in Modern Turkey, op. cit.* ; L. Martinez, « Les groupes islamistes entre guérilla et négoce. Vers une consolidation du régime algérien ? », *Les Études du CERI*, août 1995, et S. Labat, *Les Islamistes algériens. Entre les urnes et le maquis*, Paris, Le Seuil, 1995.

132. O. Roy, *L'Échec de l'islam politique*, Paris, Le Seuil, 1992.

133. Nous suivons l'analyse de G. Nicolas, « Recompositions sacrificielles au Nigeria contemporain », *Archives européennes de sociologie*, XXXII, 1991, pp. 299-326.

134. B. Lewis, *Le Langage politique de l'islam, op. cit.*, pp. 18 et suiv.

135. N. Keddie, *An Islamic Response to Imperialism. Political and Religious Writings of Sayyid Jamâl ad-din « al-Afghânî »*, Berkeley, University of California Press, 1983. Sur la filiation d'al-Afghani aux islamistes, cf. également O. Carré, *L'Utopie islamique, op. cit.*, p. 84.

136. O. Roy, *L'Échec de l'islam politique, op. cit.*

137. G. Rose, « Velayat-e faqih and the recovery of islamic identity » in N. R. Keddie, ed., *Religion and Politics in Iran, op. cit.*, pp. 166-188 ; H. Algar, *The Roots of the Islamic Revolution, op. cit.*

138. G. Salamé, « Islam and the West », *Foreign Policy*, 90, printemps 1993, pp. 22-37.

139. Gopal Krishna, cité par M. Gaborieau, « Le legs de la civilisation musulmane aux formations étatiques du sous-continent indien » in J.-F. Bayart, dir., *La Greffe de l'État*, Paris, Karthala, 1996, chapitre V, dont nous suivons l'analyse. Voir également B. S. Cohn, « Representing authority in Victorian India », *in* E. Hobsbawm, T. Ranger, eds., *The Invention of Tradition, op. cit.*, pp. 165-209, et, sur d'autres trajectoires de concaténation culturelle, D. Lombard, *Le Carrefour javanais, op. cit.*, ou S. Vryonis, *The Decline of Medieval Hellenism in Asia Minor and the Process of Islamization from the Eleventh through the Fifteenth Century*, Berkeley, University of California Press, 1971.

140. P. Hardy, «The authority of Muslim kings in medieval India», *in* M. Gaborieau, dir., *Islam et société en Asie du Sud*, Paris, École des hautes études en sciences sociales, 1986, p. 55. La tendance actuelle des historiens est de contester la spécification excessive de la culture hindoue que suggère l'œuvre de Louis Dumont. Celui-ci admettait néanmoins qu'en Inde «les formes nouvelles ne chassent pas les anciennes» et parlait d'«empilement stratifié», par un «procès de coexistence et de réabsorption» (*La Civilisation indienne et nous : esquisse de sociologie comparée*, Paris, A. Colin, 1964, pp. 31-54).

141. P. Veyne, *Les Grecs ont-ils cru à leurs mythes?*, Paris, Le Seuil, 1983, p. 97. Cf. également, pour la critique des «totalités culturelles», M. Foucault, *L'Archéologie du savoir*, Paris, Gallimard, 1969, pp. 29-101, et M. de Certeau, *L'Écriture de l'histoire, op. cit.,* pp. 36 et suiv., et 123 et suiv.

142. «La politique en Afrique noire : le haut et le bas», *Politique africaine*, 1, janvier 1981, et «Passage au politique», *Revue française de science politique*, 35 (3), 1985 (certains de ces textes ayant été repris in J.-F. Bayart, A. Mbembe, C.-M. Toulabor, *Le Politique par le bas en Afrique noire, op. cit.) ;* J.-F. Bayart, *L'État en Afrique, op. cit. ;* A. Mbembe, *Afriques indociles, op. cit. ;* C.-M. Toulabor, *Le Togo sous Eyadéma, op. cit.*

143. Cf. J.-P. Olivier de Sardan, «Populisme développementiste et populisme en sciences sociales : idéologie, action, connaissance», *Cahiers d'études africaines*, 120, XXX-4, 1990, pp. 475-492.

144. A. Minnaar, ed., *Communities in Isolation. Perspectives on Hostels in South Africa*, Pretoria, Human Science Research Council, 1993, pp. 131-132.

145. J.-L. Domenach, *Chine, l'archipel oublié*, Paris, Fayard, 1992; D. Bigo, «Ngaragba, "l'impossible prison"», *Revue française de science politique*, 39 (6), décembre 1989, pp. 867-886.

146. La meilleure introduction à l'œuvre de Bakhtine – incomplètement et, dit-on, souvent mal traduite en français – est celle de T. Todorov, *Mikhaïl Bakhtine. Le principe dialogique, suivi de Écrits du cercle de Bakhtine*, Paris, Le Seuil, 1981.

147. M. Bakhtine, cité par T. Todorov, *op. cit.,* p. 127.

148. T. Todorov, *ibid.,* p. 128 (souligné par moi-même).

149. M. Bakhtine, cité in *ibid.,* pp. 113-114.

150. M. Bakhtine, cité in *ibid.,* p. 50.

151. *Les Fleurs du Congo, suivi de Commentaires par Gérard Althabe*, Paris, François Maspero, 1972, pp. 8-9.

152. E. Goffman, *Façons de parler*, Paris, Minuit, 1987, pp. 3, 13, 159-161.

153. C. Young, T. Turner, *The Rise and Decline of the Zairian State*, Madison, The University of Wisconsin Press, 1985, pp. 157, 169, 351.

154. «Jah Houphouët-Boigny vous parle», mis en musique par Alpha Blondy (transcrit par P. Bürge, *Reggae, rastafarisme et politique*, Lausanne, Institut de science politique, 1989, multigr., p. 39). Sur la dimension prophétique de Félix Houphouët-Boigny, cf. également J.-P. Dozon, *La Cause des prophètes. Politique et religion en Afrique contemporaine*, Paris, Le Seuil, 1995.

155. P.-H. Siriex, *Houphouët-Boigny ou la sagesse africaine*, Paris, Nathan, Abidjan, Les Nouvelles éditions africaines, 1986, p. 214.

156. Texte rédigé le 2 mai 1985 par les employés licenciés de l'hôtel, cité par I. Touré, «L'UGTCI et le développement harmonieux. Un syndicalisme anti-conflits?», *Politique africaine*, 24, décembre 1986, p. 85.

157. *Jeune Afrique*, 7 mai 1990, p. 18.

158. Pour parodier le titre de l'un des livres importants de la philosophie

pragmatique anglaise qui a beaucoup contribué à l'affinement de la théorie de l'énonciation : J.L. Austin, *Quand dire, c'est faire*, Paris, Le Seuil, 1970 (titre original de l'édition anglaise : *How to do things with words*).

159. P. Veyne, « Foucault révolutionne l'histoire » in *Comment on écrit l'histoire*, suivi de *Foucault révolutionne l'histoire*, Paris, Le Seuil, 1978, pp. 207 et 204, ainsi que pp. 230-231.

160. C. Gillard, *Le Règne de Francisco Macías Nguema sur la Guinée équatoriale : un népotisme méconnu*, Bordeaux, Institut d'études politiques, 1980, multigr., p. 56.

161. C.-M. Toulabor, *Le Togo sous Eyadéma, op. cit.,* et « Mgr Dosseh, archevêque de Lomé », *Politique africaine*, 35, octobre 1989, pp. 68-76 ; *La Croix-L'Événement*, 13 septembre 1975.

162. E. Jauffret, *Un mythe fondateur de la nation mexicaine au XXᵉ siècle : la révolution*, Paris, université Paris I, 1984, multigr. p. 96.

163. J.-F. Bayart, *L'État en Afrique. La politique du ventre, op. cit.,* et mon débat à ce propos avec Achille Mbembe in J.-F. Bayart, A. Mbembe, C.-M. Toulabor, *Le Politique par le bas en Afrique noire, op. cit.,* chapitres VII et VIII.

164. P. Veyne, « Foucault révolutionne l'histoire », in *Comment on écrit l'histoire, op. cit.,* pp. 230-231 : « [...] un faux objet naturel tel que la religion ou qu'une certaine religion agrège des éléments très différents [...] qui, à d'autres époques, seront ventilés dans des pratiques très différentes et objectivées par celles-ci sous des visages très différents. »

165. Cité par G. Hermet, *Les Désenchantements de la liberté. La sortie des dictatures dans les années 90*, Paris, Fayard, 1993, p. 187.

166. J.-C. Waquet, *De la corruption. Morale et pouvoir à Florence aux XVIIᵉ et XVIIIᵉ siècles*, Paris, Fayard, 1984.

167. *Le Monde*, 14 décembre 1991.

168. *Le Monde*, 19 décembre 1992.

169. R. H. Solomon, *Mao's Revolution and the Chinese Political Culture*, Berkeley, University of California Press, 1971, pp. 42 et suiv., 100 et suiv., 135 et suiv.

170. L. Bianco, « Seigneurs de la guerre et révolution nationaliste (1913-1927) », in M.-C. Bergère, L. Bianco et J. Domes, dir., *La Chine au XXᵉ siècle. D'une révolution à l'autre. 1895-1949*, Paris, Fayard, 1989, p. 135.

171. F. Godement, « La tourmente du vent communiste (1955-1965) » in M.-C. Bergère, L. Bianco, J. Domes, dir., *La Chine au XXᵉ siècle. De 1949 à aujourd'hui*, Paris, Fayard, 1989, p. 46.

172. J.-L. Rocca, « Corruption and its shadow : an anthropological view of corruption in China », *The China Quarterly,* 130, juin 1992, pp. 401-416 et « Pouvoir et corruption en Chine populaire », *Perspectives chinoises*, 11-12, janvier-février 1993, pp. 20-30.

173. B. Lewis, *Le Langage politique de l'islam, op. cit.,* pp. 36-37.

174. « Chirac, l'amer de Paris », *Le Canard enchaîné*, 12 avril 1989.

175. M. Foucault, *L'Archéologie du savoir*, Paris, Gallimard, 1969, pp. 271-272.

176. U. Eco, *Les Limites de l'interprétation*, Paris, Grasset, 1992, p. 12.

177. O. Carré, *L'Islam laïque ou le retour de la Grande Tradition*, Paris, Armand Colin, 1993, p. 114.

178. F. Adelkhah, *La Révolution sous le voile. Femmes islamiques d'Iran*, Paris, Karthala, 1991. Nous y reviendrons à la fin du chapitre IV.

DEUXIÈME PARTIE

INTRODUCTION

1. Cité par L. Martens, *Sankara, Compaoré et la révolution burkinabé*, s. l., EPO Éditions, 1989, p. 161

2. P. H. Euphorion, « Du langage animalier en politique », *Genève-Afrique*, XXVI (2), 1988, pp. 97-108.

3. Éditorial de *L'Armée du Peuple*, 6, octobre 1984, cité in *ibid.*, p. 103.

4. D. Paulme, *La Mère dévorante. Essai sur la morphologie des contes africains*, Paris, Gallimard, 1976.

5. Cf. – outre les travaux classiques de Comi Toulabor sur la dérision politique au Togo in J.-F. Bayart, A. Mbembe, C. M. Toulabor, *Le Politique par le bas en Afrique noire. Contributions à une problématique de la démocratie*, Paris, Karthala, 1992 – l'analyse de la « distanciation facétieuse » des supporters de football par C. Bromberger (*Le Match de football. Ethnologie d'une passion partisane à Marseille, Naples et Turin*, Paris, Éditions de la Maison des sciences de l'homme, 1995, chapitres XV et XVI) et de l'« implication paradoxale » dans les rituels contemporains par A. Piette (« Les rituels : du principe d'ordre à la logique paradoxale. Points de repère théoriques », *Cahiers internationaux de sociologie*, XXII, 1992, pp. 163-179).

6. Cité par P. H. Euphorion, art. cité, p. 103, souligné par moi-même.

7. *Marchés tropicaux et méditerranéens*, 19 octobre 1990.

8. Cité par J.-C. Willame, *L'Automne d'un despotisme. Pouvoir, argent et obéissance dans le Zaïre des années quatre-vingt*, Paris, Karthala, 1992, p. 128.

9. *Marchés tropicaux et méditerranéens*, 2 octobre 1992.

10. *Kenya Times* [Nairobi], 2 août 1983 ; *The Standard* [Nairobi], 15 juillet 1983. L'impact électoral de cette pratique du serment – d'un usage politique courant en pays kikuyu depuis l'entre-deux-guerres – semble non négligeable et les recours en annulation invoquant ce fait sont très fréquents : dossier « Élections : recours en annulation », 144/201, Nairobi, CREDU ; D. Bourmaud, « Élections et autoritarisme. La crise de la régulation politique au Kenya », *Revue française de science politique*, 35 (2), avril 1985, p. 219 ; C. Legum, J. Drysdale, *Africa Contemporary Record. Annual Survey and Documents 1969-1970*, Londres, Rex Collings, 1970, B-123 et B-124.

11. F. Grignon, *Le Multipartisme au Kenya ? Reproduction autoritaire, légitimation et culture politique en mutation (1990-1992)*, Nairobi, IFRA, 1993, p. 11.

12. J.-F. Bayart, *L'État au Cameroun*, Paris, Presses de la Fondation nationale des sciences politiques, 1979, pp. 53 et 233.

13. *Ibid.*, p. 208 ; G. Thompson, « The bewitchment and fall of a village politician », *Cambridge Anthropology*, 7 (2), 1982, pp. 25-38 ; P. Geschiere, *Village Communities and the State. Changing Relations among the Maka of Southeastern Cameroon since the colonial conquest*, Londres, Kegan Paul, 1982, pp. 292 et suiv., et *Sorcellerie et politique en Afrique. La viande des autres*, Paris, Karthala, 1995, chapitres II et III.

14. A. Bikim, « L'UPC et nous », *La Presse du Cameroun*, 30 janvier 1958, cité in R. Um Nyobé, *Le Problème national kamerunais*, Paris, L'Harmattan, 1984, p. 27.

15. A. Mbembe, *La Naissance du maquis dans le sud du Cameroun (1920-*

1960). Histoire des usages de la raison en colonie, Paris, Karthala, 1996, pp. 304-305; D. Lan, *Guns and Rains. Guerillas and Spirit Mediums in Zimbabwe*, Londres, James Currey, 1985, pp. 167 et suiv.

16. *Fraternité-Matin* [Abidjan], 17 avril 1964.

17. N. Leconte, *Côte-d'Ivoire : l'après-Houphouët*, Paris, Nord-Sud Export Consultants, juin 1989.

18. W. Minter, *The National Union for the Total Independence of Angola (UNITA) as Described by Ex-Participants and Foreign Visitors. Research Report submitted to the Swedish International Development Authority*, Washington (D.-C.), Georgetown University, 1990, multigr., pp. 13-14.

19. U. Sulikowski, «"Eating the Flesh, Eating the Soul". Reflections on Politics, Sorcery and *Vodun* in Contemporary Benin», in J.-P. Chrétien, dir., *L'Invention religieuse en Afrique. Histoire et religion en Afrique noire*, Paris, Karthala, 1993, pp. 379-392.

20. D. Bigo, *Pouvoir et obéissance en Centrafrique*, Paris, Karthala, 1988, chapitre VI.

21. F. Bernault, *Démocraties ambiguës en Afrique centrale*, Paris, Karthala, 1996, pp. 232-234 et 250-254.

22. Sur l'Afrique de l'Ouest, cf. *Africa Analysis*, 2 octobre 1992; sur la place de la méditation transcendantale au Mozambique, *Le Monde*, 10 juin 1994; sur le rôle de la Rose-Croix au Cameroun, documentation personnelle.

23. Nguza Karl i Bond, *Mobutu ou l'incarnation du mal zaïrois*, Londres, Rex Collings, 1982, p. 30.

24. *La Cité africaine* [Kinshasa], 29 juillet 1991. La figure de Satan semble de plus en plus présente dans le jeu politique en Afrique – par exemple au Zaïre, au Kenya, au Bénin, au Nigeria – et cela n'est sans doute pas sans rapport avec l'activisme des Églises fondamentalistes américaines, d'une part, et, de l'autre, le rayonnement de la révolution iranienne de 1979, s'en prenant au «Grand Satan». Le rapport de cette thématique à la sorcellerie, au monothéisme, à la bureaucratisation et à la démocratie mériterait d'être systématiquement exploré.

25. *Marchés tropicaux et méditerranéens*, 21 août 1992, p. 2208; B. Labe Noukouri, *Maraboutage et escroquerie à Abidjan. L'exemple de la commune de Yopougon*, Abidjan, Université nationale, Département de l'Institut de criminologie, 1985, multigr., pp. 22 et suiv; *Fraternité-Matin* [Abidjan], 14 novembre 1985 (sur la mort, unanimement considérée comme «suspecte», du député Coulibaly Bakari, à l'occasion d'un accident de voiture).

26. Sources : entretiens, et S. Andriamirado, «Un gouvernement en attente?», *Jeune Afrique*, 23 juillet 1986.

27. Cf., outre les reportages sur les guerres du Liberia et de Sierra Leone dans les années quatre-vingt-dix, D. Lan, *op. cit.*; B. Verhaegen, *Rébellions au Congo*, Bruxelles, CRISP, 1966 et 1969; C. Geffray, *La Cause des armes au Mozambique. Anthropologie d'une guerre civile*, Paris, Karthala, Nairobi, CREDU, 1990; A. Mbembe, *La Naissance du maquis, op. cit.*

28. Cf. par exemple, sur le complot de la Sainte-Croix, J.-F. Bayart, *L'État au Cameroun, op. cit.*, pp. 133-135.

29. A. Diallo, *La Mort de Diallo Telli, premier secrétaire général de l'OUA*, Paris, Karthala, 1983, pp. 68 et 109; J.-P. Alata, *Prison d'Afrique. Cinq ans dans les geôles de Guinée*, Paris, Le Seuil, 1976, pp. 189 et suiv.; A. A. Diallo, *La Vérité du ministre. Dix ans dans les geôles de Sékou Touré*, Paris, Calmann-Lévy, 1985. Sur le Liberia, *Marchés tropicaux et méditerranéens*, 14 novembre 1986, p. 2868; P. Gifford, *Christianity and Politics in Doe's Liberia*, Cambridge, Cam-

bridge University Press, 1993, pp. 30 et suiv. Sur la Sierra Leone, *Marchés tropicaux et méditerranéens*, 17 novembre 1989, p. 3317, et *Africa Confidential*, 6 avril 1990. Sur la Côte-d'Ivoire, B. Labe Noukouri, *op. cit.*, p. 24, et *Ivoire-Dimanche* [Abidjan], 6 octobre 1991, 4 mai 1992, 20 avril 1992, 10 février 1992. Sur le Gabon, *La Lumière* [Libreville], novembre 1992. Sur des cas similaires en Afrique du Sud, cf. *Libération*, 17-18 novembre 1990; D. Chidester, *Shots in the Streets. Violence and Religion in South Africa*, Oxford, Oxford University Press, 1991, pp. 48 et 163.

30. Cité par D. Chidester, *op. cit.*, pp. 151-152. Sur les massacres dans les trains, voir « Hunting "witches" on trains », *Weekly Mail* [Johannesburgh], 31 mars 1994, p. 7. Sur les meurtres de sorciers au Natal, cf. J. Evans, « "Scapegoat intended" : aspects of violence in Southern Kwazulu » in A. Minnaar, ed., *Patterns of Violence. Case Studies of Conflict in Natal*, Pretoria, Human Sciences Research Council, 1992, pp. 215-226.

31. Cf., parmi une littérature immense et de qualité, P. Geschiere, *Sorcellerie et politique en Afrique, op. cit.* ; J.-P. Warnier, *L'Esprit d'entreprise au Cameroun*, Paris, Karthala, 1993; E. de Rosny, *Les Yeux de ma chèvre*, Paris, Plon, 1981; G. Dupré, *Un ordre et sa destruction*, Paris, Éditions de l'ORSTOM, 1982, chapitre XVI; R. Devauges, *L'Oncle, le ndoki et l'entrepreneur. La petite entreprise congolaise à Brazzaville*, Paris, Éditions de l'ORSTOM, 1977.

32. A. Bonnassieux, *De Dendraka à Vridi-Canal. Chronique de la précarité à Abidjan*, Paris, EHESS, 1982, multigr., p. 202; *West Africa*, 3 et 10 février 1992; D. Desjeux, *Stratégies paysannes en Afrique noire. Le Congo (Essai sur la gestion de l'incertitude)*, Paris, L'Harmattan, 1987, p. 86; P. Marchesin, *État et société en Mauritanie. 1946-1986. De l'historicité du politique en Afrique*, Paris, université de Paris-I, multigr., 1989, p. 43, note 32.

33. Sources : entretiens, Abidjan, 1986.

34. J. Vansina, *Paths in the Rainforests. Toward a History of Political Tradition in Equatorial Africa*, Madison, The University of Wisconsin Press, 1990, pp. 96-97.

35. I. M. Lewis, *Religion in Context. Cults and Charisma*, Cambridge, Cambridge University Press, 1986.

36. *Le Messager* [Douala], 116, 7 septembre 1987, pp. 4-5. Cf. également *Cameroon Tribune* [Yaoundé], 20 août 1987 et, pour une mise en perspective, J.-F. Bayart, A. Mbembe, « La bataille de l'archidiocèse de Douala », *Politique africaine*, 35, octobre 1989, pp. 77-104.

37. P. Geschiere, *Sorcellerie et politique, op. cit.*

38. I. M. Lewis, *Religion in Context, op. cit.*, pp. 10-11.

39. Cf., outre les travaux de l'anthropologie britannique des années cinquante – notamment ceux de M. Glucksman et de l'école de Manchester –, M. Augé, *Pouvoirs de vie, pouvoirs de mort*, Paris, Flammarion, 1977.

40. J.-F. Bayart, « Quelques livres consacrés à l'étude des représentations et des pratiques thérapeutiques d'origine précoloniale », *Revue française d'études politiques africaines*, 133, janvier 1977, pp. 100-108; P. Bonnafé, *Nzo lipfu, le lignage de la mort. La sorcellerie, idéologie de la lutte sociale sur le plateau kukuya*, Nanterre, Labethno, 1978; J.-P. Dozon, *La Société bété (Côte-d'Ivoire)*, Paris, Karthala, 1985, pp. 127 et suiv. P. Geschiere (*Sorcellerie et politique, op. cit.*) souligne cette indétermination mais remarque que les nouvelles élites, pratiquant elles aussi la sorcellerie, sont peu vulnérables à l'action des « petits » dans l'invisible; il conteste de ce fait que ce répertoire puisse être qualifié de « mode populaire d'action politique ».

41. M. Henry, *Marx. Tome II : Une philosophie de l'économie*, Paris, Gallimard, 1976, pp. 130-131.

42. P. Geschiere, *Sorcellerie et politique, op. cit.*; G. Ter Haar, *Spirits of Africa. The Healing Ministry of Archibishop Milingo of Zambia*, Londres, Hurst and C°, 1992, pp. 220-222 (traduction française : Paris, Karthala, 1996); *La Croix-L'Événement*, 7-8 septembre 1986.

43. W. Mac Gaffey, *Modern Kongo Prophets. Religion in a Plural Society*, Bloomington, Indiana University Press, 1983; I. M. Lewis, *Religion in Context, op. cit.*, pp. 64 et suiv.; C. Vidal, «De la religion subie au modernisme refusé. "Théophagie", ancêtres clandestins et résistance populaire au Rwanda», *Archives des sciences sociales des religions*, 38, 1974, p. 69; F. Raison-Jourde, *Bible et pouvoir à Madagascar au XIXᵉ siècle. Invention d'une identité chrétienne et construction de l'État*, Paris, Karthala, 1991, pp. 587 et suiv.; B. de Dinechin, Y. Tabart, *Un souffle venant d'Afrique. Communautés chrétiennes au Nord-Cameroun*, Paris, Le Centurion, 1986, pp. 77, 82, 97 et 173.

44. *Marchés tropicaux et méditerranéens*, 18 septembre 1987, p. 2458.

45. G. Deleuze, *Pourparlers. 1972-1990*, Paris, Minuit, 1990, p. 93 (qui «n'attache pas beaucoup d'importance à la notion d'imaginaire», p. 94).

46. P. Veyne, *Les Grecs ont-ils cru à leurs mythes? Essai sur l'imagination constituante*, Paris, Le Seuil, 1983.

CHAPITRE III

1. A. Appadurai, «Disjuncture and difference in the global cultural economy», *Public Culture*, 2 (2), printemps 1990, p. 5.

2. C. Castoriadis, *L'Institution imaginaire de la société*, Paris, Le Seuil, 1975, pp. 204 et 481 (souligné par l'auteur).

3. P. Veyne, *Les Grecs ont-ils cru à leurs mythes? Essai sur l'imagination constituante*, Paris, Le Seuil, 1983, pp. 11, 137 et 12.

4. R. Collins, «A comparative approach to political sociology», in R. Bendix, ed., *State and Society. A Reader in Comparative Political Sociology*, Boston, Little Brown and C°, 1968, p. 50. Sur ce point, la lecture de Weber par Cornelius Castoriadis me paraît un peu rapide (*op. cit.*, pp. 490 et suiv.) : le théoricien de Heidelberg parle-t-il d'autre chose que de «l'institution imaginaire de la société»?

5. P. Raynaud, *Max Weber et le dilemme de la raison moderne*, Paris, PUF, 1987, pp. 121 et 209.

6. M. Weber, *L'Éthique protestante et l'esprit du capitalisme*, suivi de *Les sectes protestantes et l'esprit du capitalisme*, Paris, Plon, 1964 (réédition dans la collection de poche Agora, 1985), p. 7. S. H. Rudolph souligne elle aussi le caractère très «postmoderne» de cette précision («The role of theory in comparative politics», *World Politics*, 48, octobre 1995, pp. 21-28).

7. *Ibid.*, p. 73.

8. *Ibid.*, p. 74.

9. *Ibid.*, p. 80.

10. A. de Tocqueville, *De la démocratie en Amérique, II*, in *Tocqueville*, Paris, Robert Laffont, 1986, p. 512 (collection «Bouquins»).

11. «Le mythe sécurisant de l'autosuffisance [...] était une conduite symbolique qui enchantait les anciens parce qu'elle leur semblait la réalisation en ce bas monde de l'idéal d'autarcie et qu'en même temps elle flattait leur orgueil de propriétaire» (P. Veyne, *La Société romaine*, Paris, Le Seuil, 1991, p. 145).

12. A. de Tocqueville, *op. cit.*, p. 552 (souligné par moi-même).

13. *Ibid.*, p. 495.

14. A. de Tocqueville, *L'Ancien Régime et la Révolution*, II, 1 (cité par D. Roche, *La France des Lumières*, Paris, Fayard, 1993, p. 378). Cf. également K. Baker, *Au tribunal de l'opinion. Essai sur l'imaginaire politique au XVIIIe siècle*, Paris, Payot, 1993, et F. Furet, *Penser la Révolution française*, Paris, Gallimard, 1978.

15. M. Sahlins, *Au cœur des sociétés. Raison utilitaire et raison culturelle*, Paris, Gallimard, 1980, p. 8.

16. J.-P. Sartre, *L'Imaginaire. Psychologie, phénoménologie de l'imagination*, Paris, Gallimard, 1940, pp. 17-18.

17. *Ibid.*, p. 17.

18. P. Veyne, *La Société romaine, op. cit.*, pp. 144 et suiv.

19. K. Polanyi, *La Grande Transformation. Aux origines politiques et économiques de notre temps*, Paris, Gallimard, 1983, pp. 108-109.

20. Cf., par exemple, la crédulité des auditeurs américains sur l'origine rurale des *hilllbillies* en 1930 (R. A. Peterson, « La fabrication de l'authenticité. La *country music* », *Actes de la recherche en sciences sociales*, 93, juin 1992, pp. 3-19) ou les « Réflexions d'un historien sur les fausses nouvelles de la guerre », *in* M. Bloch, *Mélanges historiques*, Paris, Bibliothèque générale de l'École pratique des hautes études, SEVVEN, 1963, tome I, pp. 41-57.

21. P. Garde, *Vie et mort de la Yougoslavie*, Paris, Fayard, 1992, p. 348.

22. B. Berman, J. Lonsdale, *Unhappy Valley. Conflict in Kenya and Africa. Vol. II : Violence and Ethnicity*, Portsmouth, James Currey, 1992, pp. 398-399.

23. A. Mbembe, « Domaines de la nuit et autorité onirique dans les maquis du Sud-Cameroun (1955-1958) », *Journal of African History*, 31, 1991, pp. 89-121.

24. J. Okello, *Revolution in Zanzibar*, Nairobi, East African Publishing House, 1967.

25. D. Lan, *Guns and Rain. Guerillas and Spirit Mediums in Zimbabwe*, Londres, James Currey, Berkeley, University of California Press, 1985.

26. P. Gifford, *Christianity and Politics in Doe's Liberia*, Cambridge, Cambridge University Press, 1993, p. 60.

27. D. Lombard, *Le Carrefour javanais. Essai d'histoire globale. Tome II : Les réseaux asiatiques*, Paris, Éd. de l'EHESS, 1990, pp. 169-171. Cf. également M. Foucault, « Rêver de ses plaisirs. Sur l'"ornirocritique" d'Artémidore » in *Dits et Écrits 1954-1988. Tome IV : 1980-1988*, Paris, Gallimard, 1994, pp. 462-488.

28. F. Adelkhah, *La Révolution sous le voile. Femmes islamiques d'Iran*, Paris, Karthala, 1991 ; S. Labat, *Les Islamistes algériens. Entre les urnes et le maquis*, Paris, Le Seuil, 1995, p. 192.

29. J. Le Goff, *L'Imaginaire médiéval. Essais*, Paris, Gallimard, 1991, p. 313.

30. E. Wonyu, *Cameroun. De l'UPC à l'UC : témoignage à l'aube de l'indépendance*, Paris, L'Harmattan, 1985, p. 72.

31. *La Croix-L'Événement*, 1er juin 1990.

32. AFP, 22 octobre 1990.

33. G. Ter Haar, *Spirit of Africa. The Healing Ministry of Archbishop Milingo of Zambia*, Londres, Hurst and C°, 1992, pp. 220-222 (traduction française : Paris, Karthala, 1996).

34. J. Le Goff, *L'Imaginaire médiéval, op. cit.*, p. 312.

35. O. Christin, *Une révolution symbolique. L'iconoclasme huguenot et la reconstruction catholique*, Paris, Minuit, 1991, pp. 130 et 291.

36. S. Gruzinski, *La Guerre des images. De Christophe Colomb à «Blade Runner» (1492-2019)*, Paris, Fayard, 1990.

37. *Ibid.*, p. 154.

38. Cité in *ibid.*, p. 158.

39. *Ibid.*, pp. 218 et suiv.

40. G. M. Jospeh, D. Nugent, eds., *Everyday Forms of State Formation. Revolution and the Negotiation of Rule in Modern Mexico*, Durham, Duke University Press, 1994.

41. S. Gruzinski, *op. cit.*, pp. 250-251.

42. Cf., outre S. Gruzinski, *op. cit.*, V. Turner, *Dramas, Fields and Metaphors. Symbolic Action in Human Society*, Ithaca, Cornell University Press, 1974, chapitre III (sur l'épopée de Miguel Hidalgo comme «drame social»).

43. Témoignages de l'époque, cités par F. Raison-Jourde, *Bible et pouvoir à Madagascar au XIXᵉ siècle. Invention d'une identité chrétienne et construction de l'État*, Paris, Karthala, 1991, p. 589. Pour les citations suivantes, cf. pp. 591, 775, 777.

44. L. Hunt, *Le Roman familial de la Révolution française*, Paris, Albin Michel, 1995, pp. 9-11 (souligné par moi).

45. S. Dickey, *Cinema and the Urban Poor in South India*, Cambridge, Cambridge University Press, 1993, pp. 3 et suiv. Cf. notamment, sur l'activité des *fan clubs*, le chapitre IX, et, sur le cinéma en Inde, J. Farges, «Le cinéma en Inde : *rasa cinematografica*», in C. Jaffrelot, dir., *L'Inde contemporaine de 1950 à nos jours*, Paris, Fayard, 1996, chapitre XXIV.

46. A. Kohli, *Democracy and Discontent : India's Growing Crisis of Governability*, Cambridge, Cambridge University Press, 1990, chapitre IV et «The NTR phenomenon in Andhra Pradesh. Political change in a South India State», *Asian Survey*, octobre 1988, pp. 991-1017.

47. Pour reprendre dans un contexte différent l'expression de E. P. Thompson, *The Making of the English Working Class*, Londres, Victor Gollancz, 1963, chapitre XII.

48. M. Mines, *Public Faces, Private Voices. Community and Individuality in South India*, Berkeley, University of California Press, 1994.

49. Cf. par exemple les reportages de B. Philip, «Ubu Reine à Madras», *Le Monde*, 29 décembre 1993, et «Les élections indiennes tournent au délire à Madras», *Le Monde*, 8 mai 1996.

50. S. Dickey, *op. cit.*, chapitre IX; A. Kohli, *op. cit.*, chapitre VII; D. Forrester, «Factions and Filmstars : Tamil Nadu Politics since 1971», *Asian Survey*, XVI (3), 1976, pp. 283-296, et R. L. Hardgrave, Jr., «Politics and the film in Tamilnadu : the stars and the DMK», *ibid.*, XIII (3), 1973, pp. 288-305.

51. C. Jaffrelot, *Les Nationalistes hindous. Idéologie, implantation et mobilisation des années 1920 aux années 1990*, Paris, Presses de la Fondation nationale des sciences politiques, 1993, pp. 492 et suiv., et «Réinterprétation du mythe de Ram et mobilisation nationaliste hindoue» in D. C. Martin, dir., *Cartes d'identité. Comment dit-on «nous» en politique?*, Paris, Presses de la FNSP, 1994, pp. 113-114. L'auteur tend néanmoins à réduire ces phénomènes à leur seule dimension instrumentale.

52. E. Fassin, «Pouvoirs sexuels. Le juge Thomas, la Cour suprême et la société américaine», *Esprit*, décembre 1991, pp. 102-130.

53. C. Meier, *De la tragédie grecque comme art politique*, Paris, Les Belles Lettres, 1991, p. 10.

54. K. Tölölyan, «Narration, culture and the motivation of the terrorist» in

J. Shotter, K. J. Gergen, eds., *Texts of Identity*, Londres, Sage Publications, 1989, pp. 99-118.

55. A. Saktanber, « Muslim identity in children's picture books », in R. Tapper, ed., *Islam in Modern Turkey. Religion, Politics and Literature in a Secular State*, Londres, Tauris, 1991, p. 173 ; A. N. Caglar, « The greywolves as metaphor » in A. Finkel, N. Sirman, eds., *Turkish State, Turkish Society*, Londres, Routledge, 1990, pp. 79-101.

56. S. J. Tambiah, *Sri Lanka. Ethnic Fratricide and the Dismantling of Democracy*, Chicago, Chicago University Press, 1986, pp. 117-120 ; D. Bigo, *Pouvoir et obéissance en Centrafrique*, Paris, Karthala, 1988.

57. J. Peacock, *Rites of Modernization. Symbolic and Social Aspects of Indonesian Proletarian Drama*, Chicago, The University of Chicago Press, 1987, p. 4.

58. N. R. Keddie, ed., *Religion and Politics in Iran. Shi'ism from Quietism to Revolution*, New Haven, Yale University Press, 1983 (en particulier les chapitres X et XI). Pour la distinction entre Hussein-intercesseur et Hussein-exemple de vie, voir *supra*, pp. 106-107.

59. C. Geertz, *Bali, interprétation d'une culture*, Paris, Gallimard, 1983, pp. 247-248. Cf. également, du même auteur, *Negara. The Theater State in Nineteenth Century Bali*, Princeton, Princeton University Press, 1980, et le compte rendu critique de cet ouvrage par G. Hamonie in *Archipel*, 27, 1984, pp. 213-219.

60. B. Brecht, *Écrits sur le théâtre*, Paris, L'Arche, 1963, p. 122.

61. R. C. Trexler récuse explicitement le terme de théâtre à propos des rituels civiques de Florence (*Public Life in Renaissance Florence*, Ithaca, Cornell University Press, 1991, pp. XVII et suiv., et 213-214).

62. L. Levine, *Men in Women's Clothing. Anti-Theatricality and Effeminization. 1579-1642*, Cambridge, Cambridge University Press, 1994.

63. C. Meier, *op. cit.,* p. 12.

64. J. Peacock, *Rites of Modernization, op. cit.* ; F. Gaffary, communication à la journée d'étude « Rue et politique en Iran », Paris, CERI, 10 avril 1995 ; M. Hegland, « Two images of Husain » in N. R. Keddie, ed., *Religion and Politics in Iran, op. cit.,* p. 233 ; L. Echghi, « La pratique du *ta'ziyé* dans l'Iran postrévolutionnaire », *Cahiers d'études sur la Méditerranée orientale et le monde turco-iranien*, 20, juillet-septembre 1995, pp. 307-315, et *Un temps entre les temps. L'Imam, le chî'isme et l'Iran*, Paris, Le Cerf, 1992.

65. W. Dissanayake, ed., *Melodrama and Asian Cinema*, Cambridge, Cambridge University Press, 1993 ; F. Adelkhah, « La République islamique à l'heure du temps mondial » in Z. Laïdi, dir., *Le Temps mondial*, à paraître.

66. M. Foucault, « L'esprit d'un monde sans esprit » in *Dits et Écrits. 1954-1988. Tome III : 1976-1979*, Paris, Gallimard, 1994, p. 746. Cf. également « À quoi rêvent les Iraniens ? », *ibid.,* p. 694.

67. Cf. les travaux fondamentaux de P. Vieille, qui insistent sur l'importance de la subjectivité des acteurs de la révolution et de l'imaginaire dans son déroulement : notamment « L'orientalisme est-il théoriquement spécifique ? À propos des interprétations de la révolution iranienne », *Peuples méditerranéens*, 50, janvier-mars 1990, pp. 149-161 et – en collaboration avec F. Khosrokhavar – *Le Discours populaire de la Révolution iranienne*, Paris, Contemporanéité, 1990.

68. M. Hegland, « Two images of Husain » in N. R. Keddie, ed., *Religion and Politics in Iran, op. cit.,* p. 233.

69. G. E. Thaiss, *Religious Symbolism and Social Change : the Drama of Husain*, Saint-Louis (Miss.), Washington University, Ph. D. multigr., 1973, pp. 213 et suiv., et pp. 299 et suiv.

70. F. Raison-Jourde, *Bible et pouvoir à Madagascar, op. cit.,* p. 239.

71. N. Vergin, *Industrialisation et changement social. Étude comparative dans trois villages d'Eregli (Turquie),* Istanbul, Güryay, 1973, pp. 170 et 214.

72. *La Croix-L'Événement,* 31 janvier 1993.

73. Voir en particulier P. Ansart, *La Gestion des passions politiques,* Lausanne, L'Âge d'Homme, 1983, sur les « affects politiques comme dimension permanente du politique », y compris dans les sociétés démocratiques contemporaines, sujettes, par exemple, à de « véritables émotions électorales » (chapitre IX).

74. A. Matheron, « Passions et institutions selon Spinoza » in C. Lazzeri, D. Reynié, dir., *La Raison d'État : politique et rationalité,* Paris, PUF, 1992, pp. 141-170.

75. M. Hegland, « Two images of Husain » in N. R. Keddie, dir., *Religion and Politics in Iran, op. cit.,* pp. 230 et suiv.

76. B. Berman, J. Lonsdale, *Unhappy Valley. Tome II : Violence and Ethnicity, op. cit.,* pp. 385 et suiv.

77. E. Fassin, « Pouvoirs sexuels », art. cité.

78. P. Veyne, *La Société romaine, op. cit.,* pp. 307-308.

79. M. Foucault, « Préface à l'"Histoire de la sexualité" » in *Dits et Écrits. 1954-1988. Tome IV : 1980-1988, op. cit.,* p. 579. Cf. également son hommage à Philippe Ariès, *ibid.,* pp. 646-655 et *Histoire de la sexualité. Tome II : L'Usage des plaisirs,* Paris, Gallimard, 1984, p. 39.

80. G. Deleuze, *Pourparlers 1972-1990,* Paris, Minuit, 1990, p. 156.

81. M. Mines, *Public Faces, Private Voices, op. cit.,* pp. 40, 65, 87 et suiv., 198 et suiv.

82. J. Peacock, *Rites of Modernization, op. cit.* ; F. Adelkhah, *Être moderne en Iran* (à paraître).

83. « Le style de l'histoire » in *Dits et Écrits, op. cit.,* tome IV, p. 653, et *Le Désordre des familles,* Paris, Gallimard, Julliard, 1982.

84. A. de Tocqueville, *De la Démocratie en Amérique, op. cit.,* Tome IV, p. 654.

85. M. Foucault, « Le style de l'histoire » in *Dits et Écrits, op. cit.,* Tome IV, p. 654.

86. M. Foucault, « Le sujet et le pouvoir », *ibid.,* p. 230. Voir également « "Omnes et singulatim" : vers une critique de la raison politique », *ibid.,* pp. 134 et suiv.

87. Cf. par exemple A. Burguière, *Les Formes de la culture,* Paris, Le Seuil, 1993.

88. *Libération,* 26 avril 1993, p. 10, et 29 février-1er mars 1992, p. 11.

89. E. J. Thompson, *The Making of the English Working-Class, op. cit.,* pp. 453 et suiv., et 802 et suiv.

90. Sur les notions de « style » et de « stylisation », cf. l'œuvre de Peter Brown, qui a d'ailleurs influencé Foucault.

91. B. Sergent, *L'Homosexualité dans la mythologie grecque,* Paris, Payot, 1984, pp. 60-61 ; M. Foucault, *Histoire de la sexualité. Tome II : L'Usage des plaisirs,* Paris, Gallimard, 1984.

92. J. Boswell, *Christianity, Social Tolerance and Homosexuality. Gay People in Western Europe from the Beginning of the Christian Era to the Fourteenth Century,* Chicago, The University of Chicago Press, 1980, pp. 74 et suiv. (*Christianisme, tolérance et homosexualité,* Paris, Gallimard, 1985) ; P. Veyne, *L'Élégie érotique romaine,* Paris, Le Seuil, 1983, p. 91, et *La Société romaine, op. cit.,* pp.

115 et suiv.; M. Foucault, *Histoire de la sexualité. Tome II : L'Usage des plaisirs*, *op. cit.*

93. Z. Yavetz, *La Plèbe et le Prince. Foule et vie politique sous le Haut-Empire romain*, Paris, La Découverte, 1984, pp. 186 et suiv.

94. B. Berman, J. Lonsdale, *Unhappy Valley, op. cit.*, Tome II.

95. J. Lonsdale, « La pensée politique kikuyu et les idéologies du mouvement mau-mau », *Cahiers d'études africaines*, 107-108, XXVII, 3-4, 1987, p. 347.

96. J.-F. Bayart, *L'État en Afrique, op. cit.*, pp. 296 et suiv.

97. Conférence de presse du 14 octobre 1985.

98. Sur les qualités politiques chez les Beti, cf. P. Laburthe-Tolra, *Les Seigneurs de la forêt. Essai sur le passé historique, l'organisation sociale et les normes éthiques des anciens Beti du Cameroun*, Paris, Publications de la Sorbonne, 1981, pp. 353 et suiv.

99. B. Anderson, *Language and Power. Exploring Political Cultures in Indonesia*, Ithaca, Cornell University Press, 1990, pp. 31-32.

100. UPS, *Congrès extraordinaire, 27 au 29 décembre 1976. Pour une société sénégalaise socialiste et démocratique. Rapport de politique générale par Léopold Sédar Senghor, secrétaire général de l'UPS*, Dakar, NEA, 1976, pp. 50-51.

101. *Ibid.*, p. 54.

102. Voir « L'homme Abdou Diouf » in *Sénégal d'aujourd'hui* [Dakar], avril 1981, pp. 21 et suiv.

103. Selon une expression apparue au cours des discussions du Groupe d'analyse des trajectoires du politique du Centre d'études et de recherches internationales (1988-1994).

104. *Libération*, 9 mai 1995.

105. P. Veyne, *La Société romaine, op. cit., passim*; E. P. Thompson, *The Making of the English Working Class, op. cit.*, chap. II, XI et XVI; J. Peacock, *Rites of Modernization, op. cit., passim*; R. O'Hanlon, « Recovering the subject. *Subaltern Studies* and histories of resistance in colonial South India », *Modern Asian Studies*, 22 (1), 1988, pp. 189-224.

106. F. Adelkhah, « L'imaginaire économique en République islamique d'Iran » in J.-F. Bayart, dir., *La Réinvention du capitalisme*, Paris, Karthala, 1994, pp. 117-144, et « Quand les impôts fleurissent à Téhéran. Taxes municipales et formation de l'espace public », *Cahiers du CERI*, 12, 1995.

107. J. Peacock, *Rites of Modernization, op. cit.*

108. E. P. Thompson, *The Making of the English Working Class, op. cit.*, p. 463.

109. M. Bloch, « La séparation du pouvoir et du rang comme processus d'évolution. Une esquisse du développement des royautés dans le centre de Madagascar » in F. Raison-Jourde, dir., *Les Souverains de Madagascar. L'histoire royale et ses résurgences contemporaines*, Paris, Karthala, 1983, pp. 280 et suiv.

110. D. Chidester, *Shots in the Streets. Violence and Religion in South Africa*, Cape Town, Oxford University Press, 1992, pp. 76 et suiv; E. Scarry, *The Body in Pain : the Making and Unmaking of the World*, New York, Oxford University Press, 1985; L. DuBois, « Torture and the construction of an ennemy : the example of Argentina, 1976-1983 », *Dialectical Anthropology*, 15, 1990, pp. 317-328, et S. Gregory, D. Timerman, « Ritual of the modern State : the case of torture in Argentina », *ibid.*, 11, 1986, pp. 63-72.

111. C. Castoriadis, *L'Institution imaginaire de la société, op. cit.*, p. 180.

112. P. Ansart, *La Gestion des passions politiques, op. cit.*, p. 54.

113. M. Feltin, « Les mises en scène de Jean-Marie Le Pen », *La Croix-L'Évé-nement*, 20 mars 1992, p. 5.

114. M. Bloch, *Les Rois thaumaturges*, Paris, Gallimard, 1983, p. 86.

115. C. Vidal, *Sociologie des passions (Côte-d'Ivoire, Rwanda)*, Paris, Karthala, 1990, p. 11.

116. C. Vidal, « Les politiques de la haine », *Les Temps modernes*, 583, juillet-août 1995, pp. 6-33.

117. *Le Monde*, 27 février et 2 mars 1991.

118. P. Veyne, *Les Grecs ont-ils cru à leurs mythes ?*, *op. cit.*, pp. 136-137.

119. *The Globe and Mail*, 25 février 1991, pp. A 11 (d'après une dépêche Associated Press).

120. M. Feltin, art. cité.

121. Parmi les auteurs contemporains, c'est sans doute Norbert Elias qui insiste avec le plus d'insistance sur le rapport constitutif de l'organisation sociale à l'ambivalence (*La Dynamique de l'Occident*, Paris, Calmann-Lévy, 1975, pp. 107 et suiv.). Cf. également, en Allemagne, le courant de l'*Alltagsgeschichte*, avec les travaux de Alf Lüdtke.

122. D. C. Dorward, « Ethnography and administration. A study of Anglo-Tiv working-Misunderstanding», *Journal of African History*, XV (3), pp. 457-477, et F.A. Salamone, «The social construction of colonial reality : yauri emirate», *Cahiers d'études africaines*, 98, XXV-2, 1985, pp. 139-159. Sur la colonisation comme système d'action historique reposant sur l'interaction entre colonisateur et colonisé, cf. notamment E. F. Irschick, *Dialogue and History. Constructing South India. 1795-1895*, Berkeley, University of California Press, 1994 ; J. Pemberton, *On the subject of « Java »*, Ithaca, Cornell University Press, 1994 ; J. Dunn, A. F. Robertson, *Dependence and Opportunity : Political Change in Ahafo*, Cambridge, Cambridge University Press, 1973 ; J. D. Y. Peel, *Ijeshas and Nigerians. The Incorporation of a Yoruba Kingdom. 1890's-1970's*, Cambridge, Cambridge University Press, 1983 ; B. Berman, J. Lonsdale, *Unhappy Valley*, *op. cit.* ; A. Mbembe, *La Naissance du maquis dans le Sud-Cameroun (1920-1960). Histoire des usages de la raison en colonie*, Paris, Karthala, 1996.

123. Pour une vision globale, cf. J.-F. Bayart, *L'État en Afrique, op. cit.* Le cas exemplaire du Kenya est bien étudié par G. Kitching, *Class and Economic Change in Kenya. The Making of an African Petite Bourgeoisie*, New Haven, Yale University Press, 1980. Sur l'ambivalence des politiques économiques, cf. B. Hibou, *L'Afrique est-elle protectionniste ?*, Paris, Karthala, 1996.

124. S. Marks, *The Ambiguities of Dependence in South Africa*, Johannesburgh, Ravan Press, 1986.

125. Cf. par exemple l'identification de Mobutu à la figure mythique de Bula Matari au Zaïre in C. Young, T. Turner, *The Rise and Decline of the Zairian State*, Madison, The University of Wisconsin Press, 1985, et les récits de vie in B. Jewsiewicki, *Naître et mourir au Zaïre. Un demi-siècle d'histoire au quotidien*, Paris, Karthala, 1993.

126. J.-F. Bayart, « Les trajectoires de la République en Iran et en Turquie : un essai de lecture tocquevillienne» in G. Salamé, dir., *Démocraties sans démocrates*, Paris, Fayard, 1994, pp. 373-395.

127. Documents cités par B. Verhaegen, *Rébellions au Congo. Tome II : Maniema*, Bruxelles, CRISP, Kinshasa, IRES, 1969, p. 693.

128. J.-P. Vernant, *L'Individu, la mort, l'amour. Soi-même et l'autre en Grèce ancienne*, Paris, Gallimard, 1989, pp. 195 et suiv., et p. 203.

129. M. Detienne, J.-P. Vernant, *Les Ruses de l'intelligence. La mètis des Grecs*, Paris, Flammarion, 1974, pp. 57 et 19-20.

130. D. Paulme, *La Mère dévorante. Essai sur la morphologie des contes africains*, Paris, Gallimard, 1976, *passim*.

131. J.-F. Bayart, «L'Afrique invisible», *Politique internationale*, 70, hiver 1995-1996, pp. 287-300, et J.-F. Bayart, S. Ellis, B. Hibou, *La Criminalisation de l'État en Afrique*, Bruxelles, Complexe, 1997. D. Bigo avait déjà remarqué que la figure de Bokassa correspondait au *trickster* du panthéon des Banda (*Pouvoir et obéissance en Centrafrique*, Paris, Karthala, 1988, chapitre VI) et R. A. Austen identifie l'un des types africains de criminalité à ce modèle («Social bandits and other heroic criminals : Western models of resistance and their relevance for Africa» in D. Crummey, ed., *Banditry, Rebellion and Social Protest*, Londres, James Currey, Portsmouth, Heinemann, 1986, pp. 89-108).

132. F. Adelkhah, «L'imaginaire économique en République islamique d'Iran» in J.-F. Bayart, dir., *La Réinvention du capitalisme, op. cit.,* pp. 117-144.

133. B. Anderson, *Language and Power, op. cit.,* pp. 149-150. Cf. également J. Peacock, *Rites of Modernization, op. cit.,* sur le *ludruk*, une autre forme théâtrale, plus populaire, et l'interview de J. Leclerc, «Le théâtre d'ombres de Soeharto», *Sudestasie*, 63, 1990, pp. 13-15 sur le caractère secret des exécutions qui doivent être interprétées comme des sacrifices humains.

134. F. Jullien, *Éloge de la fadeur. À partir de la pensée et de l'esthétique de la Chine*, s. l., Éd. Philippe Picquier, 1991, pp. 38 et 55-56.

135. T. Accetto, *De l'honnête dissimulation*, Lagrasse, Verdier, 1990 ; G. Lamarche-Vadel, *De la duplicité. Les figures du secret au XVIIe siècle*, Paris, La Différence, 1994 ; D. Crouzet, *La Nuit de la Saint-Barthélemy. Un rêve perdu de la Renaissance*, Paris, Fayard, 1994, pp. 327 et suiv. (sur le pouvoir de Charles IX comme «un système du simulacre»).

136. R. Needham, dir., *La Parenté en construction. Onze contributions à la théorie anthropologique*, Paris, Le Seuil, 1977, p. 95.

137. *Cameroon Tribune* [Yaoundé], 20 février 1987, p. 7.

138. P. Ansart, *La Gestion des passions politiques, op. cit.,* p. 54.

139. Cité par A. Mbembe, «Pouvoir des morts et langage des vivants. Les errances de la mémoire nationaliste au Cameroun» in J.-F. Bayart, A. Mbembe, C. Toulabor, *Le Politique par le bas en Afrique noire*, Paris, Karthala, 1992, pp. 190-191.

140. Cité par D. Bigo, *Forme d'exercice du pouvoir et obéissance en Centrafrique (1966-1979). Éléments pour une théorie du pouvoir personnel*, Paris, université Paris-I, 1985, multigr., pp. 223 et 329.

141. *Le Monde*, 2-3 janvier 1995.

142. *Weekly Review* [Nairobi], 10 et 17 avril 1981.

143. B. Berman, J. Lonsdale, *Unhappy Valley, op. cit.* (qui traite de la société kikuyu à laquelle n'appartiennent ni le «Luo» Odinga Oginga ni le «Kalenjin» arap Moi).

144. L. Hunt, *Le Roman familial de la Révolution française, op. cit.,* p. 20.

145. Cité par L. Hunt, *ibid.,* pp. 19-20.

146. J.-L. Domenach, Hua Chang-ming, *Le Mariage en Chine*, Paris, Presses de la Fondation nationale des sciences politiques, 1987. Cf. également D. Davis, S. Harrell, eds., *Chinese Families in the Post-Mao Era*, Berkeley, University of California Press, 1993.

147. F. Adelkhah, *La Révolution sous le voile, op. cit.,* et *Être moderne en Iran* (à paraître).

148. M. Foucault, « Précisions sur le pouvoir. Réponses à certaines critiques », in *Dits et Écrits, op. cit.,* tome III, p. 631.

149. M. Foucault, « L'esprit d'un monde sans esprit », *ibid.,* p. 745.

150. « Table ronde du 20 mai 1978 » in M. Foucault, *Dits et Écrits, op. cit.,* tome IV, pp. 22 et suiv.

151. M. Weber, *L'Éthique protestante et l'esprit du capitalisme, op. cit.,* p. 103. Cf. également W. Schluchter, *Paradoxes of Modernity. Culture and Conduct in the Theory of Max Weber,* Stanford, Stanford University Press, 1996, p. 241 (sur la conception de la causalité chez Weber).

152. M. Foucault, « Structuralisme et poststructuralisme », in *Dits et Écrits, op. cit.,* tome IV, p. 450.

153. J.-C. Eslin, « Critique de l'humanisme vertueux », *Esprit,* juin 1982, p. 17 (se référant à l'œuvre de Merleau-Ponty).

154. E. Le Roy Ladurie, *Le Carnaval de Romans. De la Chandeleur au mercredi des cendres, 1579-1580,* Paris, Gallimard, 1979, pp. 188-198 et suiv., 233 et suiv.

155. D. Crouzet, *La Nuit de la Saint-Barthélemy, op. cit.,* pp. 239, 267 et suiv., pp. 385 et suiv.

156. A. Minaar, ed., *Communities in Isolation. Perspectives on Hostels in South Africa,* Pretoria, Human Sciences Research Council, 1993, pp. 226 et 240-242.

157. C. Vidal, « Les politiques de la haine », art. cité, pp. 24-25.

158. F. Adelkhah, « La République islamique à l'heure du temps mondial », in Z. Laïdi, dir., *Le Temps mondial* (à paraître).

159. W. O. Beeman, « Images of the Great Satan : representations of the United States in the Iranian Revolution » in N. R. Keddie, ed., *Religion and Politics in Iran, op. cit.,* pp. 191-217.

160. S. Freud, *Le rêve et son interprétation,* Paris, Gallimard, 1973, pp. 65-66 (collection Idées).

161. S. Freud, *Introduction à la psychanalyse,* Paris, Payot, 1965, pp. 156 et suiv. (Petite Bibliothèque Payot).

162. *Ibid.,* pp. 213-214.

163. D. Crouzet, *La Nuit de la Saint-Barthélemy, op. cit.* , p. 13.

CHAPITRE IV

1. D. Harvey, *The Condition of Post-Modernity. An Enquiry into the Origins of Cultural Change,* Cambridge (Mass.), Oxford, Basil Blackwell, 1990.

2. *Libération,* 2 juin 1994, pp. 28-29. Cf. notamment, sur ce point crucial, les travaux de référence de Daniel Roche – en particulier *La Culture des apparences. Une histoire du vêtement (XVIIᵉ-XVIIIᵉ siècle),* Paris, Fayard, 1989, ainsi que A. Appadurai, ed., *The Social Life of Things. Commodities in Cultural Perspective,* Cambridge, Cambridge University Press, 1986, et J.-P. Warnier, dir., *Le Paradoxe de la marchandise authentique. Imaginaire et consommation de masse,* Paris, L'Harmattan, 1994.

3. E. Le Roy Ladurie, *Le Carnaval de Romans,* Paris, Gallimard, 1979, p. 280.

4. P. Joutard, *La Légende des Camisards,* Paris, Gallimard, 1977, et N. Wachtel, *La Vision des vaincus,* Paris, Gallimard, 1971.

5. D. Harvey, *The Condition of Post-Modernity, op. cit.,* p. 204.

6. Source : D. Arasse, *La Guillotine et l'imaginaire de la Terreur*, Paris, Flammarion, 1987.

7. Cité par R. Cobb, *La Protestation populaire en France (1789-1820)*, Paris, Calmann-Lévy, 1975, p. 243.

8. D. Arasse, *La Guillotine et l'imaginaire de la Terreur, op. cit.*, p. 106, souligné par l'auteur. Cf. également pp. 30-31 et 99 et suiv.

9. H. Naficy, *The Making of Exile Cultures. Iranian Television in Los Angeles*, Minneapolis, University of Minnesota Press, 1993.

10. S. Michel, «Sous la plage, les bunkers», *Journal de Genève*, 21 août 1992, p. 2 ; J.-B. Peires, *The Dead Will Arise. Nongqawuse and the Great Xhosa Cattle-Killing Movement of 1856-57*, Johannesburg, Ravan Press, 1989.

11. P. Geschiere, *Sorcellerie et politique en Afrique. La viande des autres*, Paris, Karthala, 1995, et «Kinship, Witchcraft and "the Market"» in R. Dilley, ed., *Contesting Markets. Analysis of Ideology, Discourse and Practice*, Edinburgh, Edinburgh University Press, 1992, pp. 159-179 ; A. Appadurai, ed., *The Social Life of Things, op. cit.* ; J. Habermas, *L'Espace public. Archéologie de la publicité comme dimension constitutive de la société bourgeoise*, Paris, Payot, 1993 (nouvelle édition) ; V. Zelizer, *The Social Meaning of Money*, New York, Basic Books, 1994.

12. D. Roche, *La Culture des apparences, op. cit*, p. 35.

13. D.B. Kraybill, *The Riddle of Amish Culture*, Baltimore, The Johns Hopkins University Press, 1989, p. 57.

14. R.C. Trexler, *Public Life in Renaissance Florence*, Ithaca, Cornell University Press, 1991, pp. 540-541.

15. R. Bendix, *Kings or People. Power and the Mandate to Rule*, Berkeley, University of California Press, 1980, p. 500.

16. A.N. Caglar, «The Grey Wolves as Metaphor» in A. Finkel, N. Sirman, eds., *Turkish State. Turkish Society*, Londres, Routledge, 1990, p. 96, et E.A. Olson, «Muslim identity and secularization», *Anthropological Quarterly*, 58 (4), octobre 1985, p. 163.

17. Source : J.-P. Perrin, «La virilité turque perd un de ses attributs», *Libération*, 24 juin 1993.

18. N. Beyhum, *Espaces éclatés, espaces dominés : étude de la recomposition des espaces publics centraux de Beyrouth de 1975 à 1990*, Lyon, université Lyon II-Lumière, 1991, multigr., pp. 430-431.

19. *Le Monde*, 8 décembre 1993.

20. S. Labat, *Les Islamistes algériens. Entre les urnes et le maquis*, Paris, Le Seuil, 1995 ; O. Carlier, «De l'islahisme à l'islamisme : la thérapie politico-religieuse du FIS», *Cahiers d'études africaines*, 126, XXXII-2, 1992, pp. 185-219.

21. G. Millet, «Contre le FIS, le pouvoir a gagné une bataille», *Libération*, 22 et 23 février 1992, p. 17.

22. L. Martinez, «Les groupes islamistes entre guérilla et négoce. Vers une consolidation du régime algérien ?», *Les Études du CERI*, août 1995.

23. N. Lamine, «Ahmed, islamiste malgré tout», *La Croix-L'Événement*, 6 juillet 1995, p. 5. Inversement, tel Palestinien islamiste préférera échapper à la vigilance de la police de Yasser Arafat en se rasant la barbe : «Elle pousse dorénavant dedans, et non plus dehors!» (Cité par C. Boltanski, «Sur les terres de Hamas», *Libération*, 14 avril 1993, pp. 22-23.)

24. AFP, 2 juillet 1995.

25. «Moi, Khaled Kelkal», *Le Monde*, 7 octobre 1995, p. 10. Cf. également

G. Kepel, *Les Banlieues de l'islam. Naissance d'une religion en France*, Paris, Le Seuil, 1987, pp. 34 et suiv.

26. C. Bromberger, «Les blagues ethniques dans le nord de l'Iran. Sens et fonction d'un corpus de récits facétieux», *Cahiers de littérature orale*, 20, 1986, pp. 73-101.

27. J. Goody, *Cuisines, cuisine et classes*, Paris, Centre de création industrielle, Centre Georges Pompidou, 1984.

28. D. Lombard, *Le Carrefour javanais. Essai d'histoire globale. Tome III : L'Héritage des royaumes concentriques*, Paris, Éditions de l'École des hautes études en sciences sociales, 1990, p. 14.

29. R. Cobb, *La Protestation populaire en France (1789-1820)*, *op. cit.*, et E.P. Thompson, *Customs in Common*, New York, The New Press, 1993.

30. M.G. Schatzberg, *Politics and Class in Zaire. Bureaucracy, Business and Beer in Lisala*, New York, Africana Publishing Company, 1980, chapitre V.

31. J.D. Klier, S. Lambroza, eds., *Pogroms. Anti-Jewish Violence in Modern Russian History*, Cambridge, Cambridge University Press, 1992, et J. Crush, C. Ambler, eds., *Liquor and Labor in Southern Africa*, Athens, Ohio University Press, 1992. Je remercie Max-Jean Zins d'avoir attiré mon attention sur le cas de l'Inde. Cf. à cet égard A. Appadurai, «Gastro-Politics in Hindu South Asia», *American Ethnologist*, VIII (3), pp. 494-511.

32. F. de Coulanges, *La cité antique*, Paris, Flammarion, 1984, chapitre VII.

33. P. Sanders, *Ritual, Politics and the City in Fatimid Cairo*, Albany, State University of New York Press, 1994, pp. 28 et suiv.

34. P. Veyne, *Le Pain et le Cirque. Sociologie historique d'un pluralisme politique*, Paris, Le Seuil, 1976, p. 286.

35. Cf. O. Ihl, *La Fête républicaine*, Paris, Gallimard, 1996, pp. 98 et suiv., et 208 et suiv.

36. J.-L. Rocca, «Pouvoir et corruption en Chine populaire», *Perspectives chinoises*, 11-12, janv.-fév. 1993, pp. 20-30.

37. F. Adelkhah, «Politique et Ramadan en Iran», *Le Monde*, 29 février 1996.

38. P. Sanders, *op. cit.*, pp. 68-70.

39. D. Roche, *La France des Lumières*, Paris, Fayard, 1993, p. 559.

40. H. Green, *The Uncertainty of Everyday Life. 1915-1945*, New York, Harper Collins Publishers, 1992, pp. 156-176.

41. F. Adelkhah, «La République islamique d'Iran à l'heure du temps mondial», in Z. Laïdi, dir., *Le Temps mondial*, à paraître. Selon Christian Coulon, la cuisine régionale française a rempli une fonction similaire.

42. V. Turner, *Dramas, Fields and Metaphors. Symbolic Action in Human Society*, Ithaca, Cornell University Press, 1974; B. Anderson, *Imagined Communities. Reflections on the Origin and Spread of Nationalism*, Londres, Verso, 1991, chapitre IV.

43. N. Elias, *La Civilisation des mœurs*, Paris, Calmann-Levy, 1973, chapitre IV; D. Roche, *La France des Lumières*, *op. cit.*, pp. 560 et suiv.

44. A. Giddens, *Modernity and Self-Identity. Self and Society in the Late Modern Age*, Stanford, Stanford University Press, 1991.

45. Lu Wenfu, *Vie et passion d'un gastronome chinois*, Arles, Éditions Philippe Picquier, 1988.

46. M. Sahlins, *Au cœur des sociétés. Raison utilitaire et raison culturelle*, Paris, Gallimard, 1980, pp. 225-226 et 253-254.

47. F. Davis, *Fashion, Culture and Identity*, Chicago, The University of Chicago Press, 1992.

48. D. Roche, *La Culture des apparences, op. cit.*, pp. 14, 15, 48, 487. Sur le changement vestimentaire en Asie, souvent sous-estimé par les auteurs européens – notamment par Braudel –, cf. K.N. Chaudhuri, *Asia before Europe. Economy and Civilisation of the Indian Ocean from the Rise of Islam to 1750*, Cambridge, Cambridge University Press, 1990, pp. 187 et suiv.

49. A. Bayly, « The origins of *swadeshi* (home industry) : cloth and Indian society, 1700-1930 », in A. Appadurai, ed., *The Social Life of Things, op. cit.*, p. 285.

50. J. Le Goff, *La Civilisation de l'Occident médiéval*, Paris, Flammarion, 1982 (collection Champs), p. 329.

51. R.C. Trexler, *Public Life in Renaissance Florence, op. cit.*, pp. 439-440.

52. J.-D. Gandoulou, *Dandies à Bacongo. Le culte de l'élégance dans la société congolaise contemporaine*, Paris, L'Harmattan, 1989, et *Entre Paris et Bacongo*, Paris, Centre Georges Pompidou, Centre de création industrielle, 1984 ; R. Bazenguissa, « "Belles maisons" contre S.A.P.E. : pratiques de valorisation symbolique au Congo » in M. Hambert et al., dir., *État et société dans le Tiers monde. De la modernisation à la démocratisation ?*, Paris, Publications de la Sorbonne, 1992, pp. 247-255 ; J. Freidman, « The political economy of elegance. An african cult of beauty », *Culture and History*, 7, 1990, pp. 101-125.

53. *Rapport et projet de décret présentés au nom du Comité d'instruction publique, sur les costumes des législateurs et des autres fonctionnaires publics, séance du vingt-huit fructidor, l'an trois, par Grégoire, député à la Convention nationale* in *Œuvres de l'Abbé Grégoire*, Paris, EDHIS, 1977, Tome II, p. 396, cité en anglais par L. Hunt, *Politics, Culture and Class in the French Revolution*, Berkeley, University of California Press, 1984, pp. 77-78.

54. Procès verbaux de l'automne 1993 cités par l'Abbé Charles Jolivet, *La Révolution dans l'Ardèche (1788-1795)*, Apremont, Curandera, 1988, p. 464.

55. L. Hunt, *Politics, Culture and Class, op. cit.*, p. 83.

56. Cité par B. Lewis, *Islam et laïcité. La naissance de la Turquie moderne*, Paris, Fayard, 1988, p. 234.

57. M.-C. et E. Ortigues, *Œdipe africain*, Paris, UGE, 1973, pp. 24 et suiv., et p. 37 (souligné par les auteurs).

58. Dennis Frydman, psychanalyste, cité par E. Dior, « Dans les banlieues londoniennes, mourir pour des "pumps" », *La Croix-L'Événement*, 14 au 15 octobre 1990, p. 8.

59. *Ibid.*

60. Sur le fétichisme des uniformes d'écolières au Japon, cf. L. Lamprière, « Fantasmes bleu marine au Soleil Levant », *Libération*, 31 août 1993, p. 17.

61. Annonce de la rubrique « Sandwich », *Libération*, 27-28 juin 1981.

62. *Le Canard enchaîné*, 24 mai 1995 ; A. Touraine, « Les pantalons longs : la stratégie du Parti socialiste », *Le Matin*, 22 février 1980.

63. A. D, « Le short de la discorde », *La Croix-L'Événement*, 10 septembre 1991.

64. N. Göle, « Ingénieurs islamistes et étudiantes voilées en Turquie : entre le totalitarisme et l'individualisme » in G. Kepel, Y. Richard, dir., *Intellectuels et militants de l'islam contemporain*, Paris, Le Seuil, 1990, p. 169.

65. H.E. Chehabi, « Staging the Emperor's New Clothes : Dress Codes and Nation-Building under Reza Shah », *Iranian Studies*, 26 (3-4), été 1993, p. 220, note 59.

66. L. Levine, *Men in Women's Clothing. Anti-Theatricality and Effeminization. 1579-1642*, Cambridge, Cambridge University Press, 1994.

67. Entretien avec François Bayrou, *La Croix-L'Événement*, 28-29 novembre 1993.

68. *Le Monde*, 20 décembre 1995.

69. Entretien avec Roland Marchal et Claudine Vidal, Paris, 1995.

70. L. Lamprière, «Hosokawa, le "Kennedy japonais"», *Libération*, 15 février 1994, pp. 18-19; A. Dubus, «La résistance de Zargana, le "Coluche" birman», *La Croix-L'Événement*, 25 janvier 1995, p. 9.

71. *Le Monde*, 21 avril 1989 et 22 décembre 1995.

72. M.M. Fischer, *Iran. From Religious Dispute to Revolution*, Cambridge (Mass.), Harvard University Press, 1980, p. 186; F. Adelkhah, *La Révolution sous le voile. Femmes islamiques d'Iran*, Paris, Karthala, 1991.

73. R.L. Gawthrop, *Pietism and the Making of Eighteenth Century Prussia*, Cambridge, Cambridge University Press, 1993, pp. 232 et 248-249. «En réfléchissant sur la question des costumes, la première idée à laquelle nous nous sommes fixés, c'est d'en exclure toute étoffe qui ne serait pas de fabrique française», écrira l'abbé Grégoire (*op. cit.*, p. 398).

74. C. Young, T. Turner, *The Rise and Decline of the Zairian State*, Madison, Wisconsin University Press, 1985, p. 117.

75. H. Thassinda Uba Thassinda, *Zaïre : les princes de l'invisible. L'Afrique noire bâillonnée par le parti unique*, Caen, Éditions C'est-à-dire, 1992, pp. 103-104.

76. D. Roche, *La Culture des apparences*, *op. cit.*, chapitre IX.

77. Sur le rapport de la Grande Guerre à l'imaginaire de la modernité dans le Reich, cf. M. Eksteins, *Rites of Spring. The Great War and the Birth of the Modern Age*, New York, Doubleday, 1990.

78. D. Roche, *La Culture des apparences*, *op. cit.*, p. 244.

79. M. Weber, *Histoire économique. Esquisse d'une histoire universelle de l'économie et de la société*, Paris, Gallimard, 1991, pp. 343-344.

80. E. Hobsbawm, «Mass-producing traditions : Europe, 1870-1914» in E. Hobsbawm, T. Ranger, eds., *The Invention of Tradition*, Cambridge, Cambridge University Press, 1983, pp. 287-288.

81. A. Algar, *Religion and State in Iran, 1785-1906. The Role of the Ulama in the Qajar period*, Berkeley, University of California Press, 1969, pp. 78-79 et 177; B. Lewis, *Islam et laïcité*, *op. cit.*, pp. 93 et suiv.

82. M. Weber, *L'Éthique protestante et l'esprit du capitalisme*, *op. cit.*, p. 44.

83. H. Trevor-Roper, «The invention of tradition : the Highland tradition of Scotland» in E. Hobsbawm, T. Ranger, eds., *op. cit.*, p. 15.

84. *Ibid.*, p. 22.

85. *Ibid.*, pp. 15-41.

86. B. Lewis, *Islam et laïcité*, *op. cit.*, pp. 94 et suiv.

87. J. Pemberton, *On the subject of "Java"*, Ithaca, Cornell University Press, 1994, pp. 65 et suiv; B. Anderson, *Imagined Communities*, *op. cit.* Cf. également D. Lombard, *Le Carrefour javanais*, *op. cit.*, Tome I, pp. 89 et suiv., et 129 et suiv.

88. Source : C.A. Bayly, «The origins of *swadeshi* (home industry) : cloth and Indian society, 1700-1930» in A. Appadurai, ed., *The Social Life of Things*, *op. cit.*, pp. 285-321.

89. D.E. Haynes, «From tribute to philanthropy : the politics of gift giving in a Western Indian city», *The Journal of Asian Studies*, 46 (2), mai 1987, pp. 339-360.

90. H. et U. Mukherjee, ed., *India's Fight for Freedom on the Swadeshi Movement. 1905-6*, Calcutta, 1908, p. 203, cité par C.A. Bayly in A. Appadurai, ed., *op. cit.*, p. 311.

91. J. Vansina, *The Children of Woot. A History of the Kuba Peoples*, Madison, The University of Wisconsin Press, 1978, p. 185. Cf. également J.C. Miller, *Way of Death. Merchant Capitalism and the Angolan Slave Trade, 1730-1830*, Madison, The University of Wisconsin Press, 1988.

92. M.-C. Dupré, « Raphia Monies among the Teke : their origin and control » in J.I. Guyer, ed., *Money Matters. Instability Values and Social Payments in the Modern History of West African Communities*, Portsmouth, Heinemann, Londres, James Currey, 1995, pp. 45-46.

93. M.J. Hay, *Who Wears the Pants? Christian Missions, Migrant Labor and Clothing in Colonial Western Kenya*, Boston, Boston University, African Studies Center, 1992, pp. 7-8.

94. M.-C. Dupré, « Raphia monies among the Teke » in J.I. Guyer, ed., *Money Matters, op. cit.*

95. P.M. Martin, *Leisure and Society in Colonial Brazzaville*, Cambridge, Cambridge University Press, 1995, pp. 155-157.

96. C. Geary, *Patterns from without, Meaning from within : European-Style Military Dress and German Colonial Politics in the Bamum Kingdom (Cameroon)*, Boston, Boston University, African Studies Center, 1989.

97. Marquis de Compiègne, *L'Afrique équatoriale. Gabonais, Pahouins, Gallois*, Paris, Plon, 1876, pp. 186 et suiv., et 196. Je remercie François Gaulme de m'avoir fait découvrir cet ouvrage.

98. Ce qui, aux yeux de F. Raison-Jourde, justifie, en l'occurrence, la notion de « théâtre » que nous avons pour notre part contestée : lors du grand cortège de décembre 1848, le prince est habillé en roi européen, personnage qu'« il assume dans l'évocation-distanciation de l'acteur » afin de constituer en images un programme de « bon gouvernement » (F. Raison-Jourde, *Bible et pouvoir à Madagascar au XIX⁰ siècle*, Paris, Karthala, 1991, pp. 214 et suiv.).

99. *Ibid.*, p. 218.

100. *Ibid.*, pour le bal costumé du 27 décembre 1856.

101. B. Berman, J. Lonsdale, *Unhappy Valley*, Portsmouth, James Currey, 1992, Tome II, pp. 238-240.

102. *Ibid.*, p. 360.

103. Cité par M.-J. Hay, *Who Wears the Pants?*, *op. cit.*, p. 12.

104. *Ibid.*

105. T. Ranger, *Dance and Society in Eastern Africa. 1890-1970. The Beni Ngoma*, Londres, Heinemann, 1975, pp. 126-132.

106. *Ibid.*, p. 127. Cf. également pp. 131-132.

107. M.J. Hay, *Who Wears the Pants?*, *op. cit.*, pp. 19-20.

108. R. Pélissier, *La Colonie du Minotaure. Nationalismes et révoltes en Angola (1926-1961)*, Orgeval, Éd. Pélissier, 1978, pp. 205 et 561.

109. Article de 1958, cité par F. Bernault-Bosswell, *Démocraties ambiguës. La construction d'une société politique au Gabon et au Congo-Brazzaville. 1945-1964*, Paris, université Paris-VII, 1994, multigr., p. 533.

110. Témoignage de Louis Sanmarco, *Marchés tropicaux et méditerranéens*, 14 juin 1996, p. 1189.

111. P.M. Martin, *Leisure and Society in Colonial Brazzaville, op. cit.*, pp. 1 et 154 ; M.J. Hay, *Who Wears the Pants?*, *op. cit.*, pp. 11-12.

112. G. Balandier en faisait déjà la remarque (*Sociologie des Brazzavilles*

noires, Paris, Presses de la Fondation nationale des sciences politiques, 1985, pp. 92-93, nouvelle édition). La crise qui frappe le sous-continent depuis la fin des années soixante-dix a vraisemblablement modifié le comportement des consommateurs : à Dakar, par exemple, «une petite part du budget seulement est consacrée à l'habillement» (E.-S. Ndione, *Le Don et le Recours. Ressorts de l'économie urbaine*, Dakar, Enda, 1992, p. 119).

113. P.M. Martin, *Leisure and Society in Colonial Brazzaville, op. cit.*, pp. 171-172; J.-D. Gandoulou, *Dandies à Bacongo, op. cit.*

114. J. Dehasse, *Le Rôle politique des associations de ressortissants à Léopoldville*, Louvain, Institut de sciences politiques et sociales, 1965, multigr., pp. 32-34 et 98, et suiv; T.O. Ranger, *Dance and Society, op. cit.* ; J.C. Mitchell, *The Kalela Dance. Aspects of Social Relationships among Urban Africans in Northern Rhodesia*, Manchester, The Rhodesia Livingstone Papers, 1956; «Tchiloli de Sao Tome e Principe», *Internationale de l'imaginaire*, 14, 1990; J.-P. Olivier de Sardan, «La surinterprétation politique : les cultes de possession *hawka* du Niger» in J.-F. Bayart, dir., *Religion et modernité politique en Afrique noire*, Paris, Karthala, 1993, pp. 163-213.

115. A. Cohen, *The Politics of Elite Culture*, Los Angeles, University of California at Los Angeles Press, 1981, à propos des créoles de Sierra Leone.

116. G. Bouteillier, *Douze mois sous l'Équateur*, Toulouse, imprimerie Adolphe Trinchant, 1903, cité par P.M. Martin, *op. cit.*, p. 154; J.-D. Gandoulou, *op. cit.*

117. J. Etho, «L'habit ne fait pas le moine», *Liaison* [Brazzaville], 38, août 1953, p. 26, cité par P.M. Martin, *op. cit.*, p. 172.

118. M.J. Hay, *Who Wears the Pants?*, *op. cit.*, p. 20; M. Samuel, *Le Prolétariat noir en France*, Paris, François Maspero, 1978, pp. 185-186.

119. Témoignage d'un Sapeur, cité par J.-D. Gandoulou, *Dandies à Bacongo, op. cit.*, p. 97.

120. M. Le Pape, C. Vidal, «Raisons pratiques africaines», *Cahiers internationaux de sociologie*, LXXIII, 1982, pp. 311 et suiv. Cf. également C. Vidal, *Sociologie des passions, (Côte-d'Ivoire, Rwanda)*, Paris, Karthala, 1990.

121. M. Weber, *Economy and Society*, Berkeley, University of California Press, 1978, vol. II, pp. 927 et suiv.; E.P. Thompson, *The Making of the English Working Class*, New York, Vintage Books, 1963.

122. P. Bonnafé, «Une classe d'âge politique. La JMNR de la République du Congo-Brazzaville», *Cahiers d'études africaines,* 31, VIII (3), 1968.

123. R. Marchal, «Les *mooryann* de Mogadiscio. Formes de la violence dans un espace urbain en guerre», *Cahiers d'études africaines*, 130, XXXIII-2, 1993, pp. 295-320.

124. M.J. Hay, *Who Wears the Pants?*, *op. cit.*

125. B. Badie, *L'État importé. L'occidentalisation de l'ordre politique*, Paris, Fayard, 1992, discuté par J.-F. Bayart, «L'historicité de l'État importé» in J.-F. Bayart, dir., *La Greffe de l'État*, Paris, Karthala, 1996, chapitre I. Sur la trajectoire de l'État en Afrique, cf. notre *L'État en Afrique. La politique du ventre*, Paris, Fayard, 1989.

126. M.J. Hay, *Who Wears the Pants?*, *op. cit.*, p. 4, citant les travaux de Joanne Eicher (University of Minnesota).

127. M. Le Pape, C. Vidal, «Raisons pratiques africaines», art. cité, p. 314.

128. E. Terray, «Le climatiseur et la véranda», in *Afrique plurielle, Afrique actuelle. Hommage à Georges Balandier*, Paris, Karthala, 1986, pp. 37-44.

129. M. Le Pape, C. Vidal, «Raisons pratiques africaines», art. cité, p. 315.

Pour mémoire, notons également quelques tentatives africaines de haute couture (M. Devey, « Les stylistes africains à la conquête du marché européen », *Marchés tropicaux et méditerranéens*, 9 avril 1993, pp. 939-941).

130. Note de service du sous-préfet de Loum (Cameroun), 25 octobre 1968. Notons que dans une autre région du pays – l'Extrême-Nord – le zèle des fonctionnaires à proscrire la nudité a été proportionnel à leurs intérêts personnels dans le commerce de la friperie.

131. Témoignage rapporté in *Le Monde*, 4 mai 1994, p. 3.

132. Témoignage rapporté par P. Doornbos, « La révolution dérapée. La violence dans l'est du Tchad (1978-1981) », *Politique africaine*, 7, septembre 1982, p. 11.

133. *Zaïre-Afrique*, 172, février 1983, cité in B. Jewsiewicki, H. Moniot, *Dialoguer avec le léopard? Pratiques, savoirs et actes du peuple face au politique en Afrique noire contemporaine*, Paris, L'Harmattan, Sainte-Foy, Éd. SAFI, 1988, p. 437.

134. M.G. Schatzberg, *Mobutu or Chaos? The United States and Zaire. 1960-1990*, Lanham, University Press of America, 1991, p. 49.

135. Interview de Mokolo wa Mpombo, *Jeune Afrique*, 25 septembre 1991, p. 20. Sur les années 1988-1991 au Zaïre, cf. J.-C. Willame, *L'Automne d'un despotisme. Pouvoir, argent et obéissance dans le Zaïre des années quatre-vingt*, Paris, Karthala, 1992.

136. S. Smith, « Une guerre tribale massacre la transition démocratique », *Libération*, 1ᵉʳ juillet 1993, pp. 15-16 (relatant les événements d'août 1992).

137. *Libération*, 7 octobre 1994.

138. Cités par A. Rahnema, F. Nomani, *The Secular Miracle. Religion, Politics and Economic Policy in Iran*, Londres, Zed Books Ltd, 1990, pp. 72 et 77.

139. F. Adelkhah, *La Révolution sous le voile, op. cit.*, p. 212.

140. *Libération*, 6 avril 1994 ; *Le Monde*, 9 octobre 1990 ; *La Croix-L'Événement*, 15 novembre 1994 ; A. Chellali, « Le voile à l'école. Enjeux d'un décret, avatars d'un procès », *Égypte-Monde arabe*, 20, 1994, pp. 133-141 ; E. A. Olson, « Muslim identity and secularisation », art. cité, pp. 161-171.

141. L. Martinez, « Les groupes islamistes entre guérilla et négoce. Vers une consolidation du régime algérien? », *op. cit.*

142. *Libération*, 31 mars 1994, p. 20.

143. G. Millet, « Entre voile et treillis, Blida sous influence », *Libération*, 28 avril 1994.

144. D. Amrane, *Les Femmes algériennes dans la guerre*, Paris, Plon, 1991, pp. 130-131.

145. F. Adelkhah, *La Révolution sous le voile, op. cit.*, p. 197.

146. *Hurriyet* [Istanbul], cité par *Libération*, 6 mai 1993. Fait divers à rapprocher de l'opinion d'un rabbin de Tel-Aviv qui estime que « les manches doivent atteindre les coudes et en recouvrir la totalité » et que « si une femme se dénude les bras dans la rue son mari est en droit de divorcer » (*Le Monde*, 26 août 1994).

147. Cf. les reportages sur le Salam Shopping Center for Veiled Women au Caire in *International Herald Tribune* (12 février 1993) et *Libération* (22 mai 1992).

148. F. Adelkhah, *La Révolution sous le voile, op. cit.*, pp. 197-198.

149. F. Adelkhah, « Les élections législatives en Iran. La somme des parti(e)s n'est pas égale au tout… », *Les Études du CERI*, juillet 1996.

150. Cf. également, par exemple, L. Abu-Lughod, *Veiled Sentiments, Honor and Poetry in a Bedouin Society*, Berkeley, University of California Press, 1988,

et N. Göle, *Musulmanes et modernes. Voile et civilisation en Turquie*, Paris, La Découverte, 1993.

151. P. Veyne, *La Société romaine*, Paris, Le Seuil, 1991, pp. 307-308.

152. Cité par *Le Monde*, 21 mars 1994.

153. Cf. F. Adelkhah, *La Révolution sous le voile, op. cit.*, chapitre V.

154. Nous suivons D. Casajus, *La Tente dans la solitude. La société et les morts chez les Touaregs Kel Ferwan*, Paris, Éditions de la Maison des sciences de l'homme, Cambridge, Cambridge University Press, 1987, pp. 315 et suiv.

155. C. Levi-Strauss, «Les champignons dans la culture. À propos d'un livre de M.R.G. Wasson», *L'Homme*, X (1), janvier-mars 1970, pp. 5-16 : «Les hallucinogènes ne recèlent pas un message naturel dont la notion même apparaît contradictoire; ce sont des déclencheurs et des amplificateurs d'un discours latent que chaque culture tient en réserve et dont les drogues permettent ou facilitent l'élaboration» (p. 13).

156. S. Weir, *Qat in Yemen. Consumption and Social Change*, Londres, British Museum Publications, 1985. Cf. également L.V. Cassanelli, «Qat : changes in the production and consumption of a quasilegal commodity in northeast Africa» in A. Appadurai, ed., *The Social Life of Things, op. cit.*, pp. 236-257.

157. A.W. McCoy, *The Politics of Heroin. CIA Complicity in the Global Drug Trade*, New York, Lawrence Hill Books, 1991.

158. C. Colombani, «Saint-Yersin de Nha Trang», *Le Monde*, 28 décembre 1991, pp. 9 et 11.

159. M. Bloch, *Les Rois thaumaturges*, Paris, Gallimard, 1983; R. Chartier, *Les Origines culturelles de la Révolution française*, Paris, Le Seuil, 1990. Cf. également O. Ihl, *La Fête républicaine, op. cit.*, sur l'érosion de l'imaginaire festif républicain.

160. R. Chartier, *Les Origines culturelles de la Révolution française, op. cit.*, p. 173. Cf. par exemple M. Agulhon, *La République au village. Les populations du Var de la Révolution à la IIᵉ République*, Paris, Le Seuil, 1979.

161. F.-A. Isambert, *Sens du sacré. Fête et religion populaire*, Paris, Minuit, 1982, p. 159.

162. E. Le Roy Ladurie, *Le Carnaval de Romans, op. cit.*, p. 351.

163. S. Freud, *Introduction à la psychanalyse*, Paris, Payot, 1965, p. 163.

164. M. Bakhtine, *L'Œuvre de François Rabelais et la culture populaire au Moyen Âge et sous la Renaissance*, Paris, Gallimard, 1970, p. 276.

165. C. Bromberger, *Le Match de football. Ethnologie d'une passion partisane à Marseille, Naples et Turin*, Paris, Éd. de la Maison des sciences de l'homme, 1995.

166. S. Freud, *Die Traumdeutung. Gesammelte Werke II*, p. 116, note 1 et pp. 529-539, cité et traduit par C. Castoriadis, *L'Institution imaginaire de la société*, Paris, Le Seuil, 1975, pp. 378-379. Sur ce point, C. Castoriadis juge erronées les traductions françaises et anglaises disponibles.

167. Cf. par exemple le remarquable chapitre de J. Coussy, «Les ruses de l'État minimum» in J.-F. Bayart, dir., *La Réinvention du capitalisme*, Paris, Karthala, 1994, pp. 227-248.

168. B. Badie, M.-C. Smouts, *Le Retournement du monde. Sociologie de la scène internationale*, Paris, Presses de la Fondation nationale des sciences politiques, Dalloz, 1992, et B. Badie, *La Fin des territoires*, Paris, Fayard, 1995.

169. J.-F. Bayart, «La revanche des sociétés africaines» in J.-F. Bayart, A. Mbembe, C. Toulabor, *Le Politique par le bas*, Paris, Karthala, 1991, pp. 84 et suiv.

170. K. Pomian, *L'Ordre du temps*, Paris, Gallimard, 1984, p. 265.

171. E. Weber, *La Fin des terroirs. La modernisation de la France rurale. 1870-1914*, Paris, Fayard, Recherches, 1983, pp. 685-686.

172. M. Danes, «Le peuple ruthène en mal d'Europe», *La Croix-L'Événement*, 17-18 janvier 1993, p. 4.

173. D.B. Kraybill, *The Riddle of Amish Culture, op. cit.*

174. K. Pomian, *L'Ordre du temps, op. cit.*, pp. XIII, 326 et suiv, 349 et suiv.

CONCLUSION

1. M. Foucault, «Les mailles du pouvoir» in *Dits et Écrits 1954-1988. Tome IV : 1980-1988*, Paris, Gallimard, 1994, p. 187.

2. J.-F. Bayart, dir., *La Réinvention du capitalisme*, Paris, Karthala, 1994.

3. A. Burguière, «Le changement social : brève histoire d'un concept» in B. Lepetit, dir., *Les Formes de l'expérience : une autre histoire sociale*, Paris, Albin Michel, 1995, p. 261.

4. V. Zelizer, *The Social Meaning of Money*, New York, Basic Books, 1994.

5. *Libération*, 15 février 1994. Pour une «contextualisation» de ce fait divers, cf. S. White, *Russia Goes Dry. Alcohol, State and Society*, Cambridge, Cambridge University Press, 1996.

6. C.J. Calhoun, «The radicalism of tradition : community strength or venerable disguise and borrowed language?», *American Journal of Sociology*, 88, 5, mars 1983, pp. 886-914. Cf. notamment E. Troeltsch, *Protestantisme et modernité*, Paris, Gallimard, 1991; R.H. Tawney, *La Religion et l'essor du capitalisme*, Paris, Librairie Marcel Rivière, 1951; E.R. Wolf, *Religious Regimes and State-Formation. Perspectives from European Ethnology*, Albany, State University of New York Press, 1991; M. Lagrée, *Religion et cultures en Bretagne. 1850-1950*, Paris, Fayard, 1992; Y. Lambert, «Développement agricole et action catholique», *Sociologia Ruralis*, XVIII (4), 1978, pp. 245-253; L.-M. Barbarit, L.-M. Clénet, *La Nouvelle Vendée. Voyage dans la Vendée industrielle*, Paris, Éd. France Empire, 1990; G. Hermet, *Le Peuple contre la démocratie*, Paris, Fayard, 1989, et *Aux frontières de la démocratie*, Paris, PUF, 1983; B. Bucher, *Descendants de Chouans. Histoire et culture populaire dans la Vendée contemporaine*, Paris, Éd. de la Maison des sciences de l'homme, 1995; A. Zakai, *Exile and Kingdom. History and Apocalypse in the Puritan Migration to America*, Cambridge, Cambridge University Press, 1992; R.L. Gawthrop, *Pietism and the Making of Eighteenth Century Prussia*, Cambridge, Cambridge University Press, 1993; E.P. Thompson, *The Making of the English Working Class*, Londres, Victor Gollancz, 1963.

7. R.C. Trexler, *Public Life in Renaissance Florence*, Ithaca, Cornell University Press, 1991, pp. 213-214 et IVᵉ partie. Cf. également N.-Z. Davies, *Les cultures du peuple. Rituels, savoir et résistances au xvɪᵉ siècle*, Paris, Aubier-Montaigne, 1979 et, pour un exemple extra-occidental, P. Sanders, *Ritual, Politics and the City in Fatimid Cairo*, Albany, State University of New York Press, 1994, ou, sur l'Empire romain, P. Brown, *Le Culte des saints. Son essor et sa fonction dans la chrétienté latine*, Paris, Le Cerf, 1996.

8. V. Turner, *Dramas, Fields and Metaphors. Symbolic Action in Human Society*, Ithaca, Cornell University Press, 1974, p. 226.

9. D.I. Kertzer, «The Role of Ritual in State-Formation» in E.R. Wolf, ed., *Religious Regimes and State-formation, op. cit.*, pp. 96-97.

10. M. Bax, « Religious Regimes and State-Formation : Toward a Research Perspective » et « Marian Apparitions in Medjugorje; Rivalling Religious Regimes and State-Formation in Yugoslavia », *ibid.*, chapitres I et II. Cf. également, dans le même ouvrage, A. Weingrod, « Saints, Shrines and Politics in Contemporary Israel », pp. 73-83.

11. A. Ben-Amos, « La "panthéonisation" de Jean Jaurès. Rituel et politique sous la IIIᵉ République », *Terrains*, 15, octobre 1990, pp. 50-51.

12. J.-F. Bayart, « L'alchimie politique de la mort », *La Croix-L'Événement*, 30 janvier 1996.

13. M. Weber, *L'Éthique protestante et l'esprit du capitalisme*, Paris, Plon, 1985, p. 102 (collection Agora).

14. « L'orientation économique peut être tracée par une tradition ou par une rationalité tendant vers un but. Mais, même en cas de forte rationalisation de l'action, la composante traditionnelle de l'orientation reste très importante [...]. La dose élevée de traditionalisme dans les modes de vie qui caractérisait les classes laborieuses au début des temps modernes n'a pas empêché un fort accroissement de la rationalisation dans l'entreprise économique sous la direction capitaliste », M. Weber, *Economy and Society. An Outline of Interpretive Sociology*, ed. by Guenther Roth and Claus Wittich, Berkeley, University of California Press, 1978, p. 71.

15. E. Troeltsch, *op. cit.*, p. 54.

16. *Ibid.*, p. 68.

17. *Ibid.*, p. 69.

18. M. Gribaudi, « Les discontinuités du social. Un modèle configurationnel », in B. Lepetit, *Les Formes de l'expérience*, *op. cit.*, pp. 224-225. Cf. également N. Elias, *La Dynamique de l'Occident*, Paris, Presses Pocket, 1990, pp. 181 et suiv.

19. P. Joutard, *La Légende des camisards. Une sensibilité au passé*, Paris, Gallimard, 1977, p. 39.

20. V. Pérez Díaz, *The Return of Civil Society. The Emergence of Democratic Spain*, Cambridge (Mass.), Harvard University Press, 1993.

21. « De la relation politique à la relation religieuse, la ressemblance est aussi peu mystérieuse, et aussi variable, que la ressemblance des thèmes d'une poésie à la réalité naturelle ou sociale ambiante : c'est une affaire de mots, d'images et de sources d'inspiration. Lorsqu'on veut bien s'en inspirer » (P. Veyne, *La Société romaine*, Paris, Le Seuil, 1991, p. 309).

22. M. Weber, *L'Éthique protestante et l'esprit du capitalisme*, *op. cit.*, p. 44.

23. A. de Tocqueville, *De la Démocratie en Amérique, I*, in *Tocqueville*, Paris, Robert Laffont, 1986, p. 72 (collection Bouquins).

24. D. Lombard, *Le Carrefour javanais. Essai d'histoire globale, volume II. L'Héritage des royaumes concentriques*, Paris, Éd. de l'École des hautes études en sciences sociales, 1990, p. 152.

25. S.A. Arjomand, « Social Change and Movements of Revitalization in Contemporary Islam » in J.A. Beckford, ed., *New Religious Movements and Rapid Social Change*, Londres, Sage Publications, 1986, pp. 87-112.

26. F. Adelkhah, *La Révolution sous le voile. Femmes islamiques d'Iran*, Paris, Karthala, 1991.

27. P.-X. Jacob, *L'Enseignement religieux dans la Turquie moderne*, Berlin, Klaus Schwarz Verlag, 1982.

28. G. Therborn, *European Modernity and Beyond. The Trajectory of European Societies. 1945-2000*, Londres, Sage Publications, 1995, p. 4.

29. A. Giddens, *The Consequences of Modernity*, Stanford, Stanford University Press, 1990.

30. M. Foucault, « Structuralisme et poststructuralisme » in *Dits et Écrits*, *op. cit.*, tome IV, pp. 446-447.

31. M. Foucault, « Qu'est-ce que les Lumières » in *Dits et Écrits*, *op. cit.*, tome IV, pp. 568 et suiv. Cf. également le cours publié sous le même titre par *Le Magazine littéraire* et plus connu en France (*ibid.*, pp. 679-688).

32. C. Mallat, *The Renewal of Islamic Law. Muhammad Baqer as-Sadr, Najaf and the Shi'i International*, Cambridge, Cambridge University Press, 1993.

33. F. Adelkhah, « Les élections législatives en Iran. La somme des parti(e)s n'est pas égale au tout... », *Les Études du CERI*, juillet 1996.

34. S.A. Arjomand, « Religion and the diversity of normative orders » in S.A. Arjomand, ed., *The Political Dimensions of Religion*, Albany, State University of New York Press, 1993, p. 49.

35. Cf. les chapitres de M. Gaborieau, C. Hurtig, C. Jaffrelot, S. Kaviraj et J. Manor in J.-F. Bayart, dir., *La Greffe de l'État*, Paris, Karthala, 1996.

36. L. Rudolph, « The Modernity of Tradition : the Democratic Incarnation of Caste in India » in R. Bendix, ed., *State and Society. A Reader in Comparative Political Sociology*, Boston, Little, Brown and C°, 1968, p. 544.

37. S. Mardin, « Le concept de société en tant qu'élément d'approche de la société turque », *Les Temps modernes*, juillet-août 1984, pp. 64-65.

38. F. Braudel, *La Dynamique du capitalisme*, Paris, Arthaud, 1985, pp. 72-78.

39. A. de Tocqueville, « Avertissement de la douzième édition », *De la démocratie en Amérique, I, op. cit.*, p. 39.

40. A. de Tocqueville, *De la démocratie en Amérique, I, op. cit.*, pp. 291-293.

41. Jacques Chirac à l'université du Caire, cité (et commenté) par J.-F. Bayart, « Le danger du multiculturalisme », *Croissance*, mai 1996, p. 50.

42. G. Deleuze, *Pourparlers. 1972-1990*, Paris, Minuit, 1990, pp. 39-40.

43. W. Schluchter, *Paradoxes of Modernity. Culture and Conduct in the Theory of Max Weber*, Stanford, Stanford University Press, 1996, chapitre IV.

44. M. Sarkisyanz, « Culture and politics in Vietnamese Caodaism », in S.A. Arjomand, ed., *The Political Dimensions of Religion, op. cit.*, pp. 205-218 ; J.R.I. Cole, « Iranian millenarism and democratic thought in the 19th century », *International Journal of Middle East Studies*, 24, 1992, pp. 1-26 ; S. Mardin, *Religion and Social Change in Modern Turkey. The Case of Bediüzzaman Said Nursi*, Albany, State University of New York Press, 1989 ; J.-P. Dozon, *La Cause des prophètes. Politique et religion en Afrique contemporaine*, Paris, Le Seuil, 1995 ; C. Jaffrelot, *Les Nationalistes hindous. Idéologie, implantation et mobilisation des années 1920 aux années 1990*, Paris, Presses de la Fondation nationale des sciences politiques, 1993.

45. Cf. par exemple P. Ngandu Nkashama, *Églises nouvelles et mouvements religieux. L'exemple zaïrois*, Paris, L'Harmattan, 1990, ou C. Jambet, *La Grande Résurrection d'Alamût. Les formes de la liberté dans le shî'isme ismaélien*, Lagrasse, Verdier, 1990.

46. J. Peacock, *Rites of Modernization. Symbols and Social Aspects of Indonesian Proletarian Drama*, Chicago, The University of Chicago Press, 1987.

47. C. Bromberger, *Le Match de football. Ethnologie d'une passion partisane à Marseille, Naples et Turin*, Paris, Éd. de la Maison des sciences de l'homme, 1995, p. 377.

48. *Ibid.*, pp. 191 et 197. Cf. également A. Ehrenberg, *Le Culte de la performance*, Paris, Calmann-Lévy, 1991.

49. O. Carlier, «De l'islahisme à l'islamisme : la thérapie politico-religieuse du FIS», *Cahiers d'études africaines*, 126, XXXII-2, 1992, pp. 185-219; S. Labat, *Les Islamistes algériens. Entre les urnes et le maquis*, Paris, Le Seuil, 1995.

50. *Africa Confidential*, 16 février 1996.

51. P. Veyne, «Olympie dans l'Antiquité», *Esprit*, avril 1987, p. 60.

52. S. Darbon, *Des jeunes filles toutes simples. Ethnographie d'une troupe de majorettes en France*, s.-l., Jean-Michel Place, s.d. [1995].

53. «Rapport et projet de décret présentés au nom du Comité d'instruction publique sur les costumes des législateurs et des autres fonctionnaires publics» in *Œuvres de l'Abbé Grégoire*, Paris, Éditions d'histoire sociale, 1977, Tome II, pp. 396-397. Nous avons respecté l'orthographe et la ponctuation de cette édition.

INDEX

REMERCIEMENTS

Je remercie le Centre d'études et de recherches internationales de la Fondation nationale des sciences politiques d'avoir encouragé et financé la réalisation du présent ouvrage. Il n'a pas fallu moins que la patience de deux directeurs scientifiques de la Fondation nationale des sciences politiques, Serge Hurtig et Jean-Luc Domenach, pour voir ce «projet spécial» aboutir, avec un retard coupable, mais qui n'a pas découragé leur indulgence. Qu'ils acceptent maintenant ma reconnaissance.

Mes collègues du CERI m'ont aidé à inscrire ma réflexion dans une perspective comparative. Les travaux de Christophe Jaffrelot, Alain Dieckhoff, Pierre Hassner et Guy Hermet m'ont notamment incité à m'intéresser à la question du nationalisme, que j'étais parvenu à éluder tout au long des quatre cents pages de *L'État en Afrique*. Mes vieux complices politologues, historiens et anthropologues spécialistes de l'Afrique subsaharienne, en particulier Peter Geschiere, Achille Mbembe, Janet Roitman, Comi Toulabor, Jean-Pierre Warnier, ont continué de m'accompagner et de me stimuler, avec leur curiosité et leur humour habituels; je leur adresse les salutations lignagères qui leur sont dues. Fariba Adelkhah mérite une mention spéciale pour avoir convaincu le turcophile que je suis des charmes particuliers de la société iranienne et de n'avoir cessé de me rappeler que les choses ne sont jamais aussi simples que ne le voudraient les politologues. À l'égard des uns et des autres, ma dette est grande, et je crains seulement de ne pas avoir su tirer parti de tant de générosité intellectuelle. Puissé-je au moins ne pas avoir trop trahi les enseignements qui m'ont été dispensés!

Hélène Arnaud a bien voulu consacrer quelques jours d'été à une ultime relecture de ce livre que Sylvie Haas, une fois de plus, en émérite émule de Champollion, avait extrait de la gangue de mon écriture. *Last but not least*, alors que cette excellente Agnès Fontaine devenait de plus en plus menaçante au téléphone, Linda Amrani, Judith Arnaud, Richard Banegas, Rachel Bouyssou, Gregory Cales, Jean-Pierre Joyeux, Patrick

Truel se sont jetés dans la bataille, luttant contre le virus, peut-être iden-titaire et en tout cas informatique, qui s'efforçait de contrarier la sortie de cet ouvrage, allant sur les traces de l'abbé Grégoire à la Bibliothèque nationale, partant en quête du très élusif prophète qui, un soir, avait visité Saddam Hussein et s'était échappé de mes dossiers de presse.

À toutes et à tous, merci, et rendez-vous pour l'arrivée du beaujolais nouveau, sous le regard gluant des hiboux!

TABLE DES MATIÈRES

« L'espace du politique »

Collection dirigée par Pierre Birnbaum

Hannah Arendt, *L'Impérialisme* (traduit de l'anglais par Martine Leiris).

Claude Aubert, Yves Chevrier, Jean-Luc Domenach, Hua Chang-Ming, Roland Lew, Wojtek Zafanolli, *La Société chinoise après Mao. Entre autorité et modernité.*

Bertrand Badie, *Les Deux États. Pouvoir et société en Occident et en terre d'Islam.*

—, *L'État importé. L'occidentalisation de l'ordre politique.*

—, *La Fin des territoires. Essai sur le désordre international et sur l'utilité sociale du respect.*

Jean-François Bayart, *L'État en Afrique.*

Alain bergounioux et Gérard Grunberg, *Le Long Remords du pouvoir. Le Parti socialiste français (1905-1992).*

Pierre Birnbaum, *La Logique de l'État.*

Georges Balandier, *Le Détour.*

Raymond Boudon, *L'Art de se persuader.*

Martin Broszat, *L'État hitlérien. L'origine et l'évolution des structures du Troisième Reich* (traduit de l'allemand par Patrick Moreau).

Robert Castel, *Les Métamorphoses de la question sociale. Une chronique du salariat.*

Christophe Charle, *Les Élites de la République (1880-1900).*

Jean-Luc Domenach, *Chine, l'archipel oublié.*

Jacques Donzelot, *L'Invention du social. Essai sur le déclin des passions politiques.*

Raphaël Draï, *La Sortie d'Égypte. L'invention de la liberté.*

—, *La Traversée du désert. L'invention de la responsabilité.*

François Dupuy et Jean-Claude Thoening, *L'Administration en miettes.*

Pierre Favre, *Naissance de la science politique en France (1870-1914).*

Maurice Godelier, *La Production des grands hommes.*

Nancy Green, *Les Travailleurs immigrés juifs à la Belle Époque. Le « Pletz » de Paris* (traduit de l'anglais par Michel Courtois-Fourcy).

Catherine Grémion et Philippe Levillain, *Les Lieutenants de Dieu. Les évêques de France et la République.*

Jürgen Habermas, *Après Marx* (traduit de l'allemand par René Ladmiral et Marc B. de Launay).

—, *Théorie de l'agir communicationnel.* Tome 1 : *Rationalité de l'agir et rationalisation de la société* (traduit de l'allemand par Jean-Marc Ferry). Tome 2 : *Critique de la raison fonctionnaliste* (traduit de l'allemand par Jean-Louis Schlegel).

Guy Hermet, *Le Peuple contre la démocratie.*

—, *Les Désenchantements de la liberté. La sortie des dictatures dans les années 90.*

Albert O. Hirschman, *Bonheur privé, action publique* (traduit de l'anglais par Martine Leiris et Jean-Baptiste Grasset).

—, *Deux siècles de rhétorique réactionnaire* (traduit de l'anglais par Pierre Andler).

—, *Défection et prise de parole* (traduit de l'anglais par Claude Besseyrias).

—, *Un certain penchant à l'autosubversion* (traduit de l'anglais par Pierre-Emmanuel Dauzat).

Paula Hyman, *De Dreyfus à Vichy. L'évolution de la communauté juive en France, 1906-1939* (traduit de l'anglais par Sabine Boulongne).

Georges Lavau, *À quoi sert le Parti communiste français ?*

Yves Mény, *La Corruption de la République.*

Serge Moscovici, *L'Âge des foules. Un traité historique de psychologie des masses.*

—, *La Machine à faire des dieux.*

Jacques Rancière, *La Nuit des prolétaires.*

Jacques Rondin, *Le Sacre des notables. La France en décentralisation.*

Richard Sennett, *Autorité* (traduit de l'anglais par Férial Drosso et Claude Roquin).

Theda Skocpol, *États et Révolutions sociales. La révolution en France, en Russie et en Chine* (traduit de l'anglais par Noëlle Burgi).

Zeev Sternhell, *Naissance de l'idéologie fasciste.*

Charles Tilly, *La France conteste, de 1600 à nos jours* (traduit de l'anglais par Éric Diacon).

Achevé d'imprimer par la
SOCIÉTÉ NOUVELLE FIRMIN-DIDOT
Mesnil-sur-l'Estrée
pour le compte des Éditions Fayard
en octobre 1996

Imprimé en France
Dépôt légal : octobre 1996
N° d'édition : 7798 - N° d'impression : 36060
ISBN : 2-213-59496-1
35-62-7798-01/7